刘凯湘 著

民法典合同编通则
及司法解释
解读与适用

中国法制出版社
CHINA LEGAL PUBLISHING HOUSE

图书在版编目 (CIP) 数据

民法典合同编通则及司法解释解读与适用 / 刘凯湘著. -- 北京 : 中国法制出版社，2024. 9
ISBN 978-7-5216-3462-4

Ⅰ. ①民… Ⅱ. ①刘… Ⅲ. ①合同法－法律解释－中国 ②合同法－法律适用－中国 Ⅳ. ①D923. 65

中国国家版本馆CIP数据核字（2023）第251114号

策划编辑：杨　智
责任编辑：胡　艺　　封面设计：周黎明

民法典合同编通则及司法解释解读与适用
MINFADIAN HETONGBIAN TONGZE JI SIFA JIESHI JIEDU YU SHIYONG

著者 / 刘凯湘
经销 / 新华书店
印刷 / 三河市国英印务有限公司
开本 / 710毫米 × 1000毫米　16开　　印张 / 28.75　字数 / 466千
版次 / 2024年9月第1版　　2024年9月第1次印刷

中国法制出版社出版
书号ISBN 978-7-5216-3462-4　　定价：108.00元

北京市西城区西便门西里甲16号西便门办公区
邮政编码：100053　　传真：010-63141600
网址：**http://www.zgfzs.com**　　**编辑部电话：010-63141822**
市场营销部电话：010-63141612　　**印务部电话：010-63141606**
（如有印装质量问题，请与本社印务部联系。）

序

一

《民法典》[①]是一部固根本、稳预期、利长远的基础性法律，为我国的法治事业开启了新的里程。

在《民法典》中，合同编占据了几近半壁江山，在全部1260个条文中占据了其中的526条。

《民法典》合同编以1999年的《合同法》为基础，汲取《最高人民法院关于适用〈中华人民共和国合同法〉若干问题的解释（一）》《最高人民法院关于适用〈中华人民共和国合同法〉若干问题的解释（二）》以及《最高人民法院关于审理买卖合同纠纷案件适用法律问题的解释》《最高人民法院关于审理商品房买卖合同纠纷案件的司法解释》《最高人民法院关于审理融资租赁合同纠纷案件适用法律问题的解释》《最高人民法院关于审理建设工程施工合同纠纷案件适用法律问题的解释》等一批有关合同的司法解释的成果，兼顾了近年来合同法以及债法领域的学术研究成果，创立了一系列新的合同法律规则，将原来司法解释中很多成功的规则上升为法律，如合同订立制度中的预约合同规则，合同效力制度中需要经过审批程序的未生效合同规则，合同履行制度中的第三人代为履行规则、选择之债的履行规则，合同保全制度中的债权人直接受领规则、代位保存权规则，合同变更与转让制度中的债务加入规则，合同的权利义务终止制度中的抵充规则、解除权除斥期间规则、解除权行使规则，违约责任制度中的合同僵局破除

① 本书引用法律法规名称中含“中华人民共和国”的，均省去“中华人民共和国”。

规则、替代履行规则等，不胜枚举。

然而即使如此，基于整个《民法典》的立法指导精神，合同编仍然不够精细，不少规则缺乏具体的、可操作性的规范，给司法实践中的法律适用带来不确定性。鉴于此，秉承一贯的做法，最高人民法院担负起了庞大的《民法典》司法解释制定的工作重任。与《民法典》同时发布与实施的配套司法解释多达六个，包括总则编、物权编、担保制度、婚姻家庭编、继承编等，而合同编的司法解释由于内容多、争议大，直到2023年12月初才发布合同编通则的司法解释。《最高人民法院关于适用〈中华人民共和国民法典〉合同编通则若干问题的解释》对《民法典》合同编通则的很多制度与规则进行了细化，明确了很多条文中的立法旨趣，增加了很多可操作性的规范，填补了很多立法漏洞，如对合同成立必备要素的解释，对交易习惯的解释，对《民法典》第153条第1款“但书”条款的解释，对预约合同与本约合同甄别标准的解释，对格式条款订入义务的解释，对行为人“缺乏判断能力”的解释，对报批手续对合同效力影响的解释，对越权代表、越权代理订立合同效力的解释，对以物抵债协议效力的解释，对代位权诉讼中仲裁协议效力的解释，对债权多重让与效力的解释等，与《民法典》合同编通则一起，形成了合同编通则司法适用的基本规则。

二

本书正是在对上述合同编通则的全部制度条文和《最高人民法院关于适用〈中华人民共和国民法典〉合同编通则若干问题的解释》全部制度条文的理解的基础上，力求从以下三个方面体现出本书的特色：

一是突出对法律条文包括司法解释各个条文的理解，带有较为强烈的法解释论色彩。笔者认为，这也是民法学者在《民法典》施行后的一项主要任务，即从《民法典》编纂时代的立法论转向解释论，尽量为《民法典》的司法适用提供理论支持，提供规则适用的指引。

二是注重结合合同法的司法适用实际，增强实证研究的分量，运用了较多的案例与事例，这些案例与事例既有最高法院的指导性案例，更有自己在30多年中从事债权法教学收集整理的案例，还有自己从事商事仲裁20多年的办案体会。

三是在注重实证研究、运用大量案例的同时，本书也尽量照顾到债法与合同法的法教义学的一般要求与规律，力图使它看起来还是像一本规范的合同法教科书，只是在体例方面有些独到之处。

三

本书中的很多想法与表述是笔者从事债法、合同法教学与研究多年的产物，也正是基于此，本书避免过多地使用注释。但毫无疑问的是，本书在写作过程中参考了大量优秀的合同法学者的学术成果与思想，谨于书后的主要参考书目中列出，且一并致谢！

本书的出版是在中国法制出版社杨智先生的鼓励、督促、鞭策下才得以完成的。本人生性懒怠，可以毫不夸张地说，如果没有比我年龄小很多的杨智先生一直的跟进、鼓励以及包容，就不会有这本书。在此谨对杨智先生表示由衷的感谢！

笔者才疏学浅，书中或有偏颇执拗之见，或有鲁鱼亥豕之误，敬请同人不吝赐教！

刘凯湘

2023年12月

于西山草庐

目 录

CONTENTS

第一章 合同与合同法概论

第二章 合同的订立

第三章　合同的效力

第四章　合同的履行

第七章 合同的权利义务终止

第八章 违约责任

第一章

合同与合同法概论

一、合同的概念：广义合同概念的意义及其理解

（一）合同概念的立法变迁

《民法典》第464条第1款规定："合同是民事主体之间设立、变更、终止民事法律关系的协议。"这是《民法典》关于合同的法定定义，高度概括而严谨，揭示了合同最本质的属性与特征。

合同，也称协议，或者合约。合同的概念可以从三个角度理解：首先，合同是一种行为，一种由当事人实施的法律行为，属于法律事实的一种；其次，合同是一种协议，一种基于各方当事人协商一致而达成的协议，是意思表示一致的结果；最后，合同是一种民事法律关系，一种存在于合同当事人之间的权利义务关系，对当事人具有法律上的约束力。

从我国改革开放以来民事立法的历史沿革可以看出，立法机关以及学界对合同概念的变迁过程，反映出合同概念的变化规律。我们可以先回顾一下从《民法通则》到《合同法》再到《民法典》立法文件中关于合同概念的表述在文字方面的细微变化：《民法通则》第85条对合同的定义是："合同是当事人之间设立、变更、终止民事关系的协议……"《合同法》第2条第1款对合同的定义是："本法所称合同是平等主体的自然人、法人、其他组织之间设立、变更、终止民事权利义务关系的协议。"《民法典》第464条第1款对合同的定义是："合同是民事主体之间设立、变更、终止民事法律关系的协议。"上述法律对合同所下的定义从文字上观察似乎没有实质性的差别，稍有不同的是《合同法》由于是单行的民事立法而特别强调了合同当事人之间的平等地位以及列举出了合同当事人的民事主体类型，以弥补其作为单行法而非法典法的不足，是很恰当的表述；此外，《民法通则》使用的是"民事关系"的概念，而《合同法》和《民法典》使用的是"民事法律关系"的概念，后者更为严谨。

但是，仔细分析，可以发现上述法律对合同概念的使用其实是有较大差异的，此种较大差异涉及民法学理上一个较大的学术争议，即“合同”应当是广义上的概念还是狭义上的概念。狭义上的合同概念强调合同仅仅是一种债权债务关系，仅限于财产关系领域，不涉及身份关系与人格关系领域，且仅限于财产关系领域中的债权债务关系，不涉及物权关系领域。而广义上的合同概念认为合同不应当仅限于债权债务关系，而应当扩展到所有的民事关系领域。[①]

就《民法通则》而言，尽管其没有将合同的概念表述为“债权债务关系”，而是“民事关系”，似乎是采广义上的合同概念，但是《民法通则》的体例是将合同规定于第五章“民事权利”的第二节“债权”之下，其第84条先给“债”作出定义，紧接着第85条给“合同”作出定义，所以，合同显然是作为债权债务关系中的一种民事权利而被定性的，合同关系也就是一种债权债务关系，所以,《民法通则》采用的是狭义上的合同概念，将合同局限于债权债务关系。

就《合同法》而言，尽管其对合同的定义较为详细，且仅从语词上判断其使用的也是“民事权利义务关系”，不应当是狭义上的合同概念，但是在第2条第2款紧接着规定：“婚姻、收养、监护等有关身份关系的协议，适用其他法律的规定。”明确将所有的身份关系的协议排除在合同的概念之外，故其采用的是与《民法通则》一脉相传的理念，即狭义的合同概念。

而《民法典》就大为不同了，其在第464条第1款规定了合同的概念，即“合同是民事主体之间设立、变更、终止民事法律关系的协议”之后，紧接着在该条第2款规定：“婚姻、收养、监护等有关身份关系的协议，适用有关该身份关系的法律规定；没有规定的，可以根据其性质参照适用本编规定。”这就拓展了《民法典》合同编的适用范围，合同不再仅限于财产关系领域，也不再仅限于债权债务关系领域，而是可以适用到身份关系领域。换言之，尽管合同本身是一种债权债务关系，但是合同法可以适用到债权债务关系以外的领域，民法所调整的两大社会关系即财产关系和人身关系，合同法均有适用的余地，只要当事人之间存在协议，合同法就有适用的可能。

① 参见王利明:《合同法研究》(第1卷)，中国人民大学出版社2015年版，第12—13页。

（二）《民法典》对合同概念的创新

《民法典》将合同的概念由《民法通则》开始到《合同法》时代的狭义理解演变到广义理解，具有积极的立法创新意义、学理更新意义与司法适用意义。

对第464条第2款的解读与司法适用，笔者认为需要从以下几个方面予以注意：

第一，拓展合同编对身份关系协议的适用主要基于两个原因：其一，有关身份关系的协议、人格权关系的协议、物权关系的协议、继承关系的协议等，尽管分属于民法的不同领域，但是它们均为协议，均为当事人合意即意思表示一致的结果，涉及协议的成立、协议的效力、协议的履行、协议的违约责任等方面应当有相似与相通之处，故而参照适用合同编的相关规则自属正常；其二，合同编以外的其他各编极少从合同的角度对相关协议的问题进行规定，提供规则，如果不参照适用合同编的相关规定，会导致相关纠纷无规则可供适用继而难以解决，而参照适用合同编就为此类纠纷的顺利解决提供了现实的可能性。例如，甲乙二人系夫妻，双方自愿签订了一份忠诚协议，协议约定：如果一方在婚内出轨，则双方现在共有的一套140平方米的房屋归对方所有，出轨方应当配合对方办理房屋产权的变更登记手续。后女方出轨，男方依据忠诚协议要求将房屋办理过户登记手续，女方主张自己出轨已经向男方赔礼道歉，并决心绝不再犯，但房屋是夫妻双方共有财产，双方又未离婚，故不同意办理变更登记手续，后男方起诉离婚，同时提出确认双方共有的房屋归其单方所有、请求女方配合办理过户登记手续的诉讼请求，女方代理律师提出该忠诚协议为无效协议的主张，请求法院确认该协议无效。对于该忠诚协议效力的认定，《民法典》第五编即婚姻家庭编没有相应的规则条文，无法作为处理该纠纷的依据，只能先参照适用合同编第502条、第508条的规定，再引到总则编第六章第三节的相关规定，该案才可能得出妥当的处理结果。又如，甲乙二人协议离婚，约定：2岁的儿子归女方抚养，男方每月支付生活费5000元；在儿子成年之前，女方保证不给儿子改姓，如果违反该条女方需要向男方支付违约金10万元。三年后女方再婚，再过两年后女方将儿子改为随继父姓；男方知道后请求女方支付违约金10万元，女方认为：一则违约金的约定无效；二则即使有效也过高，请求法院予以调减。此案中，对于争议的违约金条款是否有效、是否适用调减规则，《民法典》第五编无法提供相应的规则，需要参照适用合同编的有关规则。

第二，有关身份关系的协议，主要受《民法典》第五编的调整，即“婚姻、收养、监护等有关身份关系的协议，适用有关该身份关系的法律规定”，此处的所谓“有关该身份关系的法律规定”在《民法典》施行以后主要就是指《民法典》第五编的规定。

第三，除《民法典》第五编外，有关身份关系的协议也受其他有关法律的调整，即《民法典》以外其他有关婚姻、收养、监护等方面的法律规定，如《未成年人保护法》《妇女权益保障法》等。

第四，当《民法典》第五编或者其他相关法律没有规定时，有关身份关系的协议可以参照适用《民法典》合同编的规定。尽管参照适用不是强制适用，但此一规定已经将《民法典》合同编的适用范围辐射到了除纯粹的债权债务关系以外的人身法律关系领域，包括身份关系。

第五，身份关系协议对《民法典》合同编的参照适用主要集中在以下方面：（1）合同是否成立的认定；（2）合同效力的认定；（3）合同履行规则的认定；（4）违约责任的认定。这些规定对于合同编的有关合同的基本规则对于身份关系协议均具有参照适用的价值。

第六，根据司法实践的情况以及学者的归纳总结，身份关系纠纷可以参照适用合同编的规定主要应用在以下领域：（1）离婚协议的效力认定；（2）离婚财产分割协议的效力认定；（3）离婚协议书中有关子女抚养法定内容调整约定的效力认定；（4）忠诚协议的效力认定；（5）财产约定协议的效力认定；（6）子女之间关于赡养义务分割协议的效力认定；（7）成年意定监护协议的效力认定。①

第七，《民法典》第464条第2款的表述为，“婚姻、收养、监护等有关身份关系的协议”，此处在列举出婚姻、收养、监护之后，有一个“等”字，这就为除婚姻、收养、监护以外的其他身份关系的协议参照适用合同编提供了可能性。例如，遗赠扶养协议、遗产分割协议等。

第八，除了身份关系的协议，有关人格权关系的协议也有参照适用合同编的

① 王雷：《论身份关系协议对民法典合同编的参照适用》，载《法学家》2020年第1期。

可能性。这种情况尽管极少发生，但是仍然存在发生的可能性，主要是在人格权商业化利用的场合，最典型的就是肖像权的许可使用合同。对于肖像权的许可使用合同，《民法典》第四编即人格权编提供了两项规则：一是关于肖像权许可使用合同的特殊解释规则，即第1021条规定：当事人对肖像许可使用合同中关于肖像使用条款的理解有争议的，应当作出有利于肖像权人的解释。二是关于肖像权人的合同法定解除权，即第1022条规定：当事人对肖像许可使用期限没有约定或者约定不明确的，任何一方当事人可以随时解除肖像许可使用合同，但是应当在合理期限之前通知对方。当事人对肖像许可使用期限有明确约定，肖像权人有正当理由的，可以解除肖像许可使用合同，但是应当在合理期限之前通知对方。因解除合同造成对方损失的，除不可归责于肖像权人的事由外，应当赔偿损失。故在肖像权许可使用合同的解释规则上、解除权规则上优先适用人格权编的规定，但是除此之外的其他纠纷，包括许可使用合同是否成立、当事人是否具有缔约主体资格、协议是否有效、履行中哪一方存在违约、违约时如何承担违约责任等，都需要参照适用合同编的规则。

第九，《民法典》物权编有关设立、变更、终止物权的合同，同样适用合同编的规定。其中特别是第333条规定的土地承包经营合同、第348条规定的国有土地使用权出让合同、第367条规定的居住权合同、第373条规定的地役权合同、第400条规定的抵押合同、第427条规定的质押合同等。有关上述设立物权的合同何时产生创设物权的效力之规则，由物权编规定，与合同编无关，如《民法典》第333条第1款规定："土地承包经营权自土地承包经营权合同生效时设立。"第374条规定"地役权自地役权合同生效时设立"，该两条分别规定了土地承包经营权和地役权自土地承包经营合同、地役权合同生效时设立，但是土地承包经营合同、地役权合同是否生效、何时生效以及是否有效等规则，只能适用合同编的规定，物权编不提供此等规则。总之，设立物权的合同本身是否成立、是否有效、是否可以解除、是否已经终止、是否应当承担违约责任等，仍然需要适用合同编的规定。

极而言之，《民法典》合同编不仅适用于纯粹的债权债务关系的协议，还可以适用于物权关系、身份关系、人格权关系的协议。

二、合同的特征

从民法原理角度分析，合同具有以下法律特征。

（一）合同是一种法律行为

法律行为是指民事主体设立、变更、终止民事权利和民事义务关系的行为，它以意思表示为核心要素，这是它与其他法律事实在性质上的不同之处。《民法典》第133条规定："民事法律行为是民事主体通过意思表示设立、变更、终止民事法律关系的行为。"法律行为强调的是意思表示，不含有意思表示的行为或者事件也可以引起民事法律关系的产生、变更或者终止，如非给付型的不当得利、侵权行为等，但是合同作为民事法律行为，必须是基于当事人的意思表示，没有当事人的意思表示就没有合同。只有在合同当事人所作出的意思表示是自愿的、真实的且符合法律要求的情况下，合同才具有法律约束力，并受到国家法律的保护。如果人们的行为不含有民法上的意思表示，不具有追求民法上或者私法上效果的目的，就不会具有法律约束力，也就不会是合同行为。例如，甲、乙相约某日某时在某饭店一起吃饭，甲如约前往，但乙因故未去，甲由此要求乙赔偿其路费、误工费等损失。此案中，似乎甲、乙之间达成了一种协议或者合意，即一起于某个时间、某个地点吃饭，但是，这种约定只是日常生活中的一种行为，其并不含有法律意义上的意思表示，不产生法律上的权利或义务后果，其形成的约束力也只是道德上或者道义上的约束力，与法律无关。

（二）合同以设立、变更或终止民事权利义务关系为目的

民事主体订立合同，无论是以转移财产为目的的买卖合同、赠与合同等，还是以完成工作成果为目的的承揽合同、建设工程合同等，抑或以提供劳务或者服务为目的的委托合同、中介合同等，甚至是以设立物权为目的的抵押合同、质押合同，以约定遗赠人与受遗赠人之间的权利义务为目的的遗赠扶养协议等，都是为了在合同当事人之间形成具有法律意义的权利义务关系，形成相互之间的请求权，通过请求权的行使而实现合同当事人的缔约目的，进而顺利地安排企业的生产经营或者个人的生活、工作与学习等。

从这个意义上来说，合同是民事主体实现意思自治的手段与法律工具，正是因为有了合同，有了合同法律制度，人们才能根据自己的需要、自己的意志安排自己的一切，包括企业的各种生产经营活动，非营利法人的各种事业宗旨范围内的公益活动，自然人的学习、工作或者投资活动等，进而排除他人包括政府、其他第三人对自己各种行为的干预。换言之，当事人有权通过合同来设立、变更、终止民事权利义务关系，进而实现自己在民事领域的自由。

（三）合同是当事人意思表示一致的产物

由于合同是合意的结果，因此它必须包括以下要素：第一，合同的成立必须有两个以上的当事人。第二，各方当事人须互相作出意思表示。第三，各个意思表示是一致的，也就是说当事人达成了一致的协议。所以，合同排除一方当事人对另一方当事人意思表示的欺诈、胁迫等干扰因素，排除当事人自己因为重大误解订立合同而受到的约束，排除仅凭单方的意思表示而设立或者变更合同的情形。

三、合同的类型

合同的类型与法律行为的类型有密切的联系，但是它们不完全相同。合同的分类是对各种纷繁复杂的合同进行的学理上的归纳，通过对合同的分类而抽象出不同类型合同的特征与规律，进而为司法实践中对不同类型合同纠纷的处理提供相对统一的裁判规则。

（一）诺成性合同与实践性合同

1.概念与区分的标准

这是从合同成立的判断标准上进行的分类，即合同的成立是否需要意思表示再加上实践性的行为，通常为交付行为。如果仅仅达成了意思表示的一致合同便告成立，一诺即成，便是诺成性合同；相反，合同的成立除了需要当事人意思表示的一致，还需要加上某个交付行为，将意思表示付诸实践，便是实践性合同。也可以理解为：就实践性合同而言，必须有某种实践性行为如交付行为，才能认为双方意思表示达成了一致，否则就没有达成意思表示的一致性。在学理上，实践性合同也称为要物合同，诺成性合同也称为不要物合同。

2. 典型的实践性合同及其特征

民商事实践中，诺成性合同是主要的，实践性合同相对较少。实践性合同通常是由法律直接规定的，即法律规定必须完成某种交付时，此种合同才能成立或者生效。例如，《民法典》第586条第1款后半句规定："定金合同自实际交付定金时成立。"以此规定，定金合同就是典型的实践性合同。所以，即使双方约定"甲方对乙方支付定金5万元"，但实际上甲只向乙支付3万元，则双方之间达成的定金合同的数额为3万元而非5万元。这就是《民法典》第586条第2款后半句规定的："实际交付的定金数额多于或者少于约定数额的，视为变更约定的定金数额。"

需要注意的是，民商事实践当中大部分的合同都是诺成性合同，自双方意思表示一致合同就成立，实践性合同仅占很少的比例。而且，通常情况下，哪些合同属于实践性合同，应当由法律特别是《民法典》加以规定，原则上不能进行推定。换言之，如果法律没有规定某种合同须完成一定的交付才能成立或者生效，则这种合同就是诺成性合同。诺成性合同是不需要法律作出规定的，而实践性合同原则上是需要法律明确作出规定的。但是，某些合同到底是诺成性合同还是实践性合同，法律没有明确的规定，学理上有不同的理解。此种情形应当结合相关法律的规定以及诺成性合同与实践性合同区分的标准进行甄别。

3. 有争议的实践性合同

如前所述，有些合同到底是诺成性合同还是实践性合同，存在争议。例如，对于保管合同到底是诺成性合同还是实践性合同，学界一直存在争议，有的学者认为属于实践性合同，有的学者认为属于诺成性合同，之前的主流学说认为一般的保管合同属于实践性合同，仓储合同则属于诺成性合同。这次《民法典》对这个问题作出了灵活性的规定，即原则上保管合同属于实践性合同，但是基于意思自治也可以由当事人将其约定为诺成性合同。《民法典》第890条规定："保管合同自保管物交付时成立，但是当事人另有约定的除外。"以此规定，保管合同通常情况下属于实践性合同，需要寄存人将保管物实际交付给保管人时合同才能成立，但是如果当事人另有约定则依其约定，而"另有约定"肯定是相反的约定，即约定保管合同不以交付保管物为合同成立的条件，而是自双方在保管合同上签字或者盖章时合同即告成立，也就是将保管合同约定为诺成性合同。而对于仓储合同,《民法典》第905条规定:“仓储合同自保管人和存货人意思表示一致时成立。”此处没有“但是当事人另有约定的除外”之规定,意味着仓储合同只能是诺成性合同。结论是:保管合同既可以是实践性合同,也可以是诺成性合同,在当事人没有明确将其约定为诺成性合同时,为实践性合同;而仓储合同只能是诺成性合同。

借款合同的性质也存在争议。之前按照《合同法》的规定,自然人之间的借款合同自提供借款时合同成立,亦即为实践性合同,其他的借款合同(主要是指商业银行作为贷款人的商业借款合同)则为诺成性合同。《民法典》承继了《合同法》的此一规则,于第679条规定:“自然人之间的借款合同,自贷款人提供借款时成立。”此处需要明确的是,必须是贷款人与借款人双方均为自然人才适用此一规则,如果贷款人或者借款人有一方为法人或者非法人组织,则借款合同为诺成性合同,不以贷款人提供借款为合同成立的条件。

赠与合同是诺成性合同还是实践性合同,学理上也一直存在争议。《合同法》出台后争议仍然没有停止。现在《民法典》基本上原封不动承继了《合同法》有关赠与合同的规则条文,使得相关的争议有了继续存在的空间。例如,《民法典》第658条第1款规定:“赠与人在赠与财产的权利转移之前可以撤销赠与。”此处“撤销”的对象是什么?是撤销双方的赠与合同还是撤销单方的赠与行为?笔者认为,赠与合同应当是诺成性合同,合同自签订之时起成立,不是交付赠与物的时候合同才成立,撤销只是法律关于赠与合同的特殊规则,在没有交付的时候赠与人可以单方撤销,撤销的是已经成立的赠与合同。而对于经过公证的赠与合同或者依法不得撤销的具有救灾、扶贫、助残等公益、道德义务性质的赠与合同,赠与人不享有撤销权(参见《民法典》第658条第2款)。

借用合同属于无名合同,从《合同法》到《民法典》对其均不着一字,但是实践中并非罕见。借用合同是诺成性合同还是实践性合同,同样存在争议。笔者认为将借用合同理解为实践性合同更合理、更公平一些,借用其实类似于赠与,都是无偿的,如果将其理解为诺成性合同,意思表示一致了合同就成立,到时候如果出借人不能向借用人交付出借物就构成违约,这对于出借人而言显然是不公平的。

（二）要式合同与不要式合同

1.概念与区分的标准

所谓要式合同，就是法律规定合同必须采用某种特定的形式去订立。相反，不要式合同就是法律对于此种合同的订立形式没有特别的要求。

2.区分的意义

首先，基于合同自由原则，法律一般不会要求当事人订立合同必须按法律规定的方式或者形式进行，所以不要式合同是主要的，要式合同是次要的。其次，要式合同应当是基于法律的规定，即法律规定了哪些合同是要式的，此类合同才是要式的，故而不能类推适用。最后，即使是法律法规规定了某种合同必须采用特定的形式订立，例如必须采用书面形式订立，但是也不意味着当事人未按照规定采用书面形式订立合同，合同就肯定不成立，合同的形式瑕疵是可以补正或者治愈的。例如，《民法典》第490条第2款规定："法律、行政法规规定或者当事人约定合同应当采用书面形式订立，当事人未采用书面形式但是一方已经履行主要义务，对方接受时，该合同成立。"这就是形式瑕疵治愈的适例。

（三）双务合同与单务合同

1.概念与区分的标准

双务合同是指当事人双方互享权利、互负义务，而单务合同则是指一方当事人只享有权利而不承担义务，另一方则只承担义务而不享有权利。基于民法的平等原则，大部分合同均为双务合同，当事人互为对待给付义务。而基于民法的意思自治原则，允许双方约定在某个合同当中一方只享有权利，不承担义务，而另一方只承担义务，不享有权利。

大部分的合同都是双务合同，如买卖合同、租赁合同、委托合同、行纪合同、建设工程合同、承揽合同、借款合同等都是双务合同。

2.区分的意义

区分双务合同与单务合同不仅有学理上的价值，亦有其实践意义。例如，借用合同是单务合同还是双务合同，这与把它理解为诺成性合同还是实践性合同有紧密联系。如果认为借用是诺成性合同，意思表示一致合同就成立了，这种情况下借用是双务合同。举例而言，甲、乙于8月1日签订合同，约定8月10日当天甲借车给乙使用，借期10天，这时候合同已经成立且生效了，甲有义务在8月10日交付车辆，当然甲也有权利最后收回这辆车，乙则有权利在10天内无偿使用这辆车，他更有权利要求甲在8月10日交付这辆车，当然乙也有义务最后返还这辆车给甲，所以这个合同是双务合同。但是如果认为借用合同是实践性合同，甲向乙交付车辆之后合同才能成立，则借用合同就成了单务合同，甲把车交付给乙以后，甲就没有任何义务了，他只享有权利，即在借期届满时请求乙返还原物的权利；乙的义务是到时候返还车辆给甲，对返还请求权人甲而言乙就只负担义务。

赠与合同通常为单务合同，受赠人只有权利而没有义务，相反赠与人只有义务而没有权利，除非赠与合同约定为附义务的合同。

（四）有偿合同与无偿合同

1.概念与区分的标准

有偿合同与无偿合同的分类关注的是有没有对价，以这个为区分标准，把合同分为有偿合同和无偿合同，有对价的就是有偿合同，无对价的就是无偿合同。

2.区分的意义

有偿合同和无偿合同区分的关键是当事人取得利益是否需要向对方支付对价，这种区分不等于双务合同和单务合同的区分，它们之间不能画等号，如借贷合同，约定支付利息就是有偿合同，不支付利息就是无偿合同，但是非自然人之间的无息借款合同是诺成性的，进而是双务的，贷款人有提供借款的义务，有收回借款本金的权利，借款人有获得和使用借款的权利，有归还借款本金的义务。但是它是无偿的，即借款人不需要支付利息，也就是不需要支付对价，而是无偿使用对方的资金。所以双务合同不等于就是有偿合同，单务合同不等于就是无偿合同。赠与合同是无偿的，通常也是单务的，赠与人只有义务，受赠人只有权利，但是这种无偿合同有时候也可能是双务的。《民法典》第661条规定："赠与可以附义务。赠与附义务的，受赠人应当按照约定履行义务。"以此规定，赠与合同可以附义务，如果附了义务，受赠人就有义务了，它就不是单务合同，而是双务的。从另一个角度而言，尽管是双务的，但仍然是无偿的，因为受赠人并不需要支付对价，而只是履行某种特定的义务。

（五）主合同与从合同

1.概念与区分的标准

主合同是指能够独立存在的合同。依附于主合同方能存在的合同为从合同。例如，甲与乙订立借款合同，丙为乙担保偿还借款而与甲签订保证合同，则甲乙之间的借款合同为主合同，甲丙之间的保证合同为从合同。保证合同（以及抵押合同、质押合同、定金合同等）与其所担保的主合同（通常为借款合同，当然也可以是其他债权合同）是最典型的从合同与主合同关系。

2.从合同的特征

理解主合同与从合同的关系，需要掌握以下几点：

第一，必须同时存在两个合同才有可能区分主合同与从合同。单独一个合同是无所谓主合同与从合同的。

第二，从合同的存在方式（或订立方式）有两种情形：其一，在一个合同关系中存在从合同条款，仅从形式上看没有独立存在的从合同。例如，当事人在买卖合同中约定了定金条款，这一约定实质上就是一个从合同，但它在表现形式上仅为买卖合同中的一个条款。实践中，定金合同、违约金合同通常都是采用这种方式订立的，以致人们很少认识到定金合同、违约金合同其实也是一种合同。其二，在主合同外单独订立从合同。抵押合同、质押合同大多都是如此。保证合同既有通过主合同中的保证条款形成的情形，也有通过单独订立的保证合同形成的情形。

以上两种情形可以见于《民法典》第685条第1款："保证合同可以是单独订立的书面合同，也可以是主债权债务合同中的保证条款。"

第三，从合同的当事人与主合同的当事人既可以是完全相同的，也可以是不同的。违约金合同、定金合同的当事人与主合同的当事人只能是相同的、完全重合的。保证合同中的保证人只能是主债务关系以外的第三人，所以与违约金合同、定金合同相反，保证合同的当事人不可能是与主合同的当事人完全重合的。抵押合同、质押合同中的抵押人、质押人既可以是主合同中的债务人，即债务人自己向债权人提供物的担保，单独订立抵押合同或质押合同；也可以是第三人，即第三人以其财产为主合同中的债务人提供担保，由第三人与债权人订立抵押合同或质押合同。

第四，从合同的成立时间与主合同可以是一致的，即同时成立，也可以是不一致的。在不一致的情况下，通常是先成立主合同，再成立从合同。例如，先在债权人与债务人之间订立借款合同，嗣后由第三人作为保证人与债权人订立保证合同。但也有先成立从合同后成立主合同的情形，这主要是在最高额保证、最高额抵押担保的情形下，先由担保人与债权人订立最高额保证合同或最高额抵押合同，债权人与债务人的主合同发生在后或同时发生。从合同先成立主合同后成立的情形是极少的。

3. 区分的意义

从合同的主要特点在于其附属性，即它相对于主合同的从属性，这种从属性表现在以下几个方面：

第一，发生上的从属性。从合同以主合同的成立并生效为前提。主合同不能成立，从合同就不能有效成立。换言之，只有在主合同有效成立后，才能成立从合同。所以通常情况下，先有主合同，然后才有从合同。

第二，效力上的从属性。《民法典》第682条第1款规定："保证合同是主债权债务合同的从合同。主债权债务合同无效的，保证合同无效，但是法律另有规定的除外。"若主合同被宣告无效或被撤销，从合同也将失去效力。换言之，主合同的效力决定从合同的效力。当然，如果从合同不成立、无效或被撤销，并不影响主合同的效力。同时，从合同可以单独被认定为不成立、不生效、无效或被撤销。

从学理上而言，"主合同无效从合同随之无效"的结论并非没有可商榷之处。如果认为从合同是独立的合同，即使主合同无效，按理从合同的效力不应当也肯定随之无效，从合同中的当事人仍然应当履行其在从合同中的义务。例如，若借款合同被认定无效，但是保证合同并无导致其无效的其他因素，则保证合同可以继续有效，并且由保证人承担因主合同无效债务人应当向债权人履行的给付义务。

第三，转让上的从属性。这体现在：首先，从合同不能离开主合同而单独转让，即从合同中的权利人或义务人都不能将其在合同中的权利或义务单独进行转让；其次，如果主合同的权利发生转让，则从合同中的权利亦随之转让，除非当事人另有约定。《民法典》第407条规定："抵押权不得与债权分离而单独转让或者作为其他债权的担保。债权转让的，担保该债权的抵押权一并转让，但是法律另有规定或者当事人另有约定的除外。”

需要注意的是，尽管从合同具有以上从属性，但从合同仍然是一个独立的合同，从合同当事人之间的法律关系是一个独立的法律关系。从合同并不是主合同的附件或者补充条款，它是通过单独的意思表示而达成的合意。这突出体现在从合同效力的独立性上，即在主合同有效的情况下，从合同可以被单独宣告无效或被撤销。例如，在借款合同中，银行作为债权人与借款人恶意串通，骗取保证人的担保，此时借款合同作为主合同其效力并无瑕疵，但保证合同作为从合同可以被宣告无效。

4.具有典型意义的从合同：保证合同

司法实践中，以保证合同与其所担保的主合同为最典型的从合同与主合同关系类型。根据《民法典》及《最高人民法院关于适用〈中华人民共和国民法典〉有关担保制度的解释》的规定，理解保证合同与其所担保的主合同的关系需掌握以下几点：

（1）保证合同除了以单独订立的保证合同、主合同中的保证条款这两种形式订立之外，还可以是保证人单方向债权人出具的保函（担保函或者保证书）。《民法典》第685条第2款规定：“第三人单方以书面形式向债权人作出保证，债权人接收且未提出异议的，保证合同成立。”此一规定赋予了保证合同这种从合同可以是以单方意思表示的方式而成立的。当然，保证人单方出具担保函后如果债权人明确表示反对，不同意保证人作出的保证，此时不成立保证合同。

（2）主债权转让的，从合同随之转让，保证人在原保证担保的范围内继续承担保证责任。但保证合同对此另有约定的，从其约定。

（3）债权人许可债务人转让其债务的，应当取得保证人的书面同意，否则保证人不再承担保证责任。但保证合同对此另有约定的，从其约定。《民法典》第697条第1款规定：“债权人未经保证人书面同意，允许债务人转移全部或者部分债务，保证人对未经其同意转移的债务不再承担保证责任，但是债权人和保证人另有约定的除外。”

（4）债权人与债务人协议变更主合同的，原则上应当取得保证人的书面同意，否则保证人不再承担保证责任，除非变更以后减轻了保证人的责任。《民法典》第695条第1款规定："债权人和债务人未经保证人书面同意，协商变更主债权债务合同内容，减轻债务的，保证人仍对变更后的债务承担保证责任；加重债务的，保证人对加重的部分不承担保证责任。"换言之，债权人与债务人协商变更主合同，其结果无外乎两种主要情形，一种是减轻债务人的负担，另一种是加重债务人的负担。如果事前经过了保证人的同意，保证人当然继续对变更后的债务承担保证责任，无论是加重了保证责任还是减轻了保证责任；如果未经过保证人同意，则在减轻债务人负担的情况下保证人应当继续承担保证责任，在加重债务人负担的情况下保证人有权提出抗辩，不再承担保证责任。

（5）主合同解除的，保证人对债务人应当承担的民事责任仍应承担保证责任。但保证合同另有约定的，从其约定。

（六）预约合同与本约合同

预约合同与本约合同，这是学理上对合同比较新的一种分类，《合同法》尚未对预约合同和本约合同作出规定，直到《最高人民法院关于审理买卖合同纠纷案件适用法律问题的解释》中才第一次出现预约的概念。《民法典》用一个条文即第495条对预约合同进行了简单的规定。

有关预约合同与本约合同的规则，请参阅本书第二章之五"预约合同的规则"。

（七）束己合同与涉他合同

1. 概念与区分标准

以合同是否涉及合同以外的第三人的利益，可以将合同分为束己合同与涉他合同。仅仅约束合同当事人本人的合同即为束己合同。若合同当事人为合同以外的第三人设定了权利或者义务，就是涉他合同。束己合同为合同的常态，涉他合同为例外情形。例如，投保人甲与保险人乙作为保险合同的当事人，在保险合同中将丙列为受益人，甲与乙通过合同为第三人丙设定了权利，即依据合同受领保险金的权利，这就是典型的涉他合同。

2. 涉他合同的类型

根据《民法典》第522条、第523条的规定，涉他合同可以分为两类，即向第三人履行的合同和由第三人履行的合同。

（1）向第三人履行的合同

向第三人履行的合同，是指当事人通过合同约定，由合同中的一方当事人向合同以外的第三人履行全部的或部分的合同义务。第三人根据合同约定仅享有权利或利益，而不负担义务。所以这种向第三人履行的合同也称为利益第三人合同。上面所举的保险合同的例子即此种合同。例如，信托合同，委托人与受托人为合同当事人，委托人同时指定信托受益人，该信托合同亦为利益第三人的合同。再如，在运输合同中，托运人载明第三人为收货人，此时第三人享有受领运输标的物的权利，也属于向第三人履行的合同。

（2）由第三人履行的合同

由第三人履行的合同，是指当事人通过合同约定，由合同以外的第三人向合同当事人履行全部或部分义务。例如，甲乙为某一买卖合同的买方与卖方，合同约定乙将于2022年9月1日交付计算机5台；由于乙同时与丙订立了另一份买卖合同，乙在该买卖合同中为买方，丙为卖方，故甲乙之间的买卖合同约定乙的交付义务由甲乙之外的丙实际向甲交付。

3.涉他合同的意义

（1）涉他合同的效力

涉他合同突破了合同的相对性原理，使合同的效力不仅发生于当事人之间，而且有限度地及于第三人。涉他合同的效力体现在两个方面：第一，合同的有效性，即涉他合同是有效的合同，并不因其为第三人设定了利益或为第三人设定了义务而无效。无论是合同当事人还是受涉的第三人都不能因合同的涉他性而主张合同无效。第二，受领上的效力，即在向第三人履行的涉他合同中，第三人有权受领合同当事人的履行；在由第三人履行的涉他合同中，合同当事人有权受领第三人的受领。

（2）涉他合同对第三人约束力的限制

法律在承认涉他合同效力的同时，必须对涉他合同对于第三人的效力给予一定的限制。换言之，尽管涉他合同突破了合同的相对性原理，但这种突破是有限度的，它不是对合同相对性原理的否定。这种限制体现在：第一，在向第三人履行的场合，第三人并不享有直接要求当事人履行的请求权，除非法律有特别的规定（符合《民法典》第522条第2款规定的情形）；在由第三人履行的场合，当事人并不享有直接请求第三人履行的请求权。第二，在当事人未向第三人履行的情况下，当事人仅对合同的对方当事人承担违约责任，而不对第三人承担违约责任；在第三人未向当事人履行的情况下，第三人不承担违约责任，而应由合同对方当事人承担违约责任。我国《民法典》对此作出了明确规定。

有关涉他合同的详细履行规则，请参见本书第四章“合同的履行”之六“涉他合同的履行”。

（八）典型合同与非典型合同

1.典型合同的概念与类型

典型合同与非典型合同，也称为有名合同与无名合同，这在学理上是很重要的分类。广义上，所有民商事法律规定的合同都是有名合同，或典型合同，其中特别是《民法典》合同编第二分编即“典型合同”中规定的合同类型。除《民法典》之外，其他很多民商事单行法中规定的合同也属于典型合同或有名合同，如《保险法》当中的保险合同，《证券法》当中的证券发行合同、证券转让合同、证券经纪合同，《海商法》当中的各种海事合同（如海上货物运输合同、海上旅客运输合同、海难救助合同等），《公司法》中的股权转让合同、股份代持协议等。狭义上的典型合同，是指《民法典》合同编中所规定的合同。《民法典》合同编典型合同分编中所规定的典型合同是有限的，它只是列举了民商事实践当中最常见的一些合同类型，进行规则的提炼归纳，形成基本的规则，如买卖、租赁、委托、行纪、运输、加工、承揽等。《民法典》一共规定了19种典型合同，即①买卖合同；②供用电、水、气、热力合同；③赠与合同；④借款合同；⑤保证合同；⑥租赁合同；⑦融资租赁合同；⑧保理合同；⑨承揽合同；⑩建设工程合同；⑪运输合同；⑫技术合同；⑬保管合同；⑭仓储合同；⑮委托合同；⑯物业服务合同；⑰行纪合同；⑱中介合同；⑲合伙合同。其中，保理合同、保证合同、合伙合同、物业服务合同是在原《合同法》的基础上新增加的四种合同类型。

2.非典型合同的概念与法律适用

实践中还有很多其他合同，但是《民法典》合同编无法穷尽列举。所谓非典型合同或者无名合同，就是指法律没有规定名称的合同，法律没有给这类合同提供具体的规则。例如，房屋联建合同，劳务互换合同，土地一级开发协议，股东一致行动协议等。此类合同既无名称，也没有具体的规则，但是它们同样有可适用的规则。这就是《民法典》第467条第1款规定的非典型合同的法律适用规则，即："本法或者其他法律没有明文规定的合同，适用本编通则的规定，并可以参照适用本编或者其他法律最相类似合同的规定。"

非典型合同中，有的属于纯粹的非典型合同，也就是《民法典》和其他民商事法律中都没有此种合同类型的规定，如前面提到的房屋联建合同、股东一致行动协议等。也有的非典型合同中既有典型合同的内容，又有非典型合同的内容，如在一份租赁合同中同时约定：承租人每周给出租人的儿子进行两次学习辅导，出租人支付报酬，该报酬从承租人应当支付的房屋租金中直接抵扣。该合同即属于非典型合同，其中有典型合同的内容即租赁合同的内容，又有非典型合同即学习辅导相关的内容。实践中，当事人订立的合同很多都属于无名合同或者非典型合同，而且其内容同时包含多个典型合同或者非典型合同的内容。例如，在一份房屋联建开发协议中，既有合作开发房屋的约定，又有一方向另一方提供借款的约定，还有一方代理另一方进行房屋销售的约定。学理上将此类非典型合同称为混合型非典型合同，[①]或者合同联立。混合合同本身就是一种非典型合同。

根据《民法典》第467条第1款规定，非典型合同的法律适用规则体现在两个方面：第一，所有的非典型合同均适用《民法典》合同编第一分编通则的规定，诸如有关要约与承诺的规则、合同订立形式的规则、合同履行中的抗辩权规则、合同的解除规则、合同的违约责任规则等。质言之，《民法典》合同编第一分编第一章至第八章的所有规则都适用于所有非典型合同。第二，除了《民法典》合同编第一分编通则，非典型合同还可以适用第二分编即典型合同中的相关规则，以及其他民商事法律中的相关规则，前提是这些非典型合同与《民法典》规定的典型合同或者其他民商事法律规定的合同相类似，而且最为接近，即"最相类似"。

比如，旅游合同，实践中各种旅游合同的内容相差很大，《旅游法》只是给出一般概念的旅游合同，实际上旅游合同往往同时含有承揽、委托、租赁、代理

---

① 参见韩世远：《合同法总论》，法律出版社2018年版，第73页。

等内容，如旅客住店是租赁合同，旅客乘坐交通工具是运输合同，旅行社代旅客购买景点门票是代理合同，它是很多合同的结合，即合同联立。但与旅游合同最相类似的典型合同，应当是委托合同。所以，处理旅游合同纠纷，可以适用《民法典》合同编通则分编，同时可以参照适用典型合同分编中的委托合同的相关规则。

无论是典型合同还是非典型合同，特别是典型合同，当事人在订立合同时通常都会给合同取一个名称，如典型合同通常就是采用《民法典》合同编典型合同分编所使用的合同名称，如买卖合同、赠与合同、租赁合同、委托合同、建设工程合同等，但也可能使用的是与《民法典》合同编典型合同分编不一致或者不完全一致的合同名称，如购销合同、物业承租合同、代理合同等。非典型合同的名称则更为各种各样，例如增资扩股合同、技术合作合同、房屋联建协议、土地一级开发协议、资产与股权收购协议等。有的合同性质是单一的，例如买卖合同、租赁合同，有的合同则是含有几种合同性质在内，如在一份“合作协议”的纠纷中，协议约定既有租赁合同的内容，又有借款合同的内容，还有委托施工的合同内容。如前所述，学理上将这种情形称为“混合合同”或者“合同联立”。司法实践中，需要根据合同的具体内容以及其他相关因素确定合同的性质以及双方的权利义务，而不能仅仅根据当事人自己给合同取的“名称”。对此，《最高人民法院关于适用〈中华人民共和国民法典〉合同编通则若干问题的解释》第15条作出了相应的规定，即“人民法院认定当事人之间的权利义务关系，不应当拘泥于合同使用的名称，而应当根据合同约定的内容。当事人主张的权利义务关系与根据合同内容认定的权利义务关系不一致的，人民法院应当结合缔约背景、交易目的、交易结构、履行行为以及当事人是否存在虚构交易标的等事实认定当事人之间的实际民事法律关系”。

（九）实定合同与射幸合同

实定合同与射幸合同，这是一种不常见的分类。所谓实定合同，指的是订立合同的时候，当事人的权利义务都是确定的，比如房屋买卖合同，出卖人交付房屋，买受人支付价款，何时付款，何时交房，权利义务都是确定的。这就是实定合同。一般的合同都是实定合同，但是有的合同具有一种射幸性，射幸就是不确定的意思，有运气的成分。最典型的射幸合同就是保险合同，比如某航空旅客作为投保人花60元购买了一份航意险，合同成立了，如果飞机安全到达，保险公司就不需要承担任何义务了，只享受收取保险费的权利；但是一旦出险，保险公司就需要支付约定的巨额保险赔款。所以保险公司的义务是不确定的，投保人享有的权利也是不确定的。购买福利彩票的合同也是典型的射幸合同。

四、《民法典》合同编的适用范围

（一）《民法典》对合同法适用范围的扩大

《民法典》第463条（也就是合同编的第1条）规定："本编调整因合同产生的民事关系。"该条明确了合同法（《民法典》合同编）的调整对象与适用范围。

事实上，合同编第一分编通则第一章"一般规定"，一共六个条文，其中有四个条文都是关于合同法（《民法典》合同编）的调整对象与适用范围的。除了第463条直接规定合同法的调整对象，其第464条规定："合同是民事主体之间设立、变更、终止民事法律关系的协议。婚姻、收养、监护等有关身份关系的协议，适用有关该身份关系的法律规定；没有规定的，可以根据其性质参照适用本编规定。"第467条规定："本法或者其他法律没有明文规定的合同，适用本编通则的规定，并可以参照适用本编或者其他法律最相类似合同的规定。在中华人民共和国境内履行的中外合资经营企业合同、中外合作经营企业合同、中外合作勘探开发自然资源合同，适用中华人民共和国法律。"第468条规定："非因合同产生的债权债务关系，适用有关该债权债务关系的法律规定；没有规定的，适用本编通则的有关规定，但是根据其性质不能适用的除外。"以上四个条文关于合同法调整对象与适用范围的逻辑递进关系是：

首先，《民法典》第463条对合同编的调整对象作出一般性的表述，即凡因合同而产生的民事关系均受合同法的调整，合同编是专门为因合同而产生的民事关系设置的法律规则。

其次，《民法典》第464条进一步明确第463条表述的"合同"的概念，包括合同的内涵与外延。特别需要注意的是，该条对"合同"的概念采纳的是广义上的合同概念，其中包括有关身份关系的协议同样有适用合同法的空间。

再次，《民法典》在第467条对非典型合同的法律适用作出明确的规定，即合同法适用于所有的非典型合同。典型合同适用合同法自不待言，但合同编的通则部分既适用于典型合同，也适用于非典型合同。并且，合同编的典型合同分编对于非典型合同也有参照适用的空间。除此之外，该条对三种涉外合同即中外合资经营企业合同、中外合作经营企业合同、中外合作勘探开发自然资源合同的法律适用作出规定，即该三种合同应当适用中华人民共和国法律，其中最主要的就是《民法典》合同编。

最后，在《民法典》第468条对非因合同产生的债权债务关系的法律适用予以规定，使得合同法的适用范围扩大到合同以外的民事关系领域，同时对于非因合同产生的债权债务关系如何适用合同编也作出了规定。

有关非因合同产生的债权债务关系的合同法适用问题，下文将有进一步的分析。

（二）《民法典》合同编适用的具体范围

根据《民法典》合同中通则分编的规定，归纳起来，合同法的适用范围包括如下具体民事法律关系：

1.《民法典》合同编典型合同分编规定的所有由19种典型合同产生的债权债务关系。

2.其他民商事法律、法规规定的典型合同产生的债权债务关系，主要包括由《公司法》《票据法》《保险法》《合伙企业法》《商标法》《专利法》《著作权法》《土地管理法》《旅游法》《招标投标法》《拍卖法》等法律规定的典型合同，如股权转让合同、专利许可使用合同、旅游合同、国有土地使用权转让合同等。需要注意的是，此等民商事法律对于相关合同有规定的优先适用此等法律的规定，没有规定的才适用合同法。

3.所有非典型合同产生的债权债务关系。

4.基于《民法典》物权编规定的产生物权法律关系的合同，包括抵押合同、质押合同、地役权合同、居住权合同、让与担保协议等。

5.基于《民法典》人格权编产生的人格权商业化利用的合同关系，主要是肖像权许可使用合同、姓名权许可使用合同等。

6.基于《民法典》婚姻家庭编产生的与婚姻、收养、监护等有关的合同关系，如夫妻财产约定协议、夫妻忠诚协议、离婚协议、分居协议、收养协议、监护协议等。

7.基于《民法典》继承编产生的有关遗赠扶养协议、遗产分割协议等形成的债权债务关系。

8.三种特殊的涉外合同即中外合资经营企业合同、中外合作经营企业合同、中外合作勘探开发自然资源合同关系。

9.非因合同而产生的债权债务关系，包括单方行为、共同行为、缔约过错、不当得利、无因管理、侵权行为等各种法律行为或者事实行为或者事件而形成的债权债务关系。

五、合同法的基本原则

在《民法典》颁布之前，由于单行立法的特点，需要在《合同法》中对合同法的基本原则作出规定。所以《合同法》从第3条到第8条分别规定了我国合同法的六项基本原则，即平等原则（《合同法》第3条："合同当事人的法律地位平等，一方不得将自己的意志强加给另一方"）、自愿原则(《合同法》第4条："当事人依法享有自愿订立合同的权利，任何单位和个人不得非法干预"）、公平原则（《合同法》第5条："当事人应当遵循公平原则确定各方的权利和义务"）、诚实信用原则（《合同法》第6条："当事人行使权利、履行义务应当遵循诚实信用原则"）、合法原则（《合同法》第7条："当事人订立、履行合同，应当遵守法律、行政法规，尊重社会公德，不得扰乱社会经济秩序，损害社会公共利益"）、合同受保护原则（《合同法》第8条："依法成立的合同，对当事人具有法律约束力。当事人应当按照约定履行自己的义务，不得擅自变更或者解除合同。依法成立的合同，受法律保护"）。民事法律法典化之后，《民法典》在总则编统一规定了适用于各个分编的民法基本原则，这些规定于总则编、属于民法的基本原则，当然也是合同法（合同编）的基本原则，但是基于两个方面的原因，仍然需要单独强调合同法的基本原则：其一，民法的基本原则绝大多数在合同法中有最为充分的体现，如自愿原则、公平原则、诚实信用原则等，但是这些基本原则在合同法中是如何体现的，需要准确解读；其二，合同法具有不属于民法基本原则的而仅属于合同法自身的基本原则，即鼓励交易原则，需要特别强调的是，这就如同物权法（物权编）的一物一权、物权法定原则一样。

（一）合同自由原则

1. 合同自由原则的含义

合同自由原则，这是合同法的第一原则。自由原则也是民法的基本原则之一，但是民法的第一原则是平等，而合同法的第一原则是自由，自由原则如同合同法的灵魂，没有自由就没有合意，就没有理性的交易，就是没有体现市场经济价值规律的合同，合同法也就无法完成合同作为市场经济载体与表现形式的立法使命。

合同自由原则的含义包括自由选择合同对方当事人、选择以何种方式订立合同、选择何时何地订立合同、决定订立何种内容的合同、决定如何履行合同等，一切都取决于当事人的自由意志。一方不得对另一方加以强制，双方都不受任何来自第三人的干预。这就是合同自由原则的基本内涵。

2. 合同自由原则的意义

强调合同自由原则的意义在于：合同本身就是一种交易规则，是社会财产、生产要素在不同的民商事主体之间进行流通、交换的一种规则，到底应当由谁来决定进行交换与流通，怎样进行交换与流通，以什么价格进行交换与流通，在哪些主体之间进行交换与流通，何时进行交换与流通等，市场经济是应当根据市场的规律和供需的情况来决定生产要素的配置、社会资源的流通，而不是根据哪一个单位或者个人的意志来决定生产、交换、分配的各个环节。所以，合同自由原则对于我国社会主义市场经济的建设与完善具有极为重要的意义。

（二）诚实信用原则

1. 诚实信用原则的含义

诚实信用原则同样是民法的基本原则之一，而在合同法领域特别强调诚实信用原则的意义。可以说，民法的诚实信用原则主要是适用于合同法领域。当然，不当得利、无因管理、侵权之债等法定之债中，也有诚实信用原则适用的余地，债法以外的其他领域甚至包括人身关系中都有诚实信用原则适用的余地。但是毋庸置疑的是在合同法领域，诚实信用原则更为重要。合同自由原则只解决政府不干预市场，第三人不介入合同，一方当事人不强迫或者欺骗另一方当事人等问题，但是怎么才能保证当事人是真正的自愿，怎样才能保证交易是童叟无欺，怎样才能保证不会假借订立合同而恶意进行磋商，怎样才能保证履行合同符合合同目的等，这些不是依靠合同自由原则能够解决的，而是必须依靠每一个民商事主体的诚实信用以及整个市场与社会的诚实信用才能解决。

诚实信用本为做人的基本道德准则，其本义为以诚待人，以信接物，恪守诺言，讲求信誉，不欺不诈，后来发展成为商业领域的一般道德规范。《民法典》第7条规定：民事主体从事民事活动，应当遵循诚信原则，秉持诚实，恪守承诺。所以合同法领域诚实信用原则的基本含义就是公平交易，童叟无欺，信守合同，严格履约。

2.诚实信用原则的价值

合同法特别要求市场主体讲究诚实信用，无论是在订立合同的磋商谈判当中，还是订立以后的履行当中，甚至包括合同履行以后的后合同义务当中，都要遵循诚实信用原则。诚实信用本来是伦理道德的规范，但它被上升为一个法律原则，使它不再是一个单纯的道德伦理的要求，违反诚实信用原则的人不仅是一个不讲道德、不守信用的人，而且在法律上也要承担相应的后果。所以诚实信用原则对民商事交易秩序的维持至为重要。

不仅是立法层面，司法机关在审理合同纠纷时也应当依照诚实信用原则去解释当事人的真意，确定当事人的权利义务与责任。是故，法律将诚实信用确立为基本原则，实为法律吸收道德观念的典型表现。①

诚实信用原则看起来比较抽象，但是如前所述，在处理合同纠纷中诚实信用原则其实是很具体化、很感性的规范。此处举一个相对比较详细的案例说明诚实信用原则在司法实践中的适用：乙为A公司的唯一股东，甲与乙签订股权转让协议，约定乙将A公司100%的股权转让给甲，双方办理了股权变更登记手续，这看似是一笔正常的交易。一个月后，丙向法院提起诉讼，请求确认甲与乙之间的股权转让合同无效，主要理由是：乙和甲签订股权转让协议，以1000万元人民币将A公司的股权转让给甲，但是A公司的实际投资人是丙，原来是一个外商独

① 韩世远：《合同法总论》，法律出版社2021年版，第53页。

资企业，后因企业经营需要，丙与乙签订了一份股份代持协议，乙之前是丙的专职司机，丙将A公司的股权办理过户登记到乙的名下，乙未支付一分钱，且甲与丙是朋友关系，甲知道此一事实，A公司的注册资本是2500万美元，乙作为一个司机其收入不可能受让股份，客观上也确实一分钱都没有支付，甲因知情而不构成善意取得。这个纠纷的实质就是乙违反诚实信用原则，不讲信用，将丙委托他代持的股份当作自己的股份低价进行转让，牟取不正当利益，然后甲也违反诚实信用原则，在明知A公司的真实股东为丙的情况下，以不合常理的低价从乙处受让股份，甲和乙同时违反诚实信用原则，损害丙的合法权益，故甲和乙之间的股份转让协议应当认定为无效，根本原因就在于甲和乙违反诚实信用原则，恶意串通损害第三人丙的利益。所以说诚实信用原则不是抽象的，它会反映到具体规则上，也会反映在司法实践当中。

（三）公平原则

1.公平原则的含义

公平原则同样是民法的基本原则之一，《民法典》第6条规定：民事主体从事民事活动，应当遵循公平原则，合理确定各方的权利和义务。所以公平原则的核心要旨在于当事人权利义务的对等性与均衡性。

有的学者将公平原则表述为合同正义原则，这不无道理，因为公平是交易关系中的应有之义，其所体现的是合同的实质正义，即交换的正义。[①]英美法所讲的合同正义原则与《民法典》规定的公平原则可谓不谋而合，异曲同工，只是表述不同而已。当事人订立合同、履行合同，解释当事人的意思表示，处理合同纠纷，不仅要基于文字、形式与外观，还要追求合同的实质正义，合同正义强调的是合同的实质正义，即当事人权利义务的对等性与均衡性。

2.公平原则的价值

公平原则首先要求形式上的公平，即订立合同时双方均有表达的自由与机会，合同权利义务至少在形式上的分配与安排是大体上对等的，双方的给付大体上是等值的，没有明显地对一方有利而对另一方不利。其次，公平原则也要求实

---

① 崔建远：《合同法原理》，北京大学出版社2016年版，第17页。

质意义的对等与均衡，即不仅在形式上看起来权利义务的分配是合理的和公允的，实质上也确实是公允的和均衡的。例如，在商事实践中常见的公司对赌协议纠纷，即估值调整协议纠纷，投资方向融资方提供融资，一部分作为投资方的出资并换算成其持股比例，大部分进入公司资本公积金，目标公司的估值通常都是溢价几倍甚至十几倍、几十倍，原股东及目标公司获得足额的资金注入，但是后来的经营状况不佳，目标公司既没有实现允诺的财务业绩，也没有完成股票首次公开发行与上市，按照协议原股东或者目标公司需要以约定好的价格回购投资方的股权，而约定的回购价格可能相对于当初投资款加上20%或者30%的甚至更高的年化收益率，原股东与目标公司拒绝按照约定的价格进行回购，所持的主要理由就是回购价格过高，显失公平。从形式上看，回购价格与投资时的股权溢价可能是大体对应的，双方的给付应当是等值的，符合形式公平；但实质上，20%、30%或者更高的年化收益率是不符合企业的一般商业利润规律的，企业是不堪重负的，所以法官可以依据合同实质正义的原则对约定的回购价格进行调整。

（四）鼓励交易原则

1.鼓励交易原则的含义

鼓励交易原则是合同法特有的一项原则，仅在合同法领域适用，在民法的其他领域不适用。所谓鼓励交易，是指合同法的立法目的、合同法规则的设计理念、合同纠纷的解决方案等均应当体现促进当事人订立合同、鼓励当事人积极履行合同、尽量不使合同被撤销或者被解除或者被认定无效之精神与旨意。

2.鼓励交易原则的价值

鼓励交易原则源于经济学的基本原理。合同是有关市场交易的规则，一个国家的市场交易如果不活跃、不频繁、不有序、不高效，不能得到有效的激励，说明这个国家经济秩序紊乱，经济效益低下，经济运行失范，生产要素不能自由流通，商品与服务不能有序提供，人们对市场丧失信心，交易成本增加，企业很难创造出新的产品，不能成就新的产业，不能为社会提供充足的就业机会，不能为国家创造充足的税收。所以，不能限制甚至扼杀市场交易，相反要创造积极的营商环境，鼓励人们进行交易。唯有鼓励商业、鼓励交易，才能带来社会成员之间的信息共享和流通，才能互通有无，促进人们创造更多的财富，国家也才能更加富强。

3. 鼓励交易原则在《民法典》中的体现

鼓励交易原则体现在《民法典》合同编的很多具体制度与规则上。

例如，对于合同的形式，《民法典》第469条第1款规定：当事人订立合同，可以采用书面形式、口头形式或者其他形式，亦即不要求必须采用某种形式，即使是大宗交易、不动产交易、长期交易等，也不要求当事人必须采用特定的形式。这是鼓励交易原则的体现，合同采取什么形式应当由当事人自己决定。《民法典》有关合同订立的规则中最能体现鼓励交易原则的条款是第490条，该条第1款规定：当事人采用合同书形式订立合同的，自当事人均签名、盖章或者按指印时合同成立。在签名、盖章或者按指印之前，当事人一方已经履行主要义务，对方接受时，该合同成立。第2款接着规定：法律、行政法规规定或者当事人约定合同应当采用书面形式订立，当事人未采用书面形式但是一方已经履行主要义务，对方接受时，该合同成立。上述两款建立了两个重要的合同订立规则：第一，在采用合同书形式订立合同的情形下，即使双方或者一方还没有在合同书上签字（包括盖章、按手印），但是当事人已经履行了合同的主要义务，对方也予以接受，此时尽管形式上双方的意思表示尚未达成一致，但是视为合同已经成立，任何一方不得仅仅以当事人尚未签字为由主张双方之间不存在合同关系，交易已经达成，对双方均有约束力，必须按照合同履行。第二，即使是法律、行政法规对合同形式作出了强制性规定，要求采用书面形式订立合同，或者当事人明确约定合同必须采用书面形式，而当事人并未采用书面形式，违反了法律、行政法规的强制性规定，或者违反了事先的约定，但是一方已经履行主要义务，对方也予以接受时，则合同仍然成立，当事人不得以违反法律、行政法规的强制性规定或者违反双方的约定为由而主张双方之间不存在合同关系，主张合同不成立。这些规则充分体现了鼓励交易原则的合同法原则。

又如，《民法典》第533条规定的情势变更原则，特别强调出现情势变更后当事人首先应当进行磋商，将继续磋商的义务法定化，而不能随意变更合同，更不能随意解除合同，只有在磋商不成的情况下当事人才能请求法院或者仲裁机构变更或者解除合同，只能通过公力救济的途径行使此等权利，充分体现了鼓励交易的原则。

再如，《民法典》放弃了之前《合同法》规定的“以合法形式掩盖非法目的”

的合同为无效合同的规则，仅规定虚假意思表示的合同为无效合同，由虚假意思表示掩盖（隐藏）的合同的效力则根据相关法律确定，而不会仅仅由于在隐藏的合同关系之外存在一份无效的虚假意思表示的合同而无效，这是对鼓励交易原则的最好诠释。

鼓励交易原则还体现在司法理念上，即在很多合同纠纷中，如果有一方当事人主张确认合同无效，或者请求撤销合同，或者请求裁决解除合同，或者请求确认解除合同的效力，其必须提供充足的证据，完成严格的举证责任，如果只是在两可之间，可以撤销也可以不撤销，可以解除也可以不解除，可以认定为无效也可以认定为有效，则应当本着鼓励交易的原则，裁决不予支持撤销合同或者解除合同的请求，朝着有利于合同有效的方向解释合同。对于确认合同无效，则必须完全符合法律关于无效合同的条件，不能类推适用合同无效的规范。《最高人民法院关于适用〈中华人民共和国民法典〉合同编通则若干问题的解释》也充分体现了合同法的鼓励交易原则，如其第1条第3款规定："对合同条款有两种以上解释，可能影响该条款效力的，人民法院应当选择有利于该条款有效的解释"就是例证。

六、合同编通则分编的特殊立法功能

合同法属于债法的范畴。债法是民法的一个重要组成部分。在大陆法系国家，债法的立法例有一定的差别，如法国法的体例和德国法的体例就有所不同，《法国民法典》因为一共设置为三卷，没有独立的债法卷，债法的内容规定于第三卷"取得财产的各种方式"，在该卷中专设第三编规定债法通则，然后有多编关于债法分则的规定，而《德国民法典》采五编制，专设债法（债务关系法）一编。大多数大陆法系国家的民法典债法的基本模式是在民法典当中成为独立的一编，与物权编构成民法典的财产法二元结构，即物债二元结构。就债法的整个体例与体系而言，无论是从法教义学上还是从立法例上，债法通常包括如下基本内容：一是债法总则，在立法上表现为债的总则或者通则，在法教义学上表现为债法总论或者债法基本原理，债法通则适用于所有的债，法定之债、意定之债都有适用余地。二是债法分则，即各种具体的债的类型，包括法定之债与意定之债。

《民法典》在起草过程中曾经出现的涉及法典体例结构的争议之一就是要不

要保留大陆法系传统的债法编，特别是债法总则或者通则。最终确定的方案是由于合同与侵权责任都已经独立成编，在法典中再设债权编意义不大，而且会导致法典体例的紊乱。但是，债法通则的内容又确实非常重要，需要在法典中予以规定，于是起草过程中就达成如下共识，即以合同法的总则（通则）来替代发挥整个债法总则的功能，因为不像《德国民法典》《日本民法典》等，我们的民法典没有债法编和债法总则，而是把债法拆成两个部分，一个合同法，一个侵权责任法，它们在法典中各自独立成编，但是债法的基本原理与基本规则必须加以统一的规定，唯一可行的途径就是将债法总则规定在合同编的总则中。于是《民法典》合同编就有了三个分编，第一分编就是债法总则的内容，称为“通则”。并且，为了弥补《民法典》没有设立债法总则的缺陷，充分发挥合同编通则分编作为债法总则的功能，在整个合同编特别是通则分编尽量不使用“合同当事人”“合同权利”“合同义务”等概念，而是尽量使用“债权人”“债务人”“债权”“债务”等表述。所以，合同编的通则分编是《民法典》中非常重要的部分。

七、合同的约束力与合同的相对性

《民法典》第465条第1款规定：“依法成立的合同，受法律保护。”第2款规定：“依法成立的合同，仅对当事人具有法律约束力，但是法律另有规定的除外。”该条是关于合同约束力的规定，言简意赅，包含了合同法与债法的基本原理。

（一）合同具有法律上的约束力

合同的约束力，也可以称为合同的拘束力，是指合同一经成立，便在合同当事人之间形成法律上的约束，即“法锁”，任何一方不得擅自改变合同或者解除合同，而应当按照合同的约定履行自己的义务，以实现对方的权利，如果一方违反合同的约定不履行自己的义务或者履行义务不符合合同的约定，对方就可以通过诉讼或者仲裁的途径，请求对方履行义务并承担相应的违约责任。

理解合同的约束力可以从以下五个层次进行：

第一，合同约束力是合同目的得以实现、合同功能得以发挥的前提条件，合同如果没有约束力，就不能在当事人之间形成“法锁”的效果，当事人可以任意毁约，合同就成了一纸空文。

第二，合同获得约束力的前提条件之一是合法性，即合同的内容与形式均符合法律，没有违反法律、行政法规的强制性规定，没有违背公序良俗。

第三，合同的约束力是以国家强制力作为后盾的，这一点最为重要，所谓“受法律保护”，就是指合同一旦成立，当事人就应当依照约定履行自己的义务，否则对方就可以寻求公力救济的手段，通过取得胜诉判决而由法院行使执行权，强制违反义务一方履行合同约定的义务。

第四，合同的目的在于合同权利的实现，而约束力则是以合同义务的实际履行和强制实际履行为手段的，换言之，合同约束力是通过“义务必须严守”“违约即违法”而得以体现的，任何一方不得单方解除合同，不得单方变更合同。并且，合同理论发展出“合同义务群”“先合同义务”“后合同义务”等理论以强化合同义务之于合同约束力的意义。

第五，合同的约束力最终体现在违约责任制度中。合同编通则分编的最后一章为“违约责任”，该章是通则的压轴之章，如果当事人不能履行合同或者履行合同不符合合同约定，此时守约方就可以依该章的规定请求违约方承担相应的违约责任，并且可以请求以国家强制力为手段让违约方承担违约责任。

（二）合同约束力的相对性及《民法典》的立法表述

合同具有约束力，但是合同的这种约束力不是绝对的，而是相对的，仅能及于合同的当事人，非合同当事人并不受合同约束力的影响，或者说合同对于非合同当事人并不具有任何约束力。这就是《民法典》第465条第2款第一句话的含义：“依法成立的合同，仅对当事人具有法律约束力。”

合同约束力的相对性源于最基本的债的相对性原理，即所有的债，无论是法定之债还是意定之债，均具有相对性的本质特征。

合同约束力的相对性特征主要表现在以下三个方面：

1.合同主体的相对性

合同主体的相对性，是指合同关系只能发生在特定的合同当事人之间，同时，只有合同当事人一方才能够向另一方基于合同而主张权利，包括提起诉讼。细言之，首先，只有合同当事人才能相互提出权利主张，才能请求对方履行合同义务，任何第三人均不能基于合同而向合同当事人提出请求或主张权利。其次，合同当事人只能向合同的对方当事人提出请求或主张权利，而不能向合同以外的第三人提出请求或主张权利，即使该第三人与合同的履行有密切的关联。

2. 合同内容的相对性

合同内容的相对性，是指合同当事人的权利和义务是特定的、确定的、具体的，而且是对待给付的，即权利与义务是相互对应的，一方的权利正好是对方的义务，一方的义务正好是对方的权利，权利的实现以义务的履行为前提。具体而言，合同内容的相对性体现在以下几层规则上：首先，合同当事人原则上只能为自己设定权利，该权利不能由第三人享有或主张，第三人不能主张合同项下的权利。其次，合同当事人原则上只能为自己设定义务，不能为第三人设定义务，合同当事人为自己设定的义务对第三人没有约束力。最后，合同约定的义务原则上只能由合同当事人履行，不能由第三人履行，合同当事人不能向第三人请求履行合同义务。

3. 合同责任的相对性

合同责任的相对性，是指违约责任只能发生在特定的合同当事人之间，合同以外的第三人不负违约责任，合同当事人也不对第三人承担违约责任。这是合同约束力相对性最主要的体现。合同责任的相对性体现在以下几层规则上：首先，违约责任自负，即违约方应对因自己的过错造成的违约后果承担责任，而不能将责任归于他人。其次，在合同因第三人的原因而导致不能履行的情况下，债务人仍应向债权人承担违约责任，而不能以第三人的过错为抗辩，更不能要求债权人向第三人主张违约责任而自己得以解脱。当债务人向债权人承担违约责任后，其有权向第三人进行追偿。这一合同责任的相对性有利于保护债权人的利益，限制了债务人因第三人过错而提出的抗辩，保障了债权的实现。《民法典》第593条规定："当事人一方因第三人的原因造成违约的，应当依法向对方承担违约责任。当事人一方和第三人之间的纠纷，依照法律规定或者按照约定处理。"这一规定就是合同责任相对性的体现。

债的相对性被抽象为整个债法的基础理论，称为债的相对性原理。这既是债法与物权法的一个根本区别，也是债权与物权的一个根本区别。债权不是支配权，不是对世权，只是相对权、对人权，所以债权人只能请求特定的债务人为履行，而不能请求别人履行债务，他只能根据法律规定的或者当事人约定的特定的内容去为请求，不能超出这个范围。债务人只有义务向债权人为履行、为清偿，没有义务向其他人为履行、为清偿，这都是相对性的体现。在司法实务当中，很多侵权纠纷、合同纠纷，首先要解决相对性的问题，在诉讼法上也就是解决诉讼当事人的主体是不是适格的问题，而诉讼主体资格的判断标准与因素实则来源于实体法上的债的相对性原理与规则。

债权的相对性原理与物权的绝对性原理为民法上的物、债二分法确立了最基本的标准。不仅如此，债权的相对性与物权的绝对性之分还使得两种权利在取得、变更、移转等制度上形成了各自的规则，如为体现物权的对世性，使其效力能够及于任何人，物权的设立原则上得采取某种公而告之的方法，如不动产的登记制度，而债权是不需要任何公示方法的，因为它仅仅在特定的债权人与债务人之间发生效力。在权利的保护方面，合同债权主要借助合同法的保护，而物权主要借助侵权法的保护。

（三）合同约束力相对性的例外

债的相对性是债法的基本原理，合同约束力的相对性也是合同法的基本原理。但是，合同约束力的相对性不是绝对的，而是存在例外情形。如果把合同相对性绝对化，有时可能会害及合同的公平与正义原则，不利于保护第三人的合法利益，不利于保护正常的交易安全与秩序，有时甚至也不利于合同当事人的利益。所以，法律在肯定合同相对性原理的同时，允许存在某些例外情形，允许突破合同的相对性原理。

然而，需要特别注意的是，第一，合同约束力的相对性是基本的、原则的、前提性的规则，具有普适性，而合同约束力的例外是特殊的、例外的、具体的规则；第二，合同约束力相对性的例外情形，原则上只能基于法律的明确规定而适用，法官类推适用相对性的例外规则应当有充足的理由且必须予以说明。

1.涉他合同

涉他合同是最典型的体现合同相对性原理例外的规则之一。涉他合同包括向第三人履行的合同（纯粹的利益第三人合同）和由第三人履行的合同，它允许合同当事人通过合同约定为合同以外的第三人设定权利或设定义务，由此使得合同的主体和合同的内容、效力都突破了相对性而向外扩张。

法律承认涉他合同的效力并予以一定程度的保护，体现了合同法的灵活性，尊重了当事人的意志，保障了合同自由原则。但是，法律对涉他合同效力的承认是有限度的，不构成对合同相对性原理的根本颠覆。这突出体现在法律在承认涉他合同的主体、内容方面的例外的同时，不承认合同责任的例外，除非法律对此种情形下责任的承担有明确的规定或者当事人对此有明确的约定。

《民法典》第522条第1款规定："当事人约定由债务人向第三人履行债务，债务人未向第三人履行债务或者履行债务不符合约定的，应当向债权人承担违约责任。"以此规定，法律承认利益第三人的合同的效力，但是如果债务人未按照约定向第三人履行，则第三人不能请求债务人承担违约责任，只有债权人才能向债务人主张违约责任。该条第2款接着规定："法律规定或者当事人约定第三人可以直接请求债务人向其履行债务，第三人未在合理期限内明确拒绝，债务人未向第三人履行债务或者履行债务不符合约定的，第三人可以请求债务人承担违约责任；债务人对债权人的抗辩，可以向第三人主张。"这是《民法典》与之前《合同法》关于涉他合同的最大不同之处，即有限度地承认利益第三人合同的效力扩张，其需符合两个条件：第一，由第三人向债务人请求承担违约责任，法律作出了明确的规定或者当事人作出了明确的约定；第二，第三人对法律赋予他的权利或者当事人约定给予他的权利在合理期限内没有明确表示拒绝。

《民法典》第523条规定："当事人约定由第三人向债权人履行债务，第三人不履行债务或者履行债务不符合约定的，债务人应当向债权人承担违约责任。"这是狭义上的涉他合同，即为第三人设定义务的合同。对于此种合同，《民法典》坚持了其责任的相对性，严格限制了相对性的例外，即此种情形下债权人只能请求债务人承担违约责任，而不能突破相对性请求第三人承担违约责任。

2. 合同保全制度

合同保全制度，是指法律为防止债务人的财产不当减少或不增加而给债权人的债权实现带来危害，允许债权人代债务人之位向相对人行使债务人的权利，或者请求法院撤销债务人实施的法律行为，以保护债权的制度。合同保全制度包括代位权制度和撤销权制度。

代位权制度和撤销权制度较为彻底地突破了合同约束力的相对性原理，使得合同的效力依法律规定直接及于第三人，也使得债权人能够基于合同权利而干预第三人的法律行为。

《民法典》在合同编通则分编专设“合同的保全”一章，对合同的代位权制度和撤销权制度作出了规定，其中第535条第1款和第538条、第539条是核心条款，体现了对合同约束力相对性的例外与突破。第535条第1款规定：“因债务人怠于行使其债权或者与该债权有关的从权利，影响债权人的到期债权实现的，债权人可以向人民法院请求以自己的名义代位行使债务人对相对人的权利，但是该权利专属于债务人自身的除外。”以此规定，债权人可以自己的名义直接请求非其合同当事人的相对人（次债务人）为给付义务，是典型的对合同相对性原则的突破。第538条规定：“债务人以放弃其债权、放弃债权担保、无偿转让财产等方式无偿处分财产权益，或者恶意延长其到期债权的履行期限，影响债权人的债权实现的，债权人可以请求人民法院撤销债务人的行为。”第539条规定：“债务人以明显不合理的低价转让财产、以明显不合理的高价受让他人财产或者为他人的债务提供担保，影响债权人的债权实现，债务人的相对人知道或者应当知道该情形的，债权人可以请求人民法院撤销债务人的行为。”依此两条规定，债权人可以依据其债权而干预债务人与第三人之间的合同行为或者其他法律行为，也是合同相对性原则例外的主要规则体现。

关于合同保全制度的具体内容，详见本书第五章。

3. 买卖不破租赁

所谓买卖不破租赁，是指租赁物在租赁期间发生所有权变动的，不影响租赁合同的效力。买卖不破租赁是合同法关于租赁合同的一项特殊规则，体现的是对承租人的特殊保护。其规则内涵是突破合同的相对性原理，使得承租人与出租人所签订的租赁合同的效力能够及于租赁物的新的所有权人。《民法典》第725条规定：“租赁物在承租人按照租赁合同占有期限内发生所有权变动的，不影响租赁合同的效力。”学理上将此种情形称为债权的物权化或租赁权的物权化。

4. 法人人格否认

所谓法人人格否认，是指当法人的出资人滥用支配地位，为自己的不正当利益恶意控制法人，使法人失去独立意志与人格，或与法人人格混同，并因此给法人的债权人造成损害，此时债权人可以越过法人而径直要求法人的出资人承担责任。法人人格否认制度仅适用于营利法人，主要是有限责任公司和股份有限公司。本来法人的出资人（如公司的股东）与法人是相互独立的民事主体，出资人只以出资额为限对法人的债务承担责任，即有限责任，法人才是与债权人订立的合同中的当事人，但债权人可以向合同当事人以外的人即债务人的出资人（股东）主张权利，这便突破了合同的相对性原理。我国《公司法》第23条第1款规定："公司股东滥用公司法人独立地位和股东有限责任，逃避债务，严重损害公司债权人利益的，应当对公司债务承担连带责任。"《民法典》第83条第2款直接套用了《公司法》的该条规则，只是将"公司"改为"营利法人"，将"股东"改为"出资人"，形成如下条文："营利法人的出资人不得滥用法人独立地位和出资人有限责任损害法人债权人的利益；滥用法人独立地位和出资人有限责任，逃避债务，严重损害法人债权人的利益的，应当对法人债务承担连带责任。"

5. 附保护第三人作用的合同

在某些特定的合同中，尽管其并非约定向第三人履行，并非利益第三人的合同，但根据约定的内容使得债务人不仅对债权人负有特定的义务，还使得债务人对与债权人有某种特殊关系的第三人（如产品的使用人）亦负有注意、保护的附随义务，这就是所谓的附保护第三人作用的合同。例如，产品的销售商只与该产品的购买者之间有合同关系，销售商应当保证产品质量合格，不会损害购买者的人身和财产权益，但同时销售商还负有保证产品不会因质量瑕疵而损害购买者的配偶、子女等与其共同生活的第三人的人身和财产的义务。如果这些第三人受到损害，可以直接起诉生产商要求其承担责任，而生产商不能以其不是合同当事人为由抗辩。

6. 第三人侵害债权

由于合同形成的债权仅成立于合同当事人之间，其不具有公开性，第三人无从知晓合同当事人之间是否订立了合同以及订立了什么内容的合同，所以原则上，当事人在合同中的权利即债权如果受到损害，这种损害只可能来自债务人，而不可能来自第三人。但是，现代合同法认为，在某些特定情形下，债权受到损害或者不能实现，并非由于债务人的不履行或履行不符合约定，而是由于合同以外的第三人的行为所导致的，此时若法律绝对不允许债权人对该第三人主张赔偿责任，显然于债权的保护不利。于是，法律承认债权也具有一定程度的不可侵性，第三人也可能成为侵害债权的行为人和责任主体，这就是所谓的债的不可侵性理论或第三人侵害债权理论。第三人侵害债权理论与制度的确立显然突破了传统的合同相对性原理。

但是，由于合同毕竟仅在当事人之间成立，第三人无从知晓，若让第三人承担侵害债权的责任必须设置严格的条件，否则容易混淆合同之诉与侵权之诉的界限，甚至妨碍人们的行为自由与正常的竞争秩序。所以，学理上一般认为第三人侵害债权须以第三人的故意为条件，第三人若因过失而致债权人损害，不应当承担责任。

所以，所谓第三人侵害债权，是指债的关系以外的第三人故意实施或与债务人恶意串通实施侵害债权的行为并造成债权人的实际损害。第三人侵害债权的表现形式通常有两类，即直接侵害和间接侵害。前者是指直接针对债权本身的侵害，其结果通常表现为导致债权的消灭，或使债权的实现受到直接的影响，如债权人与受让人达成债权让与协议后却又放弃自己的债权，由此侵害了受让人的债权。间接侵害更为多见，其表现形式主要有：

（1）侵害标的物。例如，将标的物毁损，致使债务人履行不能，债权人无法取得标的物，进而侵害了债权。此种情形债权人可以向债务人主张违约责任，也可以向行为人主张侵害债权的侵权责任。

（2）侵害给付行为。如果债权的客体是债务人单纯的给付行为，如完成一定的劳务，或提交工作成果，而第三人的侵害行为导致债务人无法履行该特定给付，使债权人的债权无法实现，则构成侵害债权。

（3）引诱违约。这是较常见的第三人侵害债权的情形。它是指第三人通过超出常规地提高价格或报酬、提供佣金、支付不当回扣等方式引诱债务人违反其与债权人签订的合同，进而侵害债权。

（4）第三人与债务人恶意串通损害债权人的债权。例如，第三人与债务人串通为债权人设定虚假的担保。

第三人侵害债权由西方国家通过判例发展而来，但仍存在诸多疑义。也许正是基于这种情况，我国之前的《合同法》《侵权责任法》和现在的《民法典》均未规定第三人侵害债权制度。但是，司法实践中已经存在不少的不同类型的第三人侵害债权的纠纷，这使得此类案件的处理目前没有直接的法理依据，只能依据合同法、侵权责任法的相关规定和原理进行裁判。在笔者看来，现在《民法典》

侵权责任编第1164条表述的“本编调整因侵害民事权益产生的民事关系”以及第1165条第1款表述的“行为人因过错侵害他人民事权益造成损害的，应当承担侵权责任”，放弃了之前《侵权责任法》第2条对该法保护的民事权利类型进行列举且唯独未列举债权的做法，可以理解为侵权责任编是对所有的民事权利包括债权一体进行保护，这就为第三人侵害债权规则的适用提供了立法解释上的空间。

八、合同的解释规则

《民法典》第466条第1款规定：“当事人对合同条款的理解有争议的，应当依据本法第一百四十二条第一款的规定，确定争议条款的含义。”第2款规定“合同文本采用两种以上文字订立并约定具有同等效力的，对各文本使用的词句推定具有相同含义。各文本使用的词句不一致的，应当根据合同的相关条款、性质、目的以及诚信原则等予以解释”。第142条第1款规定：“有相对人的意思表示的解释，应当按照所使用的词句，结合相关条款、行为的性质和目的、习惯以及诚信原则，确定意思表示的含义。”

显然，《民法典》第466条第1款属于引致条款，其目的是将合同解释的规则引致到《民法典》总则编法律行为中关于意思表示的解释规则，被引致的条文即《民法典》第142条才是具体的关于意思表示包括合同这种最主要的意思表示的解释规则。

《最高人民法院关于适用〈中华人民共和国民法典〉合同编通则若干问题的解释》对于在审理合同纠纷中如何适用《民法典》第142条的意思表示解释规则进行了更深一步的阐释，其第1条即对合同的解释分别用三款作出了规定，即：第1条第1款规定：“人民法院依据民法典第一百四十二条第一款、第四百六十六条第一款的规定解释合同条款时，应当以词句的通常含义为基础，结合相关条款、合同的性质和目的、习惯以及诚信原则，参考缔约背景、磋商过程、履行行为等因素确定争议条款的含义。”第2款规定：“有证据证明当事人之间对合同条款有不同于词句的通常含义的其他共同理解，一方主张按照词句的通常含义理解合同条款的，人民法院不予支持。”第3款规定：“对合同条款有两种以上解释，可能影响该条款效力的，人民法院应当选择有利于该条款有效的解释；属于无偿合同的，应当选择对债务人负担较轻的解释。”下文将予以详述。

（一）合同解释的概念

广义上的合同解释，是指对合同条文所使用的语言文字包含的意义作出的理解说明。当合同发生纠纷时，合同当事人、与合同有关的第三人、律师、专家、法官、仲裁员等都可以对合同条文的真实含义进行自己的理解与说明，进而作出解释。而狭义上的合同解释，是指由有权机关对合同条文所使用的语言文字包含的意义所作的结论性说明。此处的有权机关是指法院和仲裁机构，以及例外情形下的检察院与行政机关。

合同解释的概念包含以下几层含义：

1.合同解释的前提是当事人在合同中表达的意思不明确、不清楚。如合同文字的意义是清楚无误的，则不需要解释，如约定2023年4月1日下午5点之前将货物送至买受人指定的交货地点，此一约定无须解释；或尽管合同不明确、不清楚，但当事人就此达成了一致，也不需要解释。

2.合同的解释是指有权机关的解释。具体而言，是指当事人发生纠纷后，由审理纠纷的法院和仲裁机构作出解释。当事人自己的解释、学者作出的学理解释、其他单位或个人作出的解释，不构成有效解释，而只是学理解释。

3.合同解释的对象只能是当事人已经订立的合同，即以语言或文字的形式存在的、外化的合同，在推定形式和默示形式的法律行为中也只能是客观的、外化的合同。更进一步说，它只能是已经发出且已经到达相对人的意思表示，当事人不能证明已经发出和到达相对人的语言文字不是合同解释的对象，如一份尚未发出的传真上的文字。

4.合同的解释须依据一定的解释规则与方法而进行。合同解释的目的在于尽力探寻缔约人的内心真意，同时使合同符合诚实信用与公序良俗之原则，故须依一定的规则与方法进行解释才能达至此一目的。

（二）合同解释的方法

如前所述，《民法典》第466条第1款首先将合同解释规则引致到了第142条规定，即："有相对人的意思表示的解释，应当按照所使用的词句，结合相关条款、行为的性质和目的、习惯以及诚信原则，确定意思表示的含义。无相对人的意思表示的解释，不能完全拘泥于所使用的词句，而应当结合相关条款、行为的性质和目的、习惯以及诚信原则，确定行为人的真实意思。”由此规定可以看出，《民法典》第142条确立了合同解释的五项方法或规则，即文义解释、体系解释、目的解释、习惯解释和诚信解释。

1.文义解释方法：最基本的解释方法

当对合同的语言文字的理解发生争议时，应当按照对该语言文字的通常理解予以解释，这就是文义解释方法，也称为常理解释方法。这是最基本也是最重要的解释方法，是最接近当事人真意的解释方法。文义解释其实就是通常之情理和通常之理解之义，即通常情况下一个正常人之合理理解，而非例外情形下的特殊理解。如约定单价每斤2元，后买受人提出每斤是指“每公斤”，即1000克，出卖人认为每斤是每市斤，即500克，按常理解释，应当是每市斤即500克，如果是公斤则应当予以特别说明。

2.体系解释方法：合同解释中的整体性思维

体系解释方法亦称整体解释方法或者逻辑解释方法，其含义是指把合同的各个部分当作一个整体予以解释，而不应孤立地理解各个部分、各个条文、各个词句的含义。如合同中的具体条款或具体条款中使用的文字要与合同的其他条款或同一条款中的其他文字联系起来考察其含义，避免断章取义。恰如学者所指出的：“合同的全部条款应当协调一致，不存在抵触、矛盾，假如当事人草拟的合同文本在条款之间存在抵触、矛盾，就必须通过解释消除此类抵触、矛盾。”[①]

例如，在一起股权转让合同纠纷中，当事人双方对于合同的先后履行顺序存在不同的理解，《股权转让合同》本身并没有专设条文约定双方的履行顺序，特别是关于应当是转让方先办理股权交割手续还是受让方先支付股权转让款，没有明确的约定，但是在《股权转让合同》的“保证与担保”条款中有这样的表述：“为保证受让方的合法权益，转让方应当在受让方支付每一期转让价款后的3日内向受让方交付由商业银行出具的、与已支付转让价款金额一致的不可撤销的保函。”此处所称受让方的“合法权益”只能解释为其在支付股权转让款后转让方不能为其办理股权的交付手续，故就履行的先后顺序而言，应当是受让方先支付

① 崔建远：《合同解释与合同订立之司法解释及其评论》，载《中国法律评论》2023年第6期。

股权转让款，再由转让方办理对应金额的股权交割手续。

3. 目的解释方法：合同目的的重要性

目的解释方法是指应当根据当事人进行法律行为所追求的目的而对有争议的条文或者词句进行解释。此处之目的乃缔约人进行法律行为之目的，即通过订立合同而追求的权利义务效果。如果对有争议的条文或者词句解释的结果符合当事人订立合同的目的，且有利于其目的的实现，则为正当解释；若相反，作出的解释不利于订立合同目的的实现，则为不正当解释。例如，房屋买卖合同中约定了出卖人的违约行为类型，后房主入住后发现室内污染严重超过允许标准，故请求解除合同，出卖人认为合同约定的违约行为并不包含室内污染的内容，不属于房主有权解除合同的情形。依目的解释规则，购买房屋之目的在于居住，现房屋因室内严重污染无法居住，已经使买受人的合同目的无法实现，此一行为尽管未列入出卖人违约行为类型中，但应当解释为属于买受人可以解除合同的违约情形。

4. 习惯解释方法：交易习惯的两种主要类型

习惯解释方法是指应当依照当事人订立合同时所知悉或认可的生活习惯或交易习惯对有争议的合同予以解释。可以作为解释依据的习惯应当是缔约人或者当事人双方都知悉或者应当知悉的，在当地有相当的认知度，较为普遍地存在于生活中或交易中。习惯可以是地区性的，也可以是行业性的。

之前《最高人民法院关于适用〈中华人民共和国合同法〉若干问题的解释（二）》规定了两条确定交易习惯的规则，即①在交易行为当地或者某一领域、某一行业通常采用并为交易对方订立合同时所知道并认可的做法；②当事人双方经常使用的习惯做法。现在《最高人民法院关于适用〈中华人民共和国民法典〉合同编通则若干问题的解释》第2条第1款规定："下列情形，不违反法律、行政法规的强制性规定且不违背公序良俗的，人民法院可以认定为民法典所称的'交易习惯'：（一）当事人之间在交易活动中的惯常做法；（二）在交易行为当地或者某一领域、某一行业通常采用并为交易对方订立合同时所知道或者应当知道的做法。"第2款规定："对于交易习惯，由提出主张的当事人一方承担举证责任。"仔细考察前后司法解释对交易习惯的表述，尽管大同小异，但有四点不同之处值得注意：

其一，当事人双方经常使用的习惯做法被前置，放在了第一种情形，而行业、领域的惯常做法被放在了第二种情形，突出了合同当事人之间经常使用的习惯做法对于解释当事人的真实意思具有更重要的意义，符合合同的真实情况。

当然，行业习惯仍然是交易习惯的重要形式与来源，所以《最高人民法院关于适用〈中华人民共和国民法典〉合同编通则若干问题的解释》仍然规定了“在交易行为当地或者某一领域、某一行业通常采用并为交易对方订立合同时所知道或者应当知道的做法”。此与《最高人民法院关于适用〈中华人民共和国民法典〉总则编若干问题的解释》第2条第1款“在一定地域、行业范围内长期为一般人从事民事活动时普遍遵守的民间习俗、惯常做法等，可以认定为民法典第十条规定的习惯”的规定是契合的。

其二，删去了之前对行业或者地区性交易习惯需要符合“知道且认可”的条件，扩大至“知道或者应当知道”的范围，不需要证明当事人认可该行业惯例或者地区性惯例，只要能够证明当事人知道或者应当知道该等行业惯例或者地区性惯例，就符合《民法典》规定的交易习惯。

其三，强调了交易习惯不能违反法律、行政法规的强制性规定，不能违背公序良俗。此一规定与《最高人民法院关于适用〈中华人民共和国民法典〉总则编若干问题的解释》第2条第3款的规定也是吻合的，即“适用习惯，不得违背社会主义核心价值观，不得违背公序良俗”。

其四，增加了对交易习惯举证责任的规定，即“对于交易习惯，由提出主张的当事人一方承担举证责任”。也就是哪一方主张所涉合同纠纷应当按照某一交易习惯进行解释，则该当事人应当就该交易习惯的内容、属于双方当事人之间经常使用的做法、当事人知道或者应当知道该行业惯例或者地区性交易习惯的存在，承担举证责任。当然，法院或者仲裁机构根据案件的实际需要也可以依职权就交易习惯进行调查或核实。此亦与《最高人民法院关于适用〈中华人民共和国民法典〉总则编若干问题的解释》第2条第2款的规定是一致的，即“当事人主张适用习惯的，应当就习惯及其具体内容提供相应证据；必要时，人民法院可以依职权查明”。

5. 诚信解释方法：合同解释的兜底条款

诚信解释方法是指依据诚实信用原则解释当事人有争议的合同条款或者词句。诚信解释方法一般是在上述各种具体解释方法均无法适用或者是适用其他具体解释规则仍然无法得出合理解释结论的情形下才适用的一种解释方法，属于合同解释中的兜底性方法。换言之，合同的解释应当首先适用具体的解释规则，通常情形下依据具体解释规则特别是运用多种具体解释规则相结合的办法是能够得出相对合理的解释结论的。但某些情形下适用全部的具体解释规则仍然不能得出合理解释结论，则须由法官或仲裁员基于诚实信用的民法原则予以解释。

（三）适用合同解释方法应注意的事项

除了以上基本的合同解释方法，理解合同的解释规则还需要注意以下三点：

第一，前面所述均为对《民法典》第466条第1款的解读，《民法典》第466条第2款表述为："合同文本采用两种以上文字订立并约定具有同等效力的，对各文本使用的词句推定具有相同含义。各文本使用的词句不一致的，应当根据合同的相关条款、性质、目的以及诚信原则等予以解释。"这是针对某些情形下当事人以书面形式订立合同，合同文本使用了两种（有时候可能更多，当然此种情形很罕见）文字，此时当事人一般会在合同中专设一个条款约定两种不同文字的效力问题，例如约定："本合同用中文和英文两种文字写成，两种文字写成的两个合同文本具有同等的法律效力。"如果出现两个文本所使用的词句不一致，当事人就会产生不同的理解，此时同样需要运用逻辑解释（体系解释）、目的解释、诚信解释的方法，只是不再适用文义解释方法（因为本身就是由于两种文本文字不同、词句不同引起的争议，所以不可能再适用文义解释的方法）和习惯解释方法（因为此时的争议与交易习惯无关）。

第二，争议的合同如果属于格式条款合同，则需要运用《民法典》关于格式条款解释的特殊规则，即第498条规定："对格式条款的理解发生争议的，应当按照通常理解予以解释。对格式条款有两种以上解释的，应当作出不利于提供格式条款一方的解释。格式条款和非格式条款不一致的，应当采用非格式条款。"

第三，法律对某些合同的解释规则有特别规定的，应当适用该特别规定。例如，《民法典》关于肖像权许可使用合同的解释作出了特别的规定，即第1021条规定："当事人对肖像许可使用合同中关于肖像使用条款的理解有争议的，应当作出有利于肖像权人的解释。"又如，《保险法》第30条规定："采用保险人提供的格式条款订立的保险合同，保险人与投保人、被保险人或者受益人对合同条款有争议的，应当按照通常理解予以解释。对合同条款有两种以上解释的，人民法院或者仲裁机构应当作出有利于被保险人和受益人的解释。”

（四）对《最高人民法院关于适用〈中华人民共和国民法典〉合同编通则若干问题的解释》有关合同解释规则的准确解读

《最高人民法院关于适用〈中华人民共和国民法典〉合同编通则若干问题的解释》第1条关于合同解释法规定，在严格遵循《民法典》第142条有关意思表示的解释规则的基础上，创设了《民法典》第142条所没有规定的、更为深一步的合同解释规则，填补了立法的漏洞。归纳起来有以下五项：

第一，界定了《民法典》所规定的意思表示解释方法的适用顺序。《民法典》第142条分别列举规定了文义解释、体系解释、目的解释、习惯解释和诚信解释五种方法，尽管其表述上存在客观的先后顺序，但是在实践中这五种解释方法是否存在先后的顺序，立法上并不明确，学理上也存在不同的理解。笔者认为，此五种解释方法应当存在适用上的先后顺序，即首先，文义解释方法优先于体系解释方法，以此类推，体系解释方法优先于目的解释方法，目的解释方法优先于习惯解释方法，习惯解释方法优先于诚信解释方法。其次，在适用前一种解释方法即可得出清晰的解释结论时，不需要也不应当适用后一种解释方法。再次，在前一种解释方法无法得出清晰的解释结论时，才能适用紧靠其后的一种解释方法，依次过滤，直至适用诚信解释方法。最后，诚信解释方法属于兜底性的解释方法，属于意思表示解释方法中的一般条款，必须是穷尽了前面所有的解释方法后仍然无法得出清晰的解释结论时，才能适用该解释方法。

《最高人民法院关于适用〈中华人民共和国民法典〉合同编通则若干问题的解释》第1条第1款规定：“人民法院依据民法典第一百四十二条第一款、第四百六十六条第一款的规定解释合同条款时，应当以词句的通常含义为基础，结合相关条款、合同的性质和目的、习惯以及诚信原则，参考缔约背景、磋商过程、履行行为等因素确定争议条款的含义。”此款很重要，因为它确立了合同解释方法的适用顺序，“应当以词句的通常含义为基础”表明了文义解释方法的基础性、前提性地位，是必须适用的第一顺序的解释方法，只有在文义解释无法得出清晰的解释结论时才能适用后面的解释方法。

第二，列出了除《民法典》第142条所规定的解释方法之外的其他需要参考的因素，即缔约背景、磋商过程、履行行为等因素，这些因素对于探寻当事人的真实意思表示有时候具有非常重要的意义。

所谓缔约背景，主要是指签订合同时各方当事人所处的境况、对交易所涉交易事项的了解情况、交易所处的整个市场环境、当事人当时的经营情况、当事人对交易项目的基本预期等，既包括当事人本身在缔约时的经营、财务、投资方针等微观背景，也包括整个交易项目涉及的整体市场环境、交易行情、商业前景等宏观背景。通常，在合同或者协议的“鉴于”条款中会对此种缔约背景有所表述，尽管“鉴于”条款不会涉及双方当事人的具体权利义务，但是对于探寻当事人的真实意思表示、解释有争议的合同条款，是有重要的参考意义的。

所谓磋商过程，主要是指在合同订立过程中双方所做的相关安排、所表达的磋商意愿、所进行的信息沟通等，尽管最终的权利义务应当以双方签署的合同文本为准，但是当双方对合同中某个条款或者某个词句的含义发生理解上的争议时，这些磋商过程中所做出的相关安排、所表达的某些意思、所进行的某些沟通能够作为重要的参考因素。

所谓履行行为，主要是指当事人在合同订立后、履行过程中所作出的意思表示与实际履行行为，即事实行为。此处的履行行为主要是指事实行为，如交付相关标的物、安排技术人员参加现场试验、修改技术图纸、向有关机关递交报批材料、召集公司权力机关会议并作出表决等。但有时候也可能包括在合同履行过程中作出的某种意思表示，如在一起买卖合同纠纷中，合同约定交货日期清晰无误，但是履行过程中卖方向买方发送电子邮件，询问能否将交货期限推迟10日，卖方回函表示“视贵公司的实际情况确定最终的交货期”，后来双方就交货期限如何确定发生争议，卖方主张交货期已经推迟，买方则主张其未同意改变交货期，此时就需要从合同的履行行为出发解释双方当事人的真实意思。

第三，确立了文义解释方法的例外不适用情形。《最高人民法院关于适用〈中华人民共和国民法典〉合同编通则若干问题的解释》第1条第2款规定：“有证据证明当事人之间对合同条款有不同于词句的通常含义的其他共同理解，一方主张按照词句的通常含义理解合同条款的，人民法院不予支持。”此一解释既有理论价值又有实践意义，体现了合同自由、意思自治的立法宗旨，且照顾到了实践中的客观实际。本来文义解释是最基本的合同解释方法，而所谓的文义解释就是以合同中所使用的词句的通常含义进行解释，但是，如果有证据证明恰恰相反，当事人在合同中约定了他们所使用的某一词句有其特定的含义，不能或者不是按照人们通常情形下的一般理解去解释这个词句的含义，此时就不能再按照前面所述的优先适用文义解释，而文义解释就是按照词句的通常含义进行解释的方法，因此应当严格按照证据所能够证明的当事人对词句的特定含义进行解释。所以，当双方当事人就合同中的某一词句的含义理解发生歧义，一方主张按照词句的通常含义进行解释，另一方主张按照双方的特别约定或者其他证据能够证明双方对该词句的含义有特别理解，此时便不能支持按照通常含义进行解释的一方的主张，而应当支持相对方的主张。当然，相对方应当就双方就该词句的特定含义有特别约定、不能按照通常含义予以理解承担举证责任。

第四，确立了有利于合同条款有效的解释规则。《最高人民法院关于适用〈中华人民共和国民法典〉合同编通则若干问题的解释》第1条第3款前半句为："对合同条款有两种以上解释，可能影响该条款效力的，人民法院应当选择有利于该条款有效的解释。"根据此一规定，如果对合同的某一条款存在两种或者两种以上解释时，若按照其中的一种解释则会导致合同无效，而若按照另一种解释则合同有效，于此情形，应当采用后一种解释，即采用合同有效的解释，而不能采用合同无效的解释。此一规定符合合同法鼓励交易原则，也是符合合同当事人真实意愿的。例如，在一起土地使用权转让合同纠纷中，合同中有一条约定："转让方保证转让的标的土地已经开发达到25%"，后双方发生纠纷，转让方主张合同无效，欲收回土地所有权，其提出的理由是：合同约定"转让方保证转让的标的土地已经开发达到25%"，约定的只是一种主观愿望，而非客观事实，而双方明知事实上并未达到开发投资的25%，违反了《城市房地产管理法》第39条第1款的强制性规定，即"以出让方式取得土地使用权的，转让房地产时，应当符合下列条件：（一）按照出让合同约定已经支付全部土地使用权出让金，并取得土地使用权证书；（二）按照出让合同约定进行投资开发，属于房屋建设工程的，完成开发投资总额的百分之二十五以上，属于成片开发土地的，形成工业用地或者其他建设用地条件"，受让方则主张该条的含义是转让的土地使用权已经达到了开发投资25%的比例，表达的是一种客观事实，而不是一种主观愿望。就文义解释而言，上述两种解释都有其合理性，但是如果按照转让方的解释，则很可能得出该条款因违反法律、行政法规的强制性规定而无效的结论，而按照受让方的解释则双方的约定符合《城市房地产管理法》的规定，该条款有效，合同也有效。在此情形下，依照《最高人民法院关于适用〈中华人民共和国民法典〉合同编通则若干问题的解释》的该条规定，法院或者仲裁机构应当采用有利于该条款有效，进而合同有效的解释。

第五，确立了无偿合同中对债务人有利的解释规则。《最高人民法院关于适用〈中华人民共和国民法典〉合同编通则若干问题的解释》第1条第3款后半句为："对合同条款有两种以上解释……属于无偿合同的，应当选择对债务人负担较轻的解释。"此一规定符合民法的公平原则，体现了合同法权利义务一致的精神。在无偿合同中，债务人只负担义务，不能获得相应的对价，债权人则无须支付对价也能获得约定的利益，此时如果对合同的某一条款或者词句存在两种以上的解释，一种解释的结论会使得债务人承担较轻的义务，另一种解释会使得债务人承担较重的义务，则应当选择前一种解释，即对债务人负担较轻的解释。当然，此一规则的适用条件：一是必须是无偿合同，有偿合同不能适用该规则；二是必须对某一条款或者某一词句存在两种或者两种以上的解释，每一种解释都有其合理性，如果只有一种解释，不存在理解上的歧义，则不能适用该规则。例如，在一起赠与合同纠纷中，合同约定赠与人应当在"受赠人开学之前将赠与的物资交付给受赠人"，当地学校通常是在9月1日开学，但受赠人是高三毕业班的学生，学校通知8月1日就要到学校参加培训班的学习，受赠人认为合同约定的"受赠人开学之前"应当是8月1日之前，赠与人也知道受赠人是毕业班学生，赠与人则主张其理解的开学之前是通常情况下的开学时间，即9月1日。此两种理解都有一定的道理，合同中又未明确约定具体的时间，故而发生歧义。由于争议的合同属于无偿合同，此时应当根据该条解释规则，作出对债务人即赠与人负担较轻的解释，结论是赠与人在9月1日之前交付赠与物不构成违约。

九、非典型合同的法律适用规则

《民法典》第467条第1款规定："本法或者其他法律没有明文规定的合同，适用本编通则的规定，并可以参照适用本编或者其他法律最相类似合同的规定。"第2款规定："在中华人民共和国境内履行的中外合资经营企业合同、中外合作

经营企业合同、中外合作勘探开发自然资源合同，适用中华人民共和国法律。”

在本章“合同的类型”一节中，本书已经分析了非典型合同法律适用的基本原则与规则，即第一，所有的非典型合同均适用《民法典》合同编第一分编通则的规定，诸如有关要约与承诺的规则、合同订立形式的规则、合同履行中的抗辩权规则、合同的解除规则、合同的违约责任规则等。质言之，《民法典》合同编第一分编第一章至第八章的所有规则都适用于所有的非典型合同。第二，除了《民法典》合同编第一分编通则，非典型合同还可以适用第二分编即典型合同中的相关规则，以及其他民商事法律中的相关规则，前提是这些非典型合同与《民法典》规定的典型合同或者其他民商事法律规定的合同相类似，而且最为接近，即“最相类似”，在符合“最相类似”的情况下非典型合同可以参照适用合同编典型合同分编以及《民法典》以外其他民商事法律中规定的典型合同的规则。

在中华人民共和国境内履行的中外合资经营企业合同、中外合作经营企业合同、中外合作勘探开发自然资源合同等三种涉外合同，不属于《民法典》规定的典型合同，而属于《外商投资法》规定的典型合同，其适用《民法典》通则编的规定。但《民法典》第467条第2款的规范目的不在于此三种涉外合同适用合同法的问题，而是要规定此三种涉外合同适用中国法律的问题，因为按照《涉外民事关系法律适用法》第41条的规定，涉外合同由当事人自己选择所适用的法律，包括境外第三国的法律，但是根据该法第4条规定，“中华人民共和国法律对涉外民事关系有强制性规定的，直接适用该强制性规定”，而《民法典》第467条第2款即属于此种强制性规定。《民法典》作出此一强制性规定有三项理由：其一，在我国境内履行的中外合资经营企业合同、中外合作经营企业合同、中外合作勘探开发自然资源合同属于与我国国家主权有直接关联的合同，且由于合同的履行发生于我国境内，我国属于与合同履行具有最密切联系的国家，符合准据法中的“最密切联系原则”。其二，之前《合同法》即有相同的规定，《民法典》只是承继了《合同法》确立的此三种涉外合同的法律适用规则，即《合同法》第126条第2款规定：“在中华人民共和国境内履行的中外合资经营企业合同、中外合作经营企业合同、中外合作勘探开发自然资源合同，适用中华人民共和国法律。”其三，《民事诉讼法》第279条规定：“下列民事案件，由人民法院专属管辖：……（三）因在中华人民共和国领域内履行中外合资经营企业合同、中外合作经营企业合同、中外合作勘探开发自然资源合同发生纠纷提起的诉讼。”《民法典》关于此三类涉外合同适用中国法律的强制性规定与《民事诉讼法》对于此三类涉外合同的管辖权的规定也是契合的。

十、非合同之债的法律适用规则

《民法典》第468条规定：“非因合同产生的债权债务关系，适用有关该债权债务关系的法律规定；没有规定的，适用本编通则的有关规定，但是根据其性质不能适用的除外。”该条是关于非因合同产生的债权债务关系法律适用的规则。

理解该条规定需要注意从以下几个方面掌握：

（一）非因合同产生的债权债务关系的含义与类型

合同是最主要的债的发生原因。但是，除合同之外，其他的法律事实也会在当事人之间形成债权债务关系，这是由法律直接规定某种法律事实产生某种债权债务关系，进而形成与合同关系这种意定之债对应的法定之债。非因合同产生的债权债务关系可以统一纳入法定之债的范围，非合同之债也就是法定之债。法定之债包括不当得利之债、无因管理之债、侵权行为之债、缔约过错之债、单方允诺之债、共同行为之债等。

（二）非合同之债优先适用其特别规则

第468条的第一句话“非因合同产生的债权债务关系，适用有关该债权债务关系的法律规定”，这一表述的含义是指如果法律包括《民法典》以及其他民商事法律对于非合同之债有相应规定的，则适用该等规定，而不适用合同法，不能排除其他法律的规定而对此等非合同之债适用合同编的规定。

（三）特别规则空白时适用合同编通则分编

第468条的第二句话“没有规定的，适用本编通则的有关规定”，是指非合同之债只有在《民法典》以及其他法律对于该种债权债务关系没有提供相应规则的情况下，才能适用合同编通则分编的规则。但是，此时的适用不是“参照适用”，而是直接适用。例如，悬赏广告发布者与完成悬赏广告事项的人之间的债权债务关系，属于典型的非因合同产生的债权债务关系，其他法律没有相关规定的，则应当适用合同编通则分编的规定。既然是“适用”而不是“参照适用”，法官就没有选择的余地，也不需要判断如何参照，而应当直接适用通则的相关规定。

（四）根据性质不能适用合同编通则的除外

第468条的第三句话“但是根据其性质不能适用的除外”，明确了并非所有的非合同之债都能适用合同编通则的规定，有些非合同之债基于其性质而不能适用合同编通则的规定。如何理解因为债权债务关系的性质而不能适用合同法通则，是较为复杂的问题，需要根据非合同之债的具体情况，如债的具体发生原因、债的当事人、债权债务的具体内容等综合因素予以判断，最终考察如果适用合同编通则分编的规则的话，是否会违反此种债权债务关系的宗旨与社会功能，是否会严重偏离债权债务关系的公平正义价值等。例如，某甲有间歇性的智障，子女不在身边，邻居某乙长期对其照顾与监护，后某甲病逝，其在外地工作的子女某丙回来，某乙对某丙主张从某甲的遗产（某甲留有较多的遗产）中拿出一些作为某乙数年来对某甲照顾、监护的费用，某丙认为某乙完全是自愿的行为，双方之间并没有成立监护协议，其没有义务支付该等费用，后某乙诉至法院。此纠纷属于某甲与某丙之间的非因合同产生的债权债务关系纠纷，且根据该债权债务关系的性质，即既有无因管理的因素，又有监护关系的因素，还有老年人权益保护的因素，按照合同法的规则进行处理并不妥当，故本案属于其他法律没有规定，而适用合同编通则的有关规定又不符合其性质的情形，只能参照适用其他法律的相关规定。

（五）典型的非因合同产生之债的具体法律适用

1.不当得利、无因管理之债的法律适用

如前所述，《民法典》没有债法编，合同之债规定于合同编，侵权责任之债规定于侵权责任编，两个最重要的债各自有了安身之所，但是不当得利、无因管理之债无处安身，所以合同编设立了“准合同”作为第三分编，专门规定不当得利和无因管理两种法定之债。所以，不当得利、无因管理之债首先适用“准合同”分编的规定，分编没有规定的，原则上都适用通则编的规定，特别是涉及债

的履行、债的消灭（如免除、提存、抵销等）、债的保全等规定。

2.侵权行为之债的法律适用

侵权责任在《民法典》中已经独立成编，故侵权行为之债（或称侵权责任之债）适用侵权责任编的规定，以及适用其他法律的相关规定，如《产品质量法》《消费者权益保护法》《道路交通安全法》《环境保护法》等。同时，对侵权责任编没有规定的部分，也有适用合同编通则的余地，只是实践中由于当初的《侵权责任法》与现在《民法典》侵权责任编相对比较完善，基本上能够提供解决纠纷所需的规则，故司法实践中侵权责任案件适用合同法通则规定的情形较为罕见。

3.缔约过错之债的法律适用

缔约过错之债在学理上是否作为一种独立的债的发生原因存在争议，由于合同编通则分编对于缔约过错提供了相对完备的规则，故缔约过错之债被包含在合同之债中，其法律适用规则不同于前面的不当得利、无因管理、侵权行为等，而是直接适用合同法即可。

4.单方允诺、共同行为之债的法律适用

单方允诺不是双方行为，不存在合意，故而其本身并非合同行为，但是单方允诺形成的债权债务关系与合同行为形成的合同之债极为相似，所以应当直接适用合同法。例如，前面提到的悬赏广告形成的债权债务关系，保证人单方出具保函形成的债权债务关系等。

共同行为形成的债权债务关系，例如公司股东基于决议行为（如公司利润分配的决议）而形成的债权债务关系，应当首先适用《公司法》的规定，在《公司法》没有规定时，可以适用合同编通则的相关规则，例如决议是否成立、公司支付红利款是否构成迟延、是否应当承担违约责任、公司能否进行抗辩等问题，均有适用合同法通则的余地。

第二章

合同的订立

一、合同订立的形式及其成立的时间与地点

合同订立的形式，指的是当事人以何种方式达成一致，最终订立合同。订立合同有各种各样的形式，从意思自治的角度而言，当事人以什么形式订立合同，法律并无干预的必要，它属于合同自由、意思自治的范畴。

《民法典》第469条第1款规定："当事人订立合同，可以采用书面形式、口头形式或者其他形式。"第2款规定："书面形式是合同书、信件、电报、电传、传真等可以有形地表现所载内容的形式。"第3款规定："以电子数据交换、电子邮件等方式能够有形地表现所载内容，并可以随时调取查用的数据电文，视为书面形式。"依据上述条文的规定，有关合同订立形式的规则体现如下：

（一）合同的书面形式

1. 书面形式的概念与类型

合同的书面形式是指以文字等可以有形地表现所载内容的形式。

书面形式的具体类型很多，凡是能够记载文字内容的方式都属于订立合同的书面形式，从传统的合同书、信件（信函）、电报、电传，到近期的传真、电子邮件，再到现在的大数据时代的即时通信方式如短信、微信等，都是合同的书面形式。古老的信件方式还在使用中，尽管已经越来越少；新潮的即时通信工具已经广为使用，尽管有的人并不喜欢。《民法典》顺应时代，规定了电子数据交换、电子邮件等新型书面形式，也保留了信件、传真等传统书面形式。其中，电子数据交换、电子邮件作为书面形式必须符合"能够有形地表现所载内容，并可以随时调取查用"的要件。

2. 签字、盖章与按指印及其对合同成立的影响

合同书是所有书面形式中最常见的，也是订立合同时最正规、最规范的一种方式。通常来说，长期的交易，继续性的交易，大额的交易，不动产的交易，知

识产权财产权的交易，交易结构复杂的交易等，在民商事实践中采用合同书这种书面形式订立的比例很高。

以合同书方式订立合同，合同成立的时间判断标准很重要。《民法典》第490条第1款规定："当事人采用合同书形式订立合同的，自当事人均签名、盖章或者按指印时合同成立。在签名、盖章或者按指印之前，当事人一方已经履行主要义务，对方接受时，该合同成立。"以此规定，合同书形式订立合同的时间判断有两种情形：第一，通常情形为双方当事人在合同书上签字或者盖章或者按指印。第二，例外情形为即使当事人没有在合同书上签字或者盖章或者按指印，但是通过履行的事实推定双方意思表示已经达成一致，即一方已经履行合同的主要义务，且对方也已经接受。

签字通常是指亲笔书写的本人姓名。自然人订立合同都是由本人签字。法人或者非法人组织订立合同也需要法定代表人或者授权代表或者负责人（包括合伙执行人等）的个人签字。加盖事先刻制好的个人名章与签字具有同样的法律效果。

签字通常应当是亲力亲为的行为，不能代理，但是如果签字人书面授权他人代自己签字，则等同于签字人的亲笔签字。实践中，如公司召开董事会、股东会时，不能出席会议的董事、股东可以书面授权其他董事或者股东代其签字，签字处先由受托人书写委托人即签字人的姓名，再由受托人书写"某某某代签"字样即可。

盖章是法人与非法人组织订立合同的方式。法人章包括三种类型：第一，法人公章，这是最常见的类型，大部分法人在书面合同上加盖的都是法人公章，即刻有法人完整名称的公章。第二，法人的合同专用章。即法人专门为订立合同而刻制的公章，公章上刻有"某某某公司合同专用章"字样。加盖合同专用章与加盖法人公章具有完全相同的法律效果。实践中通常只有营利性法人如公司才会刻制合同专用章，非营利性法人一般不存在合同专用章。第三，财务专用章。一般情况下，法人订立合同是不能用财务专用章的，只能使用法人公章或者合同专用章，使用财务专用章订立合同不能认为是法人的意思表示，不能产生与法人公章相同的法律效果。但是，实践中经常出现在履行合同中因为结算、核账、清算等而签署的结算单、核算表、对账单等之类的文件，上面加盖的通常都是财务专用章，所以，尽管财务专用章不能用于订立合同，但是在诸如结算单、对账单等文件上加盖的财务专用章具有与法人公章相同的法律效果。

按指印是指自然人或者法人的法定代表人、授权代表等采用在合同书上按捺手指指纹印痕的方式而订立合同。之前《合同法》并没有承认按指印的方式，考虑到我国实践中特别是在农村地区仍然存在较多的按指印的习惯，《最高人民法院关于适用〈中华人民共和国合同法〉若干问题的解释（二）》第5条规定了“摁手印”也是签订合同的方式。《民法典》承继了《最高人民法院关于适用〈中华人民共和国合同法〉若干问题的解释（二）》的规定，只是将“摁手印”改为“按指印”。

鉴于实践中经常存在因为签字、盖章引发的合同纠纷，特别是存在某些企业有两个甚至更多的印章，印章中有的经过了备案而有的未进行备案，伪造印章的情形也较为普遍，《最高人民法院关于适用〈中华人民共和国民法典〉合同编通则若干问题的解释》对于这一问题作出了较为详细的规定，有助于为法院和仲裁机构审理此类纠纷时提供规则指引。其第22条规定：“法定代表人、负责人或者工作人员以法人、非法人组织的名义订立合同且未超越权限，法人、非法人组织仅以合同加盖的印章不是备案印章或者系伪造的印章为由主张该合同对其不发生效力的，人民法院不予支持。合同系以法人、非法人组织的名义订立，但是仅有法定代表人、负责人或者工作人员签名或者按指印而未加盖法人、非法人组织的印章，相对人能够证明法定代表人、负责人或者工作人员在订立合同时未超越权限的，人民法院应当认定合同对法人、非法人组织发生效力。但是，当事人约定以加盖印章作为合同成立条件的除外。合同仅加盖法人、非法人组织的印章而无人员签名或者按指印，相对人能够证明合同系法定代表人、负责人或者工作人员在其权限范围内订立的，人民法院应当认定该合同对法人、非法人组织发生效力。在前三款规定的情形下，法定代表人、负责人或者工作人员在订立合同时虽然超越代表或者代理权限，但是依据民法典第五百零四条的规定构成表见代表，或者依据民法典第一百七十二条的规定构成表见代理的，人民法院应当认定合同对法人、非法人组织发生效力。”理解这一规定需要把握的重点是：

其一，印章不是决定合同效力的关键因素，关键因素是法定代表人、负责人、工作人员签订合同时是否超越了其职权或者职责范围，如果没有超越职权或者职责范围，即使加盖的印章不是经过备案的印章，甚至加盖的是伪造的印章，当事人也不能仅以此为由主张合同对其不发生效力。所以在很多案件中，当事人申请对印章的真伪进行鉴定，其实很多情况下意义并不大，甚至没有意义。

其二，合同是以法人、非法人组织的名义订立，也就是合同的抬头处所列明的当事人是法人或者非法人组织，但是签字处只有法定代表人、负责人或者工作人员的个人签名或者按指印，而未加盖法人、非法人组织的印章（既无法人公章，也无法人合同专用章），如果相对人能够证明法定代表人、负责人并未超越其职权范围，或者工作人员没有超越其职责权限或者超越其授权范围，该合同为有效合同，对法人、非法人组织发生效力，法人、非法人组织不能以合同上没有加盖法人、非法人组织的公章或者合同专用章而否认合同的效力。唯一的例外是，当事人在合同中明确约定了必须以加盖法人、非法人组织的印章作为合同的成立条件，否则合同不成立或者不生效，则在未加盖法人、非法人组织印章的情况下，合同不成立或者不生效，对任何一方均无约束力。

其三，与上述第二种情形相反的是，合同上仅加盖了法人、非法人组织的印章（公章或者合同专用章），但是没有任何人在上面签名或者按指印，既无法定代表人或者负责人的签字或者指印，也无工作人员的签字或者指印，这种情况下，如果相对人能够证明合同确系法定代表人、负责人或者工作人员在其权限范围内订立的，则该合同为有效合同，对法人、非法人组织发生效力，是否有签字不影响合同的效力。

其四，前面三种情形的适用前提都是尽管合同在签字、按指印或者加盖法人、非法人组织印章方面存在空缺或者瑕疵，但是法定代表人、负责人或者工作人员本身都没有超越职权或者代理权限，都属于他们能够代表或者代理的事项。如果一方面合同在签字或者按指印、盖章方面存在空缺或者瑕疵，而另一方面法定代表人、负责人或者工作人员又超越了职权或者代理权限，此种情形下合同的效力如何？此种情形需要考察其是否符合《民法典》第504条的规定，构成表见代表（法定代表人或者负责人订立合同的场合），或者符合《民法典》第172条的规定，构成表见代理（工作人员订立合同的场合）。如果符合上述条文的规定，构成表见代表或者表见代理，则合同有效，对法人、非法人组织发生效力。

3.以合同书方式订立合同的成立地点

合同成立的地点现在越来越不具有重大的意义，但是有时候对于判断合同履行的地点、通知送达的地点以及将来可能发生纠纷时诉讼管辖的法院有一定的意义。例如，北京的甲公司与深圳的乙公司在上海通过谈判达成了书面合同，甲公司先在上海加盖了公司法人公章，由于乙公司只能回深圳盖章，故由乙公司携带甲公司已经盖好了公章的四份合同回深圳，最后乙公司在深圳盖好公章后将其中的两份寄给甲公司。这份合同的成立地点是上海还是北京还是深圳，可能会产生不同的理解。

《民法典》第493条规定："当事人采用合同书形式订立合同的，最后签名、盖章或者按指印的地点为合同成立的地点，但是当事人另有约定的除外。"以此规定，第一，合同成立的地点可以由当事人约定。合同成立的地点不一定就是合同真实签字的地点，根据意思自治的原则，当事人可以在合同中约定合同成立的地点，约定在哪里就在哪里，如上述案例中，甲公司在北京，乙公司在深圳，谈判地点在上海，但是当事人可以在合同中约定：本合同的成立地点为深圳市。第二，如果没有约定合同的成立地点，则以双方共同签字或者盖章或者按指印的所在地为合同成立的地点。第三，如果双方不是在同一个地点签字或者盖章或者按指印，则以最后签字或者盖章或者按指印的所在地为合同成立的地点。

4. 以信件、数据电文等形式订立合同的成立条件

信件是指书写或者打印的文书，数据电文是指以电子、光学、磁或者类似手段生成、发送、接受或者储存的信息。传真、电传、电报等属于传统的数据电文方式，今天仍在运用之中；现代的数据电文包括电子邮件、数据交换等即时通信工具。以上各类都属于订立合同的书面形式。

以信件、数据电文等形式订立合同，合同成立的时间取决于当事人之间的约定，有约定按约定。如果没有约定，则按照当事人之间的交易习惯或者行业习惯确定。如果当事人约定了最终需要签订成交确认书才能正式成立合同，则未签订成交确认书之前当事人之间不成立合同，签订成交确认书的时间才能作为合同成立的时间。《民法典》第491条第1款规定："当事人采用信件、数据电文等形式订立合同要求签订确认书的，签订确认书时合同成立。"

5. 电子商务合同的成立时间

《民法典》第491条第2款规定："当事人一方通过互联网等信息网络发布的商品或者服务信息符合要约条件的，对方选择该商品或者服务并提交订单成功时合同成立，但是当事人另有约定的除外。"这是针对现在广泛运用的电子商务合同的成立时间作出的特别规定。

《民法典》的上述规定与《电子商务法》第49条规定保持了一致。《电子商务法》第49条第1款规定："电子商务经营者发布的商品或者服务信息符合要约条件的，用户选择该商品或者服务并提交订单成功，合同成立。当事人另有约定的，从其约定。"根据《民法典》和《电子商务法》的上述两条规定，电子商务合同成立时间的判断标准为：

第一，电子商务经营者通过电商平台发布有关商品或者服务的信息，该等信息如果符合要约的条件，即内容具体确定，且有明确的订立合同的意思表示，则用户选择后通过电商平台提交了订单，自提交订单之时合同即告成立。提交订单即视为进入了电子商务经营者的数据交换系统，到达了经营者，换言之，电子商务经营者通过平台发布商品或者服务信息符合要约的，用户提交订单即为承诺，合同成立。

第二，如果当事人对于此种电子商务合同的成立时间另有约定，则从其约定。实践中如果电子商务经营者在发布信息的同时通过"用户协议"等方式明确告知合同成立的条件，用户必须点击"同意"，如明确告知"用户提交订单后，经营者在二个小时内予以确认的，合同成立；在二个小时内通知不予确认的，合同不成立；在二个小时经营者未予回复的，视为未确认"。这一规定遵循了电子商务市场自身的规律与行业习惯，既保证了用户的基本权益，又顺应了电子商务行业的发展趋势。

当然，经营者不能通过"用户协议"等为消费者规定过于苛刻的订立合同的条件，明显限制或者剥夺消费者的基本权益。《电子商务法》第50条明确规定："电子商务经营者应当清晰、全面、明确地告知用户订立合同的步骤、注意事项、下载方法等事项，并保证用户能够便利、完整地阅览和下载。电子商务经营者应当保证用户在提交订单前可以更正输入错误。"

6.合同书面形式瑕疵的治愈规则

即使是法律规定某类合同必须采用特定的形式，如必须采用书面形式，而当事人没有采用书面形式，也可能仍然成立合同，这就是合同的形式瑕疵治愈规则，即合同书面形式瑕疵治愈规则。之前《合同法》第36条规定："法律、行政法规规定或者当事人约定采用书面形式订立合同，当事人未采用书面形式但一方已经履行主要义务，对方接受的，该合同成立。”而《民法典》第490条第2款规定：“法律、行政法规规定或者当事人约定合同应当采用书面形式订立，当事人未采用书面形式但是一方已经履行主要义务，对方接受时，该合同成立。”此一条文的表述与《合同法》几乎一致，但是有两处细微的差别：一是在第一句话中将“采用书面形式订立合同”改为“合同应当采用书面形式订立”；二是在第三句中将之前的“对方接受的”改为“对方接受时”，这样一改，不仅表明了《民法典》继续坚持合同形式瑕疵的治愈规则，而且同时明确了合同成立的具体时间，即将对方接受一方的实际履行之时作为合同成立的时间。

合同书面形式瑕疵治愈规则的原理在于基于意思自治与鼓励交易的原则，通过双方当事人实施的行为而推定当事人作出了与书面形式相反的意思表示，放弃或者改变了当初约定采用书面形式订立合同的约定。理解广义上的合同形式瑕疵即书面形式瑕疵治愈规则需要注意的问题是：如果法律、行政法规规定或者当事人约定采用书面形式订立合同，而当事人未采用书面形式订立合同，亦未出现一方已经履行主要义务且对方接受的，则该合同因违反法律、行政法规的规定或者当事人的约定而不能成立，只有在一方已经履行主要义务且对方接受的情况下才能推定合同成立。同时需要注意的是，即使一方已经履行主要义务，但对方并未接受，甚至明确表示拒绝接受，此种情况下也不能认定合同成立。

（二）合同的口头形式

合同的口头形式指的是以言语的方式作为载体而达成的合同。口头就是言语，不是文字。日常的民事生活当中，通过口头形式订立合同是极为常见的。比如，消费者到餐馆吃饭、到电影院看电影、在大街上打出租车等，都是以口头形式订立的合同。口头形式的优点是方便，快捷，节省交易成本，符合日常生活的实际需要。缺点是一旦出现争议则由于口说无凭、查无实据而难以取证。所以口头形式的合同需要注意保留合同履行中的相关证据，如取货小票、付款凭证、通话记录等。

（三）合同的其他形式

《民法典》第469条第1款的表述是：“当事人订立合同，可以采用书面形式、口头形式或者其他形式。”如何理解这里的“其他形式”的含义？学理上一般理解为推定形式或者默示形式，是通过客观外化的行为并辅之以一些相关证据以证明双方通过口头的形式达成了合同，或者通过行为推定双方达成了合同。

二、合同的基本条款、示范文本与合同成立的要素

（一）合同的基本条款：倡导性规范

合同的内容如何约定，载明哪些条款，完全属于合同自由、意思自治的范畴，法律无须也不可能作出强制性的规定。但是，法律可以将合同通常需要规定的条款作为一种倡导性、引导性的规范予以规定，尽管这些规定并无约束力，但是可以起到立法的行为指引功能，引导、倡导人们在订立合同时需要注意订立哪些基本的条款。

《民法典》第470条规定："合同的内容由当事人约定，一般包括下列条款：（一）当事人的姓名或者名称和住所；（二）标的；（三）数量；（四）质量；（五）价款或者报酬；（六）履行期限、地点和方式；（七）违约责任；（八）解决争议的方法。当事人可以参照各类合同的示范文本订立合同。"此一规定属于典型的倡导性规范，并非强制性规定，合同即使不具备这些条款也不会影响合同的效力。但是订立合同通常都需要对这些事项作出约定，才有可能明确双方的权利义务，防止因缺乏约定或者约定不明而导致履行中的纷争。实践中，当事人根据合同的性质与具体需要，可以订立很简单的合同，仅需几个条款或者十几个条款，也可以订立很复杂的合同书，长达上百个条款。当然，不同性质、不同类型的合同的基本条款与核心条款也会有所区别，如买卖合同的核心条款除了标的之外，一是价格，二是质量标准；而委托合同的核心条款一是授权范围，二是完成委托事项的要求；而对于赠与合同，核心条款则是赠与物的确定与交付时间。

（二）合同的示范文本：仅具推荐使用价值

《民法典》第470条第2款规定："当事人可以参照各类合同的示范文本订立合同。"所谓合同的示范文本，是指国家有关行政部门或者行业协会根据法律的规定、本行业的特点等制作的合同文本，供经营者或者消费者订立合同时借鉴或者采用。实践中的合同示范文本主要是由国家市场监督管理总局制定和发布，此

外住房和城乡建设部对于各类商品房买卖合同、建设工程合同、勘察设计合同、装修合同等，自然资源部对于各类国有土地使用权出让合同、土地使用权转让合同等，科技部与国家知识产权局对于各类技术开发合同、技术转让合同、著作权许可使用合同等，也制作与发布了适用于本行业或者领域的合同示范文本。

主管部门或者行业协会制作与发布的合同示范文本并没有强制性的效力，当事人可以采用也可以不采用，但是推荐使用合同示范文本有以下益处：一是此类示范文本经过专业制作与反复征求各方意见，内容比较详细，条款比较完备，当事人依据此类示范文本签订合同可以减轻撰写合同条款的负担，在一定程度上节省交易成本；二是此类示范文本对那些不熟悉有关法律或者行业知识与规律的当事人提供了具体的签约指导，可以在较大程度上减少签约的盲目性，预防纠纷的发生；三是此类合同示范文本不是由合同的哪一方负责起草与制作，而是由主管部门或者行业协会制作，通常能够保证其内容的公允性，预防“霸王条款”等各种形式的显失公平的条款。

所以，尽管合同示范文本不具有法律上的强制性效力，但因其具有的上述积极意义，《民法典》作为一种倡导与鼓励，作出了“当事人可以参照各类合同的示范文本订立合同”的规定。

（三）合同成立的要素：当事人、标的与数量

必备条款与基本条款不同，基本条款是指合同通常或者一般需要订立的条文内容，而必备条款是指如果缺少了这些条款则合同不能有效成立。换言之，缺乏基本条款可以通过合同解释或者其他方法进行补救，而如果缺乏必备条款则只能视为在当事人之间没有成立合同，也无法进行补救。

对于合同必须具备哪些条款才能认为合同成立，否则合同不成立，学理上通常认为有三个关键性要素是合同成立不可或缺的：第一，当事人；第二，标的；第三，数量。这一通说后来体现在《最高人民法院关于适用〈中华人民共和国合同法〉若干问题的解释（二）》之中，该司法解释第1条第1款规定：“当事人对合同是否成立存在争议，人民法院能够确定当事人名称或者姓名、标的和数量的，一般应当认定合同成立。但法律另有规定或者当事人另有约定的除外。”第2款规定：“对合同欠缺的前款规定以外的其他内容，当事人达不成协议的，人民法院依

照合同法第六十一条、第六十二条、第一百二十五条等有关规定予以确定。”

《最高人民法院关于适用〈中华人民共和国民法典〉合同编通则若干问题的解释》承继了《最高人民法院关于适用〈中华人民共和国合同法〉若干问题的解释（二）》的精神，一方面坚持了“当事人、标的、数量”的合同必备条款三要素主张，另一方面更进一步明确了例外情形，即不能成立合同的情形。其第3条规定：“当事人对合同是否成立存在争议，人民法院能够确定当事人姓名或者名称、标的和数量的，一般应当认定合同成立。但是，法律另有规定或者当事人另有约定的除外。根据前款规定能够认定合同已经成立的，对合同欠缺的内容，人民法院应当依据民法典第五百一十条、第五百一十一条等规定予以确定……”

《最高人民法院关于适用〈中华人民共和国民法典〉合同编通则若干问题的解释》在起草过程中对于是否需要在《解释》中将价款或者报酬、质量、履行期限、履行地点与方式等重要条款作为合同成立的要件，曾经根据有些学者与法官的建议作出了规定，在征求意见稿中曾经规定：“当事人对合同是否成立存在争议，人民法院能够确定合同主体、标的和数量的，一般应当认定合同成立。但是，有下列情形之一，当事人主张合同不成立的，人民法院应予支持：（一）合同标的没有市场价格或者难以确定市场价格，也不属于依法应当执行政府定价或者政府指导价的，当事人未就价款或者报酬进行协商，依照民法典第510条、第511条等有关规定亦无法确定；（二）在订立合同的过程中，当事人一方就质量、价款或者报酬、履行期限、履行地点和方式、违约责任和解决争议方法等对当事人权利义务有实质性影响的内容作出了意思表示，但未与对方达成一致，或者双方明确约定须就某项内容协商一致合同才能成立，但事后无法达成合意；（三）不符合法律规定或者当事人约定的其他成立条件。据前款规定能够认定合同已经成立的，对于合同欠缺的内容，如当事人无法达成协议，人民法院应当依照民法典第510条、第511条等有关规定予以确定。”但是反对的观点认为这样的表述过于细琐，不宜作出这样的规定，关键还是在个案中进行判断，所以最终没有采纳此一方案。

但是，笔者认为，上述征求意见稿的规定对于实践中判断合同是否成立仍然具有参考价值，值得了解。何况，现在正式的司法解释中也表述为“当事人对合同是否成立存在争议，人民法院能够确定当事人姓名或者名称、标的和数量的，一般应当认定合同成立。但是，法律另有规定或者当事人另有约定的除外”。此处所谓的“一般应当认定合同成立”，说明还是有例外情形，不是绝对的，不是说所有关于合同成立的纠纷中只要具备了当事人、标的和数量就绝对能够认定合同成立，合同成立只是原则，但是会存在例外，而所谓的例外就是指即使具备了当事人、标的和数量条款，但是缺乏质量、价款或者报酬、履行期限、地点与方法等条款时，合同可能仍然不能成立。这也是《最高人民法院关于适用〈中华人民共和国民法典〉合同编通则若干问题的解释》第3条第1款最后一句“但书”条款的意义所在，即“但是，法律另有规定或者当事人另有约定的除外”。

征求意见稿第一种情形，即“合同标的没有市场价格或者难以确定市场价格，也不属于依法应当执行政府定价或者政府指导价的，当事人未就价款或者报酬进行协商，依照民法典第510条、第511条等有关规定亦无法确定”，此时应当认定合同未成立。之所以不能认定合同成立，是因为无法确定标的的价款或者报酬。其认定的逻辑递进关系是：第一，当事人未就价款或者报酬进行磋商，进而未作出约定。第二，标的没有市场价格可供参考，或者无法确定其市场价格，又不属于依法应当执行政府定价或者政府指导价。换言之，如果当事人未约定价款或者报酬，但是标的确定，且标的本身有可供参考的市场价以确定其价款或者报酬，或者标的属于执行政府定价或者政府指导价的，则仍应认定合同成立，而若不符合前述情形，则不能认定合同成立。第三，无法依照《民法典》第510条、第511条等有关规定确定价款或者报酬。《民法典》第510条是关于主要条款没有约定或者约定不明时的确定规则，即“合同生效后，当事人就质量、价款或者报酬、履行地点等内容没有约定或者约定不明确的，可以协议补充；不能达成补充协议的，按照合同相关条款或者交易习惯确定”。第511条是解决依照第510条的规定仍然不能确定合同相关条款内容时的法定确定规则，即“当事人就有关合同内容约定不明确，依据前条规定仍不能确定的，适用下列规定：（一）……（二）价款或者报酬不明确的，按照订立合同时履行地的市场价格履行；依法应当执行政府定价或者政府指导价的，依照规定履行……”

第二种情形，即“在订立合同的过程中，当事人一方就质量、价款或者报酬、履行期限、履行地点和方式、违约责任和解决争议方法等对当事人权利义务有实质性影响的内容作出了意思表示，但未与对方达成一致，或者双方明确约定须就某项内容协商一致合同才能成立，但事后无法达成合意”，此时应当认定合同不成立，理由是：尽管一方当事人已经就合同的主要条款包括质量、价款或者报酬、履行期限、履行地点和方式、违约责任和解决争议方法等向对方作出了明确的意思表示，但是没有证据证明对方表示同意与认可，合意没有达成，不符合合同成立的核心要件；或者，双方当事人在合同订立的磋商过程中明确约定了必须就某项重要内容协商一致合同才能成立，而最终双方未能协商一致，不符合当事人事先关于合同成立条件的约定。

第三种情形，即“不符合法律规定或者当事人约定的其他成立条件”，是基于法律的直接规定或者当事人的约定，不符合合同成立法定条件或者约定条件，进而不能认定合同成立。例如，《民法典》第863条第3款规定“技术转让合同和技术许可合同应当采用书面形式”，当事人没有采用书面形式，又不符合形式瑕疵治愈规则，便不能认定当事人之间成立了技术转让合同或者技术许可合同。

所以，除上述关于当事人、标的、数量这三个合同成立的要素或者必备条款之外，质量条款、价款或者报酬条款、履行期限与地点方法条款对于判断合同是否成立同样具有特殊的意义，在特定情形下，不具备这些内容，合同仍然不能成立。当然，这是例外情形，原则上只要具备了当事人、标的和数量内容即可以认定合同成立，只有在法律另有规定或者当事人另有约定的情形下，才需要加上其他因素作为合同成立的判断标准。

（四）合同成立纠纷中的审理程序问题

《最高人民法院关于适用〈中华人民共和国民法典〉合同编通则若干问题的解释》不仅对合同成立的要素或者必备条款作出了解释规定，而且对于当事人之间合同成立的争议纠纷中的程序事项也作出了原则性的规定，有利于法院审理涉及合同成立纠纷的案件的程序安排与处理。其第3条第3款规定：“当事人主张合同无效或者请求撤销、解除合同等，人民法院认为合同不成立的，应当依据《最高人民法院关于民事诉讼证据的若干规定》第五十三条的规定将合同是否成立作为焦点问题进行审理，并可以根据案件的具体情况重新指定举证期限。”以此规定，在涉及合同成立的纠纷案件中，审理程序方面有四项需要注意之处：

首先，如果有一方当事人对双方之间是否存在合同关系、是否成立了合同提出了主张，而对方反对，亦即双方对于合同成立发生了争议，并且提出了各自的主张，此种情况下法院必须先就合同成立问题进行审理，由各方充分发表意见并就此进行举证，然后才可能进行后续程序，如可能涉及的合同效力、合同撤销、违约责任等问题。

其次，如果当事人任何一方并未提出合同是否成立的主张或者异议，而是主张合同无效，或者主张行使撤销权请求撤销合同，或者主张行使解除权解除合同，或者请求对方继续履行合同，而法院经过初步审理认为合同不成立，此种情形下法院应当依据《最高人民法院关于民事诉讼证据的若干规定》第53条的规定，将合同是否成立作为案件的焦点问题进行审理，并且应当向当事人双方进行释明。

再次，《最高人民法院关于民事诉讼证据的若干规定》第53条规定："诉讼过程中，当事人主张的法律关系性质或者民事行为效力与人民法院根据案件事实作出的认定不一致的，人民法院应当将法律关系性质或者民事行为效力作为焦点问题进行审理。但法律关系性质对裁判理由及结果没有影响，或者有关问题已经当事人充分辩论的除外。存在前款情形，当事人根据法庭审理情况变更诉讼请求的，人民法院应当准许并可以根据案件的具体情况重新指定举证期限。"如果当事人并未提出或者主张合同成立的问题，而是主张合同无效或者请求继续履行或者请求解除合同、撤销合同等，而法院在审理过程中发现存在合同成立与否的问题，即属于该条规定的"当事人主张的法律关系性质或者民事行为效力与人民法院根据案件事实作出的认定不一致"的情形，此时法院应当对合同是否成立作为焦点问题进行审理，很显然，合同是否成立对于当事人的主张或者请求具有实质性、前提下的影响，一旦法院最终认定合同不成立，便不存在继续履行或者解除合同、撤销合同的问题，也不存在合同有效或者无效的问题。

最后，如果当事人根据法院的释明增加或者变更了诉讼请求，则应当允许，同时应当给予当事人重新举证的期限。

三、要约

（一）要约的概念与要件

《民法典》第471条规定："当事人订立合同，可以采取要约、承诺方式或者其他方式。"这是关于合同成立方式的规定。

要约是一种意思表示，即希望与特定的对方订立合同的意思表示。《民法典》第472条规定："要约是希望与他人订立合同的意思表示，该意思表示应当符合下列条件：（一）内容具体确定；（二）表明经受要约人承诺，要约人即受该意思表示约束。"要约一旦发出并且到达对方（受要约人），就会产生相应的法律后果，即一旦受要约人表示同意和接受要约，合同就宣告成立，要约人不能反悔。

经营者为了推销自己的产品或者服务，需要让用户了解自己的产品或者服务，或者以各种方式做宣传，如发布商业广告、免费寄送产品目录等，这些行为也是一种意思表示，但是不属于具有法律效力的要约，而是被称为要约邀请。《民法典》第473条第1款规定："要约邀请是希望他人向自己发出要约的表示。拍卖公告、招标公告、招股说明书、债券募集办法、基金招募说明书、商业广告和宣传、寄送的价目表等为要约邀请。"

有要约才会有承诺，然后才会有合同。要约邀请不是要约，不产生要约的法律效果。一项意思表示到底是要约还是要约邀请，关键是要看其内容是否具体明确，是否有明确的希望与对方订立合同的意思，是否一经对方表示同意就能够成立合同。价目表、拍卖公告、招标公告、招股说明书、商业广告等都是要约邀请，而不是要约。但是有一个例外，这就是《民法典》第473条第2款规定的："商业广告和宣传的内容符合要约条件的，构成要约。"该款只对商业广告作了例外规定，第1款列举的其他形式的文件或者资料没有例外规定，只能是要约邀请。商业广告原则上也是要约邀请，但是如果商业广告符合了要约的特征，内容具体确定，有与对方订立合同的意思表示，则视为要约。我们通常看到的广告都不具备要约的特征，它们都是很笼统、很抽象的，但是与专门在电视节目中播放的购物频道所做的广告不同，它是一边做广告一边销售商品，所做广告的内容具体而明确，符合要约的特征，属于要约，消费者打进指定的电话或者发送下单信息，就是承诺，合同成立，任何一方如果反悔进而不履行合同，就构成违约。

（二）强制缔约与竞争缔约

1.强制缔约

基于合同自由的原则，订立合同必须是双方自愿协商的结果，任何一方不得强迫对方与自己订立合同。但是，某些情况下，法律规定或者依据法律的原则推定，一方当事人负有法定的义务发出邀约，或者在对方发出邀约时负有法定的义务作出承诺，而不得拒绝。这就是强制缔约理论与规则。《民法典》第494条规定："国家根据抢险救灾、疫情防控或者其他需要下达国家订货任务、指令性任务的，有关民事主体之间应当依照有关法律、行政法规规定的权利和义务订立合同。依照法律、行政法规的规定负有发出要约义务的当事人，应当及时发出合理的要约。依照法律、行政法规的规定负有作出承诺义务的当事人，不得拒绝对方合理的订立合同要求。"这是《民法典》作出的有关强制缔约的规则条文，之前的《民法通则》与《合同法》均无关于强制缔约的具体规则条文。

强制缔约一般是发生在向社会提供公共服务的领域，如供用电、水、气、热力等公共服务合同，交通领域的公共承运合同等。因为这些公共服务领域涉及公共利益与民生保障，需要保证每一位公共服务的享用者能够通过合同获得公共服务，防止公共服务的提供者利用自己的优势或者垄断地位有选择性地提供服务，损害消费者的利益。判断一项合同是否属于强制缔约规制的对象，应当依据法律的规定，或者符合法律原则的解释结果。例如，商店或者提供服务的其他经营场所在营业时间之内陈列商品或者提供服务，应当解释为要约邀请行为，消费者进入商店选取商品并付款的行为属于要约，商店不得拒绝消费者的要约，必须作出承诺。所以强制缔约是一种特殊类型的通过要约、承诺方式订立合同的情形。

2.竞争缔约：招标投标、拍卖与挂牌交易中的合同成立问题

所谓竞争缔约，是指并非合同双方当事人一对一进行磋商进而订立合同，而是有多个潜在的竞争者同时参与合同的订立过程，最后由组织者根据事先公示的竞价规则确定合同的当事人。实践中竞争缔约包括招标投标、拍卖、挂牌交易等三种方式。

（1）招标投标

招标投标属于典型的竞争缔约，其中公开招标（社会招标）的竞争性更为明显，即使是定向招标（邀请招标）也具有相当的竞争性。按照《招标投标法》以及学界通说，在招标投标程序中，招标人向特定的（定向招标或者邀请招标）或者不特定的（社会招标或者公开招标）对象发出招标公告或者寄送招标文件，属于要约邀请；投标人提交投标书属于要约；招标人向中标人发出中标通知书属于承诺。根据《招标投标法》的规定，招标人与中标人应当自中标通知书发出之日起30日内，按照招标文件和中标人的投标文件订立书面合同，招标人和中标人不得再行订立背离上述文件的其他协议。此一规定也说明招标投标程序中招标人向中标人发出中标通知书的时候双方意思表示已经达成一致，合同成立，而最终订立书面合同仅仅是根据规定完善相关手续而已。

《最高人民法院关于适用〈中华人民共和国民法典〉合同编通则若干问题的解释》采纳学界通说，尊重招标投标的商事实践以及《招标投标法》的相关规定，对采用招标投标方式缔结合同中的合同成立问题明确解释如下："采取招标方式订立合同，当事人请求确认合同自中标通知书到达中标人时成立的，人民法院应予支持。合同成立后，当事人拒绝签订书面合同的，人民法院应当依据招标文件、投标文件和中标通知书等确定合同内容。"依此解释，如果按照招标投标程序，招标人经过开标、询标、评标、决标等阶段，最终确定了中标人，并且向中标人发出了中标通知书，则自中标通知书到达中标人时成立；若中标人拒绝与招标人订立书面合同，或者以双方之间没有订立书面合同为由主张合同不成立，法院不能支持其该主张。相反，法院应当支持当事人关于合同已经成立的主张。至于合同最终内容、双方具体权利义务关系的确定，依据招标公告或者招标通知、投标书、中标通知书等予以确定即可。实践中，招标人通常会要求参加竞标的人缴纳一笔竞标保证金，一旦最终的中标人拒绝签订正式合同，招标人即可以没收该笔保证金，作为中标人承担违约责任的方法。

（2）拍卖

拍卖也是典型的竞争缔约方式，更是一种古老的交易方式，至今仍充满商业生命力。拍卖的原理与招标投标有异曲同工之处，或者说招标投标是借鉴了拍卖的交易规则，不同之处是招标投标更多地运用于政府采购、利用政府或者相关组织的贷款进行的大型建设工程等场合，某类工程的建设合同或者施工合同，或者某类产品与服务的采购合同，必须采用招标投标的竞价方式进行，而不能采用双方协议的方式进行，以保证交易的公开性与公平性，而拍卖可以适用于更广泛的场合，大到生产资料、交通工具等的交易，小到生活资料的交易，特别是某些特殊商品的交易，如工艺品、奢侈品、收藏品、艺术品等的交易，以及司法机关收缴、罚没的财物的变卖，很多都是通过拍卖的方式进行的。

拍卖包括现场拍卖与网络拍卖两种方式。实践中，比较大型的、每年连续举办的拍卖以现场拍卖为主，但是进入网络时代以后即使是大型的拍卖也有很多采用网络拍卖的方式，或者现场拍卖与网络拍卖相结合的方式进行。现场拍卖与网络拍卖的规则并无实质性差异，只不过是一个在线下进行，一个在线上进行，技术方面稍有区别而已。无论在哪一种拍卖方式中，按照交易惯例与学理通说，竞买人举牌出价是要约，拍卖方邀请竞买人举牌出价向自己发出要约，拍卖师最后的击槌是承诺，此时合同即告成立，即“一锤定音”。根据《拍卖法》的规定和拍卖行业的商业惯例，拍卖现场结束后通常各方需要签订一份“拍卖成交确认书”，但是这只是一种交易惯例，并不是说直到签订“拍卖成交确认书”的时候合同才成立，而是在拍卖师一锤定音的时候合同就已经成立。如果任何一方在拍卖师一锤定音之后反悔，拒绝签订“拍卖成交确认书”，此一行为已经是违约行为，应当承担违约责任。所以拍卖的交易惯例是竞买人必须事先缴纳一笔竞拍保证金，一旦竞买成功却又反悔，拒绝签订“拍卖成交确认书”，拍卖人就有权直接没收保证金，其实这就是竞买人承担违约责任的方式，与前面所述招标投标程序中的竞标保证金是一种性质。

《最高人民法院关于适用〈中华人民共和国民法典〉合同编通则若干问题的解释》就此作出了明确的解释规定，其第4条第2款规定：“采取现场拍卖、网络拍卖等公开竞价方式订立合同，当事人请求确认合同自拍卖师落槌、电子交易系统确认成交时成立的，人民法院应予支持。合同成立后，当事人拒绝签订成交确认书的，人民法院应当依据拍卖公告、竞买人的报价等确定合同内容。”所以，采用现场拍卖、网络拍卖的方式缔结的合同，如果拍卖师落槌、电子交易系统确认成交，此后一方反悔，拒绝签订拍卖成交确认书，并以双方尚未签订正式的买卖合同为由，主张合同未成立的，法院不能支持其该主张；相反，对方主张合同已经成立的，应当支持其主张。至于合同的具体内容，可以根据拍卖公告、竞买人的报价等因素予以确定。

（3）挂牌交易

挂牌交易在资本市场上有两种含义：一是证券市场上的股票挂牌交易；二是土地以及其他国有资产的挂牌交易。此处的“挂牌交易”是狭义上的，即仅指土地及其他国有资产的挂牌交易，不包括股票的挂牌交易，因为股票挂牌交易需要按照《证券法》及其相关法律、法规进行。所谓土地挂牌交易，即土地出让中的

"招拍挂"之一,"招拍挂"即招投标、拍卖和挂牌交易的简称,是一种出让国有土地使用权等国有资产的交易形式,目的是避免国有资产价值流失。具体的挂牌交易程序一般是在出让国有土地使用权等国有资产时,出让人在指定的交易场所发布挂牌公告,公示拟出让的交易标的交易条件,符合条件且有意参与竞价的竞买人可以申请报价并更新挂牌价格,最终根据挂牌期限截止时的出价结果确定成交者。土地与其他国有资产的挂牌交易与拍卖交易程序较为接近。

《最高人民法院关于适用〈中华人民共和国民法典〉合同编通则若干问题的解释》第4条第3款规定:"产权交易所等机构主持拍卖、挂牌交易,其公布的拍卖公告、交易规则等文件公开确定了合同成立需要具备的条件,当事人请求确认合同自该条件具备时成立的,人民法院应予支持。"以此规定,挂牌交易方式中合同的成立判断标准主要是产权交易所等交易机构发布的一般性的交易规则(适用于交易机构进行所有的交易)和针对某次特定拍卖或者挂牌交易公布且仅适用于本次拍卖或者挂牌交易的公告文件中确定的关于合同成立的条件,如果符合上述文件中关于合同成立的要件,则应当认定合同成立。与招标投标、拍卖一样,通常都不是以签订最终的成交确认书或者书面合同为合同成立的标准,而是以公告文件中载明的某一特定程序的完成(如某次出价经过一段固定的时间后若再无人报出新价,则交易成功)作为合同成立的标准。

(三)要约的生效

《民法典》第474条规定:"要约生效的时间适用本法第一百三十七条的规定。"第137条规定:"以对话方式作出的意思表示,相对人知道其内容时生效。以非对话方式作出的意思表示,到达相对人时生效。以非对话方式作出的采用数据电文形式的意思表示,相对人指定特定系统接收数据电文的,该数据电文进入该特定系统时生效;未指定特定系统的,相对人知道或者应当知道该数据电文进入其系统时生效。当事人对采用数据电文形式的意思表示的生效时间另有约定的,按照其约定。"

就要约而言,所谓"以对话方式作出的意思表示",是指要约人(意思表示的作出人,亦即表意人)采取使相对人即受要约人可以同步受领的方式进行的意思表示,其特征是表意人作出的意思表示与相对人受领意思表示是同步进行的,没有时间差。除了传统的对话方式，如面对面交谈、电话，采用现代即时通信工具作出的意思表示也是典型的以对话方式作出的意思表示，包括微信视频、微信语音、QQ语音等。“同步进行”意味着表意人的意思表示一经作出便到达了相对人，相对人就已经知道其内容，意思表示即刻发生效力。

所谓“以非对话方式作出的意思表示”，是指要约人没有采取使相对方同步受领的方式作出意思表示，亦即要约人作出意思表示与相对人受领意思表示不是同步进行的，而是存在时间差。信件、传真、电子邮件等都属于此种情形。在国际贸易中对于存在时间差的要约与承诺一般采取到达主义，即意思表示到达对方才发生效力。《合同法》和《民法典》也是采纳的这种观点。

对于采用数据电文形式订立合同的意思表示到达时间与合同生效的问题，《民法典》规定了三项具体规则：其一，采用数据电文形式的意思表示，如果相对人指定了特定系统接收数据电文的，当该数据电文进入该特定系统时即刻生效；其二，如果相对人没有指定特定系统，则自相对人知道或者应当知道该数据电文进入其系统时生效；其三，当事人对采用数据电文形式的意思表示的生效时间另有约定的，按照其约定。

（四）要约的撤回与撤销

1. 要约的撤回

《民法典》第475条规定：“要约可以撤回。要约的撤回适用本法第一百四十一条的规定。”第141条规定：“行为人可以撤回意思表示。撤回意思表示的通知应当在意思表示到达相对人前或者与意思表示同时到达相对人。”根据上述规定，要约发出以后可以撤回，但撤回的通知必须先于要约到达对方或者同时到达，才能产生撤回的效果。一旦撤回了要约，要约人便不再受要约的约束。如果要约已经到达了对方便不能撤回。撤回要约不需要任何条件或者理由，只要撤回要约的通知先于要约本身到达受要约人或者同时到达受要约人即可。要约如果被撤回，视同未发出要约。

2. 要约的撤销

《民法典》第476条规定：“要约可以撤销，但是有下列情形之一的除外：（一）要约人以确定承诺期限或者其他形式明示要约不可撤销；（二）受要约人有理由认为要约是不可撤销的，并已经为履行合同做了合理准备工作。”第477条规定：“撤销要约的意思表示以对话方式作出的，该意思表示的内容应当在受要约人作出承诺之前为受要约人所知道；撤销要约的意思表示以非对话方式作出的，应当在受要约人作出承诺之前到达受要约人。”依据上述两条的规定，有关要约撤销的规则应当作如下理解：

首先，要约是可以撤销的。并非一旦要约到达受要约人就无法反悔，而是可以撤销的。当然，要约的撤销毕竟不同于要约的撤回，撤回的前提是要约尚未生效，不会对受要约人产生实际的影响，所以更关注的是要约人的意思自治，而撤销要约的前提是要约已经发生效力，已经对受要约人产生实际影响，此时如果允许要约人随意撤销要约，很可能对受要约人不公平，所以撤销要约必须给予一定的约束与限制。

其次，撤销要约的意思表示如果是以对话的方式作出，则必须在受要约人作出承诺之前让撤销的意思表示为受要约人所知晓。换言之，如果要约人通过电话、微信视频、微信语音、QQ语音等方式撤销要约，必须明确向受要约人表达撤销要约的意思。如果受要约人已经作出承诺，便无法再撤销要约。如果要约人没有通过对话的方式清晰地让受要约人知晓其撤销要约的意思，要约不发生撤销的后果，依然有效。

再次，撤销要约的意思表示如果是以非对话方式作出，如通过传真、信件、电传、电报等方式作出，则必须在受要约人作出承诺之前到达受要约人。

最后，在两种情形下要约不得撤销，即：（1）要约人以确定承诺期限或者其他形式明示要约不可撤销。例如，要约人在要约中写明：“本次要约有效期为10天”，或者“最迟于2023年9月1日之前回复有效”，或者“本次要约为不可撤销之要约”，由于要约中已经明确了要约的有效期，亦即承诺期限，甚至明确其为不可撤销的要约，使得受要约人产生信赖利益，相信要约人在约定的要约有效期或者承诺期之内是不会撤销要约的，所以法律规定在这种情况下要约人不能撤销要约。（2）受要约人有理由认为要约是不可撤销的，并已经为履行合同做了合理准备工作。尽管要约人没有在要约中载明要约的有效期或者承诺的期限，也没有明确表示本次要约为不可撤销的要约，但是受要约人有理由相信要约是不可撤销的，并且为履行合同进行了合理的准备工作。满足此一条件需要注意的是：其一，主观上，受要约人合理相信要约是不可撤销的，是不会被要约人撤销的，有充足的理由相信这一点。当然，受要约人需要就此进行举证，即举证证明自己何以在要约没有写明有效期或者承诺期限的情况下却有理由相信该要约是不可撤销的。例如，根据双方之间商业交往的惯例，要约人至少会给受要约人15天的考虑期，而不会像现在这一次发出要约后第三天就通知撤销要约。其二，客观上，受要约人由于相信要约人不会撤销要约，所以已经开始为将来履行合同而提前进行准备工作，例如交付租金以预订场地、对相关人员进行培训、购买相关的原材料等。当然这些准备工作应当符合通常的交易惯例与商业逻辑，应当是合理范围内的支出。

（五）要约的失效

要约的失效是指已经生效的要约不再具有法律上的约束力，即失去效力，要约人和受要约人均不再受要约的约束，包括要约因为撤销而失效，但是要约失效还有其他的原因和法定事由。《民法典》第478条规定："有下列情形之一的，要约失效：（一）要约被拒绝；（二）要约被依法撤销；（三）承诺期限届满，受要约人未作出承诺；（四）受要约人对要约的内容作出实质性变更。"由此观之，要约失效的原因既可能来自要约人，但更多的是来自受要约人。来自要约人的事由就是要约人依法撤销要约，来自受要约人的事由则包括受要约人拒绝要约、受要约人未在承诺有效期内作出承诺、受要约人对要约的内容作出了实质性的变更。

1. 要约被拒绝

受要约人收到要约后，可以主动、明确地表示不接受要约。要约被拒绝指的是受要约人明确表示拒绝要约或者不接受要约，拒绝要约的通知到达要约人，本次要约便告失效。如果是以对话方式作出，则拒绝的意思表示必须让要约人知道。如果受要约人发出拒绝要约的通知后又反悔了，他可以重新作出意思表示，愿意与要约人订立合同，但是此时他就成了要约人，他发出的新的意思表示成了要约，原来的要约人就成了受要约人。如果受要约人作出的意思表示既不是承诺，但是也没有明确的拒绝，而采用的是协商性的、询问性的语气或文字，如"价格可否再优惠一些""交货时间是否再提前几天"之类的，尽管不构成承诺，但也不构成拒绝，这意味着要约依然是有效的，受要约人仍然可以作出承诺的意思表示，而且一旦作出承诺的意思表示合同即告成立，要约人不能以之前受要约人曾经发出过协商性的、询问性的通知而认为本次要约已经失效。

2. 要约被依法撤销

有效要约撤销的规则上节已经介绍，此处不再赘述。

3. 承诺期限届满

在要约规定的承诺期限届满之时，受要约人未作出承诺，要约便失去效力。在商事实践中，要约通常都会规定承诺的有效期，即受要约人最迟应当于何时作出承诺的意思表示，若超过该承诺期限，要约便失去效力。换言之，承诺期届满，在此期限内受要约人没有作出承诺的意思表示，要约即自动失效。

4. 受要约人对要约的内容作出实质性变更

受要约人收到要约之后，不外乎四种反应方式：第一，不予理睬。也就是保持沉默。这是他的权利。只要要约规定的有效期届满，受要约人不作出任何反应，要约就自动失效了。第二，明确表示拒绝，这样要约便因为被拒绝而失效。第三，作出承诺。这时候双方就会成立合同。第四，如果受要约人的回复既不是明确地表示拒绝，也不是按照要约的全部内容表示接受，而是作出了一些修改或者变更，此时会产生怎样的法律效果？是视为承诺还是拒绝，抑或未作出意思表示？比如，甲给乙发了一份邮件，内容为：可以供应50箱矿泉水，每箱40块钱，总价2000块钱，10天之内交货，乙收到后回复邮件，表示同意按甲的条件接受货物，但是他在回复邮件中提出以现金方式付款。甲的要约中没有提到付款方式，乙增加了这项内容。乙的回复是否符合承诺的条件，存在争议。如果甲的要约中没有对付款方式提出特定的要求，应当认为乙的邮件符合承诺的条件，合同成立。但是，如果甲对付款方式有特别的要求，不能接受现金支付，则其在收到乙的邮件后应当及时告知乙，否则乙可以主张合同已经成立，甲必须履行合同义务，不履行就需要承担违约责任。通常认为，要约中涉及的有关标的的名称、型号、品质、数量、价格或者报酬、履行期限等条款为成立合同的重要条款或者核心条款，受要约人对其中任何一项或者数项作出了变更，都应当视为实质性变更。如果受要约人的回函作出了这种实质性变更，这不是明确拒绝，也不是一个承诺，学理上称之为反要约，或者新要约，它就是商业谈判的磋商过程。由于是一个新要约或者反要约，原来的要约人就变成了受要约人，他可以拒绝，也可以承诺，还可以提出自己的谈判条件，直至双方达成一致。

四、承诺

（一）承诺的概念与要件

《民法典》第479条规定：“承诺是受要约人同意要约的意思表示。”所谓承诺，是指受要约人同意要约的意思表示。承诺也是一项意思表示，表明受要约人同意要约的全部内容，不反对，也不提出磋商意见或者谈判条件。一旦构成一项有效的承诺，并且到达了要约人，合同便宣告成立。一份有效的要约加上一份有效的承诺等于一份有效的合同。

一项有效的承诺需要符合以下条件：

1.承诺必须由受要约人向要约人作出

这是承诺在主体方面的要件。它包含以下几层意思：首先，承诺必须是由受要约人来作出。其次，收到承诺通知的人必须是原来发出要约的人。这两个主体都必须是特定的。比如，甲公司向乙公司发出一份信函要约，有一辆宝马车出售，载明了型号、出厂时间、价格、交货方式等内容，该信函到达了乙公司，放在乙公司董事长李某的办公桌上。李某不想做这个生意，就没有理睬；丙公司的法定代表人张某与李某是朋友，某天张某去乙公司找李某谈事，看到办公桌上甲发出的要约，就对李某说：“这辆车你不要我就要了哈。”然后拿回去在这份信函上盖了丙公司的章，回寄给甲公司称：“你们这辆宝马车我们公司愿意购买，明天安排付款。”丙公司的回函是不是一个有效的承诺呢？不是，因为主体都不一样，丙公司不是受要约人，他不可能作出承诺。但是可以视为丙公司向甲公司发出了一个要约，甲公司可以承诺，也可以拒绝，还可以与丙公司进行磋商。

2.承诺必须在规定的期限之内到达要约人

这是承诺在期限方面的要件。如果要约规定了有效期限，即承诺期限，承诺必须在这个期限之内作出并且到达要约人，超过了约定的期限就不是有效的承诺。

3.承诺的内容应当与要约的内容一致

如前所述，承诺不能对要约作出实质性变更，如果作了实质性变更，则构成反要约，而不是承诺。《民法典》第488条规定：“承诺的内容应当与要约的内容一致。受要约人对要约的内容作出实质性变更的，为新要约。有关合同标的、数量、质量、价款或者报酬、履行期限、履行地点和方式、违约责任和解决争议方法等的变更，是对要约内容的实质性变更。”如果承诺的内容对要约的内容作出了某些变更，但是属于非实质性的变更，不涉及标的、数量、质量、价款或者报酬、履行方式、违约责任、争议解决条款等，则原则上仍然属于有效的承诺，但是为体现要约的意思自治与合同的自由，法律仍然给予要约人以有效的救济，《民法典》第489条规定：“承诺对要约的内容作出非实质性变更的，除要约人及时表示反对或者要约表明承诺不得对要约的内容作出任何变更外，该承诺有效，合同的内容以承诺的内容为准。”以此规定，即使是受要约人对要约内容作出非实质性的变更，要约人也有权利予以拒绝，不受该承诺的约束，但是需要符合以下两项情形之一：其一，要约人在收到受要约人的该承诺后及时回复受要约人，且明确表示反对，不能接受受要约人作出的变更。如果要约人在收到该承诺后没有及时与受要约人沟通联系，没有明确作出反对的意思表示，则合理期限过后合同成立，要约人不能事后再以承诺的内容对要约作出了变更为由主张合同不成立。其二，要约人在发出的要约中已经明确作出如下意思表示：承诺不得对要约的内容作出任何变更，此种情形下受要约人只能是要么全面接受，要么拒绝，要么进行磋商，而不能一方面对要约内容作出变更，另一方面主张该变更为非实质性变更而构成承诺。

（二）承诺的方式

1. 承诺方式的意义

《民法典》第480条规定：“承诺应当以通知的方式作出；但是，根据交易习惯或者要约表明可以通过行为作出承诺的除外。”

所谓承诺的方式，是指受要约人表达其同意要约的意思表示的方式。要约在先，承诺在后，一旦确定承诺已经以某种有效的方式作出，合同即告成立，故承诺的方式对于合同的成立具有重要的意义。

2. 承诺应当以通知的方式作出

承诺是一种有相对人的意思表示，故其首先需要符合《民法典》总则编民事法律行为一章关于有相对人的意思表示的一般规则，主要是第137条、第140条、

第141条、第142条的规定。

意思表示根据表示方式的不同分为明示的意思表示与默示的意思表示，默示的意思表示只能在法律有明确规定的情况下才能适用。这就是《民法典》第140条的规定："行为人可以明示或者默示作出意思表示。沉默只有在有法律规定、当事人约定或者符合当事人之间的交易习惯时，才可以视为意思表示。"默示可以再区分为积极的默示与消极的默示，消极的默示就是沉默。所谓积极的默示是指尽管当事人没有以语言或者文字的方式作出意思表示，但是其进行的行为已经表明其作出了意思表示，即同意对方要求的意思表示。

由于承诺是有相对人的意思表示，故而应当以某种方式让相对人所知晓，并且承诺一旦作出和到达便产生合同成立的法律效果，所以原则上不适合对承诺的意思表示进行默示的推断，而应当以明示的方式作出，故而承诺的方式应当以通知为原则。换言之，承诺原则上应当由受要约人以明示的方式作出，向要约人发出承诺的通知。这就是《民法典》第480条前半句"承诺应当以通知的方式作出"的立法旨趣。此处的通知方式包括口头通知与书面通知两种方式，如电话通知、信件通知、电子邮件通知、微信短信通知等均可。

3. 特定情形下承诺可以默示方式作出

《民法典》第140条第2款规定："沉默只有在有法律规定、当事人约定或者符合当事人之间的交易习惯时，才可以视为意思表示。"第480条后半句规定："但是，根据交易习惯或者要约表明可以通过行为作出承诺的除外。"根据此二条规定，尽管承诺原则上应当以通知这种明示的方式作出，但特殊情形下也可以通过默示的方式亦即行为的方式作出。

（1）根据交易习惯可以通过行为作出承诺

承诺可以根据交易习惯作出，主要是指当事人之间以往的惯常做法，就承诺的作出方式而言这是双方曾经的但是很重要的交易习惯，如甲、乙公司之间存在长期的采购合作关系，之前的惯常做法是甲公司作为采购方在需要货物时给乙公司发传真，传真上仅载明本次所需货物的数量及到货时间，乙公司收到后立即安排发货，货到后三天左右甲公司付款，后来因为数笔交易的型号、数量、到货时间、价款等发生纠纷，其中对于交货数量乙公司主张应当以其实际清点的数量记录为准，甲公司则主张应当以双方之前的实际做法即乙公司自己发出的对账单上确认的每次交货数量为准，法院查明由于交易量巨大、次数繁多，双方之间确实存在如甲公司主张的交货确认与付款确认的惯例，故最后按照此一实际做法认定每一笔具体的交易中实际上是先由甲公司向乙公司发出要约、乙公司以实际交货的行为作出承诺，双方之间达成每一笔具体的合同，合同的内容（交货数量、款项、付款时间）以甲公司自己签发的对账单为准。

除了当事人之间的惯常做法，交易惯例当然也包括在某一地区、某一行业存在的、大家公认的做法。

所以，此次《最高人民法院关于适用〈中华人民共和国民法典〉合同编通则若干问题的解释》特别对合同中的交易惯例作出了解释，将当事人之间惯常的做法作为交易惯例的第一种类型加以规定，其第2条规定："下列情形，不违反法律、行政法规的强制性规定且不违背公序良俗的，人民法院可以认定为民法典所称的'交易习惯'：（一）当事人之间在交易活动中的惯常做法；（二）在交易行为当地或者某一领域、某一行业通常采用并为交易对方订立合同时所知道或者应当知道的做法。对于交易习惯，由提出主张的当事人一方承担举证责任。"

（2）要约表明可以通过行为作出承诺

此种情形是指要约人在发出要约时除了载明合同的主要条款外，还在要约中明确表示受要约人不需要或者不一定需要向要约人先发出书面的承诺通知，而是通过一定的行为即可表示接受要约的内容。例如，甲向乙发出短信，表示欲向乙借款5万元，同时在短信中向乙提供了自己的银行账号，表示如果乙愿意出借的话可以直接将5万元汇款至该账号，乙收到短信后没有给甲发出承诺的通知，而是直接将5万元汇入甲的账号，则乙汇款的行为构成承诺，无须发出承诺通知，因为要约中已经表明可以通过行为的方式作出承诺。

需要特别注意的是，沉默作为意思表示的方式，包括作为承诺的方式，应当有法律的明确规定或者有当事人的明确约定。前面所讲的两种情形，均属于符合法律规定或者当事人约定情形的默示方式，而且都属于意思表示默示方式中的意思实现。学理上，意思表示的默示方式可以分为意思实现与特定的沉默两种情形，而所谓意思实现其实就是推定行为，即通过表意人作出的一定行为而推定其作出了一项意思表示，尽管其并未作出明示的意思表示。此种情形可以称为积极的默示，即通过积极实施某一行为而推定其作出了意思表示。另一种默示即特定的沉默是指行为人既未作出任何明确的意思表示，亦未实施任何的积极行为进而可以推定其作出了意思表示，但是仍然产生作出了意思表示的法律效果，合同成立。此种情形通常需要法律的直接规定，要约人不能在要约中作出这样的表述："贵公司如果在十天之内未作出任何答复，则视为我公司与贵公司之间的买卖合同成立"，但是法律可以规定某些特定情形下如果当事人没有作出任何意思表示或者实施任何行为，则产生合同成立的法律后果。例如，《民法典》第685条第2款规定："第三人单方以书面形式向债权人作出保证，债权人接收且未提出异议的，保证合同成立。"此处第三人单方以书面形式向债权人作出保证，如发出保函或者保证书，当然该保函或者保证书需要到达债权人，债权人收到后既未作出承诺通知表示接受，亦未发出书面通知表示反对，亦即构成消极沉默，不作出任何意思表示或者实施任何行为，此时根据该条规定在第三人与债权人之间成立了保证合同，这就是特定沉默作为承诺方式的法律规定。又如，《民法典》第638条第1款规定："试用买卖的买受人在试用期内可以购买标的物，也可以拒绝购买。试用期限届满，买受人对是否购买标的物未作表示的，视为购买。"以此规定，试用期届满时，买受人对于是否购买标的物未作出任何意思表示，构成消极沉默，此时的法律后果是买卖合同成立。再如，《民法典》第734条第1款规定："租赁期限届满，承租人继续使用租赁物，出租人没有提出异议的，原租赁合同继续有效，但是租赁期限为不定期。"以此规定，租赁合同期满时，承租人继续使用租赁物，相当于承租人向出租人发出了继续订立租赁合同的行为要约，出租人既没有表示同意（如果表示了同意则双方通过明示的意思表示达成了一致），也没有提出异议表示反对，则产生租赁合同继续有效的法律后果，相当于推定出租人作出了承诺的意思表示，当然新的租赁合同为不定期租赁合同。

（三）承诺生效的时间与合同成立的时间

《民法典》第484条规定："以通知方式作出的承诺，生效的时间适用本法第一百三十七条的规定。承诺不需要通知的，根据交易习惯或者要约的要求作出承诺的行为时生效。"承诺是到达要约人的时候生效，不是做出承诺的时候生效。以对话方式作出的承诺，当时就到达，当时就生效，所以承诺以后不需要发出承诺通知。这就是《民法典》第137条第1款所规定的"以对话方式作出的意思表示，相对人知道其内容时生效”，通常应当理解为表意人作出意思表示的时候相对人就已经收到并知道其内容。

以非对话方式作出的承诺，必须判断承诺已经以某种方式、于某一时间点到达要约人，承诺才能生效，合同才能成立。这就是《民法典》第137条第2款所规定的“以非对话方式作出的意思表示，到达相对人时生效。以非对话方式作出的采用数据电文形式的意思表示，相对人指定特定系统接收数据电文的，该数据电文进入该特定系统时生效；未指定特定系统的，相对人知道或者应当知道该数据电文进入其系统时生效。当事人对采用数据电文形式的意思表示的生效时间另有约定的，按照其约定。”

归纳起来，承诺作为有相对人的意思表示，其何时生效可以具体分为以下三种情况：（1）承诺如果是以对话方式作出，承诺作出时推定要约人已经知道承诺的内容，故承诺作出之时合同即告成立，除非要约人有证据证明其不知道承诺的内容；（2）承诺如果以非对话方式作出，必须通知要约人，承诺通知到达要约人时合同成立；（3）承诺尽管是以非对话方式作出，但是承诺不需要通知的，根据交易习惯或者要约的要求作出承诺的行为时生效，即默示的承诺也是有效的承诺，但必须符合交易习惯的要求或者按照要约的要求允许以默示的行为方式作出承诺。

（四）承诺的生效与合同的成立

《民法典》第483条规定：“承诺生效时合同成立，但是法律另有规定或者当事人另有约定的除外。”该条规定就合同成立表明了两种情形：第一，以承诺生效作为合同成立的时间点；第二，以法律特别规定或者当事人特别约定作为合同成立的时间点。

所谓合同成立，是指当事人就合同的主要条款或者内容经过磋商，意思表示达成一致的情形。合同成立是一种客观判断，即意思表示已经达成一致。以承诺生效作为合同成立的判断标准是原则，是合同成立的一般情形，即通常情形下承诺生效即合同成立，除非当事人对于合同成立有特别的约定。

（五）承诺的撤回

如同要约一样，承诺也可以撤回，但是撤回的条件受到严格的限制，即撤回承诺的通知必须先于承诺到达要约人，或者至少与承诺同时到达要约人。《民法典》第485条规定："承诺可以撤回。承诺的撤回适用本法第一百四十一条的规定。"第141条规定："行为人可以撤回意思表示。撤回意思表示的通知应当在意思表示到达相对人前或者与意思表示同时到达相对人。"承诺一旦到达要约人，便不能再撤回。

需要注意的是，要约既有撤回的规则，允许撤回，也有撤销的规则，即要约到达受要约人后在符合条件的情况下可以撤销，而承诺只有撤回的规则，没有撤销的规则，换言之，承诺一旦到达要约人，即发生效力，合同成立。所以承诺不允许撤销。

（六）承诺的期限

承诺的期限是指受要约人作出承诺的有效期间。《民法典》第481条规定："承诺应当在要约确定的期限内到达要约人。要约没有确定承诺期限的，承诺应当依照下列规定到达：（一）要约以对话方式作出的，应当即时作出承诺；（二）要约以非对话方式作出的，承诺应当在合理期限内到达。"法律之所以要规定承诺的期限，是因为承诺是一种具有法律效力的意思表示，而承诺又是基于要约而产生的，要约本身就存在有效期间，承诺如果超过了要约的有效期间才作出，便不能产生成立合同的法律后果，而只能形成一个新要约。所以，法律需要规定承诺的有效期间，只有在这个有效期间内作出的承诺，才能产生成立合同的后果。

依照《民法典》第481条规定，理解承诺期限需要注意以下几点：

其一，要约中确定了承诺期限或者要约的有效期限的，承诺应当在要约确定的此一期限内到达要约人。通常情形下，要约人会在要约中明确本次要约的有效期限，这个期限也就是承诺期限。要约中表明承诺期限的方式法律并无统一的要求，只要能够判断出要约人有明确的表示要约的有效期限的意思表示，该意思表示即可视为要约中约定的承诺期限。例如，表明"本次要约的有效期为10天"，或者"请在10天内回复有效"，或者"如无回复，本次要约在10天后自动失效"等，均为要约中明确约定了承诺期限。

在要约中已经明确约定了承诺期限的情况下，受要约人如果希望与要约人订立合同，就必须在该约定的承诺期限内向要约人作出承诺的意思表示，发出承诺通知。一旦约定的承诺期限届满而受要约人没有作出承诺的意思表示，该次要约便失去法律效力。《民法典》第478条第3项明确规定：承诺期限届满，受要约人未作出承诺的，要约失效，而要约一旦失效，受要约人即使作出承诺的意思表示，也不能产生承诺的法律效力，不能成立合同。

承诺是否作出的判断标准是到达主义，即承诺的通知必须到达要约人，承诺才能生效。受要约人即使制作好了承诺通知，例如写好了承诺的邮件或者信函，但是没有发出，或者即使发出了，但是没有在要约确定的期限内到达要约人，都不是有效的承诺。

其二，要约未确定承诺期限的，承诺应当在合理期限内到达要约人。要约通常会确定承诺期限，但是实践中也有未确定承诺期限的情形，要约中没有写明本次要约的有效期限或者承诺期限，这种情况下不能认为本次要约就是长期有效的，受要约人任何时候都可以作出承诺，但是应当在合理期限内作出。《民法典》将其区分为两种情形：（1）要约如果是以对话方式作出的，受要约人应当即时作出承诺。在口头要约的情形下，例如通过面对面直接发出要约，或者通过电话、网络视频等即时通信工具发出要约，就不存在需要再给对方一个思考的时间，而应当即时作出意思表示，特别是对方如果愿意与要约人订立合同，就应当立即作出承诺的意思表示，而不需要发出承诺通知，因为承诺的意思表示一旦作出便同步到达了要约人。当然，如果当事人另有约定，例如当事人在面对面谈判中达成了合意，同意订立合同，但同时双方都同意需要签订书面的合同才能最终确立合同关系，这种情况下不需要承诺人即时作出承诺。（2）要约以非对话方式作出的，承诺应当在合理期限内到达。非对话方式发出的要约，受要约人也需要以非对话的方式作出承诺，即需要承诺人以书面通知的方式告知要约人，且承诺通知必须在合理期限内到达要约人。合理期限需要考虑的因素应当包括：第一，要约到达受要约人所需的时间；第二，受要约人作出承诺决定本身所需的时间；第三，承诺通知到达要约人所需的时间。同时还需要考虑到要约涉及的合同性质、交易标的、交易习惯等因素。

（七）逾期承诺、迟到承诺及其效力

受要约人作出了承诺，发出了承诺通知，但是没有在要约要求的承诺期限内或者合理期限内到达要约人，此种承诺称为逾期承诺。广义上的逾期承诺包括两种情形：一种是受要约人作出承诺的时候就已经逾期了，或者尽管作出时未逾期但到达

要约人时肯定逾期；另一种是受要约人作出承诺时没有逾期，并且通常情况下该承诺通知也应当能够在承诺期限之内到达要约人，但由于客观原因没有在承诺期限内到达要约人。前一种情形是真正的承诺逾期，故称为逾期承诺，是狭义上的逾期承诺，笔者将其称为“主观逾期的承诺”；后一种情形不是真正的逾期，但是客观上确实是迟到了，故称为迟到的承诺，是一种广义上的逾期承诺，通常将这种逾期称为迟到的承诺，笔者将其称为“客观逾期的承诺”或者迟到的承诺。

逾期的承诺不能产生成立合同的效果，但是它毕竟是受要约人作出的一种意思表示，其法律效果如何需要予以明确。

《民法典》区分为两种情形，对逾期的承诺作出了规定：

1.主观逾期的承诺

所谓主观逾期，是指由于受要约人的主观原因导致的承诺迟到。《民法典》第486条规定：“受要约人超过承诺期限发出承诺，或者在承诺期限内发出承诺，按照通常情形不能及时到达要约人的，为新要约；但是，要约人及时通知受要约人该承诺有效的除外。”以此规定，主观逾期的承诺的法律效果需要从以下三个层次予以理解和掌握：

（1）主观逾期承诺包括两种具体的情形，第一种情形是受要约人发出承诺时就已经超过了承诺期限，例如要约要求的最迟回复期限（也就是承诺期限）为6月10日，受要约人于6月12日才作出承诺并寄出，这是最典型的逾期承诺；第二种情形是受要约人发出承诺时尚在承诺期限内，但是在通常情形下该承诺是不可能在承诺有效期限内到达要约人的。例如，要约人以信函方式发出要约，受要约人同样以信函方式发出承诺，通常情况下信函需要三天才能到达对方，要约规定的最迟回复期限为6月10日，受要约人在6月9日签署了承诺通知书，并予以寄出，但是在6月10日之前是不可能到达要约人的，事实上该承诺通知于6月12日才到达要约人。此与第一种情形实质上并无差别。《民法典》对这两种情形下的迟到承诺所规定的法律效果是相同的。

（2）主观逾期承诺原则上不是承诺，而是一项新要约。理解这一点需特别注意以下两个层次的含义：

第一，逾期承诺不是严格意义上的承诺，不能产生到达后即生效、生效后即产生合同成立的法律效果。逾期承诺是在要约要求的承诺期限后才到达要约人，其已经错过了承诺期限，而一旦错过了承诺期限要约事实上就已经失去效力，受要约人也就不再具有承诺的资格，所以迟到的承诺对要约人是没有约束力的，也不能产生合同成立的法律后果。

第二，逾期承诺尽管不是承诺，不能产生成立合同的法律效果，但是不能理解为逾期承诺不具有任何法律上的意义，更不能将其视为一纸空文。由于逾期承诺的内容毕竟符合承诺的实质要件，表明了受要约人完全同意要约的内容，愿意与要约人订立合同，所以从鼓励交易、交易效率特别是商事交易的效率角度出发，赋予其要约的属性有积极的意义和立法价值。所以《民法典》规定“受要约人超过承诺期限发出承诺，或者在承诺期限内发出承诺，按照通常情形不能及时到达要约人的，为新要约”，立法宗旨正在于此。作为一项新要约，意味着原来的受要约人现在的角色换成了要约人，原来的要约人现在的角色换成了受要约人，现在的受要约人可以对新要约作出承诺的意思表示，也可以作出拒绝的意思表示，还可以置之不理，一旦新要约规定的期限或者合理期限届满，新要约就自动失效。如果原来的要约人对于迟到的承诺表示同意，向原来的受要约人发出通知，该通知的性质为承诺，产生合同成立的法律效果。

（3）例外情况下逾期承诺具有承诺的法律效果。法律规定逾期承诺不能产生承诺的法律效果、只能作为一项新要约，其目的在于保护要约人的利益，不使要约人受到迟到的承诺的约束，赋予要约人在要约中规定的承诺期限以刚性的约束力，迟到的承诺原则上是不符合要约人的缔约目的与要求的，故而不能约束要约人。但是，如果要约人接到迟到的承诺后觉得仍然值得与受要约人从事交易，订立合同仍然符合其愿望，故而认可该迟到承诺的法律效果，即直接产生成立合同的后果，则从尊重当事人意思自治以及合同法鼓励交易的原则出发，应当承认要约人认可逾期承诺效力的权利，这就是《民法典》第486条但书条款的立法旨趣：“受要约人超过承诺期限发出承诺，或者在承诺期限内发出承诺，按照通常情形不能及时到达要约人的，为新要约；但是，要约人及时通知受要约人该承诺有效的除外。”理解该但书条款需要注意以下三点：

第一，对于迟到的承诺，要约人享有选择权：他可以将其视为一项新的要约，可以承诺，也可以拒绝，不受其约束，但是经过自己的利益考量之后也可以直接接受该迟到的承诺，认可其作为承诺的法律效力，继而在双方之间直接产生合同成立的后果，而无须自己再作出承诺的意思表示。

第二，如果要约人选择了认可逾期承诺的效力，则其应当及时通知受要约人。“及时”是指要约人收到迟到的承诺后如果选择认可其效力，进而与受要约人订立合同，则应当尽快通知受要约人，以便受要约人尽早知道要约人对迟到的承诺的态度，继而为履行合同做好准备，有利于双方合同目的的实现。如果要约人不是选择认可逾期承诺的效力，而是将其视为一项新要约，则无所谓“及时”通知的问题，他可以发出拒绝的通知，可以在新要约的有效期限或者合理期限内作出承诺，也可以置之不理，但是如果要约人选择的是认可逾期承诺的效力，则必须及时通知受要约人。“及时”的具体时间应当根据要约的性质、承诺迟到的时间、认可逾期承诺效力的意思表示到达受要约人所需要的时间等因素综合考虑。

第三，如果要约人选择的是认可逾期承诺的效力，及时向受要约人发出了认可承诺有效的通知，则合同成立，并且特别需要注意的是此时合同成立的时间并非要约人及时发出的认可逾期承诺效力的通知到达受要约人的时间，而是受要约人逾期承诺到达要约人的时间。例如，要约人向受要约人发出要约，规定回复的最后有效期限为6月10日，受要约人于6月10日作出承诺，但承诺通知于6月12日到达要约人，要约人于6月14日作出书面通知认可承诺有效，该通知于6月16日到达受要约人，则此种情形下合同成立的时间不是6月14日或者6月16日，而是6月12日。如果要约人不是选择认可逾期承诺的效力，而是将其视为一项新要约，并作出承诺的意思表示，则此种情况下合同成立的时间是要约人（此时其角色实际上已经换成了受要约人）的承诺通知到达受要约人（此时其角色实际上已经换成了要约人）的时间。

2. 客观逾期的承诺：迟到的承诺

所谓客观逾期，是指承诺本来应当可以在承诺期限之前到达要约人，但由于客观原因而导致承诺逾期到达要约人的情形，笔者将其称为客观逾期的承诺。学理上将这种狭义上的逾期承诺称为迟到的承诺。《民法典》第487条规定：“受要约人在承诺期限内发出承诺，按照通常情形能够及时到达要约人，但是因其他原因致使承诺到达要约人时超过承诺期限的，除要约人及时通知受要约人因承诺超过期限不接受该承诺外，该承诺有效。”这就是《民法典》关于迟到承诺的法律效力的基本规则。理解该规则需要注意从以下三个角度进行掌握：

第一，迟到的承诺原则上为有效的承诺，能够产生合同成立的法律效果。其立法原理在于承诺迟到不是由于受要约人的过错所致，而是其他客观原因所致，该种原因是不可归责于受要约人的，故而不应当将客观原因导致的承诺迟到的不利后果由受要约人承担。这是迟到的承诺与逾期承诺最大的区别。逾期承诺原则上都不具有承诺的法律效力，不能产生合同成立的法律效果。

第二，要约人可以不接受迟到的承诺，但应当及时通知受要约人。毕竟迟到的承诺客观上已经超过了要约人要求的有效期限才到达要约人，为了平衡受要约人与要约人之间的利益，《民法典》在规定迟到的承诺原则上为有效承诺的同时，也赋予了要约人一项合理的选择权利，即要约人可以不接受该迟到的承诺，不受其约束，不与受要约人成立合同。但是，要约人行使该权利的方式必须是明示的，即必须在合理的时间内及时通知受要约人，告知其承诺没有在要约要求的有效期限内到达，要约人不接受该迟到的承诺。

第三，如果要约人没有在合理期限内及时通知受要约人其不接受迟到的承诺，则该迟到的承诺产生与正常承诺相同的法律效果，即在要约人与受要约人之间成立合同。

上述论述告诉我们，《民法典》第487条规定的有关迟到的承诺的法律效力规则可以归纳为：迟到的承诺以有效为原则，以不产生承诺的法律效力为例外，要约人如果不愿意接受该迟到的承诺，必须在收到承诺后及时通知受要约人，否则就会产生承诺生效、合同成立的法律效果。

五、预约合同的规则

（一）预约合同的概念与特征

预约，也称为预约合同，是与本约或者本约合同相对应的概念。之前《合同法》上还没有规定预约合同，学界对预约合同的讨论也比较少。2003年最高人民法院发布的《最高人民法院关于审理商品房买卖合同纠纷案件的司法解释》首次就商品房的认购、订购、预订等协议的法律效力及其与商品房买卖合同之间的关系进行了规定，即该司法解释第5条规定："商品房的认购、订购、预订等协议具备《商品房销售管理办法》第十六条规定的商品房买卖合同的主要内容，并且出卖人已经按照约定收受购房款的，该协议应当认定为商品房买卖合同。”该司法解释第一次涉及了预约合同制度。2012年《最高人民法院关于审理买卖合同纠纷案件适用法律问题的解释》则第一次使用了预约合同的概念，并对预约合同的救济规则作出了规定，即该司法解释第2条规定：“当事人签订认购书、订购书、预订书、意向书、备忘录等预约合同，约定在将来一定期限内订立买卖合同，一方不履行订立买卖合同的义务，对方请求其承担预约合同违约责任或者要求解除预约合同并主张损害赔偿的，人民法院应予支持。”

《民法典》承继了上述《最高人民法院关于审理买卖合同纠纷案件适用法律问题的解释》的规则，并且将预约合同的规则的适用范围扩大到买卖合同以外的所有合同。《民法典》第495条规定：“当事人约定在将来一定期限内订立合同的认购书、订购书、预订书等，构成预约合同。当事人一方不履行预约合同约定的订立合同义务的，对方可以请求其承担预约合同的违约责任。”

之所以会出现预约合同的规则，是民商事客观实践的需要。有的情况下，或者为了表示对订立合同的慎重，或者由于交易本身的复杂性，需要双方反复地磋商谈判，基于这些情形，双方有将来订立合同的意向，但目前尚未就全部合同条款达成一致，难以形成正式合同文本，于是双方事先签订一份意向性的协议，实践中此种意向性的协议有各种称呼，如订购书、预订书、认购书、意向书、初步合作协议、合作备忘录、框架协议等。这些协议基本上都属于预约合同的范围。

与本约合同相比较，预约合同具有以下特征：

其一，预约性。所谓预约性，或者称为预备性，是指预约合同处于合同签约谈判的初始磋商阶段，是对将来准备签订的本约合同的原则性或者初步的约定与安排，签订预约合同最主要的是为将来签订本约合同（正式合同）做好准备。

其二，不完整性。所谓不完整性，是指预约合同通常都不像本约合同那样完备、周全、详细，条文内容不多，较为简单，但是主要的内容还是基本具备的。实践中，就如同本约合同一样，有的预约合同的完整性或者成熟度高一些，甚至几乎接近本约合同，有的预约合同的完整性或者成熟度更低一些，可能只是一些原则性的约定。当然，不完整性或者成熟度低属于预约合同的表面特征，预约合同的本质特征仍然在于它是以订立本约合同为目的。

其三，约束性。约束性是指尽管预约合同不是本约合同，内容不完整，但是其约定的内容是确定的，是各方当事人权利义务的依据，当事人均受预约合同已经约定好的条款的约束，如果违反这些内容确定的预约合同条款，当事人需要承担相应的责任。实践中需要注意的是，磋商过程中当事人签署的各种磋商性文件的区别，磋商性文件仅仅是磋商过程中各方意见、建议等的记录，本身不是预约，不构成双方权利义务的依据。

其四，期限性。期限性是指预约合同的核心条款在于约定在将来的一定期限内签订本约合同，即"当事人约定在将来一定期限内订立合同的认购书、订购书、预订书等，构成预约合同"，所以预约合同均具有期限性。

（二）预约合同成立的识别条件

当事人之间是否成立了预约合同，主要是依据当事人之间是否签订了诸如认购书、订购书、预订书、意向书、框架协议之类的文件，或者有其他证据证明当事人之间达成了预约合同。《最高人民法院关于适用〈中华人民共和国民法典〉合同编通则若干问题的解释》第6条第1款规定："当事人以认购书、订购书、预订书等形式约定在将来一定期限内订立合同，或者为担保在将来一定期限内订立合同交付了定金，能够确定将来所要订立合同的主体、标的等内容的，人民法院应当认定预约合同成立。"以此规定，可以从以下三个角度判断当事人之间是否成立预约合同：

1.是否签订了认购书等预约合同

如果当事人已经签署了认购书、订购书、预订书、意向书、备忘录、初步协议等文件，则原则上应当认定当事人之间成立了预约合同。如果连上述文件都没有签署，而是签署其他性质的文件，则仅属于磋商性的文件，不属于预约合同，更不属于本约合同。

2.是否约定了将来一定期间内签订正式合同

实践中，预约合同中通常都应当含有这样的条款：双方应当在将来某某时间内签订正式的书面合同，双方的权利义务以最终签订的正式合同为准。或者：双方应当保持联系与沟通，继续磋商，为签订正式合同做好准备。如果有如上类似的表述，则可以认定双方之间达成了预约合同。

所以，如果连上述关于将来签订正式合同的表述都没有，则难以认定为预约合同。实践中，双方在前期磋商过程中可能会形成一些文字性的表述，例如往来的函件、邮件、短信或者通话记录等，甚至签署诸如“备忘录”“意向书”“初步协议”等文件，但是如果这些文件中并没有约定“将来双方签订正式合同”之类的表述，则难以认定为预约合同。《最高人民法院关于适用〈中华人民共和国民法典〉合同编通则若干问题的解释》第6条第2款对此作出了明确的规定：“当事人通过签订意向书或者备忘录等方式，仅表达交易的意向，未约定在将来一定期限内订立合同，或者虽然有约定但是难以确定将来所要订立合同的主体、标的等内容，一方主张预约合同成立的，人民法院不予支持。”

之前《最高人民法院关于审理买卖合同纠纷案件适用法律问题的解释》对于预约合同的常见类型列举中包括认购书、订购书、预订书、意向书、备忘录等，而《民法典》第495条仅列举了认购书、订购书、预订书，没有列举意向书、备忘录，让人产生这样的怀疑：是不是意向书、备忘录不再是预约合同的表现形式了？笔者认为，第一，该条在列举认购书、订购书、预订书之后用了“等”字，并非穷尽式的列举，而是开放式的列举，所以并不排除认购书、订购书、预订书之外的其他预约合同的形式，包括意向书和备忘录；第二，意向书、备忘录能否成立预约合同，不能一概而论，如果意向书、备忘录中含有将来一定期限内订立合同的表述，且有订立合同的当事人、标的等明确的约定，这样的意向书、备忘录就构成预约合同；如果意向书、备忘录中未约定在将来一定期限内订立合同，或者虽然有这样的约定但是无法确定将来所要订立合同的主体、标的等内容，则不构成预约合同，仅属于磋商性文件，不具有任何法律效力。

3. 是否明确了将来签订合同的主体与标的

如果双方签署的文件中不仅含有将来一定期限内签订合同的表述，而且能够明确判断将来签订合同的当事人是谁、合同的标的是什么（如是买卖机器设备还是交通工具，以及这些设备或者交通工具的名称、型号等），则构成预约合同。

（三）预约合同的法律效力与预约合同义务违反的认定

1. 预约合同的法律效力

对于预约合同到底具有怎样的法律效力，学理上存在不同的观点。[①]

① 参见刘承韪：《预约合同层次论》，载《法学论坛》2013年第6期。

第一种观点认为，预约合同的核心条款就是约定当事人在将来的一定期限内签订本约合同，所以当事人应当订立本约合同，如果当事人拒绝与对方签订本约合同，对方可以请求法院判决其强制订立合同，或者令其承担与违反本约合同相同的法律责任。此种观点可以称为“强制缔约说”或者“预约视为本约说”。该说突出了对预约合同的保护，尤其侧重于对希望订立本约合同一方当事人的保护，其不足是有悖于意思自治与合同自由的原则，违反“合同是双方协商一致”的基本理念，司法实践中也难以执行。

第二种观点认为，预约合同的目的在于督促当事人继续进行磋商，为将来订立本约合同奠定基础，所以当事人应当按照预约的约定继续进行磋商，继续磋商是预约合同最主要的约束力体现，但是如果经过继续磋商以后双方仍然达不成一致，则任何一方当事人都不应当承担违约责任，更不能强制当事人去订立本约合同。否则，区分预约合同与本约合同就没有意义了。这种观点可以称为“继续磋商说”或者“应当磋商说”。

第三种观点认为，对预约合同法律效力的确定既不能过分强调保护守约方（希望订立本约合同一方）的信赖利益，忽视对合同自由、意思自治的尊重，进而将预约合同混同于本约合同，也不能以意思自治、合同自由为名偏向于保护违约方（拒绝订立本约合同一方）的利益，进而使预约合同形同虚设，而需要区分预约合同的具体内容、成熟度等因素，分情况予以确定其法律效力。对于成熟度高、大部分条款均已具备、能够确定当事人的主要权利义务的预约合同，应当赋予其强制缔约的效力，当事人拒绝订立本约合同的，应当视同违反本约合同，应当承担违约责任；对于成熟度较低、难以确定当事人主要权利义务的预约合同，则应仅产生继续磋商的效力，不产生订立本约的效力，当事人拒绝订立本约的，不承担违约责任。这种观点可以称为“区分说”或者“折中说”。

而《民法典》第495条第2款规定：“当事人一方不履行预约合同约定的订立合同义务的，对方可以请求其承担预约合同的违约责任。”笔者认为，《民法典》并未完全采纳上述三种观点中的任何一种，而是在综合上述三种观点的基础上，创造了独特的预约合同效力规则与救济规则，可以称为“预约合同违约责任说”。准确理解该款规定需要从以下四个角度切入：

首先，应当严格区分预约合同与本约合同，不能将二者混为一谈，尤其是不能认为二者具有相同的法律效力。预约合同具有约束力，但是其约束力显然弱于本约合同。

其次，预约合同的核心条款在于约定将来签订本约合同，预约合同当事人享有的最主要权利是有权请求对方在将来与自己订立合同，预约合同当事人承担的最主要的义务是将来与对方订立合同，对预约合同的违反主要就是体现在拒绝与对方订立合同，因此，承担违反预约合同的法律责任的制度功能与目的也只能限于因拒绝签订本约而导致的对方利益的损害，而非违反本约合同的责任。这就是《民法典》所表述的“对方可以请求其承担预约合同的违约责任”，违反预约合同的违约责任是违约责任的一种，却是一种独立类型的违约责任，不同于违反本约的违约责任。

再次，违反预约合同的违约责任方式不能是强制当事人订立合同，也不能是强制当事人继续磋商谈判，而应当是损害赔偿。在不涉及公共利益或者特殊利益保护的情况下，强制当事人订立合同与强制当事人进行磋商谈判都是有违意思自治与合同自由原则的，也是无法强制执行的，只能通过赔偿损失的方式对守约方进行保护。这就是《民法典》对违反预约合同的违约责任表述为“对方可以请求其承担预约合同的违约责任”，而没有像本约合同的违约责任那样表述为“当事人一方不履行合同义务或者履行合同义务不符合约定的，应当承担继续履行、采取补救措施或者赔偿损失等违约责任”（《民法典》第577条）的区别之所在。

最后，预约合同的违约责任应当以保护守约方的信赖利益为限，不应当涉及履行利益的保护，因为在没有签订本约之前，双方仍旧处于磋商谈判过程中，预约合同主要是约定将来应当签订本约，各方在预约合同项下信赖的是对方将来会与自己订立合同，这是预约合同最核心的权利与义务，是对对方的高度信赖，而对方最终拒绝与自己订立合同，就是损害了这种信赖利益。所以，违反预约合同的赔偿责任范围应当小于违反本约合同的赔偿责任范围。当然，减轻损害规则、损益相抵规则、有过错规则等损害赔偿的规则也都可以适用于预约合同的违约损害赔偿中。

2. 对预约合同义务违反的认定

对于何种行为是违反预约合同的行为，以及如何判断当事人是否违反了预约合同的义务，《民法典》并未给予详细的规定。《最高人民法院关于适用〈中华人民共和国民法典〉合同编通则若干问题的解释》第7条弥补了上述不足，其规定："预约合同生效后，当事人一方拒绝订立本约合同或者在磋商订立本约合同时违背诚信原则导致未能订立本约合同的，人民法院应当认定该当事人不履行预约合同约定的义务。人民法院认定当事人一方在磋商订立本约合同时是否违背诚信原则，应当综合考虑该当事人在磋商时提出的条件是否明显背离预约合同约定的内容以及是否已尽合理努力进行协商等因素。"以此规定，违反预约合同约定义务的行为表现有两种情形：

其一，拒绝与对方签订本约合同。这是直接的预约合同违约行为，即不按照预约合同约定的时间或者期限与对方签订本约合同。此处的拒绝签订本约合同主要是一种客观判断，即只要当事人未按照预约合同的约定，及时与对方签订本约合同，就是违反预约合同的违约行为，而不问其主观原因为何。当然，如果对方能够充分证明其拒绝签订本约具有约定的或者法定的事由（如不可抗力或者情势变更等），则另当别论。

其二，在继续磋商过程中违反诚信原则进而导致未能签订本约。于此情形，尽管当事人没有直接作出拒绝与对方签订本约的意思表示，或者消极地不签订本约，而是与对方进行了继续磋商，履行了在预约合同签订后的继续磋商义务，但是，最终的结果是未能签订本约，而未能签订本约是由于当事人一方违反诚实信用原则所致。换言之，如果当事人本着诚实信用原则，正常与对方进行磋商，按照通常的商业规律与商业理性，应当能够在双方之间达成本约合同，但由于一方当事人违背诚实信用原则，未能积极、勤勉地履行磋商义务，甚至设置障碍故意阻却双方达成一致，进而导致双方最终未能签订本约合同。

依照上述第7条第2款的规定，法院在认定当事人一方在磋商订立本约合同时是否违背诚信原则，应当综合考虑该当事人在磋商时提出的条件是否明显背离预约合同约定的内容以及是否已尽合理努力进行协商等因素。其中的两个考量因素是非常重要的，即：第一，是否明显背离预约合同约定的内容。磋商签订本约时当事人提出与预约合同不同的建议或者条件属于正常的商业谈判的范畴，不能要求当事人在继续磋商签订合同的过程中提出的主张或者条件不得超过预约合同约定的内容，但是，如果磋商订立本约过程中提出的条件明显偏离预约合同的约定，与预约合同的约定相去甚远，则有违诚实信用原则。例如，预约合同约定标的物的单价在每平方米15000—18000元之间，而磋商签订本约合同时卖方提出每平方米25000元，即属于明显背离预约合同约定的内容的情形。第二，是否已尽合理努力进行协商，即当事人是否按照正常的商业谈判的思路进行磋商，主观上是否属于努力促成合同成立，是否安排了合适的相关业务人员与对方进行接触，是否对对方提出的动议及时予以反馈等。如果当事人尽到了上述努力，则其行为未违反诚实信用原则，不构成对预约合同义务的违反，否则就是违反预约合同，需要承担相应的责任。

（四）违反预约的责任承担

对于当事人违反预约合同的义务应当承担何种责任，《民法典》只有一条原则性的规定，即第495条第2款规定："当事人一方不履行预约合同约定的订立合同义务的，对方可以请求其承担预约合同的违约责任。"至于该违约责任的具体内容则语焉不详。

《最高人民法院关于适用〈中华人民共和国民法典〉合同编通则若干问题的解释》第8条在较大程度上弥补了此一漏洞，其规定："预约合同生效后，当事人一方不履行订立本约合同的义务，对方请求其赔偿因此造成的损失的，人民法院依法予以支持。前款规定的损失赔偿，当事人有约定的，按照约定；没有约定的，人民法院应当综合考虑预约合同在内容上的完备程度以及订立本约合同的条件的成就程度等因素酌定。"以此规定，违反预约合同义务的责任承担需要注意以下三个方面的规则适用：

第一，违反预约合同的责任性质属于违约责任的一种，其责任方式则为赔偿损失。此与本书上一节关于违反预约合同的责任应当限于信赖利益的保护而非履行利益的保护是契合的，而对信赖利益的保护应当限于赔偿损失的救济方式，不包括继续履行、采取补救措施、恢复原状、赔偿可得利益损失等，尤其不得让违约方承担与对方签订合同的责任。

第二，对于赔偿损失的范围，如果当事人在预约合同中已有约定，则从其约定，当事人有权基于此一约定请求对方赔偿损失。

第三，如果当事人对于赔偿损失没有约定，则需要考量各种因素以确定损失赔偿的范围与数额，其中以以下两项因素为主：其一，预约合同在内容上的完备程度；其二，订立本约合同的条件的成就程度。而此两项因素又是既相互区别又相互依存的。

如果预约合同的内容完善度（成熟度）较高，对于签订本约奠定了较好的基础，磋商签订本约不需要从头开始，甚至仅需就某些具体事项加以确定与落实即可，此种情形下当事人拒绝签订本约应当承担较重的赔偿损失的责任；相反，如果预约合同的成熟度较低，几乎需要逐一重新开始磋商，双方当事人对签订本约的预期与信赖利益均相对较低，则当事人违反预约合同的赔偿损失责任范围应当予以严格限制。

同时需要考虑的是通过继续磋商后双方与签订本约的距离有多远，也就是订立本约的条件的成就度有多高。如果当事人离订立本约仅有半步之遥，订立本约的条件接近与成就，或者成就度很高，则此种情形下当事人拒绝签订本约给对方造成的损失要比订立本约的条件成就度较低的情况大得多。

当然，除了上述两项主要考虑的情形，违约方的主观过错程度、客观事件对未能签订本约的影响等也属于考量的因素。

（五）预约与本约的区分标准

如何区分当事人签订的某些协议是预约合同还是本约合同，是司法实践中的难题之一。出现此类纠纷时，往往一方当事人主张双方之间仅有预约合同，没有本约合同，不适用本约合同的履行规则、违约责任规则等，而另一方则主张双方之间已经成立本约合同或者正式合同，主张适用本约合同的相关规则。所以，理解《民法典》第495条规定的内容，除了掌握上述关于预约合同的特征、预约合同的法律效力之外，还需要掌握如何判断一项协议是预约还是本约的基本标准与要素。

1.合同名称与内容的判断标准

预约合同通常会使用诸如“认购书”“订购书”“预订书”甚至“意向书”“框架协议”“备忘录”等名称，而本约是不会使用此类名称的。合同的内容是更主要的判断标准，即预约通常只有较少的条款，且约定的内容可能较为原则与笼统，难以明确具体的权利义务，而本约则相反，条款较为齐备，内容确定明晰。当然，上述标准不是绝对的，实践中有的协议尽管也使用了“框架协议”的名称，但是事实上条款齐备，内容十分明确，这种情况就应当认定为本约，而不应当仅仅根据合同的名称将其认定为预约。

2.预约意思表示的判断标准

判断一项协议是预约还是本约，最关键的因素是合同中表达的是否有约定将来订立本约或者订立正式合同的意思表示。预约合同必须有类似的表述，如“本协议为预约，不是正式合同”，“双方应当在本协议签订之日起30天内签订正式合同以取代本协议”，“自双方签订正式合同之时本协议自动终止（作废）”等，而本约中是不会出现上述内容的。当然，这一标准也不是绝对的，如在一起土地使用权转让合同纠纷中，系争的《土地使用权转让合同》最后一条约定：“本合同签订之日起45天之内双方另行签订正式的土地使用权转让合同，以取代本合同。”依此约定，该合同应为预约合同而非本约合同，但是事实上后来双方并没有继续签订合同，而该合同已经约定了所转让土地的面积、四至、拆迁状况、转让款的总价、支付方式等内容，甚至包括争议解决条款、违约金条款等都一应俱全，完全满足土地使用权转让合同的全部要素，且受让方支付了前两期转让款，转让方也予以接受，后来因土地价格上涨，转让方不愿意履行合同，主动退回已经收取的转让款，受让方请求继续履行合同，转让方拒绝，并主张双方之间没有正式的合同，只有预约合同，不存在继续履行的问题，受让方遂诉至法院，法院最终认定双方之间的合同尽管约定有“将来签订正式合同的意思表示”，但是该合同本身具备了土地使用权转让合同所需的基本条款，双方的权利义务均明确具体，故系争的合同不属于预约，而属于本约，双方均应当按照合同约定履行自己的义务，驳回了转让方的主张，支持了受让方的诉讼请求。

3.履行行为的判断标准

如果一项协议双方已经开始履行，即相互互为履行而对方接受，则原则上可以判断为本约合同而非预约合同，尤其是在合同的主要义务已经履行完毕的情况下，更不能认定为预约，即使合同中出现了“认购书”“框架协议”等名称，或者“本合同为预约，双方将来应当签订正式合同”等表述，也应认定为本约。当然，前提是除了双方均已经开始履行且对方接受，合同约定的条款也应当较为完备，权利义务的依据较为明确清晰，否则即使已经开始履行，但对于后续的履行或者即使已经开始的履行的内容并不明确，仍然存在争议，则只能认定为预约而非本约。

极而言之，对于一项到底是预约还是本约的协议在双方当事人之间存在争议的情况下，需要综合考虑协议使用的名称、条款是否齐备、是否包含有预约的意思表示、是否已经开始履行等各种因素，进行实质性的认定。如果最后的结论是预约，则当事人仅承担违反预约合同的违约责任；如果相反，协议属于本约，则当事人应当承担违反合同的违约责任。

（六）名为预约实为本约的甄别

基于上一节的分析，在当事人就一份签署的文件是属于预约合同还是本约合同的纠纷中，需要综合考察各种因素，包括当事人对法律文件所使用的名称、文件中是否将来一定期限内订立合同、是否一方或者双方已经开始履行合同等事实进行综合判断，不能拘泥于当事人所使用的文件名称，甚至不能拘泥于当事人在文件中表述的“将来一定期限内订立合同”的意思。有的时候，尽管当事人在文件中使用了“将来签订正式合同”的表述，或者使用了“认购书、订购书、预订书、意向书、备忘录”的名称，看起来很像是预约合同，但是实际上可能是本约，满足了合同成立的基本条件；相反，有的时候，尽管当事人没有使用“认购书、订购书、预订书、意向书、备忘录”的名称，也没有约定“将来一定期限内签订正式合同”，看起来像一份本约合同，但是实际上不具备合同成立的基本条件，不构成本约合同，而只是成立预约合同。

正是基于实践中的复杂情形，《最高人民法院关于适用〈中华人民共和国民法典〉合同编通则若干问题的解释》第6条第3款作出了这样明智的规定：“当事人订立的认购书、订购书、预订书等已就合同标的、数量、价款或者报酬等主要内容达成合意，符合本解释第三条第一款规定的合同成立条件，未明确约定在将来一定期限内另行订立合同，或者虽然有约定但是当事人一方已实施履行行为且对方接受的，人民法院应当认定本约合同成立。”

依照上述规定，名为预约实为本约的甄别标准有以下四项：

第一，当事人在文件中使用的是“认购书、订购书、预订书、意向书、备忘录”等名称，亦即具备了预约合同之名。

第二，文件中不仅具有明确的当事人，而且当事人已经就合同的标的、数量、价款或者报酬等主要条款达成了一致，形成了明确的合意，已经符合和满足合同成立的条件。

第三，文件名称中尽管使用了“认购书、订购书、预订书、意向书、备忘录”的表述，但是文件内容中并没有明确表述在将来一定期限内另行订立合同。

第四，即使文件内容中有明确的在将来一定期限内另行订立合同的表述，但是一方当事人在未另行签订合同之前就已经开始履行合同，实施履行行为，如支付货款，发送货物，进场施工，购买加工所需原材料与零部件等，且另一方当事人不仅未作反对的意思表示，而且接受了对方的履行。

符合上述情形，即使当事人约定了文件是“认购书、订购书、预订书、意向书、备忘录”，即使约定了“将来签订正式合同”，当一方当事人主张其为预约合同，而另一方当事人主张其为本约合同时，法院应当认定为本约合同，按照本约合同确定双方当事人的权利义务。对于未完善的条款，可以按照《民法典》第510条、第511条的规定予以确定。

六、格式条款的规制

（一）格式条款的概念与意义

对于《合同法》和《民法典》中使用的格式条款的概念，其实在域外更多的是使用格式合同或者标准合同、定式合同、附合合同、模范合同等概念，我国《合同法》起草的时候自创了格式条款的概念，这个概念有其合理性，甚至可以认为格式条款比格式合同更为准确，因为有的情况下可能整个合同就是格式合同，但是有的情况下只是合同里面含有格式条款，并非整个合同都是格式合同，这种情况下称为格式合同就不太合理，而称为格式条款更为妥帖。

格式合同的理论一般认为是20世纪初期特别是第二次世界大战以后逐步发展丰富起来的，继而成为一项重要的合同法理论，并且最后体现于立法之中。格式合同最大的特征是，合同双方当事人当中的一方预先拟定好了合同的条款，对方没有磋商谈判的余地和权利，要么全盘接受，要么不签订合同。格式合同的出现与近现代生产的工业化、标准化有关，生产者、经营者长期地、重复地、大量地向不特定的用户或者消费者提供产品或者服务，无法一对一进行谈判，某种产业的发展或者某种商业模式的运行，必须依靠这种单方事先拟定的条款才能进行。

（二）格式条款的特征

《民法典》第496条第1款规定："格式条款是当事人为了重复使用而预先拟定，并在订立合同时未与对方协商的条款。"这是《民法典》关于格式条款的立法概念，它表明了格式条款的三个基本特征：

1.单方预先拟定

这是格式条款最主要的特征，格式条款不是经过合同双方当事人的协商一致而形成的，而是由一方事先拟定，不与对方协商，对方没有谈判的机会，没有提出修改合同条款的权利。拟定条款一方通常都是基于其在生产经营中的优势地位，或者在合同订立过程中的特殊地位，所以格式条款大量存在于垄断行业。当然，格式条款并非仅存在于垄断行业，在非垄断行业同样可能发生格式条款的事例。

2.长期、反复、大量使用

拟定格式条款的目的之一就在于能够形成标准化的产品与服务，继而可以反复使用、长期使用，也可以防止经营者针对不同的用户或者消费者适用不同的合同条件，进而形成价格歧视或者其他差异性对待。当然，不是所有的格式条款都符合长期、反复、大量使用的特征，有的情况下即使是第一次使用，也可能构成格式条款。所以，《最高人民法院关于适用〈中华人民共和国民法典〉合同编通则若干问题的解释》第9条第2款规定："从事经营活动的当事人一方仅以未实际重复使用为由主张其预先拟定且未与对方协商的合同条款不是格式条款的，人民法院不予支持。但是，有证据证明该条款不是为了重复使用而预先拟定的除外。"该条的目的就是针对实践中有的经营者为了长期、重复使用而单方事先拟定合同条款，但是第一次与对方当事人使用该条款，实际上还没有长期、反复使用，经营者就有可能抗辩称他的合同条款不属于格式条款，因为不符合《民法典》规定的"重复使用"的条件，针对这种情况，《最高人民法院关于适用〈中华人民共和国民法典〉合同编通则若干问题的解释》给出了详细的规则：经营者如果仅仅以某一合同条款属于第一次使用或者并未长期重复使用为由主张不是格式条款的，人民法院不能支持其主张，关键还是需要根据条款的实质内容进行判断；但是如果经营者能够提供证据证明自己拟定上述条款并不是为了将来重复使用，仅仅是为了与特定的对方当事人进行交易而事先拟定条款，则不属于格式条款。所以，即使是第一次使用的条款，也有可能构成格式条款，使用的次数与频率并不是格式条款的唯一判断标准。

3. 存在单方的免责条款

格式条款的形式特征是单方事先拟定，但是单方事先拟定的优势地位就有可能使得拟定方利用单方拟定的机会，规定对自己有利而于对方不利的不公平条款，进而损害对方当事人的合法权益。这正是对格式合同进行规制的立法目的之所在，即防止单方拟定条款一方违背公平原则制定合同条款，进而不公平地加重对方的责任，或者限制对方的主要权利，或者免除自己本来应当承担的责任。司法实践中，大量的有关格式条款的纠纷主要就集中在这些单方的免责条款的效力认定上。

（三）格式条款的订入规则与提供人的法定程序义务

《民法典》第496条第2款规定："采用格式条款订立合同的，提供格式条款的一方应当遵循公平原则确定当事人之间的权利和义务，并采取合理的方式提示对方注意免除或者减轻其责任等与对方有重大利害关系的条款，按照对方的要求，对该条款予以说明。提供格式条款的一方未履行提示或者说明义务，致使对方没有注意或者理解与其有重大利害关系的条款的，对方可以主张该条款不成为合同的内容。"这是《民法典》对格式条款进行规制的主要内容与途径。

格式条款的提供方通常都是生产者与经营者，而且往往是具有优势地位甚至是垄断地位的生产者与经营者。提供格式条款的一方有权利单方拟定合同条款，规定双方在合同中的权利义务，但是应当遵循公平原则确定当事人之间的权利和义务。公平原则是法律对格式条款提供者的最基本也是最主要的要求，这是从实质上或者实体上对格式条款的规制。同时，法律需要从程序上即合同的订立过程对格式条款进行规制，以保障合同对方当事人的权利，防止提供方滥用优势地位。例如，当初《最高人民法院关于适用〈中华人民共和国合同法〉若干问题的解释（二）》第6条第1款就规定："提供格式条款的一方对格式条款中免除或者限制其责任的内容，在合同订立时采用足以引起对方注意的文字、符号、字体等特别标识，并按照对方的要求对该格式条款予以说明的，人民法院应当认定符合合同法第三十九条所称'采取合理的方式'。"第2款规定："提供格式条款一方对已尽合理提示及说明义务承担举证责任。”格式条款提供方需要自己举证证明是如何提示对方、如何进行说明的。

依据《民法典》第496条第2款规定，格式条款的提供人应当履行以下三项法定义务：

1.对公平原则的遵循义务

即提供格式条款的一方拟定合同条款时就应当本着诚实信用，遵循公平原则，合理确定当事人之间的权利和义务，合理分配各方的责任与风险。

2.主动提示义务

对于那些单方免除自己责任或者减轻自己责任等与对方有重大利害关系的条款，提供人应当采取合理的方式提示对方注意。

3.说明义务

提供方应当按照对方的要求对与对方有重大利害关系的条款予以说明。说明义务与提示义务的不同之处在于提示义务是主动的，说明义务是被动的，如果对方没有提出说明要求，则不能认定提供人违反了该义务。

对于如何认定提供格式条款的一方是否尽到了上述提示与说明义务，《最高人民法院关于适用〈中华人民共和国民法典〉合同编通则若干问题的解释》第10条给出了具体的规则，该条共分三款，第1款：“提供格式条款的一方在合同订立时采用通常足以引起对方注意的文字、符号、字体等明显标识，提示对方注意免除或者减轻其责任、排除或者限制对方权利等与对方有重大利害关系的异常条款的，人民法院可以认定其已经履行民法典第四百九十六条第二款规定的提示义务。”第2款：“提供格式条款的一方按照对方的要求，就与对方有重大利害关系的异常条款的概念、内容及其法律后果以书面或者口头形式向对方作出通常能够理解的解释说明的，人民法院可以认定其已经履行民法典第四百九十六条第二款规定的说明义务。”第3款：“提供格式条款的一方对其已经尽到提示义务或者说明义务承担举证责任。对于通过互联网等信息网络订立的电子合同，提供格式条款的一方仅以采取了设置勾选、弹窗等方式为由主张其已经履行提示义务或者说明义务的，人民法院不予支持，但是其举证符合前两款规定的除外。”理解该条非常重要，需要从以下几个方面把握：

其一，合同订立过程中提供方的提示义务应当由提供方以积极、主动的方式履行，具体包括：（1）在合同中采用通常足以引起对方注意的文字、符号、字体等明显标识，如对异常条款采用比合同其他文字更大的字号，或者采取加粗、加黑的方式凸显这些异常条款；（2）合理设置勾选、弹窗等方式，提示对方注意免除或者减轻其责任、排除或者限制对方权利等与对方有重大利害关系的异常条款。如果提供方通过上述两种方式尽到了这些义务，则可以认定其已经履行了提示义务。

其二，履行说明义务的判断因素为：（1）需基于对方的要求，即对方对某一或者某类条款所使用的概念、条款的实际内涵、隐含的法律后果等不清楚，要求提供方进行解释。如果对方没有提出此类要求，则不能认定提供方没有履行说明义务。（2）对方提出需要进行说明或者解释的条款应当是与对方有重大利害关系的条款，一般条款、通用条款不存在解释的问题。（3）说明或者解释的方式可以是书面的，也可以是口头的。（4）说明或者解释所使用的概念、词句、图标、符号等应当是通常能够理解的，属于一般生活与知识范围之内的，不能使用专业性很强的概念或者词句或者图表等，否则还需要对这些专业性很强的概念、词句、图表等进行再解释与说明，达不到说明义务的目的。

依据《民法典》第496条规定，如果提供格式条款的一方未履行提示或者说明义务，致使对方没有注意或者理解与其有重大利害关系的条款的，对方可以主张该条款不成为合同的内容。学理上将此种情形称为“未订入合同”即从合同成立而非合同效力的角度对其进行规制，认为条款不能作为合同的内容，将其排除在合同之外，对当事人（当然主要是指对对方当事人）没有约束力。

（四）格式条款的无效

《民法典》第497条规定：“有下列情形之一的，该格式条款无效：（一）具有本法第一编第六章第三节和本法第五百零六条规定的无效情形；（二）提供格式条款一方不合理地免除或者减轻其责任、加重对方责任、限制对方主要权利；（三）提供格式条款一方排除对方主要权利。”以此规定，导致格式条款无效的情形一共有四种：

1. 因符合民事法律行为无效的一般情形而无效

格式合同是一种典型的法律行为，《民法典》总则编民事法律行为一章中有关法律行为无效的一般情形均适用于格式合同与格式条款。此外,《民法典》合同编有关合同免责条款无效的一般情形即第506条也同样适用于格式合同。根据《民法典》第506条规定,提供条款一方造成对方的人身伤害却免责的条款是无效的,不管是什么理由造成对方人身伤害,也不管提供方是否尽到提示义务与说明义务,这种条款一律都是无效的。换言之,对于人身损害,只要有过错,不论是故意还是过失,不论是重大过失还是轻过失,提供方都不能免责。因故意或者重大过失造成对方财产损失而免责的条款,也都是无效的,但是对于财产损失,必须是故意或者重大过失导致的,才不能免责,因轻过失造成的财产损害的免责条款应当是有效的。

2.因不合理的单方免责而无效

《民法典》第497条规定的第二种类型的无效格式条款为:一方不合理地免除或者减轻自己责任、加重对方责任、限制对方主要权利的条款无效。格式条款最显著的特征就是其通常都含有不少单方免除或者减轻提供人责任的条款,约定哪些情况下提供人不承担责任或者承担很轻的责任,这样的单方免除或者减轻提供人责任的条款并非当然无效。如果这样的条款提供人向对方履行了提示义务,应对方的要求履行了说明义务,并且其内容也是合理的、公平的或者符合商业惯例的,则这样的单方免责条款与减轻责任条款是有效的。

3.因单方加重对方责任、限制对方主要权利而无效

单方加重对方责任、限制对方主要权利同样属于与对方有重大利害关系的条款,其性质与单方免除或者减轻提供人责任是相同的,故提供人同样需要向对方履行提示义务与说明义务,并且该等条款的内容必须是合理的、公平的。

4.因排除对方主要权利而无效

该条规定的"排除对方主要权利"的条款无效与前款规定的"限制对方主要权利"的条款无效之表述很接近,但其内涵不一样。其一,当初《合同法》仅规定了"排除对方主要权利"的条款无效,没有关于"限制对方主要权利"的规定,《民法典》增加了"限制对方主要权利"的规定,意即需要对"限制"与"排除"作出立法上的区分。其二,就语词意义考察,"限制"主要是指限缩、约束、拘束,"排除"则是指消除、除去、除掉,二者程度差异较大。其三,如果是排除对方主要权利,则一律无效;如果只是限制对方主要权利,只要内容是相对合理的、公平的，并且向对方履行了提示义务与说明义务，则该条款就是有效的。

（五）格式条款的解释规则

《民法典》第498条规定："对格式条款的理解发生争议的，应当按照通常理解予以解释。对格式条款有两种以上解释的，应当作出不利于提供格式条款一方的解释。格式条款和非格式条款不一致的，应当采用非格式条款。"这是关于格式条款解释规则的规定，对于在格式条款的理解发生争议时的处理给出了三项具体规则：

1.通常解释规则

这是关于解释方法的首要规则，即如果对格式条款的理解发生争议，法院、仲裁机构或者其他处理争议的机构与人员应当按照人们的通常理解去解释有争议条款的含义，而不能仅仅按照拟定者自己的理解进行解释。

2.不利于提供方的解释规则

如果对格式条款有两种甚至两种以上的不同解释，则应当作出不利于提供格式条款一方的解释。所以，适用不利解释规则的前提是存在两种或者两种以上的不同理解，才需要引入不利解释规则，如果根据通常理解只能作出一种解释，不存在第二种解释，则应当根据通常理解确定争议条款的含义，不能适用不利解释规则。

3.格式条款和非格式条款不一致时的解释规则

如果在同一份合同中既有格式条款又有非格式条款，且二者内容不一致的情形，应当采用非格式条款，即以非格式条款为准。在采取合同书的形式或者其他书面形式订立合同的时候，在一份合同中往往既有格式条款，又有非格式条款。如果格式条款与非格式条款约定的内容不一致，应当优先适用非格式条款。通常而言，格式条款往往都含有对提供方有利的条款，对使用方往往不利，而非格式条款往往含有一定的磋商成分，对对方当事人较为有利，所以优先适用。

（六）不能成立的非格式条款抗辩事由

如果合同的全部条款系由合同一方当事人事先单方拟定，未与对方协商，但是拟定一方提出抗辩，主张该条款不属于格式条款，不受格式条款的规制，其通常所提出或者主张的理由有三种情形：其一，合同是根据示范文本制作的；其二，当事人在合同中明确载明了该合同不属于格式条款；其三，该条款并未实际重复使用。而《最高人民法院关于适用〈中华人民共和国民法典〉合同编通则若干问题的解释》第9条规定："合同条款符合民法典第四百九十六条第一款规定的情形，当事人仅以合同系依据合同示范文本制作或者双方已经明确约定合同条款不属于格式条款为由主张该条款不是格式条款的，人民法院不予支持。从事经营活动的当事人一方仅以未实际重复使用为由主张其预先拟定且未与对方协商的合同条款不是格式条款的，人民法院不予支持。但是，有证据证明该条款不是为了重复使用而预先拟定的除外"，以此规定，此三种抗辩事由不能成立，不能得到法院的支持。详述如下：

其一，"合同系依据合同示范文本制作"。《民法典》第470条第2款规定："当事人可以参照各类合同的示范文本订立合同。"所谓合同的示范文本，是指国家有关行政部门或者行业协会根据法律的规定、本行业的特点等制作的合同文本，供经营者或者消费者订立合同时借鉴或者采用。如前所述，主管部门或者行业协会制作与发布的合同示范文本并没有强制性的效力，当事人可以采用也可以不采用，但是推荐使用合同示范文本有以下益处：一是此类示范文本经过专业制作与反复征求各方意见，内容比较详细，条款比较完备，当事人依据此类示范文本签订合同可以减轻撰写合同条款的负担；二是此类示范文本对那些不熟悉有关法律或者行业知识与规律的当事人提供了具体的签约指导，可以在较大程度上减少签约的盲目性，预防纠纷的发生；三是此类合同示范文本不是由合同的哪一方负责起草与制作，而是由主管部门或者行业协会制作，通常能够保证其内容的公允性，预防"霸王条款"等各种形式的显失公平的条款。

但是，这并不意味着所有的合同示范文本都具有上述优势或者优点，有的合同示范文本制作部门或者制作单位可能仅从部门或者本行业的利益出发制定合同示范文本，结果示范文本中存在较多的对接受一方不公平的条款；同时，有的经营者在使用合同示范文本时可能对其进行修改，增加对接受一方的负担或者义务，减少或者减轻自己的责任。所以，当事人仅以合同系根据主管部门或者行业协会制作的合同示范文本而拟定，进而主张不是格式条款，不能支持。如果其中有条款符合格式条款的特征，则仍然属于格式条款，应当受到《民法典》及其他法律对格式条款的规制。当然，依据示范文本制作的合同如果确实不存在格式条款，则不应当适用格式条款的规制。

其二，“双方已经明确约定合同条款不属于格式条款”。即合同中有这样的条文表述：本合同（或者本条款）由一方预先拟定（或者制作），但不属于格式条款。是否属于格式条款，属于合同条款性质的司法认定与判断，不取决于合同当事人自己的认知，更不取决于当事人自己在合同中的表述。何况，在很多情况下，作为用户或者消费者的接受一方，无法对这样的表述本身发表意见，实质上这样的“不属于格式条款”的表述本身就是格式条款。所以，如果当事人仅仅以合同中约定了本合同或者本条款不是格式条款为由主张合同条款不属于格式条款的，不能得到支持。

其三，条款并“未实际重复使用”。当事人提出此一抗辩的潜台词是：格式条款都是重复使用的条款，而该条款并未实际重复使用，甚至是第一次使用，或者才使用了几次，未达到重复使用的程度，因而不是格式条款。此一主张有一定的道理，格式条款大部分情况下也确实是反复使用的，这是格式条款的特征之一。但是，此一特征并非格式条款的本质性特征，何况所有的格式条款都有第次使用然后才进行重复使用的客观实际，所以仅仅以合同条款未实际重复使用为由主张不属于格式条款，不能得到支持。需要注意的是，该条规定的情形与前面所述的两种情形即“合同系依据合同示范文本制作”和“双方已经明确约定合同条款不属于格式条款”有所不同，首先是该条情形仅适用于从事经营活动的当事人所提出的主张，其次是如果有证据证明合同条款的拟定或者制作确实不是为了将来重复使用，而仅仅是与对方当事人一次性使用，则该条款不应当被认定为格式条款，而属于非格式条款。

七、悬赏广告的效力

（一）悬赏广告的概念与立法沿革

悬赏广告是广告人以广告的形式声明对完成悬赏广告中规定的特定行为的任何人，给付广告中约定报酬的意思表示。例如，发布寻找遗失物的悬赏广告、发布寻人启事等。除了上述最常见的悬赏广告，还有一种称为优等悬赏广告，即只有完成悬赏广告中指定行为的人当中被评为优等者才能获得报酬，如各种征集与评选启事。

悬赏广告的成立条件包括：其一，须悬赏广告人以广而告之的方法，对不特定人为意思表示；其二，悬赏广告中须有对完成指定行为的相对人给付一定报酬的意思表示，悬赏中的“赏”即“奖赏”“赏金”之意；其三，须有相对人完成悬赏广告中指定行为的事实。

我国《合同法》制定的时候对悬赏广告的研究尚较为薄弱，所以没有就悬赏广告设置规则。但是实际上悬赏广告是较为普遍的社会生活现象，而相关的纠纷只能通过法理进行解释，司法裁判的差异性极大。至《最高人民法院关于适用〈中华人民共和国合同法〉若干问题的解释（二）》，才对悬赏广告第一次作出规定。该司法解释第3条规定：“悬赏人以公开方式声明对完成一定行为的人支付报酬，完成特定行为的人请求悬赏人支付报酬的，人民法院依法予以支持。但悬赏有合同法第五十二条规定情形的除外。”承认了悬赏广告的合法性，肯定了悬赏广告中的承诺人即完成特定行为的人的报酬请求权。《民法典》也用了一个条文对悬赏广告予以规制，且基本上承继了《最高人民法院关于适用〈中华人民共和国合同法〉若干问题的解释（二）》的规则，只是个别词语上稍微作了调整，即《民法典》第499条规定：“悬赏人以公开方式声明对完成特定行为的人支付报酬的，完成该行为的人可以请求其支付。”

（二）悬赏广告的法律性质

对于悬赏广告的法律性质，学理上一直存在两种截然相反的观点，即单方允诺说（或单独行为说）与契约说（或合同说）。

1.单方允诺说及其评价

“单方允诺”是近现代债法发展出来的概念，其主张除传统的合同、侵权行为、不当得利、无因管理作为债的发生根据之外，单方允诺、缔约过错也应当作为独立的债的发生依据。悬赏广告即属于典型的单方允诺行为，或者单独行为。依据单方允诺说，悬赏广告是因广告人一方的意思表示而负担债务，无须相对方的承诺，相对方完成悬赏广告中的特定行为不是意思表示，也不是承诺，而是仅仅使悬赏广告的效力终止，同时产生相对方的报酬请求权。换言之，悬赏广告人为意思表示并非要求相对方之承诺，其效力之发生仅以一定行为之完成为已足。悬赏广告自作出时即产生法律约束力，其后完成悬赏广告指定的行为，只是作为取得报酬的一个条件，而不是一种承诺。所以，相对方的主观认识和行为能力不在报酬支付的考虑因素之内，其完成指定行为的性质是一种事实行为。单方允诺说存在的理论上与立法上最大障碍是：若采单方允诺说，悬赏广告自广告人发出之时即发生法律效力，无须相对人的承诺，则意味着悬赏广告不能撤回，更不能撤销，但是事实上各国立法均允许广告人发出悬赏广告后有条件地予以撤回或者撤销。例如，《德国民法典》第658条规定："至行为实施时为止，悬赏广告可以撤回。仅在撤回被以与悬赏广告相同的方式公告，或撤回系以特别通知为之时，撤回始有效力。"[①]《日本民法典》第530条第1项规定："广告人于完成其指定行为者期间，可以用与前广告同样的方法，撤销其广告。"[②]此处的撤回与撤销，在合同法上与要约的撤回与撤销属于异曲同工。

2.契约说及其评价

契约说又称为要约说，或合同说，这种观点认为，悬赏广告人对于特定人或不特定人作出的悬赏意思表示是一个要约，相对人完成悬赏广告指定行为是一个承诺，行为完成时，在悬赏广告人与相对人之间成立契约关系。相对人在契约成立时，即有报酬之请求权。契约说是悬赏广告性质的主流观点。契约说的理论障碍主要在于：由于合同行为是典型的法律行为，需要当事人具有相应的行为能力，完成特定行为的相对人如果是无民事行为能力人，其便不能享有悬赏广告确定的报酬请求权，因为其无法成为合同行为的当事人。另一个难以解释的理论障碍是：不知道有悬赏广告的人如果完成了悬赏广告确定的行为的，也不能享有按照悬赏广告取得报酬的权利，因为按照合同成立的原则，双方当事人的要约和承诺之间应当具有意思表示的合意，承诺应当针对要约才能作出，而相对人完成特定行为是不知道要约的存在的，当然不会形成承诺。

上述理论上的争议确实存在，但是其实也仅有理论上的争议意义，并不影响立法的表达。悬赏广告本来就是一种特殊的社会现象，特殊的法律事实，不需要

① 《德国民法典》，陈卫佐译注，法律出版社2015年版，第268页。

② 《日本民法典》，王书江译，中国人民公安大学出版社1999年版，第94页。

一定按照既有的某种制度规则去要求它，而应当允许立法作出变通的规定，不受限于理论的桎梏。各国现在通行的做法是承认悬赏广告的契约性质，但同时不严格要求按照契约的规则确定当事人的权利义务，完成悬赏广告指定行为的无行为能力人、不知悬赏广告存在之人同样享有报酬请求权。在笔者看来，悬赏广告制度就是债法（合同法）中的一项特殊规则，依照法律行为的基本原理与规则予以规制，以保护完成悬赏广告中指定行为的相对人的报酬请求权为立法主旨。

（三）悬赏广告的特征

悬赏广告作为一种特殊的债的发生原因，其性质更接近附条件的法律行为，因悬赏广告人发布广告、相对人完成指定行为而在当事人之间形成特定的债权债务关系。悬赏广告之债的特征表现在：

1.公开性

悬赏广告的公开性是指广告发布人必须以公开的、广而告之的方式发出悬赏广告，此与一般的合同之债仅在特定的、不为他人知晓的当事人之间发生的情形不同，一般的合同之债具有封闭性的特征，而悬赏广告之债具有较高的公开性。

2.有偿性

悬赏广告的有偿性是指悬赏广告属于有偿行为，悬赏广告合同属于有偿合同，“悬赏”的含义就是指用赏金或者其他奖赏的办法公开寻求别人的帮助，以完成自己难以完成的事情，当相对人按照悬赏广告的要求完成了指定行为时，广告发布人就必须按照悬赏广告的约定向相对人支付报酬。

3.相对人的不特定性

悬赏广告的意思表示是公开向不特定的任何人作出的，只要相对人完成了悬赏广告中所规定的行为，广告发布人的目的得以实现，行为人就享有获得报酬的请求权。

4.结果决定性

所谓结果决定性是指悬赏广告的广告发布人发出悬赏广告，是为了追求自己希望实现的特定结果，如找回失踪的亲人，找回遗失物，求得满意的商标设计方案等，至于行为人如何完成指定的行为，悬赏广告中通常并无特别的要求，广告发布人也不关心，其唯一关心的就是结果，所以相对人如果没有完成指定行为，如找到并交付遗失物，则不管付出了多大的代价，都不能享有报酬请求权，广告发布人没有支付报酬的义务。在没有结果的情况下，相对人不仅不能请求支付报酬，也不能以自己“没有功劳也有苦劳”为由请求广告发布人支付其为完成指定行为而付出的成本或者造成的损失，广告发布人不承担相对人为完成特定行为而发生的任何成本支出或者损失。

（四）悬赏广告的法律效力

《民法典》第499条规定：“悬赏人以公开方式声明对完成特定行为的人支付报酬的，完成该行为的人可以请求其支付。”这是《民法典》关于悬赏广告的唯一规则，即悬赏广告的法律效力在于赋予完成悬赏广告指定行为的相对人以报酬请求权。

悬赏广告作为一种能够产生权利义务关系的法律事实，其法律效力体现在以下两个方面：

1. 报酬请求权

报酬请求权是悬赏广告最主要的法律效果。悬赏广告中一般都会明确约定支付一定的报酬，通常为酬金，当然也可以是别的形式的奖励或者奖赏。这是完成行为人享有报酬请求权的基础。一般情况下，悬赏广告会对支付酬金的数额有明确约定，如“如有提供破案重要线索者，本人愿意支付酬金10万元”，或者“评为一等奖之作品，获得奖金1万元”，“请拾到者归还，失主愿以5000元重谢”等。悬赏广告有明确约定的，支付报酬时则以约定为准。也有一些悬赏广告对支付报酬的数额没有具体约定，只是说“请予归还遗失物，失主愿重金酬谢”。重金酬谢，只是说明要给予酬谢，但酬谢的数额并不明确，加之《民法典》物权编关于遗失物归还的报酬也没有明确规定，如果当事人就此出现纠纷，酬金的具体数额需要法官自由裁量。报酬的数额通常应当考虑以下因素：其一，相对人为完成指定行为而付出的成本，包括经济成本、时间成本等。原则上，在报酬没有约定或者约定不明时，法官确定的报酬数额至少应当能够弥补相对人的所有合理的成本。其二，广告发布人实际获得的利益。通常酬金不能高于悬赏广告人因相对人完成特定行为而获得的最高利益。

2. 完成悬赏广告行为所产生的成果的归属

如果是遗失物，拾得人本来就负有返还义务，遗失物的所有权本来就归属于失主，不存在确定其归属的问题。但是在其他类型的悬赏广告中会出现物的归属以外的成果归属问题。例如，相对人提供了有价值的破案线索，结果由公安机关破了案，破案本身不是民法意义上的结果，其不能作为独立价值而确定其归属。但是在优等悬赏广告中出现的商标设计、专利设计、文稿等，会涉及商标权、专利权、著作权等知识产权的归属，当完成特定行为的人取得报酬后，有关这些成果的归属原则上应当按照悬赏广告的约定处理，悬赏广告没有约定的，根据《商标法》《专利法》《著作权法》等法律的规定，原则上应当归相对人所有。

（五）悬赏广告的撤回与撤销

《民法典》关于悬赏广告仅有上述一个条文，对于悬赏广告的撤回与撤销没有提供规则。参照悬赏广告性质的主流观点即契约说或者合同说，要约是可以撤回的，也是可以撤销的，只要符合撤回与撤销的条件，以及域外关于悬赏广告的具体规则，应当允许悬赏广告发布人在广告发布之前撤回悬赏广告，在广告发布之后撤销悬赏广告，但是应当以合理的方式作出撤回或者撤销的意思表示。如果悬赏广告中已经声明不能撤销，或者悬赏广告约定有完成特定行为的期限，则此类悬赏广告不能撤销。如果相对人没有以合理的方式撤销广告，相对人不知道广告已经被撤销，仍然完成了特定行为，则其仍然享有报酬请求权。如果相对人在广告撤销之前就已经完成了特定行为，则其报酬请求权受法律保护。

八、缔约过错责任

（一）缔约过错责任的概念与特征

缔约过错责任是指在合同的订立过程中，一方违背诚实信用原则，违反先合同义务，给缔约的对方造成损失，而应承担的民事责任。先合同义务是指当事人在订立合同的过程中，应当照顾对方，如实披露与订立合同相关的信息，不能提供虚假情况，不能隐瞒真实情况，并且应当为对方保密，不能披露对方的商业秘密，同时应当履行协力、通知等义务，甚至还有对对方的人身财产安全的注意义务。这些先合同义务都是基于诚信原则引申出来的义务。一般来说，没有订立合同，双方就没有互相的约束，有了合同以后才有法锁，才有约束，但是当事人在缔约过程当中，就可能会通过违反诚信原则而损害对方的利益，自己获取不正当的利益。缔约过错责任就是违反先合同义务的后果。

缔约过错责任的特征可以归纳如下：

第一，过错发生在缔约阶段，而不是履约阶段。履约阶段如果违反约定的义务，就是典型的违约责任，而不是缔约过错责任。缔约阶段的起止时间通常认为是从双方接触、谈判开始，如发出要约，甚至发出要约邀请就开始了，贯穿整个磋商谈判过程，直至合同成立，或者双方明确无法达成一致签订合同，结束缔约过程。

第二，违反的是诚信原则推导出来的义务，即先合同义务。比如，保密义务、信息披露义务、如实告知义务、说明义务、提示义务、保护对方的人身财产安全的义务等，都是基于诚信原则推导出来的义务。

第三，给对方造成了损失。这是缔约过错责任的客观构成要件，没有实际损失通常就没有缔约过错责任。理论上一般认为缔约过错责任保护的是缔约方的信赖利益，其损失也是信赖利益的损失。

需要指出的是，缔约过错责任在很多文献里面的表述是缔约过失责任，其实严谨的表述应该是缔约过错责任，而不是缔约过失责任。在民法上，过错是一种主观心理状态，过错分为故意和过失两种类型，故意又分为直接故意和间接故意，过失又分为疏忽大意的过失和过于自信的过失。故意和过失统称为过错。过失只是过错当中的一种形态，当然不包括故意。而所谓的“缔约过失责任”显然仅仅指向“过失”而不包括“故意”，但是缔约过错责任中行为人的主观状态恰恰是以故意为主要情形，所以，以“过失”来指代“故意”显然是不妥当的。

（二）缔约过错责任与侵权责任和违约责任的关系

通说认为，侵权责任指的是侵害绝对权产生的民事责任，包括物权、人格权、知识产权等，违约责任是侵害相对权即债权的民事责任。而缔约过错行为侵害的权利很难说就是绝对权或者相对权，不同缔约过错责任的情形，侵害的权利类型是不一样的，既可能是侵害绝对权，也可能是侵害相对权，有的时候甚至不是侵犯固有权利，而是导致纯粹经济损失。例如，甲公司和乙公司磋商就一件通信项目进行合作，草签了合作合同，甲公司为了履行这份合同已经提前进行准备，租用了场地，培训了人员，分别支付了50万元的租金和20万元的培训费，最后乙公司无正当理由拒绝与甲公司签订正式合同，于是甲公司起诉乙公司要求赔偿上述租金与培训费的损失，这些损失很难说就是甲公司物权的损失，它们与准备履行合同有关，合同如果顺利签订了，它们就是正常的成本投入，将来通过经营活动逐步收回，但是现在没有收回的机会了，它们就成了甲公司纯粹的损失。

所以，缔约过错责任既非典型的侵权责任，亦非典型的违约责任，而是以侵权责任为主的、兼有违约责任的一种相对独立类型的民事责任。特殊情况下，它有可能就是简单的侵权责任，例如如果一方泄露了在磋商过程中掌握的对方的商业秘密，这种情形也属于缔约过错责任，但是由于这种情形侵犯的是对方的绝对权（商业秘密权），其承担缔约过错责任的方式与内容就是侵权责任，即侵害商业秘密权的责任。

缔约过错责任与违约责任一般认为是相对容易区分的，因为违约责任的前提是违反约定的义务，即拒绝履行约定的义务或者履行约定的义务不符合约定，而缔约过错责任的前提是双方尚处于磋商阶段，所以它是在合同未成立的前提下所承担的一种转责任。当然，例外情况下，即使合同成立了，但是后来合同被撤销、被认定无效等，也可能承担缔约过错责任。

（三）缔约过错责任的类型与构成要件

我国有关缔约过错责任的立法最早始于《合同法》，该法第42条规定："当事人在订立合同过程中有下列情形之一，给对方造成损失的，应当承担损害赔偿责任：（一）假借订立合同，恶意进行磋商；（二）故意隐瞒与订立合同有关的重要事实或者提供虚假情况；（三）有其他违背诚实信用原则的行为。"第43条规定："当事人在订立合同过程中知悉的商业秘密，无论合同是否成立，不得泄露或者不正当地使用。泄露或者不正当地使用该商业秘密给对方造成损失的，应当承担损害赔偿责任。"《民法典》第500条以仅将《合同法》的上述条文中的"给对方造成损失"改为"造成对方损失"的方式全盘承继了上述规则。

从理论上而言，构成缔约过错责任应当符合民事责任的一般构成要件：第一，有违反先合同义务的行为，如故意隐瞒与合同有关的重要事实；第二，给对方造成了损失，这种损失通常应当限制为信赖利益的损失，如磋商过程中支出的差旅费、通信费等，为准备履行合同支出的人员工资、原材料损耗、场地费用等；第三，违反先合同义务与实际损失之间有因果联系；第四，行为人主观上有过错，这种过错很少表现为过失，而主要表现为故意，甚至是恶意，如《民法典》第500条所列举的两种具体情形：一是假借订立合同，恶意进行磋商；二是故意隐瞒与订立合同有关的重要事实或者提供虚假情况，此两种情况都属于故意的主观心理状态，而非过失。

结合《民法典》第500条、第501条的规定（这是《民法典》有关缔约过错责任的全部条文），缔约过错责任有以下四种类型：

1.假借订立合同，恶意进行磋商

此种情形属于较为恶劣的违反先合同义务的情形，即行为人根本就没有与对方订立合同的打算，而只是借订立合同的名义恶意与对方进行磋商。恶意磋商的目的当然不是要与对方最终订立合同，恰恰相反，行为人从一开始就没有与对方订立合同的意愿，磋商只是一个幌子，目的在于故意拖住对方而使其丧失真正的交易机会、刺探对方的谈判筹码、获取对方的商业秘密等。回到笔者前面所论及的为什么应当称为“缔约过错责任”而不能称为“缔约过失责任”，此等恶劣的情形又怎能称为“过失”责任呢。

2.故意隐瞒与订立合同有关的重要事实，或者提供虚假情况

此种情形其实就是典型的合同欺诈。隐瞒真实情况是消极欺诈，提供虚假情况是积极欺诈，都是严重违反诚信原则的行为。

根据《民法典》总则编、合同编和侵权责任编的规定，在出现欺诈的情形下，被欺诈一方可以选择的救济途径有三种：

第一，在合同尚未成立即已发现对方实施欺诈的情况下，可以终止磋商，不与对方继续磋商，而直接主张缔约过错责任。

第二，在合同已经成立且生效、履行过程中发现对方有上述欺诈事由的情况下，可以根据《民法典》第148条的规定，向法院或者仲裁机构行使撤销权，请求法院或者仲裁机构撤销已经成立并生效的合同。

第三，在合同已经成立且已失效的情况下，如果对方因为欺诈进而无法履行合同约定的义务，构成严重违约，可以根据《民法典》第563条的规定行使合同解除权，同时追究对方的违约责任。

3. 泄露或者不正当地使用对方的商业秘密

这是比较典型的一种缔约过错。《民法典》第501条规定："当事人在订立合同过程中知悉的商业秘密或者其他应当保密的信息，无论合同是否成立，不得泄露或者不正当地使用；泄露、不正当地使用该商业秘密或者信息，造成对方损失的，应当承担赔偿责任。"该条在《合同法》时期就有完全相同的规定，《民法典》编纂时也有学者建议删去该条，因为侵犯商业秘密有专门的法律（主要是《反不正当竞争法》）进行规制，《民法典》的此一规定属于多余。但是最终立法机关认为该条规定保留还是有其实际意义的，故保留了下来，且仍然置于缔约过错责任的一般条款之后。

笔者认为，既然《民法典》仍然保留了此一规定，则理解其立法宗旨以及准确适用该条便显得较为重要。准确理解与正确适用该条应当从以下四个角度掌握：

第一，该条不仅涉及对商业秘密的保护，还涉及对其他保密信息的保护，所以除了在商业秘密遭受侵害时，受侵害一方当事人可以依据该条主张行为人的缔约过错责任，还可以在其他不属于商业秘密的保密信息遭受侵害时主张行为人承担赔偿责任。

第二，在缔约过程中侵犯对方当事人商业秘密或者其他保密信息的，行为人不仅应当承担经济法上的行政责任，如《反不正当竞争法》中的行政责任，还应当依据《民法典》的该条规定承担民事责任。

第三，承担该条规定的缔约过错责任，与合同的成立、生效无关，即无论合同是否已经成立，无论合同是否已经生效，无论合同是否为无效，只要符合该条规定的侵犯对方商业秘密或者其他保密信息，且给对方造成损失的，对方就可以根据该条追究行为人的缔约过错责任。

第四，行为人依据该条承担的民事责任既可以是单纯的缔约过错责任，也可以是一般意义上的侵权责任，被侵害人既可以依据《民法典》第500条、第501条主张对方承担赔偿责任，也可以依据《民法典》第1064条、第1065条规定主张对方承担赔偿责任。

4. 其他违背诚实信用原则的行为

此属于《民法典》第500条规定的兜底条款。

值得注意的问题的是，承担缔约过错责任的情形，不仅限于合同不成立、不生效、被撤销、无效的情形，在例外情形下，亦即在合同有效的情形下，也可以主张缔约过错责任。例如，在一起商品房买卖合同纠纷中，买房的时候开发商售楼处的沙盘显示小区里有一个120平方米的花园，一个50平方米的喷泉，一个80平方米的儿童乐园，当然这些都没有写在商品房买卖合同中，最后入住后买房人发现花园、喷泉、儿童乐园都没有。这种情况下，买卖合同很难基于欺诈而被撤销，合同是有效的。《最高人民法院关于审理商品房买卖合同纠纷案件适用法律若干问题的解释》第3条规定："商品房的销售广告和宣传资料为要约邀请，但是出卖人就商品房开发规划范围内的房屋及相关设施所作的说明和允诺具体确定，并对商品房买卖合同的订立以及房屋价格的确定有重大影响的，应当视为要约。该说明和允诺即使未载入商品房买卖合同，亦应当视为合同内容，当事人违反的，应当承担违约责任。"如果认为开发商的允诺构成"对商品房买卖合同的订立以及房屋价格的确定有重大影响"，购房者可以获得违约责任的救济。但是如果认为这些允诺不构成"对商品房买卖合同的订立以及房屋价格的确定有重大影响"，购房者就无法获得违约责任的救济。此时，因为在缔约过程当中，开发商违反诚信原则，提供虚假的情况，购房者应当有权主张缔约过错责任，尽管合同是有效的且已经履行完毕。

从《民法典》的表述来说，没有限定适用缔约过错责任必须以合同不成立、不生效、无效或者被撤销为前提，没有排除合同有效时成立缔约过错责任的可能性。合同有效时的缔约过错责任属于例外情形，因为在合同有效的时候，通常可以获得违约责任的救济，但是违约责任针对的是合同履行当中出现的问题，不涉及缔约阶段的问题。

（四）缔约过错责任的赔偿范围

学理上一般认为，违约责任制度保护的是合同当事人的履行利益。合同成立且有效，双方就应该依约履行，如果一方拒绝履行或者履行不符合约定，包括瑕疵履行、迟延履行、加害给付等，对方在合同得到履行时可以获得的利益就受到侵害，所以损害的是履行利益，违约责任救济的也应该是履行利益，就是如果合同得到履行，当事人应当获得的利益。但是对于缔约过错责任，双方之间没有成立合同或者合同成立之后被认定无效或者被撤销了，简言之，双方之间没有一个有约束力的合同，或者合同不具有履行性，所以缔约过错责任保护的就不是履行利益。那么缔约过错责任保护的到底是什么利益？一方当事人是信赖对方而与他签订合同，信赖双方之间会成立有效的合同，但是由于对方的过错导致双方之间没有成立一个有效的合同，当事人是由于对对方的信赖而失去了利益，所以它被称为信赖利益。例如，甲公司为了排挤竞争对手乙公司而故意与丙公司进行磋商，最终使得丙公司信赖甲公司而放弃了与乙公司的合作，丙公司受到侵害的利益就是信赖甲公司会与它订立合同的利益。

但是，在不少情况下，履行利益与信赖利益的区分并不十分清晰。例如，在一份商品房买卖合同纠纷中，开发商出卖的房子甲醛严重超标，买房人后来行使解除权，合同被法院判决解除，买房人提出除返还500万元购房款外，开发商还应当予以损失赔偿，赔偿额为120万元，因为买房人在附近花620万元买了同样面积的房子，这多出来的120万元本来可以不付出，现在实际付出了，这个差价损失就是买房人的实际损失。这是典型的违约损害赔偿，法院支持了买房人的请求，这是对履行利益的救济与赔偿。类似的一个案子是，开发商甲公司隐瞒了房子已经被抵押给银行的事实，后来接近签订合同时买房人发现了此一情节，遂决定不再购买该房，但是其主张因为与该开发商磋商订立合同而耽误了到周边的楼盘购房，现在购买周边的楼房需要多支付70万元的差价，买房人确实在周边购买了一套相同面积的房子，后来该买房人以《合同法》第42条为依据请求甲公司承担缔约过错责任，赔偿其多支付的70万元的差价，这是信赖利益应当赔偿的范围吗？此问题值得探讨。

履行利益通常应当大于信赖利益，或者说信赖利益应当小于履行利益。如果订立了一个有效的合同，合同得到了履行，因为信赖会订立有效合同而付出的费用和机会，就是订立这个有效合同的成本，如果最终没有订立有效的合同，这些费用和机会就成了纯粹的损失，这就是信赖利益的来源。但是信赖利益必定会小于履行利益吗？上述第二个商品房买卖合同纠纷中，开发商甲公司承担的应当属于缔约过错责任无疑，但是否应当赔偿买房人70万元的损失存在争议，很多人主张70万元属于履行利益的赔偿范围，而信赖利益不应当包括此70万元。问题是，原告确实是信赖甲公司才与其谈判磋商，而甲公司恶意隐瞒房屋已经抵押的事实，导致买房人最终放弃与其订立合同，显然导致买房人丧失了以当时的价格与其他周边开发商订立合同的机会，并且最终买房人确实以多支付70万元为代价购买了周边相同面积的房子，这70万元尽管属于信赖利益而不属于履行利益的范围，但是应当属于由开发商赔偿的范围。

所以，尽管通常情形下信赖利益的赔偿范围应当小于履行利益，但也存在例外的情形。

第三章

合同的效力

一、合同效力的概念与合同效力的类型

（一）合同效力的概念

合同效力是指合同所具有的在法律上的约束力。《民法典》第465条第1款规定："依法成立的合同，受法律保护。"第2款规定："依法成立的合同，仅对当事人具有法律约束力，但是法律另有规定的除外。"该条是关于合同效力的基本规定。

合同效力的概念包含两个层次的含义：一是指合同所具有的对当事人的约束力，在当事人之间形成的"法锁"效果，任何一方当事人均必须按照合同约定履行自己的义务，行使自己的权利；二是指合同受到国家法律保护的效果，即法律是否认可其所具有的对当事人的约束力，约束力处于何种状态。关于第一个层次的理解，本书在第一章"合同与合同法概论"之七"合同的约束力与合同的相对性"已有论述，此处不赘。

《民法典》合同编通则第三章章名为"合同的效力"，此处的合同效力是指上述第二个层次的含义，即合同受到国家法律保护的效果，合同在多大程度上对当事人具有约束力。在这一层次的制度设计与规则解读上，根据合同受国家法律保护的效应状态、对当事人约束力的强弱程度，可以赋予不同的合同以不同的效力状态，由此形成了合同效力的不同类型，学理上形成了合同效力的体系。

（二）合同效力的类型

在《民法典》之前，《合同法》较为完整地规定了合同的效力类型，形成了合同效力体系，包括有效合同、无效合同、效力待定合同、可变更可撤销合同等。由于民事法律的法典化，特别是《民法典》总则编法律行为规则的建立，使得《民法典》合同编无须再对合同的效力作出完整的规定，总则编法律行为的规则对所有分编包括合同编均有适用的价值。但是，合同效力毕竟又是合同法律制

度中的应有之义，合同编不能完全“无视”合同效力的存在。所以，《民法典》合同编在体系结构上仍然专门设置了“合同的效力”一章，但是由于有关合同效力的大部分规则已经规定于总则编民事法律行为一章（总则编的第六章），所以“合同的效力”这一章仅用了六个条文对总则编未规定的有关合同效力的内容，然后在最后一条即第508条规定：“本编对合同的效力没有规定的，适用本法第一编第六章的有关规定。”这样就通过此一引致条款建立了总则编“民事法律行为”一章与合同编“合同的效力”一章的联系与适用关系。

并且，尽管总则编“民事法律行为”一章对《民法典》所有分编均有适用的价值，但毫无疑问的是，民事法律行为的规则主要适用于合同领域，所以只有在合同编才有这样一个引致适用总则编“民事法律行为”一章的条文，其他各个分编都没有与之相同的引致条款。

也正因如此，《最高人民法院关于适用〈中华人民共和国民法典〉合同编通则若干问题的解释》不仅需要对合同编通则分编进行解释，还需要对总则编“民事法律行为”这一章的相关条款进行解释，这就是《最高人民法院关于适用〈中华人民共和国民法典〉合同编通则若干问题的解释》含有大量解释总则编“民事法律行为”一章的条文的原因。

特别需要指出的是，《民法通则》《合同法》创立的合同有效、合同无效、合同效力待定、合同可变更可撤销为类型的合同效力体系，存在不外延的弊端，有的合同效力的状态很难泾渭分明地归入有效或者无效的状态，甚至归入效力待定的状态。合同效力类型与体系应当是更为复杂、更为多元化、更为开放的状态。例如，诚如学者所指出的，在无权代理、无权处分、越权代表的情形下，应当区分“不能归属”与“无效”，“无权处分、无权代理、越权代表”并不适用《民法典》第153条，而应根据“无权处分”“无权代理”“越权代表”等相关制度确定行为的法律效果，如在“狭义无权代理”“越权代表”的情况下，被代理人或被代表人一般无须承担责任，而行为人须承担无权代理所引发的履行或赔偿责任；在无权处分的情况下，若第三人构成善意取得，则无权处分人可能要承担侵权损害赔偿或者违约责任。①

---

① 许德风：《合同效力的类型界分》，载《中国法律评论》2023年第6期。

根据《民法典》总则编“民事法律行为”一章的规定，以及合同编第三章“合同的效力”的规定，笔者认为合同的效力类型与体系结构如下：

1. 具有完全效力的合同

此即所谓的有效合同，或者有完全效力的合同，受到国家法律的完全保护，对当事人具有最强的约束力。具有完全效力的合同必须符合《民法典》总则编法律行为一章关于法律行为有效的全部要件和合同编关于合同生效的条件。其一般条款的表述见于合同编第502条第1款前半句，即依法成立的合同，自成立时生效。其与《民法典》总则编有关的条款则是第143条：“具备下列条件的民事法律行为有效：（一）行为人具有相应的民事行为能力；（二）意思表示真实；（三）不违反法律、行政法规的强制性规定，不违背公序良俗。”

2. 具有相对效力的合同

此类合同是指可撤销的合同，即合同已经成立且符合合同生效的一般要件，约束力已经形成，但是由于其含有某种法律规定的情形，而使得其效力具有不确定性与可推翻性，有可能会被撤销，一旦撤销便不具有任何意义上的法律约束力，不受国家法律的保护，但是如果没有被撤销，则与完全效力的合同具有相同的法律效力。根据《民法典》总则编的规定，可撤销的合同包括因重大误解而签订的合同、因欺诈或胁迫而签订的合同、因一方处于危困状态而签订的显失公平的合同三种具体类型。此类合同在学理上也被称为相对有效的合同。具体条文见于总则编第147条、第148条、第149条、第150条、第151条、第152条六个条文。

3. 效力尚未确定的合同

此类合同是指效力待定的合同，即合同已经成立但是尚未发生法律上的约束力、尚不能受到国家法律保护的合同，其未来有可能成为完全效力的合同，也有可能成为不发生任何效力的合同。根据《民法典》总则编和合同编的相关规定，此类合同包括无权代理签订的合同、限制行为能力人签订的合同。但是需要注意的是，无权代理签订的合同具有双重属性，一方面可以归结为效力待定的合同，但另一方面也可以归结为对特定主体生效的合同。具体条文见于总则编第145条、第171条两个条文。

4. 未完全生效的合同

这是之前《合同法》所没有规定而由《民法典》首次规定的合同效力类型。

此种合同特指需要经过主管部门审批同意才能生效的合同，也就是《民法典》第502条第2款规定的合同，即："依照法律、行政法规的规定，合同应当办理批准等手续的，依照其规定。未办理批准等手续影响合同生效的，不影响合同中履行报批等义务条款以及相关条款的效力。应当办理申请批准等手续的当事人未履行义务的，对方可以请求其承担违反该义务的责任"。此种合同的特征是已经成立，但是尚未完全生效，完全生效取决于审批机关的审批同意。但是需要注意的是，尚未完全生效不等于没有任何法律上的约束力，合同中有关审批义务、违约责任等的约定已经发生效力，所以如果当事人没有按照约定的报批义务履行报批手续，则构成违约，应当依约承担违约责任。学者将这种未完全生效的合同赞誉为"中国法官对世界民事立法的一个贡献"，[①]笔者完全同意。

5.对特定主体发生效力的合同

此类合同的效力特征体现在：合同对某些主体而言是不发生效力的，而对某些主体而言却是发生效力的。此类合同特指未被追认的无权代理订立的合同。行为人无权代理订立的合同，如果被代理人不予追认，则该合同并非完全无效的合同，只是对被代理人不发生效力，而对行为人与相对人是可以发生效力的，除非合同被善意相对人撤销，这就是《民法典》第171条第1款规定的"行为人没有代理权、超越代理权或者代理权终止后，仍然实施代理行为，未经被代理人追认的，对被代理人不发生效力"，以及该条第3款规定的"行为人实施的行为未被追认的，善意相对人有权请求行为人履行债务或者就其受到的损害请求行为人赔偿。"此处所谓的"善意相对人有权请求行为人履行债务"就是承认合同在行为人与善意相对人之间发生效力，故而相对人有权请求行为人履行该合同约定的债务。

6.相对有效的合同

此类合同是指原则上为有效但特定情形下无效的合同。根据合同编通则的规定，此类合同特指越权行为订立的合同，即《民法典》第504条规定："法人的法定代表人或者非法人组织的负责人超越权限订立的合同，除相对人知道或者应当知道其超越权限外，该代表行为有效，订立的合同对法人或者非法人组织发生效力。"以此规定，法定代表人或者负责人超越职权权限订立的合同，原则上

① 王轶：《〈民法典〉合同编理解与适用的重点问题》，载《法律适用》2020年第19期。

是有效的，约束法人或者非法人组织，但是如果有证据证明相对人明知属于越权行为而仍然订立合同，则属于法定代表人或者负责人与相对人恶意串通订立的合同，为无效合同。

7. 无效合同

即不具有任何约束力、不受法律保护的合同。无效合同包括无行为能力人订立的合同、基于虚假意思表示签订的合同、违反法律法规强制性规定的合同、违背公序良俗的合同、恶意串通损害他人利益的合同等具体类型。需要注意的是，无效合同有可能通过补救措施而转化为有效合同，如土地使用权人以划拨土地与他人进行商业开发合作的合同因为违反法律的强制性规定而为无效合同，但是若事后已经将划拨土地的性质改变为出让土地，则之前签订的土地开发合作协议变成有效合同。具体条文见于《民法典》总则编第144条、第146条、第153条、第154条。

8. 部分无效的合同

即合同中的某一个或者某些条款无效，但是其他条款仍然有效，而非全部合同无效。具体条文见于总则编第156条，即“民事法律行为部分无效，不影响其他部分效力的，其他部分仍然有效。”

9. 附生效条件的合同

此类合同已经成立，但是基于当事人的约定而被附加效力条件，包括生效条件与失效条件（解除条件），其中附生效条件的合同尚未发生法律效力，待约定的条件成就时才能发生效力，约定的生效条件不成就就一直不能发生效力；附失效条件的合同已经发生法律效力，但是一旦约定的条件成就则自动失去效力。所以附条件的合同也构成合同效力体系中的一种特殊类型。具体条文见于《民法典》总则编第158条、第159条、第160条。

之前《合同法》时代，其设置的“合同的效力”一章共有16个条文，几乎对上述各种效力类型的合同都作出了规定。现在《民法典》尽管合同编通则分编也设置了专门“合同的效力”一章，但是由于《民法典》总则编设置了专门的“民事法律行为”一章，而合同作为最主要的法律行为，其很多规则已经在总则编作出了规定，没有必要再在合同编作出重复的规定，所以《民法典》中合同编的“合同的效力”一章仅有7个条文，除了该章对合同效力作出的特别规则之外，有一个合同效力的规则均适用总则编法律行为的规定，这就是《民法典》第508条所规定的："本编对合同的效力没有规定的，适用本法第一编第六章的有关规定。"第一编第六章即总则编"民事法律行为"一章。

基于《民法典》总则编"民事法律行为"一章对于合同效力的适用性，即前述第508条所规定的"本编对合同的效力没有规定的，适用本法第一编第六章的有关规定"之立法安排，而合同编通则仅对合同效力的几项特殊情形作出规定，为了便于本书读者更完整地理解合同的效力体系，本书在本章中分为两个部分进行撰写：前半部分即第一至第九是对合同编通则第三章即"合同的效力"的条文解读，后半部分即第十至第十三则是由第508条引致总则编民事法律行为章即第六章，而基于总则编第六章民事法律行为的效力规则对合同效力一般规则的解读。

二、合同生效的一般要件

《民法典》第502条第1款规定："依法成立的合同，自成立时生效，但是法律另有规定或者当事人另有约定的除外。"这是《民法典》关于合同生效条件的一般规定。

《民法典》第143条规定："具备下列条件的民事法律行为有效：（一）行为人具有相应的民事行为能力；（二）意思表示真实；（三）不违反法律、行政法规的强制性规定，不违背公序良俗。"根据此一规定以及前述第502条第1款的规定，合同生效的一般要件为：

第一，合同当事人具有相应的缔约能力。就自然人而言，应当是年满18周岁的完全民事行为能力的人；就法人或者非法人组织而言，应当是取得了主管部门的批准成立证书或者领取了营业执照，方具备订立合同的主体资格。

第二，意思表示真实。这是意思自治、合同自由原则的必然要求，意思表示不真实便不能产生约束当事人的效力。

第三，内容合法，不违反法律与公序良俗。

第四，合同的形式符合法律的规定。

符合上述条件，合同自成立之时，亦即意思表示达成一致之时，合同即产生法律效力，对双方当事人具有约束力，当事人均须按照合同约定履行自己的义务，行使自己的权利。所以《民法典》第502条第1款规定："依法成立的合同，自成立时生效，但是法律另有规定或者当事人另有约定的除外。”

合同成立即生效，换言之，合同的生效与合同的成立原则上是同时发生的，此即合同成立与生效的一体性原则。除非法律对合同生效的条件另有规定，或者当事人对合同效力附加了生效条件，如果没有这两种情形，合同成立即生效。如果属于此两种情形之一，则合同成立但尚未生效，是否生效取决于将来合同是否满足法律规定或者合同约定的生效条件。

三、批准等手续对合同效力的影响：尚未生效的合同

（一）需要办理批准手续的合同效力之特征

《民法典》第502条第2款规定：”依照法律、行政法规的规定，合同应当办理批准等手续的，依照其规定。未办理批准等手续影响合同生效的，不影响合同中履行报批等义务条款以及相关条款的效力。应当办理申请批准等手续的当事人未履行义务的，对方可以请求其承担违反该义务的责任。”

需要办理审批手续才能生效的合同是我国特有的合同生效制度，但是《民法典》仅有上述一个条文的规定，还存在较多需要通过司法解释予以明确的问题，所以《最高人民法院关于适用〈中华人民共和国民法典〉合同编通则若干问题的解释》第12条专为此设置了一个较长的条文分四款进行规定，是该司法解释中款数最多、字数最多的条文之一，四款的内容分别为：

“合同依法成立后，负有报批义务的当事人不履行报批义务或者履行报批义务不符合合同的约定或者法律、行政法规的规定，对方请求其继续履行报批义务的，人民法院应予支持；对方主张解除合同并请求其承担违反报批义务的赔偿责任的，人民法院应予支持。

“人民法院判决当事人一方履行报批义务后，其仍不履行，对方主张解除合同并参照违反合同的违约责任请求其承担赔偿责任的，人民法院应予支持。

“合同获得批准前，当事人一方起诉请求对方履行合同约定的主要义务，经释明后拒绝变更诉讼请求的，人民法院应当判决驳回其诉讼请求，但是不影响其另行提起诉讼。

“负有报批义务的当事人已经办理申请批准等手续或者已经履行生效判决确

定的报批义务，批准机关决定不予批准，对方请求其承担赔偿责任的，人民法院不予支持。但是，因迟延履行报批义务等可归责于当事人的原因导致合同未获批准，对方请求赔偿因此受到的损失的，人民法院应当依据民法典第一百五十七条的规定处理。”

依该条规定，需要办理批准手续才能生效的合同属于“尚未生效”的合同，结合《民法典》第502条第2款以及该条规定，其效力具有以下特征：

第一，如果法律、行政法规规定某种合同必须经过某一主管部门或者审批机关批准才能生效，则合同在未获得主管部门或者审批机关的批准之前，处于未生效状态，不发生法律上的约束力，但是不属于无效状态，而是属于未生效状态。例如，按照《保险法》的规定，持有保险公司5%以上股权的转让，必须经过主管部门即中国银保监会的批准，在获得批准之前股权转让合同属于未生效状态。

第二，只有法律、行政法规规定必须经过审批或者批准手续的合同，在未办理批准等手续之前其效力处于未生效状态，部门规章、地方法规中的类似规定不能影响合同的生效。

第三，按照法律、行政法规的规定应当办理批准等手续的合同，在没有办理批准等手续的情况下，尽管合同处于未生效状态，但是合同中约定的报批义务或者与报批有关的其他义务条款是已经生效的，发生法律效力，而非全部合同条款均未生效。换言之，有关报批义务的条款是独立生效的。例如，保险公司的股权转让合同约定由转让方向主管部门办理合同报批等手续，转让方迟迟不办理，受让方可以自力请求或者通过诉讼、仲裁的方式请求其承担履行报批义务，法院或者仲裁机构可以在裁决主文中判决转让方向主管部门办理相关的报批手续，受让方也可以直接向法院或仲裁机构请求裁决转让方承担未办理报批义务的违约责任。这就是《最高人民法院关于适用〈中华人民共和国民法典〉合同编通则若干问题的解释》第12条第一款规定的意义：“合同依法成立后，负有报批义务的当事人不履行报批义务或者履行报批义务不符合合同的约定或者法律、行政法规的规定，对方请求其继续履行报批义务的，人民法院应予支持；对方主张解除合同并请求其承担违反报批义务的赔偿责任的，人民法院应予支持。”

第四，如果法院或者仲裁机构判决当事人一方履行报批义务后，当事人仍不履行该等生效的法律文书中的义务，导致合同不能生效，对方主张解除合同并请求其承担赔偿责任的，人民法院应当支持，并且可以参照违反合同的违约责任认定损失赔偿额。也就是说，在因负有履行报批义务的当事人不履行生效法律文书确定的报批义务并导致合同无法生效的，相对方的救济途径有两个：一是行使解除权，解除合同，因为合同实际上已经无法生效，只能解除；二是在行使解除权的同时请求负有报批义务的当事人承担赔偿损失的责任，而此时赔偿损失相当于违约责任中的赔偿损失，而非缔约过错责任中的赔偿损失，换言之，此时赔偿损失是需要赔偿对方的履行利益，而非信赖利益。

第五，法律、行政法规规定合同应当办理批准等手续，负有报批义务的当事人已办理申请批准等手续或者已履行生效判决确定的报批义务，但是批准机关决定不予批准的，则负有报批义务的一方当事人不构成违约，主观上也不存在过错，故不承担赔偿责任。但是这种情况下需要注意的是，如果因迟延履行报批义务等可归责于负有报批义务的当事人的原因而导致合同未获批准，最终不能生效，则负有报批义务一方主观上仍然存在一定程度的过错，相对方有权利请求负有报批义务一方赔偿因此受到的损失的，但是此时的赔偿损失应当依据《民法典》第157条的规定进行处理，此与前述赔偿履行利益是有所不同的。

第六，需要经过批准才能生效的合同在获得批准之前，也就是在尚未生效之前，如果当事人一方即起诉请求对方履行合同约定的主要义务（而非履行报批义务），因为此时合同尚未生效，不具有履行性，由此法院不能支持其诉讼请求。如果原告经法院上述释明后仍然拒绝变更诉讼请求，仍然坚持请求对方履行合同约定的主要义务，则人民法院应当驳回其诉讼请求。但是驳回其诉讼请求不影响其另行提起诉讼，如另行提起损害赔偿之诉。

（二）需要办理批准手续合同效力的学理争议与立法沿革

如前所述，需要办理审批手续才能生效的合同在未办理完毕相应的批准手续、取得主管机关的正式批准文件或者批准证书之前，该合同尚不能发生效力，处于效力待定状态。如果最终取得了正式批准，合同自取得批准文件或者批准证书之时生效；如果最终未能取得批准，则合同确定不发生效力。所以，在理论上而言，需要办理批准程序才能生效的合同也可以归入效力待定的合同之中。

但是，需要办理批准手续的合同在取得批准之前并非毫无任何法律上的约束力，因为这种合同与限制行为能力人订立的合同、无权代理人订立的合同有很大不同，它不涉及行为能力或者授权的问题，当事人的缔约能力、缔约资格都没有障碍，只是依照法律规定需要国家意志的介入，经过审批程序，获得批准后才发生当事人预期的法律效果。然而，批准程序需要一定的期间，能否获得批准存在一定的风险与不可预见性，而办理审批手续本身就需要当事人的行为与配合，通常对于如何去办理审批手续当事人会在合同中予以约定，如由哪一方准备申请材料，哪一方准备何种资料或者具备哪些条件，哪一方负责处理审批程序中的相关事宜等。

对于需要办理批准手续的合同效力在未获批准之前的效力状态到底如何，学界曾经有较大的争议，立法也经过了不断完善的过程。《民法通则》与《合同法》尚未涉及此一问题，故没有关于未经批准的合同效力的相关规定。至《最高人民法院关于适用〈中华人民共和国合同法〉若干问题的解释（一）》，第一次规定依法应当办理批准手续的合同，当事人在一审法庭辩论终结前仍未办理批准手续的，人民法院应当认定合同未生效，这是立法中第一次出现“未生效”的概念。《最高人民法院关于适用〈中华人民共和国合同法〉若干问题的解释（二）》进一步将应当办理批准手续而未办理或者怠于办理的行为视为合同订立过程中“其他违背诚实信用原则”的行为，可以判决应当办理批准手续而未办理或者怠于办理的一方当事人承担缔约过错责任。随后在《最高人民法院关于审理外商投资企业纠纷案件若干问题的规定（一）》中承认了合同中关于办理报批手续条款的独立性，即在获得批准之前，报批手续条款已经发生效力。2019年11月印发的《全国法院民商事审判工作会议纪要》（以下简称《九民纪要》）承继了此一规则。至《民法典》起草时，正式承认了报批义务条款的效力。

随着我国市场经济改革的深入，需要经过政府主管部门批准才能生效的合同的类型越来越少，但是在今后较长时间内存在一定范围与数量的合同仍然需要经过政府主管部门的批准才能生效。实务中，需要经过政府主管部门批准才能生效的合同，主要集中在以下几个领域：（1）金融与商事领域，如商业银行、保险公司的股权转让合同，需要经过中国银保监会的批准。（2）国有资产转让领域，即涉及国有资产转让的合同需要经过相应级别的政府国有资产管理部门的批准。（3）外商投资领域，即中外合资经营企业合同、中外合作经营企业合同等需要经过外商投资主管部门的批准。（4）资源性用益物权、特许物权的转让领域，如探矿权、采矿权等的转让合同。

报批义务如果在合同中明确约定了由哪一方承担，属于约定义务，负有义务一方应当履行该义务。即使合同中没有明确约定，但根据惯例可以推知由哪一方承担，该义务即属于附随义务，同样应当履行。例如，商业银行、保险公司的股权转让合同，向银保监会办理报批义务的应当是转让方而非受让方；又如，中外合资经营企业合同的报批义务属于中方合营者而非外方合营者。

如何理解《民法典》规定的应当办理申请批准等手续的当事人未履行义务的，对方可以请求其承担违反该义务的责任？换言之，违反报批义务如何承担违约责任？对方可以有两种选择：其一，可以请求其履行报批义务。报批义务属于行为义务，并不涉及行为人的人身自由，履行报批义务具有可强制执行性，法院或者仲裁机构可以判决或者裁决违约方办理报批义务，至于能否得到审批机关的批准，是另一个问题。其二，可以请求对方承担损失赔偿责任，此时的损失赔偿责任就性质而言属于违约责任，因为报批义务条款作为独立的条款已经对当事人发生法律效力，具有拘束力，违反了该义务应当承担违约责任。对方也可以请求解除合同，同时也可请求违约方承担违反报批义务的违约责任。

四、无权代理订立合同的事实追认：效力待定的合同

无权代理订立合同在实践中较为常见。无权代理所订立的合同属于效力待定状态，最终效力状态如何主要取决于被代理人是否追认，如果追认，则合同为有效合同；如果拒绝追认，便确定对被代理人不发生效力，对被代理人而言就是无效合同。这就是《民法典》第171条所规定的："行为人没有代理权、超越代理权或者代理权终止后，仍然实施代理行为，未经被代理人追认的，对被代理人不发生效力。相对人可以催告被代理人自收到通知之日起三十日内予以追认。被代理人未作表示的，视为拒绝追认。行为人实施的行为被追认前，善意相对人有撤销的权利。撤销应当以通知的方式作出。行为人实施的行为未被追认的，善意相对人有权请求行为人履行债务或者就其受到的损害请求行为人赔偿。但是，赔偿的范围不得超过被代理人追认时相对人所能获得的利益。相对人知道或者应当知道行为人无权代理的，相对人和行为人按照各自的过错承担责任。"上述条文都是围绕"追认"展开的，确立了无权代理订立合同的基本效力规则。

被代理人如果是以明示的方式进行追认，则法律后果一目了然。但是有时候会出现被代理人到底是否进行了追认难以确定的情形，这种情形主要就是默示追认的情形。所以合同编专此就无权代理中的默示追认问题进行了规定。《民法典》第503条规定："无权代理人以被代理人的名义订立合同，被代理人已经开始履行合同义务或者接受相对人履行的，视为对合同的追认。"在无权代理签订合同的场合，如果被代理人不予追认，则合同不能约束被代理人。追认通常应当以明示的方式进行，一旦追认则对被代理人发生效力。如果被代理人尽管没有以明示的方式进行追认，却以默示的方式进行了某些行为，特别是自己已经开始根据合同的约定履行义务，如向相对人交付货物或者支付款项，或者当相对人履行义务时被代理人不仅没有表示拒绝，而是主动接受其履行，如接受相对人交付的货物或者支付的款项。在此情形下，视为被代理人对合同的追认，合同在被代理人与相对人之间发生效力。

五、职务代理越权与合同效力的关系：以合同无效为原则

（一）职务代理越权所订立合同的一般效力状态

与前述无权代理订立合同的效力相关的一个问题是职务代理越权与合同效力的关系问题，即法人或者非法人组织的工作人员超越职权以法人或者非法人组织的名义订立的合同，是否也属于效力待定的合同抑或为无效合同？是否也存在追认的问题？《民法典》合同编通则对此未予规定，但《最高人民法院关于适用〈中华人民共和国民法典〉合同编通则若干问题的解释》予以了明确。

《最高人民法院关于适用〈中华人民共和国民法典〉合同编通则若干问题的解释》第21条第1款规定："法人、非法人组织的工作人员就超越其职权范围的事项以法人、非法人组织的名义订立合同，相对人主张该合同对法人、非法人组织发生效力并由其承担违约责任的，人民法院不予支持。但是，法人、非法人组织有过错的，人民法院可以参照民法典第一百五十七条的规定判决其承担相应的赔偿责任。前述情形，构成表见代理的，人民法院应当依据民法典第一百七十二条的规定处理。"此即有关职务代理越权所订立合同效力的一般规则，具体包括五层含义：

第一，法人、非法人组织工作人员超越职权订立的合同属于无权代理的范畴，适用无权代理的基本规则。例如，法人或者非法人组织可以追认合同的效力。在这个意义上，该类合同也可以视为效力待定的合同。

第二，法人、非法人组织工作人员超越职权订立的合同，原则上对法人、非法人组织不发生效力，法人、非法人组织不受其约束。换言之，法人或者非法人组织的工作人员在履行职务过程中，超越其职权与职责范围，擅自以法人或者非法人组织的名义与相对人订立的合同，不能对法人或者非法人组织发生效力，相对人不能主张该合同具有约束法人或者非法人组织的效力，也不能请求法人或者非法人组织承担违约责任。对法人或者非法人组织而言，该合同就是无效合同。

第三，法人、非法人组织可以对该合同进行追认，适用《民法典》第171条第1款的追认规则。一旦追认，即对法人、非法人组织发生效力。在这个意义上，此类合同亦属于效力待定的合同。

第四，尽管工作人员越权订立的合同对法人或者非法人组织不具有约束力，但是，如果法人、非法人组织有过错的，如没有尽到对工作人员的监督、提醒义务，对工作人员管理不严，则法院可以参照《民法典》第157条的规定判决其承担相应的赔偿责任，亦即合同无效时基于过错的赔偿责任。

第五，如果工作人员擅自签订合同的行为符合《民法典》第172条的情形，即“行为人没有代理权、超越代理权或者代理权终止后，仍然实施代理行为，相对人有理由相信行为人有代理权的，代理行为有效”，则构成表见代理，相对人有权主张该合同对法人或者非法人组织发生效力。

综上所述，工作人员超越职权或者职责以法人或者非法人组织的名义订立的合同，原则上属于无效合同，不能对法人或者非法人组织发生效力，法人或者非法人组织只是在其存在过错的情况下对相对人承担与其过错相对应的赔偿责任；但是在例外情形下，亦即在工作人员的行为构成表见代理的情形下，该合同对法人或者非法人组织发生效力。

（二）工作人员订立合同属于超越职权的具体情形

《最高人民法院关于适用〈中华人民共和国民法典〉合同编通则若干问题的解释》第21条第2款规定：“合同所涉事项有下列情形之一的，人民法院应当认定法人、非法人组织的工作人员在订立合同时超越其职权范围：（一）依法应当由法人、非法人组织的权力机构或者决策机构决议的事项；（二）依法应当由法人、非法人组织的执行机构决定的事项；（三）依法应当由法定代表人、负责人代表法人、非法人组织实施的事项；（四）不属于通常情形下依其职权可以处理的事项。”

以此规定，工作人员是否超越了其职权范围，可以根据以下主要的事实予以判断：

1.依法应当由法人、非法人组织的权力机构或者决策机构决议的事项。换言之，合同所涉事项根据法律规定只能由法人或者非法人组织的权力机构或者决策机构进行决议后才能进行，而工作人员未经决议签订合同，此种情形明显属于超越了其职权范围。事实上，应当由法人或者非法人组织的权力机构或者决策机构进行决议后才能进行的事项，连法定代表人都不能单独实施，何况是工作人员。

2.依法应当由法人、非法人组织的执行机构决定的事项。例如，有限责任公司的董事会或者执行董事属于公司的执行机构，《公司法》规定了由董事会行使的职权，包括由董事会决定的事项，如果工作人员未经授权实施了本应由董事会决定的事项，以法人或者非法人组织的名义对外签订了合同，就属于超越职权实施的行为，该合同不能产生约束法人或者非法人组织的效力。

3.依法应当由法人的法定代表人或者非法人组织的负责人代表法人或者非法人组织实施的事项。法人的法定代表人或者非法人组织的负责人基于公司章程、合伙协议等自治文件和法律的规定而有权代表法人或者非法人组织实施法律行为，包括签订合同，而工作人员并没有当然代表法人或者非法人组织对外实施法律行为的职权，特别是如果法人或者非法人组织对于法定代表人或者负责人的职权事项与范围有明确的规定时，即只能由法定代表人或者负责人行使该等职权，实施该等事项，若工作人员未经授权擅自为之，便属于超越职权，因此而以法人或者非法人组织的名义签订的合同对法人或者非法人组织没有效力。

4.不属于通常情形下依其职权可以处理的事项。除上述三种典型情形外，工作人员以法人或者非法人组织名义订立的合同是否能够对法人或者非法人组织发生效力，关键仍然要看其订立合同是否属于职权范围之内的事项。如果工作人员签订合同所涉事项并不属于应当由法人或者非法人组织的权力机构或者决策机构决策的事项，不属于执行机构决定的事项，不属于只能由法定代表人或者负责人实施的事项，但是按照通常情形不属于工作人员职权或者职责范围的事项，则仍然属于超越职责的行为，不能对法人或者非法人组织发生效力。例如，公司销售部门的经理代表公司签订的货物采购合同，公司人事部门的职员代表公司签订的借款合同，公司柜台营业员代表公司签订的装修合同等，均不属于通常情形下可以由上述工作人员处理的事项，故不能对法人或者非法人组织发生效力。

（三）内部对工作人员职权限制的效力

《最高人民法院关于适用〈中华人民共和国民法典〉合同编通则若干问题的解释》第21条第3款规定："合同所涉事项未超越依据前款确定的职权范围，但是超越法人、非法人组织对工作人员职权范围的限制，相对人主张该合同对法人、非法人组织发生效力并由其承担违约责任的，人民法院应予支持。但是，法人、非法人组织举证证明相对人知道或者应当知道该限制的除外。"此即关于法人、非法人组织内部对工作人员职权的限制是否对合同效力产生影响以及产生何种影响的规则。

如果工作人员订立合同所涉事项没有超越上述有关应当由法人或者非法人组织的权力机构、决策机构决策或者执行机构决定的范围，或者法定代表人、负责人职权的范围，但是法人、非法人组织对执行其工作任务的人员职权范围有内部规则的限制，而该工作人员超越了该等内部规则的限制，该等限制不能对抗善意的第三人（相对人），合同应当有效，对法人、非法人组织发生效力，除非相对人知道或者应当知道该限制。换言之，如果相对人明知或者应知工作人员超越了内部规则的限制而仍然订立合同，则其为非善意，合同不能约束法人、非法人组织。

（四）法人、非法人组织的内部追偿权

《最高人民法院关于适用〈中华人民共和国民法典〉合同编通则若干问题的解释》第21条第4款规定："法人、非法人组织承担民事责任后，向故意或者有重大过失的工作人员追偿的，人民法院依法予以支持。"以此规定，当法人、非

法人组织的工作人员超越职权订立合同，导致法人、非法人组织对外（对第三人或者相对人）承担了相应的责任，则在内部关系上，法人、非法人组织有权对工作人员进行追偿。但是，此种内部追偿权行使的前提，一是法人或者非法人组织实际上已经对外承担了赔偿责任或者其他具有金钱性质的责任，二是工作人员在主观上存在故意或者重大过失的过错，如果工作人员只是轻过失，则法人、非法人组织不能进行追偿。

六、越权代表订立合同的效力：以合同有效为原则

《民法典》第504条规定："法人的法定代表人或者非法人组织的负责人超越权限订立的合同，除相对人知道或者应当知道其超越权限外，该代表行为有效，订立的合同对法人或者非法人组织发生效力。"法人的法定代表人或者非法人组织的负责人以法人或者非法人组织的名义订立的合同，只要属于法定代表人或者负责人的职权范围之内，其效力应当归属于法人或者非法人组织。但是，如果法定代表人或者负责人超越职权订立合同，按理其效力就不应当归属于法人或者非法人组织，然而这样处理可能会使得善意的相对人蒙受不利的后果，也不利于交易秩序的安全与稳定。所以，民法上确立了越权代表行为有效的原则，即即使法定代表人或者负责人超越职权订立合同，只要相对人是善意的，该合同仍然对法人或者非法人组织发生效力，法人或者非法人组织不得以法定代表人或者负责人越权为由抗辩。唯一例外的是，如果相对人不是善意的，亦即相对人知道或者应当知道法定代表人或者负责人超越权限，却仍然与其订立合同，此种情况下合同不能对法人或者非法人组织发生效力。

所以，法人的法定代表人或者非法人组织的负责人超越权限订立的合同属于相对有效的合同，其效力状态为：原则上为有效合同，唯一例外的是若除相对人知道或者应当知道其超越权限外而仍然与其订立合同，则为无效合同，不能约束法人或者非法人组织。法人或者非法人组织若主张相对人知道或者应当知道其超越权限，则法人或者非法人组织应当就此承担举证责任。

七、超越经营范围订立合同的效力：以合同有效为原则

《民法典》第505条规定："当事人超越经营范围订立的合同的效力，应当依

照本法第一编第六章第三节和本编的有关规定确定，不得仅以超越经营范围确认合同无效。”营利性法人在办理主体资格登记、取得营业执照时，需要登记并公示其经营范围，但是经营范围可以是变化的，只要不属于需要特别批准的营业（如专营专卖、特许经营等），任何具有营业主体资格的法人、非法人组织或者自然人都可以进行。所以，不能仅仅以当事人超越了登记的经营范围为由认定合同无效。概言之，认定合同无效只能依据《民法典》总则编第六章民事法律行为中的第三节“民事法律行为的效力”的规定，以及《民法典》的其他与法律行为效力有关的规定，而不能仅仅依据其是否超越了经营范围。

《民法典》的上述规定的渊源可以追溯到1999年的《最高人民法院关于适用〈中华人民共和国合同法〉若干问题的解释（一）》，该司法解释第10条规定："当事人超越经营范围订立合同，人民法院不因此认定合同无效。但违反国家限制经营、特许经营以及法律、行政法规禁止经营规定的除外。"

八、无权处分订立的合同的效力：合同有效

无处分权人处分他人财产而订立的合同，它的效力到底如何，理论界一直存有争议。这一问题不仅涉及债权法和物权法，而且涉及整个法律行为的基本理论和规则。

处分权是物权法的概念，不是债权法的概念。各种物权中最典型、最核心的是所有权，所有权包含了占有权、使用权、收益权和处分权，即所有权的四项权能，其中核心权能是处分权。占有权、使用权、收益权可以由所有权人自己行使，也可以脱离所有权人，由他人来行使，这称为权能与权利的分离状态。但是唯独处分权只能由所有权人自己行使，或者经所有权人授权而委托他人处分，非所有权人不能处分他人之物。所以处分权是所有权的一个核心、灵魂性的权能。实务中为什么会出现行为人未经权利人同意而处分他人财产的行为？因为很多情形下物会脱离开所有人的实际控制，这种脱离状态可能是基于所有人的意愿，但问题是在他人占有、控制期间，他人有可能不按照约定或者法律规定仅仅行使占有权、使用权或收益权，他可能超越权限，把占有的物卖给第三人。这就不是一个负担行为、债权行为，而会发生一个处分行为。

债权具有平等性与兼容性，因为债权只是一个负担行为，只是赋予权利人以

请求权。负担行为就是设定一个请求权，而不是对物权的直接处分。订立买卖合同的时候，出卖人现实地拥有标的物是一种情形，但是法律既不会要求订立买卖合同的时候出卖人必须现实地占有标的物，也不会要求出卖人证明他享有标的物的所有权与处分权。比如，订立商品房预售合同的时候，出卖人（开发商）可能连房屋的地基都还没有建成，房子还是空中楼阁，只出现在图纸上和售楼处的沙盘中，但是这不影响商品房买卖合同的订立与生效。法律并不要求买卖合同成立的时候，标的物就已经客观存在。如果标的物已经客观存在，也不要求出卖人必须有所有权或者处分权。之前《合同法》第51条规定："无处分权的人处分他人财产，经权利人追认或者无处分权的人订立合同后取得处分权的，该合同有效。"此一规定引发较大的质疑，如果权利人不予追认，是否合同就无效？从反向解释方法而言，经过权利人追认为有效，那么未经过权利人追认就应当是无效。但是这显然不符合前面分析的原理与结论，即订立买卖合同时并不需要出卖人享有对标的物的处分权。

所以，2013年最高人民法院起草《关于审理买卖合同纠纷案件适用法律问题的解释》时，对此问题进行了厘清，该司法解释第3条第1款规定："当事人一方以出卖人在缔约时对标的物没有所有权或者处分权为由主张合同无效的，人民法院不予支持。"《民法典》起草过程中，肯定了司法解释的宗旨，但是不作为合同法通则编的规则，而是在买卖合同一章中的第597条第1款作出如下规定："因出卖人未取得处分权致使标的物所有权不能转移的，买受人可以解除合同并请求出卖人承担违约责任。"以此规定，无处分权人订立的合同并不因其对标的物无处分权而无效，合同的效力无须权利人的追认，但是如果权利人不追认，出卖人就很可能无法履行合同义务，无法向买受人移转标的物并保证其取得标的物的所有权，继而构成违约，买受人不能通过强制实际履行的方法获得救济，而只能寻求解除合同并追究出卖人的违约责任以获得救济。

为了弥补《民法典》未在合同编通则中设置关于无权处分订立的合同效力的一般性规定，《最高人民法院关于适用〈中华人民共和国民法典〉合同编通则若干问题的解释》于第19条作出了漏洞填补规定："以转让或者设定财产权利为目的订立的合同，当事人或者真正权利人仅以让与人在订立合同时对标的物没有所有权或者处分权为由主张合同无效的，人民法院不予支持；因未取得真正权利人事后同意或者让与人事后未取得处分权导致合同不能履行，受让人主张解除合同并请求让与人承担违反合同的赔偿责任的，人民法院依法予以支持。前款规定的合同被认定有效，且让与人已经将财产交付或者移转登记至受让人，真正权利人请求认定财产权利未发生变动或者请求返还财产的，人民法院应予支持。但是，受让人依据民法典第三百一十一条等规定善意取得财产权利的除外。”此一规定的法律效果包括以下三个方面：

其一，无权处分订立的合同并非无效合同，而是有效合同。凡是以转让财产所有权（典型的，如买卖合同，也包括以物易物合同、以物抵债合同等）或者设定其他财产权利（如设定担保物权、用益物权、信托权利等）为目的的合同，通常情形下转让方或者设定方应当属于标的物的所有权人或者处分权人，但是如果不享有所有权或者处分权的其他人在他人的财产之上与第三人订立了买卖合同或者其他设定财产权利的合同，该合同并不因为出卖人或者设定方没有所有权或者处分权而无效，此乃基于债权的平等性与兼容性而应有的结论，也是《民法典》第597条第1款规定的“因出卖人未取得处分权致使标的物所有权不能转移的，买受人可以解除合同并请求出卖人承担违约责任”的立法目的，即买卖合同不因出卖人无处分权而无效，仅是出卖人在不能向买受人移转标的物所有权时应当承担违约责任的后果或是由买受人享有解除权，而出卖人承担违约责任的前提便是合同有效。

其二，无权处分订立的合同是有效的，但是能否得到实际履行是另一回事，如果无处分权人事后取得了处分权，或者原权利人（真正权利人）对无权处分行为进行了追认，则合同能够得到履行，受让人能够取得标的物的所有权或者其他财产权利。但是一旦无处分权人事后未能取得处分权，或者原权利人不予追认，在标的物未实际交付的情况下，无处分权人就无法履行合同，向受让人交付标的物。此种情形属于履行中的法律不能，受让人无法请求让与人强制实际履行，但其可以行使解除权以解除合同，并同时请求无处分权人（让与人）承担违反合同的赔偿责任。

其三，在无权处分订立的合同被认定为有效，并且让与人已经将财产交付给受让人或者移转登记至受让人名下，即物权变动已经完成时，受让人无须请求让与人履行实际交付行为，因为交付或者权属变更登记手续已经完成，但是受让人是否确定地取得了标的物的所有权或者其他财产权利，取决于受让人是否构成善意取得。所以，即使无权处分订立的合同被认定为有效，且交付已经实际完成或者权属变更登记手续已经完成，真正权利人如果请求认定财产权利未发生变动或者请求受让人返还财产的，仍然应当得到法院的支持，因为此种情形下的物权变动并非基于真正权利人的意愿发生的。唯一例外的是，如果受让人符合《民法典》第311条规定的善意取得条件，则其确定地取得标的物的所有权，原权利人不能请求其返还。原权利人遭受的损失只能请求无处分权人承担。

九、免责条款的法定无效事由

《民法典》第506条规定："合同中的下列免责条款无效：（一）造成对方人身损害的；（二）因故意或者重大过失造成对方财产损失的。"所谓免责条款，是指事先在合同中约定将来限制或者免除一方当事人承担合同责任的事由的条款。免责条款如果是经过双方协商一致且订入了合同中，符合合同生效的一般条件，便具有约束力。但是，如果免责条款中含有以下内容，则即便已经明确约定在合同中，也不能发生效力，而是无效条款：其一，一方的行为造成对方人身损害时，行为一方免责；其二，一方因故意或者重大过失的行为造成对方财产损失时，行为一方免责。此两种情形属于法定的不得免责的事项。

免责条款的法定无效事由适用于所有的合同。除此之外，《民法典》合同编也对格式条款中的免责条款进行了特别的规制。关于此，参见本书第二章"合同的订立"之六"格式条款的规制"。

十、争议解决条款的独立性

《民法典》第507条规定："合同不生效、无效、被撤销或者终止的，不影响合同中有关解决争议方法的条款的效力。"此即合同中争议解决条款的独立性规则。争议解决条款是指合同当事人事先就将来出现合同争议时的解决方式、程序以及法律适用等作出的约定。常见的争议解决条款包括：（1）仲裁条款。即约定发生争议时将争议提交到约定的仲裁机构加以解决的条款。当事人一旦约定了仲裁条款，便排除了司法管辖，不能再到法院提起诉讼。（2）选择受诉法院的条款。即当事人约定发生纠纷时到约定的法院进行诉讼，排除了其他法院的管辖。当事人约定选择受诉法院应当符合《民事诉讼法》关于选择管辖的相关规定。（3）法律适用条款。此种情形发生于具有涉外因素的合同之中。《涉外民事关系法律适用法》第3条规定，合同当事人可以以明示的方式选择涉外民事关系适用的法律。

争议解决条款的独立性是指：争议解决条款的效力独立于主合同，在主合同出现无效、被撤销、不生效、被解除等情形下，争议解决条款仍然独立存在且发生效力，当事人仍然可以依据合同中的争议解决条款提起仲裁或者诉讼。当然，如果争议解决条款本身被认定为无效或者被撤销，也不会影响主合同的效力。

十一、可撤销的合同

（一）可撤销合同的概念与特征

可撤销合同，是指因为合同存在意思表示瑕疵或者显失公平而使当事人享有请求法院或者仲裁机构予以撤销权利的合同。

可撤销合同的特征是：

第一，合同已经成立，并且已经生效。可撤销的合同在被撤销之前是确定地已经发生效力的合同，且只有启动撤销才有可能否定其效力。

第二，合同存在某些影响其效力的法定因素，或者说导致效力出现瑕疵的因素。这些因素只能是法律规定的情形，其理论依据是民法的公平原则和合同法的合同自由、意思自治原则，客观结果表现为合同权利义务的严重不对等，或者意思表示不自由、不真实。

第三，合同必须基于一方当事人行使撤销权才可能被撤销，而撤销权的行使只能通过公力救济的途径，即向法院或者仲裁机构提起诉讼或者仲裁，请求法院或者仲裁机构撤销合同。并且，法律对这种撤销权的行使有除斥期间的要求，超过了法定除斥期间，合同就永远不可能再被撤销。

在《合同法》时代，可撤销合同是被称为可变更、可撤销的合同，《民法典》总则编起草的时候取消了可变更的法律行为，只规定了可撤销的法律行为。这样，从合同效力的角度而言，也就只有可撤销的合同，而不再存在可变更、可撤销的合同。需要注意的是，尽管从合同效力体系而言不再存在可变更、可撤销的合同，但是当事人请求变更合同的制度仍然被保留下来，只是放置于合同编的其他规则之中，如在情势变更规则的情况下，当事人可以依据《民法典》第533条规定请求变更合同，或者解除合同。

（二）可撤销合同的类型之一：重大误解

《民法典》有关可撤销法律行为的类型涉及五个条款，即第147条、第148条、第149条、第150条和第151条。

1.重大误解的概念

《民法典》第147条规定："基于重大误解实施的民事法律行为，行为人有权请求人民法院或者仲裁机构予以撤销。"重大误解是可撤销合同的第一种类型。

所谓重大误解，是指一方因自己的过错而对合同的内容等发生误解，订立了合同。误解直接影响到当事人所应享有的权利和承担的义务。误解既可以是单方面的误解（如出卖人误将某一标的物当作另一物），也可以是双方的误解（如买卖双方误将本为复制品的油画当成真品买卖）。误解须符合一定条件才能构成并产生使合同变更或撤销的法律后果。

2.重大误解的构成要件

（1）必须是表意人因为误解作出了意思表示。首先表意人要将其意思表示表达出来，否则无从评价其是否存在误解问题。其次表意人作出的意思表示必须是因为误解所造成的，即表意人的错误认识与其作出意思表示之间具有因果关系。在表意人因误解作出了意思表示之后，另一方当事人知道对方已经发生了误解并利用此种误解订立合同，在此情况下是否构成重大误解？有一种观点认为，重大误解必须是对方当事人出于善意，如果是出于恶意，则属于无效的民事行为。笔者认为，尽管对方当事人出于恶意，但这并不影响重大误解的构成，因为在单方误解的情况下，不论对方是否知道，都可以因重大误解而撤销合同。对当事人具有恶意可以在合同被撤销以后作为确定责任的一种根据，而不应作为重大误解的构成要件。

（2）必须是对合同的内容等发生了重大误解。在法律上，一般的误解并不都能使合同撤销。我国司法实践认为，必须是对合同的主要内容发生误解才构成重大误解，因为在对合同的主要内容发生误解的情况下，才可能影响当事人的权利和义务，并可能使误解一方的订约目的不能达到。若仅仅是对合同的非主要条款发生误解且不影响当事人的权利和义务，就不应作为重大误解。一般而言，行为人因对行为的性质、对方当事人以及标的物的品种、质量、规格和数量等的错误认识，使行为的后果与自己的意思相悖，并造成较大损失的，可以认定为重大误解。

（3）误解是由误解方自己的过失造成的，而不是因为受他人的欺骗或不正当影响造成的。在通常情况下，都是由表意人自己的过失造成的，即由于其不注意、不谨慎、缺乏经验等造成的。如果表意人具有故意或重大过失，如表意人对于对方提交的合同草案根本不看就签字盖章，则行为人无权请求撤销。法律不允许当事人在自己具有故意或重大过失的情况下，借口其实施的行为对自己不利而主张重大误解，进而随时提出撤销合同。

误解完全是由误解一方自己的行为所造成的，在这一点上，它与误传是不同的。在误传的情况下，表意人所作出的意思表示是真实的，只是由于传达人或传达机关的错误造成了误传。而误解完全是由于自己的原因造成的。当然，这是从原因角度进行的比较，就后果而言，因误传而导致合同当事人发生重大误解进而签订合同，也属于重大误解，合同同样是可撤销的。

（4）误解是误解的一方非故意的行为。如果表意人在订约时故意保留其真实的意志，或者明知自己已对合同发生误解而仍与对方订立合同，均表明表意人希望追求其意思表示所产生的效果。在此情况下并不存在意思表示不真实的问题，因此不能按重大误解处理。

在重大误解和欺诈的情况下，都存在表意人认识错误的问题，合同履行的结果通常违背了表意人的真实意志而给表意人造成损失。但是，重大误解和欺诈是存在明显区别的：首先，在重大误解的情况下，误解一方陷入错误认识是由于自己的过失造成的，并非因为对方欺诈或者第三方欺诈的结果。在欺诈的情况下，受欺诈的一方陷入错误认识并不是由于自己的过失造成的，而是由于欺诈行为造成的。例如，误将标签上标明的涤纶西装当作毛涤纶西装购买，这属于误解。但如果销售者故意将涤纶西装写成毛涤纶西装出售，则构成欺诈。值得注意的是，如果一方发生了误解，对方明知其误解而沉默不宣，是否构成欺诈？笔者认为，在这种情况下对方显然违反了诚实信用原则，但毕竟误解的发生并不是沉默不宣的结果，因此不构成欺诈。当然，一方如果有义务向另一方在出售某种商品时告知商品的性能、质量瑕疵等情况却沉默不宣导致对方发生误解，则可以构成欺诈。其次，在重大误解的情况下，误解一方通常受到了较大的损失。误解方遭到较大损失也是重大误解的构成要件，但是在欺诈的情况下，不管欺诈是否给受欺诈方造成较大损失，受欺诈一方都有权基于对方的欺诈而请求撤销合同。

（三）可撤销合同的类型之二：欺诈

《民法典》第148条规定："一方以欺诈手段，使对方在违背真实意思的情况下实施的民事法律行为，受欺诈方有权请求人民法院或者仲裁机构予以撤销。"需要注意的是，《民法典》与之前《合同法》的不同之处，在于后者是将欺诈与胁迫并列进行规定，而前者将欺诈与胁迫进行分别立法。

1. 当事人欺诈

《民法典》将欺诈区分为当事人欺诈与第三人欺诈两种情形。当事人欺诈或者称为对方欺诈，指的是合同的一方当事人以欺诈手段使对方当事人在违背真实意思的情况下订立合同，受欺诈方有权请求法院或者仲裁机构撤销合同。

2. 第三人欺诈

《民法典》第149条规定："第三人实施欺诈行为，使一方在违背真实意思的情况下实施的民事法律行为，对方知道或者应当知道该欺诈行为的，受欺诈方有权请求人民法院或者仲裁机构予以撤销。"与第148条规定的当事人欺诈比较，第三人欺诈的条件更为严格，需要满足两个基本要件才能构成第三人欺诈：第一，欺诈是来自第三人；第二，对方当事人知道或者应当知道他的对方当事人受到了第三人的欺诈。

例如，甲乙两人在磋商订立一份房屋买卖合同，丙作为第三人，他给甲提供了一个虚假信息，丙对甲说："你买这个房子，这个房子买了以后肯定要涨价，因为政府规划两年以后，这个地方会修地铁站，修大型游乐场。"甲相信了，然后与乙订立了合同。出卖人乙没有与甲说这些虚假的信息，所以是第三人丙欺诈了合同当事人甲。甲可以主张撤销合同，但是甲除了需要证明丙对他实施了欺诈行为，故意提供虚假情况以外，还需要证明丙实施的这种欺诈行为，对方当事人乙客观上已经知道或者是应当知道，甲才可以根据《民法典》第149条主张撤销合同。如果丙向甲实施的欺诈，乙确实不知道而且不应当知道，最后甲以第三人欺诈为由要求撤销合同，便不符合该条规定，因为这种情况下第三人的欺诈与乙并没有关系，乙是无辜的，其主观上没有过错，所以不能允许甲撤销。适用第149条的要求是甲能证明乙有过错，乙知道或者应当知道第三人丙对甲实施了欺诈。

（四）可撤销合同类型之三：胁迫

《民法典》第150条规定："一方或者第三人以胁迫手段，使对方在违背真实意思的情况下实施的民事法律行为，受胁迫方有权请求人民法院或者仲裁机构予以撤销。"当初《合同法》仅规定当事人胁迫，《民法典》增加了第三人胁迫，当事人胁迫与第三人胁迫由一个条文加以规范。

对于欺诈，《民法典》区分当事人欺诈与第三人欺诈，用了两个条文分别加以规定。而对于胁迫，《民法典》同样区分为当事人胁迫与第三人胁迫，但是只用了一个条文，原因何在？因为当事人欺诈与第三人欺诈的构成要件不一样，所以需要用两个条文分别规定，而对于当事人胁迫与第三人胁迫，其构成要件未作区分。不作区分的理由在于：胁迫和欺诈都是意思表示的不自由，但是胁迫对当事人合同自由的剥夺比欺诈对当事人合同自由的剥夺更为严重。对于欺诈，也就是对于当事人故意隐瞒真实情况或者故意提供虚假信息，他自己还是可以去做尽职调查，可以查证，而对于胁迫，当事人可能因为受到财产甚至人身方面的现实威胁与危险，可能完全没有办法拒绝签订合同，所以只要证明有胁迫，来自对方的胁迫也罢，来自第三人的胁迫也罢，合同都是可撤销的。来自第三人胁迫的时候，当事人并不需要证明对方当事人知道第三人胁迫的存在，只要证明受到了第三人的胁迫就够了。所以相对于《合同法》，《民法典》增加了第三人欺诈和第三人胁迫，并且对第三人欺诈和第三人胁迫进行了不同的处理，第三人欺诈和第三人胁迫在构成要件的主观要件上有不同，也就是在需不需要对方当事人知道这一点上有不同，第三人胁迫不需要对方当事人知道或者应当知道，而第三人欺诈需要此一条件。

（五）可撤销合同类型之四：乘人之危且显失公平

《民法典》第151条规定："一方利用对方处于危困状态、缺乏判断能力等情形，致使民事法律行为成立时显失公平的，受损害方有权请求人民法院或者仲裁机构予以撤销。"这是《民法典》规定的可撤销法律行为的第四种情形，此一规定与之前《合同法》的规定有很大不同，它整合了之前《合同法》有关显失公平、乘人之危的规则，并且将其与欺诈、胁迫进行区分。

首先是对乘人之危与欺诈、胁迫的区分。《合同法》第54条第1款规定的是重大误解、显失公平，然后第2款规定的是合同一方当事人以欺诈、胁迫、乘人之危，在对方违背真实意思的情况下订立的合同，欺诈、胁迫、乘人之危这三者是并列的。但是在《民法典》编纂的时候，立法者认为欺诈、胁迫和乘人之危应当有所区别，不能完全并列。欺诈和胁迫大体上相同，尽管也有区别，但是乘人之危的危害程度要更小一些，它对当事人意思自由的限制也更小一些，所以不能同等对待。

其次是对显失公平规则的修正。之前《民法通则》与《合同法》都将显失公平作为法定的可变更、可撤销事由，从结果上、客观上对当事人予以救济，但是在市场经济条件之下，缔结的合同如果排除了欺诈与胁迫，完全是出于意思表示自由而缔结的合同，只是客观的结果上可能不公平、不对等，是否影响合同的效力？是否应当允许当事人反悔？从合同实质正义来说，对于严重的权利义务不对等，确实要提供一种救济途径，但是这种救济途径要有更严格的条件。《民法典》的成功之处在于把客观上的显失公平和主观上的乘人之危结合起来，并且增加了当事人处于危困状态的情形，形成了一个主客观结合的法律行为可撤销事由。《民法典》第151条的表述是“一方利用对方处于危困状态、缺乏判断能力”，此处的“处于危困状态”就是原来《合同法》和《民法通则》所表述的乘人之危。“处于危困状态”一般是指情势所迫，如家里人得了重病，需要花很多的钱去治疗，家里没有钱，只有一个闲着的房子，本来是准备留着自己以后用或者出租的，现在没有办法，只能把房子卖出去换钱给家人治病。这种情况之下，如果买受人知道出卖人这个危困状态，他就不合理地压价，把市值80万元的房子压价至50万元，表面上他没强迫出卖人，也没有欺诈出卖人，你愿意卖就卖，反正他只愿意出价50万元。实际上，买受人就是利用了出卖人处于危困状态的不利之处。当然，这种情形肯定是明知对方处于危困之际，如果不知道，就不能认定为利用对方“处于危困状态”。某种程度上，此种所谓的利用对方处于危困状态与胁迫很类似，不同的是利用对方处于危困状态的一方并没有提出真正的胁迫，真正的胁迫是主动的、积极的威胁、恐吓对方，如跟对方说“你不和我签这个合同，我就把你房子烧了，或者把你的隐私发到网上去”，等等。乘人之危的人不会这样做，他就问你卖不卖，要卖就50万元，不卖就算了，而没有威胁说“不卖就把你的隐私发到网上去”。他其实就是利用了对方处于危困之际，意欲占些便宜，所以相对来说，比胁迫的程度轻一些。

《民法典》还增加了“缺乏判断能力”的情形。“缺乏判断能力”不一定是处于危困之际，它们是两个不同的情形。危困之际强调的是客观状况，缺乏判断能力指向的是主观状况，即行为人对于这个法律行为合适还是不合适，划算还是不划算，符不符合基本的交易规则与交易惯例等，不能做出正确或者明智的判断，往往是由于缺乏经验或者判断能力而致。在民事行为当中，这种情况是比较多见的，但是在商事行为中，当事人都是营利性的商人，都是以营利为目的，都熟知交易惯例，都是理性的“逐利者”，所以严格而言，在商事交易当中，原则上不适用《民法典》第151条规定的“缺乏判断能力”之规则。

《民法典》第151条增加了“缺乏判断能力”这一情形，然后在第一句话中还有一个兜底的“等”字，即“一方利用对方处于危困状态、缺乏判断能力等情形”。这意味着，除了客观的危困状态或者主观的“缺乏判断能力”，“判断能力”主要是指交易经验、判断能力等，还包括其他的情况，如与自然人的行为能力有关的问题，18周岁以上的成年人，除了医学鉴定的精神病患者以外，域外法上还规定了一种称为精神耗弱者的情形，即对大部分人而言，随着年龄的增长，思维能力、记忆能力、逻辑推理能力等都是在自然衰退，所以人到了七八十岁以后，心智处于不健康的状态，但是又没有严重到宣告为无行为能力人或者限制行为能力人的程度，这就是所谓的精神耗弱。精神耗弱的老人或者病人，他的反应能力、判断能力肯定与一般的人有差别，如果能够证明这一点，则可以适用该条规定，主张撤销合同，当然还需要结合是否显失公平这一因素。

为了在司法实践中更好地理解《民法典》第151条规定的“缺乏判断能力”的内涵，《最高人民法院关于适用〈中华人民共和国民法典〉合同编通则若干问题的解释》第11条规定：“当事人一方是自然人，根据该当事人的年龄、智力、知识、经验并结合交易的复杂程度，能够认定其对合同的性质、合同订立的法律后果或者交易中存在的特定风险缺乏应有的认知能力的，人民法院可以认定该情形构成民法典第一百五十一条规定的‘缺乏判断能力’。”以此规定，判断订立合同的自然人是否“缺乏判断能力”，需要从主体和客体两方面进行考量：主体方面，需要考察该自然人年龄（例如，通常情形下16岁与26岁之间的差别，80岁之前与80岁之后的差别）、智力（例如，是否曾经患过精神方面的疾病、日常生活中表现出来的智商水平）、知识（例如，所受教育的程度、学历与专业情况）、经验（例如，生活经验是否丰富、阅历是否多样）等多种因素。客体方面，需要考察自然人所订立的合同的性质（例如，是一次性交易还是继续性交易、是动产交易还是不动产交易、是纯粹的财产性交易还是含有人身性质或人格信赖的交易等）、合同订立的法律后果（例如，权利取得的对价与途径、义务承担的方式与大小、责任的类型与大小等）、对交易中存在的特定风险缺乏的认知能力（例如，银行理财产品的买卖中购买人对特定的金融产品风险的认知能力、对赌协议中投资人或者融资人对业绩对赌中的公司利润分配性质的理解等）。概言之，需要结合上述主体（合同当事人）与客体（合同本身的性质及其权利义务内容以及特定的风险）两方面的因素，判断订立合同的自然人是具有还是缺乏相应的判断能力，进而作为能否支持其撤销合同的请求。

简言之，《民法典》将显失公平与乘人之危以及缺乏判断能力结合起来，形成一个可撤销的事由，避免了之前的立法将单独的乘人之危或者单独的显失公平作为合同可撤销的事由而可能对交易秩序造成破坏的不利后果。在《合同法》时代，只要证明单独的显失公平，就可以请求撤销合同，现在既要证明行为人处于危困状态或者缺乏判断能力，同时要证明客观上交易结果是显失公平的，才有可能撤销合同。

（六）撤销权的行使与消灭

1.撤销权的性质

通说认为撤销权属于形成诉权，而非请求权。当事人行使撤销权需要以诉讼或者仲裁的方式进行，不能通过向对方当事人发出撤销的通知而达到撤销合同的法律效果。

2.享有撤销权的主体

（1）基于重大误解成立的合同，享有撤销权的主体为“行为人”，即合同的任何一方当事人均可主张撤销权，《民法典》第147条的表述为“行为人有权请求人民法院或者仲裁机构予以撤销”。

（2）基于当事人欺诈或者第三人欺诈成立的合同，享有撤销权的主体是“受欺诈方”，实施欺诈行为的当事人与第三人不享有撤销权。《民法典》第148条、第149条的表述为“受欺诈方有权请求人民法院或者仲裁机构予以撤销”。

（3）基于胁迫而成立的合同，享有撤销权的主体为“受胁迫方”。《民法典》第150条的表述为“受胁迫方有权请求人民法院或者仲裁机构予以撤销”。

（4）基于一方处于危困状态或者缺乏判断能力且显失公平而成立的合同，享有撤销权的主体为“受损害方”。《民法典》第151条的表述为“一方利用对方处于危困状态、缺乏判断能力等情形，致使民事法律行为成立时显失公平的，受损害方有权请求人民法院或者仲裁机构予以撤销”。

3. 不同事由撤销权的除斥期间

《民法典》第152条区分了引起撤销的事由，对撤销权的除斥期间进行了类型化的处理。

（1）一般撤销权的除斥期间为一年，但是重大误解的撤销权除斥期间为三个月，自当事人知道或者应当知道撤销事由之日起计算。对重大误解产生的撤销权规定了一个较短的除斥期间，只有三个月，因为它只是一个重大误解，而且大部分重大误解中发生误解的人自己存在某种程度的过失，这种情况下不能让对方当事人长期处于一种法律关系的不确定状态，所以行为人必须尽快去行使这个权利。重大误解之外的可撤销事由，包括欺诈、胁迫、乘人之危且显失公平的撤销事由，除斥期间均为一年。

（2）当事人受胁迫的，除斥期间自胁迫行为终止之日起计算，而非自受胁迫方知道或者应当知道胁迫事由时起算。有时候胁迫可能会持续一段时间，所以应当从胁迫行为终止之日起算，而不是受胁迫方知道胁迫事由之日，也不是合同签订之日或者合同履行之日。

由于撤销权属于形成诉权，所以上述除斥期间属于不变期间，不适用中止、中断、延长的规则，不发生中止、中断、延长的情形。

（3）最长除斥期间。《民法典》第152条第2款规定：“当事人自民事法律行为发生之日起五年内没有行使撤销权的，撤销权消灭。”这就是除斥期间的最长时限，其起算时间点与一般除斥期间不同，一般除斥期间是自当事人知道或者应当知道撤销事由之日起计算，而最长除斥期间是从法律行为发生之日起计算，即合同成立之日起计算。

4.撤销权的消灭

《民法典》第152条第1款规定："有下列情形之一的，撤销权消灭：（一）当事人自知道或者应当知道撤销事由之日起一年内、重大误解的当事人自知道或者应当知道撤销事由之日起九十日内没有行使撤销权；（二）当事人受胁迫，自胁迫行为终止之日起一年内没有行使撤销权；（三）当事人知道撤销事由后明确表示或者以自己的行为表明放弃撤销权。"第2款规定："当事人自民事法律行为发生之日起五年内没有行使撤销权的，撤销权消灭。"以此规定，导致撤销权消灭的法定事由分别为以下三种情形：

（1）因一般除斥期间届满而消灭

即因欺诈、胁迫、利用对方处于危困状态或者缺乏判断能力且客观上显失公平的可撤销情形，撤销权因超过一年的法定除斥期间而归于消灭。其中，因重大误解而产生的撤销权的除斥期间为三个月。

（2）因最长除斥期间届满而消灭

即自合同成立之日起已经超过五年，则不论当事人何时才知道或者应当知道撤销事由，撤销权均绝对消灭。

（3）因权利人放弃撤销权而消灭

权利人知道撤销事由后，明确表示放弃撤销权，即表明自己不行使撤销权，或者以自己的行为表明放弃撤销权，自权利人明确表示放弃或者自权利人放弃撤销权的行为发生时，撤销权归于消灭。

如果享有撤销权一方主张行使撤销权，对方抗辩称权利人已经放弃撤销权，此时对方当事人需要承担举证责任，证明权利人曾经表示过放弃行使撤销权，或者权利人的某种行为表明其已经放弃行使撤销权。

（七）撤销权行使的法律后果

合同被撤销、被解除、被认定为无效均会产生相应的法律后果。合同被解除的后果与被撤销、被认定为无效的后果差别比较大，而被撤销和被认定为无效的后果非常接近。在《合同法》中，基本上是将合同被撤销与被认定为无效并列起来加以规定，《民法典》承继了此一体例，其于第155条规定："无效的或者被撤销的民事法律行为自始没有法律约束力”，于第157条规定：“民事法律行为无效、被撤销或者确定不发生效力后，行为人因该行为取得的财产，应当予以返还；不能返还或者没有必要返还的，应当折价补偿。有过错的一方应当赔偿对方由此所受到的损失；各方都有过错的，应当各自承担相应的责任。法律另有规定的，依照其规定。”以此规定，合同被撤销的法律后果主要体现在以下几个方面：

1. 合同自始不具有法律约束力

被撤销的合同自始没有法律约束力，这意味着合同被撤销以后，具有溯及既往的效力，自合同成立之日起就是不具有法律效力的，而不是从法院或者仲裁机构判决撤销合同之时起失去效力。合同被撤销后，任何一方不得继续按照合同的约定行使权利或者请求对方继续履行义务。

2. 返还财产

合同被撤销后，当事人因之前履行该合同而从对方或者第三人处取得的财产，应当返还给对方或者第三人，这称为返还财产或者返还原物。所以，所谓返还财产，是指一方当事人在合同被确认无效或被撤销以后，对其已交付给对方的财产享有返还请求权，而已经接受对方交付的财产则负有返还对方的义务。返还原物是原则，只要原物尚在，就应当返还原物，不得拒绝。例外的情况是，当事人如果能够证明没有必要返还，或者返还对双方都没有实益，或者返还费用过高，不符合经济原则，则可以不采用返还原物的方式。当然，如果原物已经不在，如已经被消费掉或者消耗掉，此时事实上不可能返还，故而不能采用返还原物的方式。不能返还或者没有必要返还的，应当折价补偿。返还财产的方式应注意到以下几点：

第一，从返还财产的目的来看，返还财产旨在使财产关系恢复到合同订立前的状态，而不是使当事人处于合同被履行后的状态。通过返还财产应使当事人恢复其对原物的占有，其从对方那里所获得的财产利益也应返还给对方，从而使当事人在财产利益方面完全达到合同成立前的状态。因此，理论上而言，合同成立前的状态与当事人现有的财产状况之间的差距，就是当事人所应返还的范围。

第二，返还财产的对象仅限于原物及因原物所产生的孳息。如果当事人接受的财产是实物或货币时，原则上应返还实物或货币，不能以货币代替实物或以实物代替货币。如果当事人接受的财产是实物以外的利益，则应以当时国家规定的价格或市场价格折合成钱款予以返还。如果已经不能返还，则不能采用返还的方法。不能返还包括事实上不能返还和法律上不能返还两种情况，事实上不能返还主要是指标的物已经变形、毁损等发生质的变化，如木材已经制成家具，建筑材料已经建成大楼；法律上不能返还主要是指财产已经转让给善意第三人，善意第三人已取得该财产的所有权。当出现不能返还的情况时，接受履行的一方应负损害赔偿的责任。如果第三人取得财产时出于恶意，则所有人有权请求返还财产。

如果返还财产虽有可能但在经济上极不合理（例如，机器已经被安装，如果返还则需要大规模拆卸并因此将遭受极大的损失），则当事人不应该请求返还财产而应当要求折价补偿。

第三，一方行使返还财产的请求权原则上不应当考虑对方是否具有过错的问题。这就是说，另一方如果接受了一方交付的财产，只要该财产仍然存在或能够返还，便应当负有返还责任而不管其在主观上是否具有过错。当然，如果其主观上具有过错并给对方造成损失，则应当负损害赔偿责任。

3.赔偿损失

合同被撤销以后，可能产生损害赔偿的责任。损害赔偿的构成要件是：

第一，损害事实的存在。所谓损害事实的存在，是指当事人确因合同被撤销而遭受了损害。损害必须是实际发生的且可以确定的，而不是当事人主观臆测的和设想的。当事人一方要主张损害赔偿，必须证明损害的实际存在。因合同被撤销所造成的损失包括两个方面：一是在合同订立过程中，因一方恶意谈判、欺诈、泄露商业秘密等给另一方所造成的损失；二是在合同履行过程中非过错的一方因对方的过错（如欺诈、胁迫等）所受的损失。

第二，赔偿义务人具有过错。过错的表现形式有多种，如违反了法律规定，采取了欺诈和胁迫手段，不正当地利用了对方的危困境地或者缺乏判断能力等。如果是单方过错，则由过错的一方向非过错的一方承担因其过错而给对方造成的损失。如果是双方过错，则应适用双方过错原则，即根据双方的过错程度来确定其相应的赔偿责任。例如，一方是故意的而另一方仅为过失，则故意一方的责任应大于过失一方的责任。如果过错相当，可以由双方各自承担自己的责任。通常而言，在合同被撤销的场合，往往都是以单方过错为主，如实施欺诈、胁迫一方为有过错方，被欺诈、被胁迫方肯定是没有过错的。当然，也存在双方都有过错的情形，如在重大误解引起的合同被撤销中，既可能是单方过错，也可能是双方均有过错。

第三，过错与损失之间的因果关系。所谓因果关系是指一方或双方的过错与另一方或双方遭受的损失之间的前因后果联系。如果不存在因果关系，则即使一方具有过错，也不能赔偿另一方的损失。在合同被撤销以后，当事人的合同关系已不复存在，那么非过错方提出赔偿请求权的根据是什么？一般认为，请求权的根据在于其因对方的过错而遭受了信赖利益的损失，也就是说，他因信赖合同将有效且能够得到履行而支付了各种订约和履行费用，而因合同被撤销使这些费用未能得到补偿，因此有权要求过错方予以赔偿，而过错方赔偿的范围主要限于因信赖合同将有效且能够得到履行而支付的各种订约和履行费用，而不应当包括合同在有效的情况下获得的履行利益的损失。

（八）已办理备案、审批手续及物权变动登记对可撤销合同的影响

有的情况下，可能会发生如下争议或者纠纷：合同已经按照有关规定办理了备案手续，甚至办理了审批手续，获得了批准，而此时一方当事人对合同提起了撤销之诉。还有这样的情况：当事人已经依据合同约定和法律规定，对合同项下的标的物移转了占有，并且已经办理物权（或者股权，或者知识产权等）的权利变更登记手续或者移转登记手续，合同已经履行完毕或者主要义务已经履行完毕，而此时一方当事人对合同提起了撤销之诉，对方即以合同已经办理了相关备案手续或者审批手续，或者已经办理了标的物权利的变更登记手续或者移转手续为由进行抗辩，据此主张合同不能被撤销。

通常情况下，出现上述三种情形时，再撤销合同似乎存在逻辑上的障碍，或者撤销合同以后实现恢复原状的成本太高，所以对方以此三条理由进行抗辩不无道理。但是，如果合同确实具备了《民法典》所规定的可撤销事由，符合了撤销的条件，撤销权人也正在行使撤销权，则仍然应当按照《民法典》的相关规定，支持其撤销权。《最高人民法院关于适用〈中华人民共和国民法典〉合同编通则若干问题的解释》于第13条对此作出了明确的解释："合同存在无效或者可撤销的情形，当事人以该合同已在有关行政管理部门办理备案、已经批准机关批准或者已依据该合同办理财产权利的变更登记、移转登记等为由主张合同有效的，人

民法院不予支持。”所以，即使确实存在合同已在有关行政管理部门办理备案、已经批准机关批准或者已依据该合同办理财产权利的变更登记、移转登记等，也不能剥夺撤销权人的撤销权。

十二、效力待定的合同与确定不发生效力的合同

（一）效力待定合同的概念与特征

效力待定的合同是指合同已经成立但是其效力尚处于不确定或者悬而未决状态的合同。这种效力状态的合同只是从形式意义上成立了合同，即当事人意思表示达成了一致，但是还没有确定发生效力，它将来可能会发生效力，形成一个确定有效的合同，也可能确定不发生效力。确定的不发生效力的合同不是无效合同，而只是确定不发生效力。

此处有必要对于“确定不发生效力”的合同作一解释。这是《民法典》新增加的一种法律行为效力状态的类型，即第157条表述的“民事法律行为无效、被撤销或者确定不发生效力”。增加此种法律行为效力状态的类型的意义在于：原来《民法通则》《合同法》对于法律行为包括合同的效力状态，分为四类：（1）有效；（2）可变更、可撤销；（3）效力待定；（4）无效。效力待定是指效力处于不确定状态，可能最终变成有效，如无权代理签订的合同经被代理人追认便从效力待定最终变成确定有效的合同，但是如果最终没有变成有效，是不是就是无效呢？有效的对应概念就是无效。但是，所谓无效，往往是由于法律行为存在可责难的因素，甚至违反法律或者公序良俗的因素，无效是一种否定性评价，是公权力机关对当事人意志、当事人行为的一种否定性评价。例如，《民法典》所规定的无效的情形，包括恶意串通损害他人利益的法律行为，违反法律、行政法规的强制性规定的法律行为，违背公序良俗的法律行为，通谋虚伪意思表示的法律行为，这些法律行为都具有可责难性、违法性，而确定不发生效力的法律行为只是不能发生法律效力，并不存在可责难性，更不存在违法性。所以，效力待定的合同如果最终没有得到追认，就属于确定不发生效力的合同，而不是无效合同。与此相同的是需要经过批准才能生效的合同在审批机关作出不予批准的决定后，也属于确定不发生效力的合同，而非无效合同。

（二）效力待定合同的类型

结合《民法典》总则编民事法律行为一章的规定和合同编的相关规定，效力待定的合同的类型包括以下两种。

1. 限制行为能力人订立的合同

理解限制行为能力人订立合同的效力需要注意以下几个方面：

《民法典》第19条规定："八周岁以上的未成年人为限制民事行为能力人，实施民事法律行为由其法定代理人代理或者经其法定代理人同意、追认；但是，可以独立实施纯获利益的民事法律行为或者与其年龄、智力相适应的民事法律行为。"以此规定，第一，事先经过了法定代理人的同意，限制行为能力人是可以从事法律行为的，包括订立合同。如果事前得到了同意，便不再是效力待定的合同，而是确定有效的合同。第二，只有事先未征得法定代理人的同意，才需要法定的代理人的追认，经过追认后才具有法律效力，未尽追认不能发生效力，故而成为效力待定的合同。第三，纯获利益的以及与他的年龄、智力相适应的合同，则不需要法定代理人的同意，限制行为能力人可以自己独立签订，只有那些既不是纯获利益，又超过了他的年龄段和智力状况且事先没有得到法定代理人同意而签订的合同，才是效力待定的合同，将来可能变为有效（如果法定代理人予以追认），也可能变为确定的不发生效力（如果法定代理人拒绝或者善意相对人撤销）。

2. 无权代理订立的合同

无权代理的规则规定于《民法典》总则编第七章第171条，合同编通则分编仅在第503条对默示追认进行了规定。理解无权代理订立合同的效力需要注意以下几个方面：

第一，代理制度在《民法典》中的地位。在《民法典》总则编中，代理制度是独立的一章，这是非常重要的一个变化。因为在《民法通则》的时代，代理只是民事法律行为这一章当中的一节，而《民法典》将代理作为与民事法律行为并列的单独的一章予以规定。《民法典》提升了代理制度的重要性，同时因为有了单独的一章，所有有关代理的规则几乎全部纳入了代理这一章，只在合同编中有个别的规定（例如第503条）。

第二，无权代理订立合同的效力状态。《民法典》第171条规定："行为人没有代理权、超越代理权或者代理权终止后，仍然实施代理行为，未经被代理人追认的，对被代理人不发生效力。相对人可以催告被代理人自收到通知之日起三十日内予以追认。被代理人未作表示的，视为拒绝追认。行为人实施的行为被追认前，善意相对人有撤销的权利。撤销应当以通知的方式作出。行为人实施的行为未被追认的，善意相对人有权请求行为人履行债务或者就其受到的损害请求行为人赔偿。但是，赔偿的范围不得超过被代理人追认时相对人所能获得的利益。相对人知道或者应当知道行为人无权代理的，相对人和行为人按照各自的过错承担责任。"该条一共有四款，属于《民法典》中字数最多的几个条文之一。依该条规定，无权代理订立的合同效力状态需要区分为以下几种情形：

（1）本人的追认权。根据该条规定，无权代理订立的合同只有经过本人（被代理人）追认才能对本人发生效力。所谓追认，是指本人对无权代理行为在事后予以承认的一种单方意思表示。承认的意思表示应当以明示方式向相对人作出，如果仅向无权代理人作出这种表示，则必须使相对人知晓才能产生承认的效果。一旦作出承认，在性质上视为补授代理权，从而使无权代理具有与有权代理一样的法律效果。换言之，追认具有溯及既往的效力，一旦追认，因无权代理所订立的合同从成立之时开始即产生法律效力。

在法律上，本人是否作出追认，是本人所享有的权利，学者常常称其为"承认权"或者"追认权"，它在性质上属于形成权之一种。追认既然是本人所享有的一种权利，那么本人有权作出追认，也有权拒绝追认。如果本人明确表示拒绝追认，则无权代理行为确定地对被代理人不发生效力，即因无权代理所订立的合同不能对本人产生法律效力。

依据《民法典》第503条规定，无权代理人以被代理人的名义订立合同，如果被代理人未向相对人发出书面的明确的追认的通知，但是被代理人不仅知晓行为人以其名义与相对人订立合同的事实，而且接受此一事实，并且已经开始履行合同义务或者接受相对人履行的，视为对合同的追认。此乃意思表示的默示形式，通过被代理人的行为推定其已经作出了追认的意思表示并且产生追认的法律效果。

（2）相对人的催告权与撤销权。对因无权代理而订立的合同，相对人享有催告权。所谓催告，是指相对人催促本人在合理的一定期限内明确答复是否追认无权代理行为。根据该条规定，相对人可以催告被代理人自收到通知之日起三十日内予以追认。被代理人未作表示的，视为拒绝追认。可见，相对人有权向本人进行催告，请求本人在三十日内作出追认与否的决定。催告的意思必须向本人或其法定代理人作出。如果本人在三十日内没有作出答复，则应视为拒绝追认。

因无权代理而订立的合同在本人没有作出追认之前，其效力处于待定状态。法律为保护相对人的利益，除规定相对人享有催告权外，还应允许其享有撤销权。所谓撤销权，是指相对人在本人未作出追认的意思表示之前，可撤销其对无权代理人作出的意思表示。撤销应当以通知的方式作出。

（3）对善意相对人的救济。如果无权代理订立的合同最终未被本人追认，或者善意相对人行使了撤销权，合同对被代理人确定不发生效力，此时如何对善意相对人进行救济，是很重要的制度设计。之前《合同法》仅仅规定了善意相对人可以请求行为人进行损失赔偿的义务，但对于未被追认的合同效力到底如何，除了确定地对被代理人不发生效力之外，对行为人（无权代理人）与善意相对人到底是否具有效力，相对人能否请求无权代理人履行合同义务，并无任何规定。《民法典》对此进行了完善，明确规定：善意相对人在此情况下享有选择权，既可以选择请求行为人（无权代理人）履行债务，也可以选择就其受到的损害请求行为人赔偿，但是赔偿的范围不得超过被代理人追认时相对人所能获得的利益。所以，在无权代理的情形下，若合同未被本人追认，其效力状态只是对本人不发生效力，而非整个合同不发生效力，事实上未被追认的合同对行为人和相对人是仍然具有法律效力的，只是法律赋予善意相对人以选择权，他可以选择请求行为人替代相对人的地位履行合同义务，此时合同的效力完全得以维持，仅仅是主体发生了变化，由本人与相对人之间的合同变成了行为人与相对人之间的合同；他也可以选择不依据合同的约定请求行为人履行合同，而是请求行为人赔偿其损失，此时的责任性质更接近于缔约过错责任或者侵权责任，而非违约责任。

如果相对人知道或者应当知道行为人是无权代理，而仍然与之进行法律行为，签订合同，事后又未获得本人的追认，此时如果相对人请求行为人履行合同义务，则行为人可以抗辩。如果相对人请求行为人赔偿损失，则应当依据双方的主观过错程度而承担各自的过错责任。

第三，表见代理与对善意相对人的保护。《民法典》第172条规定：“行为人没有代理权、超越代理权或者代理权终止后，仍然实施代理行为，相对人有理由相信行为人有代理权的，代理行为有效。”此即表见代理制度。表见代理基本上都是发生在合同领域，实务中有关表见代理的纠纷几乎完全集中于合同领域。

所谓表见代理，是指无权代理人的代理行为客观上有使相对人相信其有代理权的情况，且相对人主观上为善意且无过失，因而可以向被代理人主张代理的效力。表见代理的构成要件如下：（1）无权代理人并没有获得本人的授权。在表见代理的情况下，行为人未经授权而以本人的名义实施民事行为。正是从这个意义上说，表见代理亦属于广义的无权代理的范围。（2）相对人主观上须为善意、无过失。所谓主观上是善意的，是指相对人不知道或不应当知道无权代理人实际上没有代理权，相反，从外部现象（如行为人持有被代理人的公章、授权书、介绍信等）上可以使其有理由相信行为人具有代理权。所谓无过失，是指相对人的这种不知道并不是因疏忽大意或懈怠造成的。如果相对人明知行为人无代理权，或者应当知道行为人无代理权，却因过失而不知，则他对无权代理行为亦负有责任，因此在法律上没有必要对其进行保护。（3）无权代理人与相对人所订立的合同，本身并不具有无效和应被撤销的内容。如果具有上述因素，显然该合同应按无效和可撤销的规定处理。

十三、附条件的合同

（一）附条件合同的概念

《民法典》第158条规定：“民事法律行为可以附条件，但是根据其性质不得附条件的除外。附生效条件的民事法律行为，自条件成就时生效。附解除条件的民事法律行为，自条件成就时失效。”所谓附条件的合同，是指当事人在合同中特别规定一定的条件，以条件的是否成就来决定合同的效力的发生或消灭的根据。例如，甲乙双方约定，待甲将某项产品试验成功以后，乙即向甲赠送一套设备。在这里，产品试验成功是一个条件，在该条件成就时，赠送设备的合同即发生效力。合同中附条件的主要作用在于，可以把当事人的动机反映到合同中，使其具有法律上的意义，如上例中，产品试验成功便是乙向甲赠送设备的动机。而一般的合同只反映当事人的订约目的（例如赠送设备），而并不会反映当事人的动机（为什么要赠送设备），而附条件的合同则能够将当事人的动机表现在合同中，从而能充分尊重当事人的意志，满足当事人的各种不同需要。

（二）所附条件的特征

在附条件的合同中，条件具有限制合同效力的作用，但合同中所附的条件，必须具备以下要求或者应当具备以下特征：

第一，条件必须是将来发生的事实。过去的、已经发生的事实不能作为条件，否则是毫无意义的，将过去的事实作为条件，等于没有附条件。

第二，条件是不确定的事实。换言之，条件在将来是否发生，当事人是不能确定的。如果在合同成立时，当事人已经确定作为条件的事实必然发生，则实际上当事人只需要在合同中附期限，而不必在合同中附条件。如果作为合同所附的条件是根本不可能发生的（例如，甲向乙表示“如果地球停止转动，则借钱给你”），则视为当事人根本不希望订立合同。如果当事人将不可能发生的事实作为合同生效的条件，视为未附条件。

第三，条件是由当事人约定的而不是法定的。作为条件的事实是当事人意思表示一致的结果，而不是法律规定的条件（如法律规定，继承的发生以被继承人的死亡为条件），如果合同中将法律本来就规定的合同生效的条件作为合同约定的条件加以约定，则视为未附条件。

第四，条件必须合法。以违反法律或违背公序良俗的事实作为合同的条件，称为不法条件。在合同附有不法条件的情况下，有学者认为该合同应当然无效，也有学者认为该条件无效，但合同仍然有效。笔者认为，对此应当考虑宣告不法条件无效后，合同是否已经在内容上合法且可以独立存在。如果所附条件被宣告为不法条件，则不能产生相应法律效力，但是合同的其他内容并不存在无效的情形，则不能认定整个合同无效，相反，合同应当是有效的。

（三）所附条件的类型

合同中所附的条件可以分为如下两类：

1. 附生效条件

生效条件也被称为延缓条件或者停止条件，它是指限制合同效力发生的条件。如果合同附有生效条件，则合同在成立以后还不能立即生效，必须待生效条件成就以后，合同才能产生效力，当事人才可以实际享受权利和承担义务。

2. 附解除条件

解除条件也被称为失效条件或者消灭条件，它是导致合同失去效力的条件。如果合同附有解除条件，则合同已经实际发生效力，只有在条件成就时合同才失效，如果条件不成就则合同将继续有效。

（四）条件成就或者不成就的推定

《民法典》第159条规定："附条件的民事法律行为，当事人为自己的利益不正当地阻止条件成就的，视为条件已经成就；不正当地促成条件成就的，视为条件不成就。"在附条件的合同成立以后、条件未成就以前，当事人均不得为了自己的利益，以不正当的手段或者行为促成或阻止条件的成就，而只能听任作为条件的事实自然发生。这里所说的不正当行为是指行为人违反法律、道德和诚实信用的原则，以作为或不作为的方式促成或阻止条件的成就。例如，甲乙双方在租赁合同中规定，如果出租人甲之子从外地回来，则承租人乙应搬出所租房屋，该条件属于解除条件，乙不得采取任何不正当的方式阻止甲之子从外地回来。法律作出此种规定的目的在于制裁不法行为人，保护善意当事人的合法权益。

（五）附生效条件合同在条件成就前的效力状态

附生效条件的合同，当条件成就的时候合同才生效。那么在条件没有成就之前，它的效力状态如何呢？是不是没有任何效力呢？其实不是。在条件成就之前，任何一方不得随意解除或者撤销合同，而一旦约定的条件成就，当事人就必须按照合同履行自己的义务，双方不需要再磋商或者另行签订合同，这就是附生效条件合同在条件成就之前的效力状态。

如果约定的条件一直不成就，合同的效力又会怎样呢？应当理解为合同一直不发生效力。当然实务当中如果真的遇到这种情形，双方可以通过协商来解除合同。事实上，所附的这种条件需要在一个相应的期限之内来确定它会不会成就，这个期限不可能是无限的。比如，一份附生效条件的房屋买卖合同，约定"如果房屋所在地在2022年12月30日之前开通了地铁，则合同生效"，如果房屋所在地在这个时间届至时开通了地铁，合同就生效，而若到2022年12月30日还没有开通地铁，则合同不会再生效，双方之间就没有合同关系了。

从学理上而言，附生效条件的合同其实存在二次生效的问题，即第一次生效和第二次生效。第一次生效指双方签订合同时，合同就已经具有某种约束力了，如双方不得解除合同或者撤销合同，只是此时的约束力还比较弱，但并非没有任何约束力。第二次生效是指约定的条件成就的时候，此时合同具有了完整的约束力。

（六）附解除条件合同与约定解除权合同的区别

附解除条件这个概念容易与“解除权”相混淆，所以附解除条件在学理上也称为附失效条件，但是我们的立法语言使用的是“附解除条件”。附解除条件与解除权是不一样的，附解除条件与约定解除权也不是一回事。附解除权的合同，或称约定解除权的合同，是指当事人在合同中约定一方或者双方享有的解除合同的权利，当约定的解除权情形出现时一方当事人即可以依据约定行使解除权。当然他也可以不行使解除权，如果不行使解除权，则合同继续有效，而不是当然失效或者自动失效，它取决于享有解除权的一方是否行使解除权。而附解除条件的合同，一旦约定的条件成就，不需要当事人行使解除权，合同自动失效。

十四、无效合同

（一）无效合同的概念

无效合同是指因为具有法律规定的无效因素，因而不具有法律约束力的合同。或者说，无效合同是不受法律保护、不能产生当事人预期的法律效果的合同。在《民法典》之前，合同无效制度由《合同法》规定。《民法典》颁布之后，由于法典体系化的功能，《民法典》总则编对整个法律行为无效的规则予以了统一的规定，所以认定合同无效主要应当依据《民法典》总则编民事法律行为一章中有关法律行为无效的规则。但是，合同作为最主要的法律行为，有其无效方面的特殊性规则，且对于总则编中的法律行为无效制度如何运用到合同中，需要恰当理解。

（二）无效合同的特征

无效合同具有以下几个方面的特征：

1.当然无效

通说认为无效合同属于当然无效。当然无效的含义是指无效合同，从它成立之日起就是确定地不发生法律效力，而不是待何种有权机关确认它是无效的，它才无效。法院或者仲裁机构确认合同无效，作出一个判决或者裁决，不过是追认一种事实状态而已，因为合同本身就是无效的。当然无效是基于这样一种逻辑的表述。但是，合同未经法院或者仲裁机构的判决或者裁决，其实任何人特别是合同当事人都不能主张它是无效的，并以此为由拒绝履行合同。这就很像在刑法中，一个人实施了谋杀行为，犯罪行为客观上发生了，从杀人事实发生这一刻起就存在一个犯罪行为，确定地、当然地是犯罪行为，但是如果没有人发现，没有人报案，司法机关没有介入，案子没有侦破，犯罪嫌疑人没有被提起公诉，更没有法院判决他构成杀人罪，我们能说他是罪犯吗？当然不能。此与合同当然无效的道理是异曲同工的。当事人签订了一份合同，如果它在性质上就是无效的，这就是当然无效，不是法院认为它无效它才无效，法院经过审判后认为它符合无效的条件，作出无效合同的判决，只是确认它无效而已，而不是法院的职权使它无效，法院没有权力使一个合同无效。但是，在程序意义上，法院没有确认合同无效之前，我们不能说合同是无效的，就像法院判决犯罪嫌疑人有罪前，他就是无罪的，但是实际上一个人犯罪之后，他就是罪犯。所以我们说无效合同是当然无效，是指它确定的、当然的无效，而不是通过一个有权机关来宣布它无效，它才无效。但是，在程序上必须经过确认，而且只有法院和仲裁机构才有权确认合同无效，当事人自己没有权利确认合同无效，行政机关也没有权利确认合同无效。

2.自始无效

《民法典》第155条规定："无效的或者被撤销的民事法律行为自始没有法律约束力。"合同自始无效，指的是从合同成立之时它就是无效的。自始无效对应的是嗣后无效。一般而言，无效合同从它成立之时起就是无效的，而不是事后哪个时间点才变成无效的，但是其实这个嗣后无效是存在的。这涉及两个方面的问题，一个是法律的溯及力问题，另一个是客观情形的变化，合同成立时本来是有效的，但后来满足了无效的条件。比如，北京市的甲与乙订立一份房屋买卖合同，约定两年以后交房，但是合同签订后两个月，北京市政府发布了限购令，买房子要进行资格审查，即审查买房人有没有购房资格，没有买房资格的就不能买房，交房时无法办理房屋所有权登记手续。合同签订的时候没有限购政策，合同是有效的，但是在合同履行之前，法律发生了变化。这份合同是有效还是无效？按照法律不溯及既往的原则，这份合同不应当被认定为无效。

3. 不具有继续履行性

无效合同的一个显著特征是不具有继续履行性。合同一旦被认定为无效，任何一方都不得根据合同进行履行，也不得请求对方继续履行。

4. 不受诉讼时效的限制

可撤销合同中的撤销权有除斥期间的限制，当事人请求解除合同也有约定的或者法定的除斥期间的限制，当事人请求对方承担违约责任中的给付之诉（如支付违约金、赔偿损失等）有诉讼时效的限制，而当事人请求法院或者仲裁机构确认合同无效，不受诉讼时效的限制，更没有除斥期间的限制，当事人可以在任何时候启动诉讼或者仲裁程序，对方不能提出罹于诉讼时效的抗辩。

此外，可能还有一些无效合同，会体现国家的干预。市场经济条件之下，合同是市场经济的载体，交易的手段，所以原则上国家不应干预合同。但是基于对市场交易秩序的维持，国家对一些违法性合同可以实施干预。当事人没有提出合同无效的确认之诉时，法院和仲裁机构也可以主动审查合同是否具有无效的因素。

认定合同无效必须基于法律规定的情形，即必须符合法律规定的情形才能认定合同无效，法官不能类推适用法律而认定合同无效。结合《民法典》总则编与合同编的规定，导致合同无效的法定情形包括以下几类：（1）当事人恶意串通，损害他人利益的合同；（2）通谋虚伪意思表示订立的合同；（3）违反法律、行政法规强制性规定的合同；（4）违背公序良俗的合同；（5）无行为能力人订立的合同。以下内容即逐一分析该五种类型的无效合同。

十五、恶意串通，损害他人利益的无效合同

《民法典》第154条规定："行为人与相对人恶意串通，损害他人合法权益的民事法律行为无效。"之前《合同法》的表述是"恶意串通，损害国家、集体或

者第三人利益”，《民法典》改成了“恶意串通，损害他人合法权益”，这个表述更科学，体现了民法的平等原则以及对民事主体一体保护、同等保护的理念。

恶意串通损害他人合法权益的合同构成要件是：第一，主观上有恶意，并且是相互串通，而不是单方的恶意；第二，客观上使得其他民事主体的合法权益受到了损害。这两个主客观要件必须同时具备。就举证责任而言，主张行为人与相对人恶意串通的人应当承担举证责任，这个人通常是合同以外的第三人。举证责任的范围包括谁与谁串通、串通的内容、恶意的内容、损失的情况、因果联系等。例如，在一个保证合同纠纷中，银行（债权人）与企业（债务人）签订了借款合同即主合同，约定借款是购买某种机器设备，保证人提供了连带责任保证担保，后来主债务人不能清偿债务，债权人起诉保证人，保证人提出抗辩，主张债权人与债务人恶意串通，其有证据证明实际借款用途不是借款合同和保证合同中约定的借款用途，债务人得到该笔借款后并不是去购买设备，而是支付了融资租赁款，而债权人明知债务人借款的真实目的不是购买设备而是支付早已到期的融资租赁款，双方向保证人隐瞒了实际借款用途，法院最终采纳了保证人的抗辩意见，认定保证合同因为债权人与债务人恶意串通损害保证人合法权益而无效。

实践中，较为常见的一种情形是“监守自盗”式的恶意串通，即出现了“内鬼”，具体而言就是法人的法定代表人或者非法人组织的负责人或者代理人与第三人恶意串通，通过订立合同的方式进行利益输送，进而损害法人或者非法人组织的合法利益。由于实施恶意串通的一方本身就是法定代表人或者负责人，既了解本单位的实际情况包括经营、财务、商业秘密等信息，又“大权在握”，有能力加盖法人公章或者代表法人签字，所以其行为更隐秘、更具有合法的外衣，给法人、非法人组织带来的损害也可能更大。针对实践中的此种情形，《最高人民法院关于适用〈中华人民共和国民法典〉合同编通则若干问题的解释》于第23条规定：“法定代表人、负责人或者代理人与相对人恶意串通，以法人、非法人组织的名义订立合同，损害法人、非法人组织的合法权益，法人、非法人组织主张不承担民事责任的，人民法院应予支持。法人、非法人组织请求法定代表人、负责人或者代理人与相对人对因此受到的损失承担连带赔偿责任的，人民法院应予支持。根据法人、非法人组织的举证，综合考虑当事人之间的交易习惯、合同在订立时是否显失公平、相关人员是否获取了不正当利益、合同的履行情况等因素，人民法院能够认定法定代表人、负责人或者代理人与相对人存在恶意串通的高度可能性的，可以要求前述人员就合同订立、履行的过程等相关事实作出陈述或者提供相应的证据。其无正当理由拒绝作出陈述，或者所作陈述不具合理性又不能提供相应证据的，人民法院可以认定恶意串通的事实成立。”理解该条需要掌握以下几点：

第一，法定代表人、负责人的行为已经不是一般的超越法人或者非法人组织对其的职权限制，即越权代表，而是出于恶意，即明知若订立与履行合同会损害法人、非法人组织的利益，而仍然故意为之；第三人（相对人）已经不是不知情，而是完全知晓实际情况，而与法定代表人、负责人“狼狈为奸”，目的就是企图通过订立和履行合同以实现自己的非法利益，进而损害法人、非法人组织的合法利益，所以这种情形下的合同不可能适用表见代表或者表见代理的规则，法人不仅可以主张该合同对法人、非法人组织不发生效力，而且有权拒绝承担任何由此产生的民事责任。第三人也不能主张先由法人、非法人组织履行合同或者承担责任，再向法定代表人、负责人、代理人内部追偿。

第二，法人、非法人组织如果由于法定代表人、负责人、代理人与第三人的恶意串通行为而遭受了实际损失，则既可以请求法定代表人、负责人或者代理人承担赔偿责任，也可以请求相对人承担侵权赔偿责任，还可以请求法定代表人、负责人或者代理人与相对人承担连带赔偿责任。

第三，由于法定代表人、负责人与第三人恶意串通订立合同、履行合同的行为具有相当的隐秘性，所以司法解释对于涉及此种情形下的恶意串通的认定规则特别是证据规则一并予以了规定，非常妥当与周全。如果法人、非法人组织主张法定代表人、负责人存在与第三人恶意串通的情形，则首先应当由法人、非法人组织进行举证，承担相应的举证责任，但是，法院如果根据法人、非法人组织的举证，同时综合考虑当事人之间的交易习惯、合同在订立时是否显失公平、相关人员是否获取了不正当利益、合同的履行情况等因素，在这些基础上能够认定法定代表人、负责人或者代理人与相对人存在恶意串通的高度可能性的，构成高度合理怀疑，法规形成了高度的内心确认，则此时可以要求法定代表人、负责人、代理人等就合同订立、履行的过程等相关事实作出陈述或者提供相应的证据。如果法定代表人、负责人、代理人无正当理由而拒绝作出陈述，或者尽管作出了陈述但是所作陈述不具有合理性，且又不能提供相应的证据予以说明，则法院可以认定恶意串通的事实成立，合同不能对法人、非法人组织发生效力。

十六、通谋虚伪意思表示订立的无效合同

（一）通谋虚伪意思表示的概念

通谋虚伪的意思表示，亦称为虚伪意思表示，或者虚假意思表示，是指行为人与相对人均知道自己所作出的意思表示不是其真实的意思表示，而相互通谋作出与其真实意思不一致的意思表示，并基于此而订立合同。《民法典》第146条规定："行为人与相对人以虚假的意思表示实施的民事法律行为无效。以虚假的意思表示隐藏的民事法律行为的效力，依照有关法律规定处理。"这是《民法典》对于之前《民法通则》与《合同法》所规定的"以合法形式掩盖非法目的"的合同无效制度的重大修正。

（二）通谋虚伪意思表示的立法变迁

《民法通则》与《合同法》规定的"以合法形式掩盖非法目的"，存在较多的疑问与不合理之处，包括何谓合法形式，何谓非法目的，而司法实践中往往被法官作为一个兜底的条款来适用，很多合同被法官以这个所谓的"以合法形式掩盖非法目的"而认定为无效。例如，按照《探矿权采矿权管理办法》，签订探矿权、采矿权转让合同的时候，一是需要经过主管部门的审批，二是需要当事人补缴资源价款，但是当事人签订的合同并非探矿权、采矿权转让合同，而只是将目标公司（享有探矿权或者采矿权的矿业公司）的股权进行转让，这种合同很容易被法院认定为以转让股权的合法形式掩盖非法目的，进而无效，但是此处的"非法目的"到底是什么，矿业公司的股权法律本来就是允许转让的，受让方的目的就是取得目标公司的股权，转让方的目的就是获得转让价款，这些合同目的为什么会是非法的呢？至于是否逃避了补缴的资源价款，则属于行政法的问题，不应当影响民事行为的效力。

《民法典》取消了"以合法形式掩盖非法目的"的表述，实际上废除了这一

不合理的制度，取而代之的是虚假意思表示制度。以虚假意思表示订立的合同本身肯定是无效的，因为法律行为的有效要件之一便是意思表示真实，而虚假意思表示中双方都不存在真实的意思表示。如果是一方的意思表示真实，另一方不真实，如受到欺诈或者胁迫，或者发生了重大误解，便可以通过可撤销制度进行救济，而如果双方的意思表示都是虚假的，意味着双方都不欲受该法律行为的约束，不欲发生法律行为的效果，所以法律行为直接无效。一般来说，通谋虚伪的意思表示会隐藏一个真实的意思表示，或者一个真实的交易关系。如果并没有隐藏一个真实的意思表示，其实也很难说表面的意思表示是虚伪的意思表示。一个无效法律行为后面隐藏着另一个意思表示与法律行为，按照原来的所谓"以合法形式掩盖非法目的"规则，被隐藏行为就是当然无效的。可是依照《民法典》关于虚假意思表示的规则就不是这样了，被隐藏的民事法律行为的效力，是需要依照有关法律规定处理的，而非当然无效，如果按照有关法律的规定这个被隐藏的法律行为是无效的，它才是无效的，而并不是因为表面的虚假意思表示无效而无效；如果按照有关法律的规定这个被隐藏的法律行为是有效的，它就是有效的。

又如现在民商事实践中大量出现的让与担保现象，如果没有《民法典》规定的虚假意思表示制度，很多真实的担保交易都会被认定为无效。按照物权法定原则，物权的种类和内容由法律规定，担保物权是物权的一种，也遵循物权法定原则，而之前《物权法》以及现在《民法典》物权编规定了三种法定的担保物权：抵押权、质权和留置权，但是现在商事实践当中，人们创造了很多新的、法律上没有规定的担保方式，它们的目的也是担保，最典型的是让与担保，学理上称为非典型担保，包括不动产让与担保、股权让与担保等。例如，甲、乙之间签订了一份借款合同，甲为出借人，乙为借款人，为担保乙到期能够清偿债务，双方又签订了一份房屋买卖合同，并且办理了房屋的权属过户登记，登记至甲的名下，但是实质上双方并没有买卖房屋的真实意思，签订房屋买卖合同并且办理完毕过户登记手续是为了担保债的履行，只是其担保的方式是让与担保，即债务人将不动产的权利先让与给债权人，让与的方式就是办理权属的变更登记手续，一旦债务人清偿了债务，债权人即把房屋回转登记给债务人，而如果债务人到期不能清偿债务，债权人就可以通过折价的方式或者享有优先受偿权的方式实现自己的债权。此处，双方有一个真实的意思表示，即被隐藏的意思表示，是担保的意思表示，而表面上有一个通谋虚伪的意思表示，即房屋买卖合同的意思表示，而双方均不欲进行真正的房屋买卖交易，所以，房屋买卖合同属于通谋虚伪意思表示订立的合同，为无效合同，而被该虚假意思表示隐藏的意思表示与法律行为即担保交易，并没有法律规定它是无效的，因而是有效的。

（三）多份合同中的通谋虚伪意思表示及其对合同效力的影响

在民商事实践中，会出现当事人就同一交易签订两份甚至多份合同的情形，有时候数份合同都是当事人的真实意思表示，有时候则不然，其中有的合同是当事人的真实意思表示，有的则是基于各种动机与目的而签订的虚伪或者虚假意思表示的合同。这也就是实务中所称的“阴阳合同”现象。对于“阴阳合同”中的合同效力认定问题，《最高人民法院关于适用〈中华人民共和国民法典〉合同编通则若干问题的解释》第14条作出了较为详细的规定，即：“当事人之间就同一交易订立多份合同，人民法院应当认定其中以虚假意思表示订立的合同无效。当事人为规避法律、行政法规的强制性规定，以虚假意思表示隐藏真实意思表示的，人民法院应当依据民法典第一百五十三条第一款的规定认定被隐藏合同的效力；当事人为规避法律、行政法规关于合同应当办理批准等手续的规定，以虚假意思表示隐藏真实意思表示的，人民法院应当依据民法典第五百零二条第二款的规定认定被隐藏合同的效力。依据前款规定认定被隐藏合同无效或者确定不发生效力的，人民法院应当以被隐藏合同为事实基础，依据民法典第一百五十七条的规定确定当事人的民事责任。但是，法律另有规定的除外。当事人就同一交易订立的多份合同均系真实意思表示，且不存在其他影响合同效力情形的，人民法院应当在查明各合同成立先后顺序和实际履行情况的基础上，认定合同内容是否发生变更。法律、行政法规禁止变更合同内容的，人民法院应当认定合同的相应变更无效。”以此规定，对于所谓的“阴阳合同”或者多份合同的效力认定应当遵循以下规则：

其一，多份合同的效力应当分别予以澄清与认定，不能以其中一份合同的无效而认定全部合同无效。

其二，在“阴阳合同”的情形下，通常肯定会存在一份无效的合同，即双方均为虚伪意思表示的合同，同时可能存在一份真实意思表示的合同，即可能有效也可能无效的合同，而在多份合同的情形下，有可能部分合同是真实意思表示，另一部分合同是虚伪意思表示，也有可能全部合同都是真实意思表示，还有可能全部合同都是虚伪意思表示。所以需要分别认定。

其三，多份合同中能够确定为当事人虚伪意思表示的合同，按照《民法典》第146条第1款的规定，应当认定为无效合同。这就是《最高人民法院关于适用〈中华人民共和国民法典〉合同编通则若干问题的解释》第14条第1款第一句话的表述："当事人之间就同一交易订立多份合同，人民法院应当认定其中以虚假意思表示订立的合同无效。"

其四，对于被虚伪意思表示所隐藏的意思表示订立的合同效力的认定，如果能够确定当事人是为了规避法律、行政法规的强制性规定，而以虚假意思表示隐藏真实意思表示的，法院或者仲裁机构应当依据《民法典》第153条第1款的规定认定被隐藏合同的效力。此时需要转引致《民法典》第153条第1款，而该条的适用并不必然导致被隐藏的意思表示订立的合同就是无效的，需要其违反的或者规避的法律规定是不是效力性强制性规定，如果规避的是效力性强制性规定，则被隐藏的法律行为应当认定为无效；如果规避的不是效力性强制性规定，而只是管理性强制性规定，则被隐藏的意思表示订立的合同应当认定为有效，至于当事人是否应当承担公法上特别是行政法上的责任，依照相关法律、法规的规定处理。这就是《最高人民法院关于适用〈中华人民共和国民法典〉合同编通则若干问题的解释》第14条第1款第二句话前半句的表述"当事人为规避法律、行政法规的强制性规定，以虚假意思表示隐藏真实意思表示的，人民法院应当依据民法典第一百五十三条第一款的规定认定被隐藏合同的效力"的含义。

其五，如果当事人进行虚假意思表示的目的在于规避有关合同应当办理审批手续的强制性规定，而非规避其他性质的强制性规定，则应当转引致《民法典》第502条第2款，即未办理审批手续的，合同未完全生效，但是涉及当事人办理报批义务等条款已经生效。这就是《最高人民法院关于适用〈中华人民共和国民法典〉合同编通则若干问题的解释》第14条第1款第二句话后半句的表述"当事人为规避法律、行政法规关于合同应当办理批准等手续的规定，以虚假意思表示隐藏真实意思表示的，人民法院应当依据民法典第五百零二条第二款的规定认定被隐藏合同的效力"的含义。

其六，如果被隐藏的合同被认定为无效或者确定不发生效力，则法院或者仲裁机构需要同时对合同无效或者不生效的后果作出处理，此时需要转引致《民法典》第157条的适用。这就是《最高人民法院关于适用〈中华人民共和国民法典〉合同编通则若干问题的解释》第14条第2款的规定，即：依据前款规定认定被隐藏合同无效或者确定不发生效力的，人民法院应当以被隐藏合同为事实基础，依据民法典第157条的规定确定当事人的民事责任，但是法律另有规定的除外。

其七，如前所述，在就同一交易存在多份合同的情况下，并不必然所有的合同都是无效的或者未生效的，而恰恰相反，有可能所有的合同都是有效的，因为可能所有的合同都是当事人的真实意思表示，不存在虚假意思表示的情形，也不存在导致合同无效的其他情形，此种情况下法院或者仲裁机构就应当认定所有的合同均为有效。于此情形，由于毕竟当事人是就同一交易而订立了多份合同，所以法院或者仲裁机构需要查明数份合同之间的关系，特别是是否发生过合同的变更，最终确定当事人权利义务的合同是哪一份或者哪几份，或者哪一份合同中的哪些条款具有对当事人的约束力等。如果按照法律、法规的规定，不允许当事人变更合同内容，或者变更合同内容需要经过审批程序，而当事人未经过审批程序，则不能认定合同的变更效果。这就是《最高人民法院关于适用〈中华人民共和国民法典〉合同编通则若干问题的解释》第14条第3款的表述，即："当事人就同一交易订立的多份合同均系真实意思表示，且不存在其他影响合同效力情形的，人民法院应当在查明各合同成立先后顺序和实际履行情况的基础上，认定合同内容是否发生变更。法律、行政法规禁止变更合同内容的，人民法院应当认定合同的相应变更无效。"

十七、违反法律、行政法规强制性规定的无效合同

（一）违反强制性规定的一般理解

《民法典》第153条第1款规定："违反法律、行政法规的强制性规定的民事法律行为无效。但是，该强制性规定不导致该民事法律行为无效的除外。"该条规定来源于之前《合同法》第52条第5项，但是增加了"但是，该强制性规定不导致该民事法律行为无效的除外"的限制性表述，此一限制性表述非常重要，尽

管其表述逻辑不够科学。

违反法律、行政法规的强制性规定而导致合同无效的问题是合同制度中特别是无效合同制度中的重大理论与实务问题，对此问题的研究也比较多，各种观点与主张自然也比较多。司法实践中如何理解和甄别强制性规定，是否需要区分以及如何区分效力性强制性规定与管理性强制性规定，部门规章、地方性法规能否作为认定合同无效的依据等更是存在较多争议的问题。

《最高人民法院关于适用〈中华人民共和国民法典〉合同编通则若干问题的解释》对此用了三个条文和较长的文字篇幅予以了规定，旨在为正确适用《民法典》第153条第1款提供规则指引。下文将分别论述该三个条文。

理解该条的立法宗旨与法律适用需要从以下几个角度把握：

第一，认定合同无效的法律依据只能是法律、行政法规。为了限制司法实践中对《合同法》第52条第5项即“违反法律、行政法规的强制性规定”的合同无效地适用，防止随意扩大对强制性规定的理解，《最高人民法院关于适用〈中华人民共和国合同法〉若干问题的解释（一）》第4条作出了如下规定：“合同法实施以后，人民法院确认合同无效，应当以全国人大及其常委会制定的法律和国务院制定的行政法规为依据，不得以地方性法规、行政规章为依据。”排除了地方性法规和部门规章作为认定合同无效的法律渊源，仅限于法律、行政法规中的强制性规定。

第二，强制性规定中仅限于效力性强制性规定。公法中的强制性规范很多，在我国尤其如此，但是公法中的强制性规范其实直接指向法律行为特别是合同效力的并不多，故而需要进行谨慎的甄别。正如学者所指出的，“公法规范类型多元。从规范对象来看，公法规范有的规范市场准入资格、有的规范合同内容、有的规范履行行为，但并非所有的规范都要指向合同效力”。[①]如前所述，《合同法》和《最高人民法院关于适用〈中华人民共和国合同法〉若干问题的解释（一）》已经将违反法律的强制性规定限缩在法律、行政法规层次的法律规范，排除了地方法规与部门规章，但是这个限制还不够，因为法律、行政法规中的强制性规定

① 王利明：《论效力性和非效力性强制性规定的区分——以〈民法典〉第153条为中心》，载《法学评论》2023年第2期。

太多，还要进一步进行限缩解释。所以，《最高人民法院关于适用〈中华人民共和国合同法〉若干问题的解释（二）》第14条进一步规定："合同法第五十二条第（五）项规定的'强制性规定'，是指效力性强制性规定。"与效力性强制性规定对应的是管理性强制性规定，仅仅违反管理性强制性规定（管理国家事务、社会事务的管理性规定）并不导致私法行为无效，也不导致合同无效。《民法典》第153条第1款规定："违反法律、行政法规的强制性规定的民事法律行为无效。但是，该强制性规定不导致该民事法律行为无效的除外。"这是一个折中的规定，以此规定，违反法律、行政法规的强制性规定的法律行为，包括合同，原则上无效，例外有效。这一立场并不符合从《合同法》开始的对强制性规定进行限缩解释的做法。

学理上对于何种强制性规定属于效力性强制性规定，何种属于管理性强制性规定，存在较大的理解上的分歧，实务中则更为复杂。例如，《公司法》第16条规定，公司章程或者公司决议中规定公司对外担保有担保总额或者单笔担保数额的限制性规定的，不得超过该规定。有的公司可能有这方面的规定，有的公司可能没有。假设某个公司有规定，单笔对外担保不得超过3000万元，而公司董事长代表公司签订了一份4000万元的担保合同，后来公司想否定这份担保合同的效力，不愿意承担担保责任，主张该合同违反了《公司法》的上述第16条的强制性规定，属于无效合同，故而公司不应当承担担保责任。民法学者与商法学者对此问题一直存在较大的争议。依笔者之见，《公司法》第16条的规定涉及围绕公司的诸多利益相关者的权益，涉及交易秩序，涉及债权人利益，涉及公司的职工权益与社会就业等，将其理解为效力性强制性规定是较妥当的。但是问题是，如果作这种解释，则与《民法典》有关法定代表人的职责行为效果、法人的法定代表人和非法人组织的负责人越权行为效果即表见代表规则、善意第三人保护规则存在抵牾之处。所以仍需综合考虑法律的相关规定才能得出合适的结论，截然地将其视为效力性强制性规定还是管理性强制性规定恐为不妥。

《最高人民法院关于适用〈中华人民共和国民法典〉合同编通则若干问题的解释》在征求意见稿中曾经试图对典型的因违反强制性规定而无效的情形进行列举，以期为司法审判实践提供更具可操作性的规则。征求意见稿第17条规定："合同违反法律、行政法规的效力性强制性规定的，人民法院应当依据民法典第一百五十三条第一款认定无效。在判断法律、行政法规的强制性规定是否为效力性强制性规定时，人民法院应当综合考量强制性规定的目的、当事人是否属于强制性规定保护的范围、强制性规定规制的是一方当事人还是双方当事人、违反强制性规定的社会后果等因素。有下列情形之一的，人民法院应当认定合同因违反效力性强制性规定无效：（一）合同主体违反法律、行政法规关于国家限制经营、特许经营以及禁止经营等强制性规定；（二）合同约定的标的物属于法律、行政法规禁止转让的财产；（三）合同约定的内容本身违反禁止实施犯罪行为、不得实施侵权行为、不得限制个人基本权利等强制性规定；（四）交易方式违反法律、行政法规关于应当采用公开竞价方式缔约等强制性规定；（五）交易场所违反法律、行政法规关于应当集中交易等强制性规定；（六）合同违反涉及公序良俗的强制性规定的其他情形……"

但是，这样列举规定尽管增加了规则的可操作性，却也存在较大的商榷与争议之处：其一，有挂一漏万之嫌，因为违反强制性规定导致合同无效的情形太多，难以进行列举，而一旦进行列举则有让人觉得就是这些主要的无效情形，尽管最后有兜底性条款。其二，《民法典》第153条第1款的规范目的应当在于严格禁止违反公法的行为，特别是违反公法强制性规定的行为，如果对违反公法规定导致的合同无效情形进行列举，使使其有可以被穷尽表述、类型有限之感觉，于此，便有违第153条欲表达的违反强制性规定以无效为原则、以有效为例外的立法宗旨，也不利于立法在公法效果与私法效果上的统一。其三，列举无效类型的前提是需要使用"效力性强制性规定"的概念，但又无法同时使用"管理性强制性规定"的概念，增加了司法甄别的难度。其四，第153条第1款本来就有"但书"规定，其本身就已经表达了并非所有的违反强制性规定的合同都是无效的，若再对无效的类型进行列举难免有画蛇添足之嫌。其五，最好的选择是对第153条第1款的"但书"条款作出一定的类型化解释。笔者估计是基于上述考虑，《最高人民法院关于适用〈中华人民共和国民法典〉合同编通则若干问题的解释》最终放弃了列举无效类型而仅列举不导致无效的典型类型。此一做法是明智的。

（二）如何理解与适用第153条第1款中的但书条款

《民法典》第153条第1款规定："违反法律、行政法规的强制性规定的民事法律行为无效。但是，该强制性规定不导致该民事法律行为无效的除外。”此处的但书规定非常重要，表明了立法者的明确立场：并非所有的违反法律、行政法规的强制性规定的合同都会导致合同无效。至于违反了哪些或者怎样的强制性规定才会导致合同无效，需要根据相关法律法规的规定以及个案情况，进行个案甄别，立法不可能作出明晰的规定。

《最高人民法院关于适用〈中华人民共和国民法典〉合同编通则若干问题的解释》第16条对此作出了一定程度的表述，为司法实践中的个案甄别提供了若干重要的指引。该条规定的内容是：“合同违反法律、行政法规的强制性规定，有下列情形之一，由行为人承担行政责任或者刑事责任能够实现强制性规定的立法目的的，人民法院可以依据民法典第一百五十三条第一款关于‘该强制性规定不导致该民事法律行为无效的除外’的规定认定该合同不因违反强制性规定无效：（一）强制性规定虽然旨在维护社会公共秩序，但是合同的实际履行对社会公共秩序造成的影响显著轻微，认定合同无效将导致案件处理结果有失公平公正；（二）强制性规定旨在维护政府的税收、土地出让金等国家利益或者其他民事主体的合法利益而非合同当事人的民事权益，认定合同有效不会影响该规范目的的实现；（三）强制性规定旨在要求当事人一方加强风险控制、内部管理等，对方无能力或者无义务审查合同是否违反强制性规定，认定合同无效将使其承担不利后果；（四）当事人一方虽然在订立合同时违反强制性规定，但是在合同订立后其已经具备补正违反强制性规定的条件却违背诚信原则不予补正；（五）法律、司法解释规定的其他情形。法律、行政法规的强制性规定旨在规制合同订立后的履行行为，当事人以合同违反强制性规定为由请求认定合同无效的，人民法院不予支持。但是，合同履行必然导致违反强制性规定或者法律、司法解释另有规定的除外。依据前两款认定合同有效，但是当事人的违法行为未经处理的，人民法院应当向有关行政管理部门提出司法建议。当事人的行为涉嫌犯罪的，应当将案件线索移送刑事侦查机关；属于刑事自诉案件的，应当告知当事人可以向有管辖权的人民法院另行提起诉讼。”理解司法解释的该条规定需要至少从以下角度把握：

其一，合同因为违反法律、行政法规的强制性规定而导致当事人承担或者应当承担公法上的责任，即承担行政责任或者刑事责任，这是该条适用的基本前提。并且，由当事人承担公法上的责任足以实现该等强制性规定的立法目的，而无效再通过认定合同无效才能实现立法目的。

其二，适用但书条款的情形之一是：合同所违反的强制性规定虽然旨在维护社会公共秩序，但是合同的实际履行对社会公共秩序造成的影响显著轻微，认定合同无效将导致案件处理结果有失公平公正。此条需符合两项条件：一是合同的履行对社会公共秩序造成的影响显著轻微；二是如果将合同认定为无效则会导致对公平公正原则的违反。例如，当事人在签订建设工程合同时对招投标文件特别是中标通知书中的工程价款作出了很小比例的调整，尽管按照《招标投标法》这是不允许的，且《招标投标法》的该项强制性规定维护的是社会公共秩序，但是双方改动的比例很小，对公共秩序的危害或者影响属于显著轻微，而且经过造价鉴定可以得出如下结论：如果不按改动的工程款进行结算，将对施工方非常不公平，施工方几乎在实施了将近一年的施工任务、合格完成了工程项目的情况下没有或者仅有微小的收益，发包方则获得极大的利益，此种情况就应当认定合同有效，适用第153条第1款但书的规定。

实际上，当事人的行为尽管违反了法律规定，但若其情节显著轻微、社会危害性极小，则不需要对当事人科以不利的罚则。这也是整个法律的逻辑。例如，我国《刑法》第37条规定："对于犯罪情节轻微不需要判处刑罚的，可以免予刑事处罚，但是可以根据案件的不同情况，予以训诫或者责令具结悔过、赔礼道歉、赔偿损失，或者由主管部门予以行政处罚或者行政处分。"触犯了刑法、构成了犯罪，但是由于情节轻微而可以不承担刑法上的责任。

其三，适用但书条款的情形之二是：强制性规定旨在维护政府的税收、土地出让金等国家利益或者其他民事主体的合法利益而非合同当事人的民事权益，认定合同有效不会影响该规范目的的实现。如果合同违反了强制性规定，但是该强制性规定的立法目的在于维护政府的税收收入、土地出让金收入等国家利益，或者在于维护其他民事主体的合法利益，而非合同当事人的民事权益，则此种情形下可以由当事人承担行政法的责任，如补缴税款或者土地出让金等，而不必认定合同无效。这样处理不影响该等强制性规范的立法目的之实现，因为通过让当事人承担行政法上的责任足以挽回国家或者政府受到的损失。例如，当事人签订的房屋租赁合同没有到房屋主管部门办理登记备案手续，但是依照《城市房地产管理法》的规定，尽管当事人应当办理租赁合同的登记备案手续，但是登记备案并非合同的生效要件，此类合同并非经过批准或者登记才能生效，法律规定应当办理登记手续的立法目的主要在于防止当事人逃避纳税义务，所以此种情形可以通过责令当事人补办登记手续、补缴应缴的税款即可实现强制性规定的立法目的，而无须否认合同的效力。

其四，适用但书条款的情形之三是：强制性规定旨在要求当事人一方加强风险控制、内部管理等，对方无能力或者无义务审查合同是否违反强制性规定，认定合同无效将使其承担不利后果。某些法律、法规中的强制性规定，立法目的旨在要求当事人特别是商事主体，如有限责任公司、股份有限公司、上市公司、新三板挂牌公司等，或者某些特定行业的公司，如商业银行、证券公司、保险公司、信托公司、拍卖公司、投资担保公司等，基于其公司性质或者行业特性，要求其在风险防范与控制、内部监督管理等符合或者达到特别的标准或者条件。商事主体需要基于这些特别的标准或者条件的要求而制定企业内部更为明细的措施或者管理办法。对于法律、法规的这些规定，特别是企业内部制定的以风险防范与控制为主要目的的内部监管要求，合同的对方当事人通常难以知悉，有些甚至是企业的商业秘密，对方当事人不可能知悉。当企业违反这些法律、法规的强制性规定或者企业内部的监管规则而与对方订立合同，最后如果以此为由认定合同无效，这对于对方当事人而言是不公平的。例如，《信托法》第16条规定信托公司应当将信托财产与固有财产相区分，这属于强制性规定，但是如果某信托公司将信托财产与固有财产混为一起，并以此财产为基础与对方当事人订立有关信托业务的合同，该行为即应当属于违法风险控制与内部监管的强制性规定，应当承担行政责任，但不应当影响合同的效力。又如，《商业银行法》第39条规定，商业银行发放贷款的条件是资本充足率不得低于8%、流动性资产余额与流动性负债余额的比例不得低于25%、对同一借款人的贷款余额与商业银行资本余额的比例不得超过10%，这也属于强制性规定，但是如果某商业银行与借款人签订的贷款合同违反这一强制性规定，同样不能因此认定合同无效，因为上述强制性规定旨在规制商业银行加强风险控制以防范金融风险，借款人并无义务在签订借款合同时审查银行是否满足了上述条件。

其五，强制性规定如果仅仅是规范合同的履行行为，而非合同的订立行为或者合同的内容，则该种强制性规定不应当导致合同的无效，属于第153条的但书条款的情形。《最高人民法院关于适用〈中华人民共和国民法典〉合同编通则若干问题的解释》第16条第2款规定："法律、行政法规的强制性规定旨在规制合同订立后的履行行为，当事人以合同违反强制性规定为由请求认定合同无效的，人民法院不予支持。但是，合同履行必然导致违反强制性规定或者法律、司法解释另有规定的除外。"例如，《城市房地产管理法》第62条规定："房地产抵押时，应当向县级以上地方人民政府规定的部门办理抵押登记。因处分抵押房地产而取得土地使用权和房屋所有权的，应当依照本章规定办理过户登记。"此一规定属于强制性规定，但是强制的对象是合同履行行为，即当事人订立抵押合同或者因行使抵押权而订立土地使用权转让合同、房屋买卖合同等之后，履行此等合同应当办理相关的抵押登记或者不动产物权过户登记，属于履行上述抵押合同或者土地使用权转让合同或者房屋买卖合同的行为，如果当事人在合同中未约定上述义务，或者约定不需要办理上述履行行为的登记手续，合同并不因此而无效。

（三）合同因违反强制性规定时公法责任与私法责任的衔接

《最高人民法院关于适用〈中华人民共和国民法典〉合同编通则若干问题的解释》第16条第3款规定："依据前两款认定合同有效，但是当事人的违法行为未经处理的，人民法院应当向有关行政管理部门提出司法建议。当事人的行为涉嫌犯罪的，应当将案件线索移送刑事侦查机关；属于刑事自诉案件的，应当告知当事人可以向有管辖权的人民法院另行提起诉讼。"基于合同自由、意思自治、鼓励交易等理念与原则，在合同存在违反法律、法规的强制性规定时，由于符合《民法典》第153条第1款的但书规定情形，私法行为及合同仍然是有效的，私法效果得以维持与实现，但是当事人毕竟实施了违反公法的行为，此等违法行为应当依法承担相应的公法上的责任。所以，该条规定的意义在于：尊重意思自治与鼓励交易，尽力维护合同的私法效果，但是不能因此损害公法所需维持的社会秩序，不能使得当事人逃避公法上应当承担的责任。该条规定架起了私法与公法之间的桥梁，使得私法保护的利益与公法保护的利益能够相互平衡。

（四）权限性强制性规定的违反不导致合同无效

《最高人民法院关于适用〈中华人民共和国民法典〉合同编通则若干问题的解释》第18条规定："法律、行政法规的规定虽然有'应当''必须'或者'不得'等表述，但是该规定旨在限制或者赋予民事权利，行为人违反该规定将构成无权处分、无权代理、越权代表等，或者导致合同相对人、第三人因此获得撤销权、解除权等民事权利的，人民法院应当依据法律、行政法规规定的关于违反该规定的民事法律后果认定合同效力。"此一解释意义重大，并且可以解释创设"权限性强制性规定"这一有价值的概念。

所谓权限性强制性规定，笔者认为是指法律、法规的规范目的并非在于禁止当事人从事某种行为或者要求当事人必须以某种方式从事某种行为，而是在于限制当事人享有某种权利，进而不得以该种权利实施特定的行为（主要是合同行为），或者赋予当事人享有某种权利。例如，《民法典》第443条第2款规定："基金份额、股权出质后，不得转让，但是出质人与质权人协商同意的除外。"此属于强制性规定无疑，但是当事人如果违反该规定，出质人在股权出质后仍然与第三人签订了股权转让合同，显然不应当认定该股权转让合同无效，《民法典》的该条规定仅仅是限制了出质人的处分权，即出质后便再处分该股权，除非征得质权人的同意。于此情形，该股权转让合同至多是转让方（出质人）无权处分实施的行为，而无权处分实施的行为并非无效行为，《民法典》有专门的关于无权处分行为后果的规定，依照其规定处理即可。又如，《公司法》第71条第2款规定："股东向股东以外的人转让股权，应当经其他股东过半数同意"。该条无疑也属于强制性规定，但其立法目的不在于禁止股东转让股权，而只是要求股东转让股权时应当经过其他股东过半数同意，如果某一股权未经其他股东过半数同意就与受让人签订了股权转让合同，该合同同样应当是有效的，因为强制性规定仅仅是使其权利行使受到某种限制，而非禁止其行使权利。

同样的道理，如果法人的法定代表人超越职权订立合同，其实也违反了《民法典》关于法定代表人应当依据法人章程或者法人对其规定的权限在职权范围内代表法人从事法律行为的强制性规定，但是由此产生的后果法律已经有相应的规定，即原则上有效（不得对抗善意第三人），例外无效（第三人为非善意）。

所以，正如学者指出的，如果行为人订立合同时违反的是权限性规定，既可能构成无权处分，也可能构成无权代理或者越权代表，而对于无权处分、无权代理或者越权代表所订立合同的效力，《民法典》已有明确规定，人民法院或者仲裁机构自应适用《民法典》的具体规定认定合同效力，不能再适用《民法典》第153条第1款认定合同效力。否则，《民法典》关于无权处分、无权代理或者越权代表的规定就会被架空。[①]

十八、违背公序良俗的无效合同

原来《民法通则》和《合同法》使用的是“损害社会公共利益”的表述，这算是一个关于合同无效的兜底条款。《民法典》不再用“社会公共利益”的概念，而是用公序良俗替代它，这是进步的表现，因为公序良俗这一概念相对于社会公共利益更为严谨。社会公共利益是一个很模糊的概念，公序良俗尽管也不够清晰，但是它更符合私法理念，且域外法上基本都是用公序良俗这一概念。在某种意义上，公序良俗的概念比社会公共利益的概念更符合人本精神与私法自治的精神，更契合民法的私法属性和诚信原则、公平原则，而社会公共利益的概念总是有某种以泛化的公共利益牺牲民事主体利益的隐意，所以《民法典》改用公序良俗确实比之前的社会公共利益更科学、严谨。

但是，如前所述，公序良俗的内涵与外延本身也不够十分清晰，而《民法典》第153条第2款又直接规定了“违背公序良俗的民事法律行为无效”，司法实践中对于如何理解与适用公序良俗存在较大差异，恰如学者所指出的那样，“长期以来，公序良俗条款适用中存在诸多乱象，如以一般道德标准替代公序良俗，将公序良俗与‘社会公共利益’‘社会公德’等其他概念混用，公序良俗违反的判断对象错误，向一般条款逃逸，同案不同判等。公序良俗条款适用的根本弊端，其一在于易被法官滥用，其二则在于易产生依道德裁判的后果”。[②]

公序良俗其实本身难以有确定的内容，尽管一般意义上可以将其定义为公共

---

① 吴光荣：《违反强制性规定的合同效力——以〈民法典合同编通则解释〉的相关规定为中心》，载《法律适用》2023年第12期。

② 于飞：《〈民法典〉公序良俗概括条款司法适用的谦抑性》，载《中国法律评论》2022年第4期。

秩序与善良风俗的合称，但是公共秩序与善良风俗本身也有待作进一步的解释。公序良俗的真正意义可能在于利用它确定一种法律行为或者事实行为的底线，即诚如学者所指出的，公序良俗是一种底线性法律。“公序良俗并非为了从正面推行一种高标准的道德伦理，而只是为了从反面拒绝为践踏社会底线的法律行为提供履行强制，它只是对人的行为的一个‘最低要求’。”①

《最高人民法院关于适用〈中华人民共和国民法典〉合同编通则若干问题的解释》第17条规定：“合同虽然不违反法律、行政法规的强制性规定，但是有下列情形之一，人民法院应当依据民法典第一百五十三条第二款的规定认定合同无效：（一）合同影响政治安全、经济安全、军事安全等国家安全的；（二）合同影响社会稳定、公平竞争秩序或者损害社会公共利益等违背社会公共秩序的；（三）合同背离社会公德、家庭伦理或者有损人格尊严等违背善良风俗的。人民法院在认定合同是否违背公序良俗时，应当以社会主义核心价值观为导向，综合考虑当事人的主观动机和交易目的、政府部门的监管强度、一定期限内当事人从事类似交易的频次、行为的社会后果等因素，并在裁判文书中充分说理。当事人确因生活需要进行交易，未给社会公共秩序造成重大影响，且不影响国家安全，也不违背善良风俗的，人民法院不应当认定合同无效。”

《最高人民法院关于适用〈中华人民共和国民法典〉合同编通则若干问题的解释》的该条规定勾勒出了违背公序良俗的合同的大体轮廓与主要情形，对于司法实践中正确适用《民法典》第153条第2款提供了规则指引。理解该条需要从以下几个角度把握：

其一，通常情形下，如果能够认定合同内容违反了强制性规定，且属于影响合同效力的强制性规定，则法院或者仲裁机构就可以适用《民法典》第153条第1款，径直以此为由认定合同无效，而无须再论证其违背了公序良俗。只有在不能认定合同内容违反了强制性规定，进而不能适用《民法典》第153条第1款的情形下，才有可能转向适用第2款，即公序良俗条款。所以该条司法解释的第1款第一句话就是：“合同虽然不违反法律、行政法规的强制性规定，但是有下列情形之一，人民法院应当依据民法典第一百五十三条第二款的规定认定合同无

① 同上注。

效”，说明了违反强制性规定与违背公序良俗是不会重叠适用的，一份合同通常不会既违反强制性规定，又违背公序良俗。当然例外的情形总是存在的，如《民法典》第1007条规定：“禁止以任何形式买卖人体细胞、人体组织、人体器官、遗体。违反前款规定的买卖行为无效。”这是一条强制性规定，所以，一份买卖人体器官的合同既违反了该条的强制性规定，同时也违背了公序良俗，因为其违反了人伦道德。但是这种情况属于特例。并且，此种情形下法官仍然可以仅适用第1007条加上第153条第1款，即违反强制性规定的法律行为无效，而无须再论证其符合第153条第2款，即违背了公序良俗。

其二，违背公序良俗的具体场景之一：合同影响政治安全、经济安全、军事安全等国家安全。例如，在一份中外合作经营企业协议中，约定中方将含有军事信息的地形图、城市市政图交付给外方合营者使用，此一内容尽管无法查询到具体的强制性规定，因而不能认定其违反了强制性规定，但是明显属于影响军事安全，进而影响国家安全，即可以此认定其违背了公序良俗，适用第153条第2款认定其无效。

其三，违背公序良俗的具体场景之二：合同影响社会稳定、公平竞争秩序或者损害社会公共利益等违背社会公共秩序。例如，某一行业的三个龙头企业签订战略合作协议，对该行业的服务模式、价格形成机制、定价幅度、后续服务提供方式与收费标准等进行约定，虽然达到了违反《反垄断法》《反不正当竞争法》等法律的强制性规定的程度，但是明显影响到本行业的公平竞争秩序，进而危害社会公共秩序，可以适用第153条第2款认定为无效。

其四，违背公序良俗的具体场景之三：合同背离社会公德、家庭伦理或者有损人格尊严等违背善良风俗。例如，夫妻之间所谓的“忠诚协议”，离婚协议中关于离婚后随母亲生活的未成年人不得改变原姓氏的约定、相约自杀的协议、包养协议等，均属于此类背离家庭伦理、有损人格尊严的情形，应当适用第153条第2款的规定认定为无效。

其五，上述三种具体涉及违背公序良俗的场景，在司法实践中仍然具有一定的模糊性与不确定性，诸如“政治安全”“社会公德”“社会稳定”等表述仍然具有较大的抽象性与弹性，所以，《最高人民法院关于适用〈中华人民共和国民法典〉合同编通则若干问题的解释》在第17条第2款规定：“人民法院在认定合同是否违背公序良俗时，应当以社会主义核心价值观为导向，综合考虑当事人的主观动机和交易目的、政府部门的监管强度、一定期限内当事人从事类似交易的频次、行为的社会后果等因素，并在裁判文书中充分说理”。由此可见，该司法解释在列举了上述三种具体场景之后，继续列举了认定违背公序良俗时需要考量的几种因素，包括：（1）订立合同的主观动机；（2）订立合同欲达到的交易目的；（3）对此类交易是否存在政府的行业监管规则，以及如果有的话则监管的强度如何，是强监管还是弱监管；（4）合同当事人是初次、偶尔从事此类交易还是多次、长期从事此类交易，以及此类交易在当事人的全部经营业务中所占的比例如何；（5）当事人订立此类合同以及如果继续履行此类合同的话，会产生或者已经产生怎样的社会后果。法官需要在综合考量上述各种因素的前提下才能谨慎适用公序良俗条款，并且应当在判决文书中予以充分、详细的分析论证，说明适用公序良俗条款的理由。

其六，如果当事人只是因生活需要而进行偶尔的交易，并未以此为业，交易本身亦未给社会公共秩序造成重大影响，并且不涉及国家安全，不违背善良风俗，则此种情形下法院不应当认定合同无效。此一解释体现了相当的人文精神，值得肯定。

十九、主体缺乏行为能力的无效合同

《民法典》第144条规定：“无民事行为能力人实施的民事法律行为无效。”如果合同的订立主体是自然人，其必须为完全民事行为能力人，即年满18周岁且能够完全辨认自己的行为，否则属于无行为能力，其签订的合同为无效合同。当然，根据《民法典》第18条第2款的规定，16周岁以上的未成年人以自己的劳动收入为主要生活来源的，视为完全民事行为能力人，其签订的合同为有效合同。同时，根据第19条的规定，8周岁以上的未成年人为限制民事行为能力人，实施民事法律行为由其法定代理人代理或者经其法定代理人同意、追认，故而属于效力待定的合同，但是其中可以由限制行为能力人独立实施纯获利益的合同或者与其年龄、智力相适应的合同，如一般的生活消费合同、购买一般生活资料的合同等，不属于无效合同。

二十、无效合同的后果

无效合同被确认无效以后，不具有继续履行性。这既是无效合同的一个特征，其实也是它的一个法律后果。从《民法典》的规定来看，合同被认定无效以后，除了不具有继续履行性以外，还有以下几个具体的法律后果：

1. 返还财产

返还财产可以分为标的物的原物返还（标的物为实物）与价金返还（标的物为货币）两类。

（1）原物返还

合同被认定为无效以后，基于合同而相互从对方取得的财产，原则上要返还给对方。此与可撤销合同在被撤销之后的法律效果相同。返还的原则是原物返还，即如果原物还在，就应当返还原物；如果无法返还原物，如原物被转让了或者灭失了，则采用折价返还的方法。无法返还原物的情况，一种可能是原物不复存在，在物理意义上灭失了；另一种可能是原物还存在但是无法返还，如砖头被砌到墙里面去了，砖头还在但是无法返还；还有一种可能是转让给第三人了，法律上无法返还。是否采取折价返还的方法，需要考虑当事人对于合同无效的过错因素与过错程度，如果当事人对于合同无效并没有过错，对原物灭失也没有过错，则不承担折价返还的义务。简言之，原物返还是原则，折价返还是例外，折价返还时需要考虑当事人的过错因素。

《最高人民法院关于适用〈中华人民共和国民法典〉合同编通则若干问题的解释》第24条第1款对于合同被认定为不成立、无效、被撤销或者确定不发生效力时的返还规则作出了统一的规定，即："合同不成立、无效、被撤销或者确定不发生效力，当事人请求返还财产，经审查财产能够返还的，人民法院应当根据案件具体情况，单独或者合并适用返还占有的标的物、更正登记簿册记载等方式；经审查财产不能返还或者没有必要返还的，人民法院应当以认定合同不成立、无效、被撤销或者确定不发生效力之日该财产的市场价值或者以其他合理方式计算的价值为基准判决折价补偿。"理解该条规定需要把握以下几点：

首先，标的物为动产或者不动产的，应当返还占有，即现实返还。

其次，如果标的物之前已经办理了相关的权属登记手续，如不动产所有权或者使用权的变更登记，或者股权的变更登记，或者知识产权的变更登记，则应当到登记部门办理相应的登记手续，主要是更正登记手续，但也可能包括注销登记、涂销登记等，需要视标的物的具体种类、属性而定。

最后，如果确实无法返还或者没有必要返还的，如标的物已经消耗殆尽，或者已经由第三人善意取得，或者被政府没收，或者已经形成添附等，则应当进行折价补偿。折价补偿的基准日不是合同成立之日，不是当初交付、移转占有之日，不是现在确定的返还之日，而是以法院认定合同不成立、无效、被撤销或者确定不发生效力之日，即以该日该财产的市场价值或者以其他合理方式计算的价值为基准，进行折价补偿，而不是以标的物的发票价或者当初交付、移转占有之时的价值为基准计算。

（2）价金返还

《最高人民法院关于适用〈中华人民共和国民法典〉合同编通则若干问题的解释》第25条第1款规定："合同不成立、无效、被撤销或者确定不发生效力，有权请求返还价款或者报酬的当事人一方请求对方支付资金占用费的，人民法院应当在当事人请求的范围内按照中国人民银行授权全国银行间同业拆借中心公布的一年期贷款市场报价利率（LPR）计算。但是，占用资金的当事人对于合同不成立、无效、被撤销或者确定不发生效力没有过错的，应当以中国人民银行公布的同期同类存款基准利率计算。"如果一方当事人依据合同约定已经向对方支付了金钱，包括货款、报酬、租金、价款等，合同被认定为无效后，支付的本金原则上可以请求对方返还，在返还本金的同时，还可以请求对方支付资金占用费，资金占用费大体上相当于贷款利息，如果当事人对于资金占用费的计算没有明确约定，一般参照中国人民银行授权全国银行间同业拆借中心公布的一年期贷款市场报价利率即LPR计算，但如果对于导致合同无效仅有一方的过错，即接受款项一方有过错，而支付款项一方没有过错，则接受款项一方可以仅按照中国人民银行公布的同期同类存款基准利率计算资金占用费，因为以存款基准利率计算出来的利息要比LPR计算出来的利息低，以此体现对主观过错的责难性。例如，目前一年期LPR的利率为3.45%，而一年期存款基准利率仅为1.75%。

（3）互负返还义务时的抵销

《最高人民法院关于适用〈中华人民共和国民法典〉合同编通则若干问题的

解释》第25条第2款规定："双方互负返还义务，当事人主张同时履行的，人民法院应予支持；占有标的物的一方对标的物存在使用或者依法可以使用的情形，对方请求将其应支付的资金占用费与应收取的标的物使用费相互抵销的，人民法院应予支持，但是法律另有规定的除外。"《民法典》第568条第1款规定："当事人互负债务，该债务的标的物种类、品质相同的，任何一方可以将自己的债务与对方的到期债务抵销；但是，根据债务性质、按照当事人约定或者依照法律规定不得抵销的除外。"在合同被认定无效后，如果一方当事人对对方当事人的实物财产进行了使用，对方可以主张合理的使用费，资金占用费与对标的物的使用费属于同种类的债务，所以当事人可以主张相互抵销，除非法律对此另有规定。

2. 赔偿损失

赔偿损失的前提是除了存在客观发生的损失本身以外，还需要考虑过错因素。《民法典》第157条第二句话是"有过错的一方应当赔偿对方由此所受到的损失；各方都有过错的，应当各自承担相应的责任"，合同被认定无效后如果采用赔偿损失的救济方式，其条件是：第一，客观上有损失。如果一份买卖合同，一方取得货物，一方取得价款，后来合同被认定无效，相互返还货物与货款，双方都没有损失。当然，支付价款这一方可能会有利息损失，交付货物又返还货物这一方可能也会有一些损失，如运费损失、储藏费损失。这些都是实际损失。在合同无效的情况下，通常赔偿的都是实际损失，间接损失、预期利润等原则上不包括，因为这些损失通常都是履行利益的损失，所以只有在违约的情形下才适用，而合同无效追究的不是违约责任，因为已经无约可违。第二，主观上对于合同无效有过错。如果是一方的过错，即由有过错的一方赔偿对方因此遭受的损失；如果双方都有过错，则形成混合过错，在混合过错的情况之下要甄别过错的程度、大小。原则上，在无法比较出过错大小的情况下，应当各自承担自己的损失。如果能甄别出过错大小，即一个为主一个为次，这种情况下对损失应当进行分担，即酌情按比例分担损失。例如，恶意串通损害他人利益导致合同无效，这种情况之下，受损害一方没有任何过错，属于串通一方的单方过错，由串通的一方赔偿受损害一方的损失。又如，一个联合建房合同，约定一方出地（提供土地使用权），一方出资，合同签订的时候出地一方承诺尽快办理土地的变性手续即由划拨土地转为出让土地的手续，但是到发生纠纷的时候，仍然没有办理土地的变性手续，导致合同被认定为无效（因为根据《土地管理法》，划拨用地是不能进入土地二级市场的，联合建房属于土地使用权的二级市场交易），这种情况下，是单方过错还是双方过错可能存在争议：首先，出地这一方存在重大过错，因为他知道这个土地是划拨土地，而且向对方允诺能够办理“由划拨变出让”的手续，结果没有办下来变性手续，所以他肯定有过错。但是投资这一方其实也是有过错的，因为他作为一个开发商（投资方），应当知道我国的法律是不允许划拨土地进行开发的，他与对方签订了这份合同，所以也有过错，但是他的过错程度显然低于出地一方，所以他可以请求出地一方赔偿其所遭受的损失的大部分，自己承担一小部分。

《最高人民法院关于适用〈中华人民共和国民法典〉合同编通则若干问题的解释》第24条第2款规定：“除前款规定的情形外，当事人还请求赔偿损失的，人民法院应当结合财产返还或者折价补偿的情况，综合考虑财产增值收益和贬值损失、交易成本的支出等事实，按照双方当事人的过错程度及原因力大小，根据诚信原则和公平原则，合理确定损失赔偿额。”以此规定，在合同被认定无效的情况下，除了返还的法律后果，如果一方因此受到了损失，还可以请求对方赔偿损失。在确定赔偿损失的范围与数额时，应当考虑的因素包括：（1）已经安排的财产返还或者折价返还的情况，亦即当事人通过财产返还或者折价返还已经实际获得的补偿。（2）财产的增值收益和贬值损失、交易成本，如股权转让合同被认定无效，股权受让方应当将股权返还给转让方，转让方应当将转让价款返还给受让方，如果受让方在持有股权期间已经获得了较多的股东分红，则在确定转让方赔偿受让方损失的数额时应当考虑到此一因素。（3）当事人的过错程度及原因力大小。即当事人各方对导致合同无效在主观上的过错程度，该过错程度对导致合同无效所起到的作用或者影响力的大小，如在土地使用权转让合同纠纷中，转让方允诺在一定期限内办理土地使用权的变性手续，即由划拨土地使用权变性为出让土地使用权，但是后来没有履行该义务，合同被认定为无效合同，该案中显然转让方的过错明显大于受让方的过错，且该过错直接导致了合同的无效，具有最大的原因力，甚至是唯一的因素，故而在赔偿受让方的投资损失时应当着重考虑此一因素，由转让方赔偿受让方的全部或者大部分实际损失。

3. 合同无效的公法效果

《最高人民法院关于适用〈中华人民共和国民法典〉合同编通则若干问题的

解释》第24条第3款规定："合同不成立、无效、被撤销或者确定不发生效力，当事人的行为涉嫌违法且未经处理，可能导致一方或者双方通过违法行为获得不当利益的，人民法院应当向有关行政管理部门提出司法建议。当事人的行为涉嫌犯罪的，应当将案件线索移送刑事侦查机关；属于刑事自诉案件的，应当告知当事人可以向有管辖权的人民法院另行提起诉讼。"该条规定与该司法解释第16条第3款"依据前两款认定合同有效，但是当事人的违法行为未经处理的，人民法院应当向有关行政管理部门提出司法建议。当事人的行为涉嫌犯罪的，应当将案件线索移送刑事侦查机关；属于刑事自诉案件的，应当告知当事人可以向有管辖权的人民法院另行提起诉讼"之规定有异曲同工之处，即连接私法与公法的适用通道，使得合同无效的私法适用效果尽量与公法适用效果保持一致性，并且保持了司法解释在对待同类问题上的一致性。在当事人一方或者双方存在严重违反法律、法规的强制性规定、恶意串通损害国家或者集体利益、以通谋虚伪的意思表示订立合同等情形，仅仅在私法上认定合同无效只解决了当事人的民事权利义务关系，公法上当事人并未承担任何其应当承担的责任。所以，法院或者仲裁机构在认定合同无效的同时如果发现当事人的行为涉嫌违法且未经行政处理或者追究刑事责任，可能导致一方或者双方通过违法行为获得不当利益的，应当向有关行政管理部门提出司法建议；当事人的行为涉嫌犯罪的，应当将案件线索移送刑事侦查机关；属于刑事自诉案件的，应当告知当事人可以向有管辖权的人民法院另行提起诉讼。

二十一、合同部分无效的后果

合同无效可能是全部无效，也可能只是部分条款无效。《民法典》第156条规定："民事法律行为部分无效，不影响其他部分效力的，其他部分仍然有效。"例如，前述将国有划拨土地进行联合开发建房的合同，合同是全部无效，因为整个合同的目的就是利用划拨土地进行开发，所以不是个别条款无效，而是整个合同无效。又如，在一份房屋租赁合同中有一个条款约定：租期之内如果因租赁物致第三人损害，由承租人向受害人赔偿损失，出租人不承担责任，此一约定不符合《民法典》侵权责任编关于物件致人损害的规则，属于无效条款，但是不影响租赁合同其他所有条款的效力。再如，当事人约定一份定金合同，其中定金的比例为合同总额的25%，此时只是这个条款中的部分内容无效，即超过20%的部分无效，20%之内的条款内容仍然是有效的。类似的情形如租赁合同约定租期50年，违反了法律关于租赁合同的期限最长不能超过20年的规定，但是整个租赁合同仍然是有效的，仅仅是50年租期的条款无效，而且并非整个有关租期的条款无效，只是超过20年的部分无效，所以这份租赁合同就是一份租期为20年的合同。

二十二、已办理备案、审批手续及物权变动登记手续对合同效力的影响

在介绍可撤销合同一节中，已经讨论了合同的备案手续、审批手续以及合同项下的标的物权利变更登记手续对撤销权的影响，得出了不能影响撤销权行使的结论，并且结合《最高人民法院关于适用〈中华人民共和国民法典〉合同编通则若干问题的解释》第13条进行了分析。

其实，合同的备案手续、审批手续以及合同项下的标的物权利变更登记手续对撤销权的影响并不大，影响更大的是对合同效力的理解与判断。在出现上述三种情形时，亦即合同已经办理了备案手续、审批手续以及标的物权利变更登记手续的情况下，如果有一方当事人主张合同无效，或者法院、仲裁机构发现合同存在无效的情形，另一方当事人即以合同已经办理了备案手续、已经经过了审批或者已经办理了标的物权利变更登记手续为由，主张不能再认定合同无效。此种情况下如何认定合同效力存在不同的理解。

正是针对此一情形，《最高人民法院关于适用〈中华人民共和国民法典〉合同编通则若干问题的解释》于第13条作出了明确的解释："合同存在无效或者可撤销的情形，当事人以该合同已在有关行政管理部门办理备案、已经批准机关批准或者已依据该合同办理财产权利的变更登记、移转登记等为由主张合同有效的，人民法院不予支持。"之所以作出这样的解释，理由在于：

其一，备案本身就与合同效力无涉，是否办理备案手续不影响合同的效力，既不决定合同生效，也不决定合同无效。如果法律、法规规定某类合同需要或者应当在主管部门办理备案手续，该规定属于纯粹的管理性强制性规定，即使当事人未办理备案手续也不影响合同的效力。所以，如果合同本身存在无效的情形，即使已经办理了备案手续，也不能以此为由主张合同有效，换言之，备案手续无法改变合同无效的性质。

其二，审批手续不同于备案手续，它会影响合同的完全生效，如果法律、法规规定了某类合同应当办理审批或者批准手续，则在办理审批手续、获得批准之前合同处于未完全生效的状态。一旦通过审批，办理完了批准手续，合同即获得完全或者完整的效力。但是，如果合同本身存在无效的情形，如合同内容违反法律、法规的效力性强制性规定，或者违背公序良俗，或者存在恶意串通损害他人利益的情形，则即使是通过了批准手续，当事人一方仍然有权请求法院或者仲裁机构确认合同无效，法院或者仲裁机构也可以依职权主动认定合同无效，不受已经批准的影响。

其三，依据有效合同的约定，当事人办理合同项下标的物权利的变更登记手续，本身就是履行合同义务的体现，办理此等手续属于事实行为或者准法律行为，其是否办理与合同的效力认定无涉，即使之前当事人已经办理完毕了财产权利的变更登记、移转登记等手续，事后发现合同存在无效的情形，当事人亦不能以此为由主张合同有效，不能改变合同无效的性质。

综上，是否办理完毕合同的备案手续，是否办理完毕合同的审批手续，是否办理完毕合同项下标的物的权利变更登记手续，当合同本身存在无效的情形时，任何一方当事人不得以上述手续已经办理完毕为由主张合同有效。

第四章

合同的履行

合同的履行是指合同的当事人依据合同约定以及法律规定作出给付的行为。合同的履行是合同法中最核心、最重要的内容之一，有学者认为合同履行就是合同法最核心的制度，[①]而不是之一，笔者深为赞同，合同履行是“契约必须严守”理念的应有之义，一方面当事人订立合同的目的就是希望各自能够按照合同约定履行义务，进而实现各自的合同目的；另一方面大量的合同纠纷都是出自合同履行的环节，双方争执的焦点问题也往往集中于履行环节。合同通则分编八个章节中，第四章“合同的履行”也是条文最多的章节之一，共有26个条文，仅次于第二章“合同的订立”（该章有33个条文，其他各章的条文数分别为：第一章“一般规定”6个条文，第三章“合同的效力”7个条文，第五章“合同的保全”8个条文，第六章“合同的变更和转让”14个条文，第七章“合同的权利义务终止”20个条文，第八章“违约责任”18个条文）。一定意义上，合同订立的规则主要在于引导双方当事人订立一个将来便于履行、尽量减少履行中的争议的合同，合同的保全制度是通过突破合同的相对性以增强合同履行的保障，合同的变更与转让是合同履行中出现的各种变化，合同权利义务关系的终止最主要的是基于履行完成，而违约责任制度也是以督促、保障合同的履行为目的。所以，某种意义上可以说整个合同制度都是围绕合同履行而设计与展开的。

一、合同履行的原则

《民法典》合同编通则分编第四章为合同的履行，该章首先用一个条文共计三款分别规定了合同履行的三项原则，即实际履行原则、诚信履行原则和生态文明履行原则。这就是《民法典》第509条之规定：“当事人应当按照约定全面履行自己的义务。当事人应当遵循诚信原则，根据合同的性质、目的和交易习惯履行通知、协助、保密等义务。当事人在履行合同过程中，应当避免浪费资源、污

---

① 参见王利明：《合同法研究》，中国人民大学出版社2015年版，第3-5页。

染环境和破坏生态。”下面对此三项合同履行的原则予以分析：

（一）实际履行原则

实际履行原则是指按照合同约定或者法律规定，全面地履行合同义务，也称为全面履行原则。比如，在合同的履行中，严格按照合同约定的主体、标的物、质量、数量、交付时间、交付方式、交付地点、价款支付方式等履行，既不能拒绝履行，也不能不符合约定履行。同时，无论是主给付义务还是从给付义务，无论是法定义务还是约定义务，无论是真正义务还是不真正义务，都应当全部履行。这就是《民法典》上述第509条第1款规定的内容：“当事人应当按照约定全面履行自己的义务。”

（二）诚信履行原则

债务人履行债务不仅需要按照约定或者法律规定全面履行，而且基于诚实信用原则，要为对方利益而计算，为对方着想，不能言而无信，不能见利忘义，这就是诚实信用原则的要求。《民法典》第509条第2款规定：“当事人应当遵循诚信原则，根据合同的性质、目的和交易习惯履行通知、协助、保密等义务。”此处的通知、协助、保密等都是指向对方当事人，为对方当事人的利益考虑，进而实现双方利益的平衡。这些义务就是典型的合同中的附随义务，包括先合同义务、后合同义务，也包括合同履行当中的附随义务。

（三）生态文明履行原则

《民法典》第509条第3款规定：“当事人在履行合同过程中，应当避免浪费资源、污染环境和破坏生态。”这便是我国《民法典》新确立的债务履行特别是合同履行中的生态文明履行原则，也称为绿色履行原则。绿色履行原则强调的是当事人在履行债务时应当尽量节约资源，减少浪费，避免对环境的污染。例如，发送货物应当避免豪华或者过度的包装。又如，运输应当采取最近原则，避免绕道。再如，建筑施工合同的履行应当尽量减少对周围环境噪声污染等。

以上三项合同履行的原则不是具体的规则，表述也较为抽象，却是建立整个合同履行规则与制度的基础与宗旨，指导整个合同履行行为，并且为合同履行纠纷的处理提供最重要的价值判断依据。

二、没有约定或者约定不明时的协商补充规则与解释规则

《民法典》第510条规定："合同生效后，当事人就质量、价款或者报酬、履行地点等内容没有约定或者约定不明确的，可以协议补充；不能达成补充协议的，按照合同相关条款或者交易习惯确定。"此即在出现合同内容没有约定或者约定不明时的处理规则：一为补充规则，一为解释规则。目的都是填补合同漏洞。实践中，由于签约经验、签约背景、前期准备工作情况、信息的不对称、法律知识的不足等因素，常常会出现合同条款不齐备、不完善的情形，对于当事人、标的、数量、质量、履行地点、履行时间、履行方式、违约责任、争议解决条款等这些一般应当写明的内容却没有约定，或者尽管约定了但含义不清晰，且存在不同的理解，产生了歧义，此即所谓的合同漏洞，出现合同漏洞会不同程度地影响合同的履行。为了解决上述情形给合同履行带来的不利影响，《民法典》在该条规定了两项补救措施：或者由当事人自己通过协商的方式对合同进行补充；或者由法官依据解释方法对合同条款进行解释，进而确定履行的内容。

（一）协商补充规则

补充规则的基本含义就是由当事人在履行合同中出现某些条款或者内容没有约定或者约定不明时，通过进一步的协商与沟通，达成补充协议，以解决履行障碍。实践中，补充协议、补充合同的情况十分常见，有的甚至签订了几份补充协议。补充协议既可以是对没有约定或者约定不明条款的重新约定，也可以是对履行中出现的新的情况双方达成的新的合意。补充协议通常仅是对某一个合同内容或者事项进行补充约定，如专门就利息问题进行补充，或者专门就股权变更登记手续与时间进行补充约定。一般认为，补充协议的效力优于原协议或者本协议的效力，很多补充协议本身会有此类表述："本补充协议与原协议具有同等效力，补充协议与原协议有不同之处的，以本补充协议为准。"

（二）不能达成补充时的解释规则

《民法典》第510条后半句规定："不能达成补充协议的，按照合同相关条款

或者交易习惯确定。”这就解决了不能达成补充协议时对于没有约定或者约定不明的那些合同条款或者内容的确定规则。

有的时候，当事人对数量、质量标准、履行地点、付款方式等没有约定或者约定不明，事后可能由于分歧太大等原因双方又不能达成补充协议，此时有可能导致合同难以履行下去，需要对那些存在争议的条款与内容予以尽快确定。如何确定这些没有约定或者约定不明的内容，该条提供了两条路径：首先是体系解释规则，其次是交易习惯解释规则。

1.体系解释规则

体系解释也称为逻辑解释，即把没有约定或者约定不明的、有争议的合同条款或者内容置于整个合同中去，联系合同的全部条文特别是与争议内容有逻辑关联的上下文条款，进行推定，以确定争议条款的内容。

例如，在一起商品房买卖合同纠纷中，对于办理房屋产权过户登记产生的税费包括土地增值税、契税等是由买房人承担还是出卖人承担没有约定，且后来发现该等税费数额很大，双方无法达成补充协议，各方均主张应当由对方承担，自己没有义务负担。法官在该买卖合同的价格条款中发现有这样的表述：“交易的房屋及其他物业总面积6000平方米，总价款2.8亿元，买方所支付的全部成本以2.8亿元为限。”法官据此认为，尽管合同对于交易产生的相关税费的负担没有约定，但是价格条款约定买方所支付的全部购房成本以2.8亿元为限，买方已经实际向卖方支付了2.8亿元，如果再让买方负担近3000万元的税费，显然不符合价格条款的内容，故结合合同的上下文条款，法院认定争议的税费应当由卖方承担。

2.交易习惯解释规则

合同行为从经济的角度而言就是一种交易行为，交易往往是反复、长期进行的，可能对于一份合同的双方当事人而言是第一次从事交易，但是此种或者此类交易早已存在，并且会在长期的交易中形成和积累下来一些约定俗成的规矩，凡是从事此种交易的主体都应当知晓，都应当受其约束。这就是交易习惯。对于那些没有约定或者约定不明的合同内容，或者其他存在争议的合同条款，如果双方达不成补充协议，也无法通过合同的上下文条款进行体系解释加以确定，此时便可以查找有无与争议条款有关的交易习惯，如有，且该交易习惯不违背公序良俗，法官便可以根据该交易习惯确定争议条款的内容。

例如，在一起《委托发布广告协议》的纠纷中，受托方是一家杂志社，委托方是一家药品生产企业，受托方接受委托为委托人发布广告，广告由委托方自己制作，发送给受托人，协议第3条约定："发行量：80000册。"第6条约定："合同期限：双方合作期限为一年，即12个月。"该杂志为月刊，即每月发行一期，一年共发行12期。受托方第三个月出刊时，委托方致函受托方，称"贵刊今年第1期发行量仅为4500册，第2期仅为4800册，第3期仅为4600册，已经远远低于协议约定的80000册，贵社已经严重违约，故通知贵社自即日起解除双方之间的广告发布协议，贵社退回我公司已经支付的三期广告费45万元"。受托方杂志社则辩称："协议第3条约定的发行量80000册是指年发行量而非月发行量，现在才第三个月，如果到年底累计总发行量未到80000册才构成违约，现在贵公司无权解除合同。"双方争执不下，后委托方提起诉讼，请求判决解除合同，被告承担违约责任，退回45万元广告费。该案的争议焦点就是对于"发行量"的约定不明确，即没有写明所称的发行量是年发行量还是月发行量，继而双方在理解上发生歧义。通过上下文条款也无法解释出该条约定的含义。后法院查找到期刊行业的交易习惯，即如果当事人没有特别声明，发行量就是指刊物的当期发行量，即如果是月刊，就是每月发行的数量，而不是年发行量。本案中约定的"发行量：80000册"没有指明是年发行量还是月发行量，则根据期刊行业的交易惯例，应当解释为当期发行量，也就是月发行量，而现在受托人每月发行量确实远低于约定的80000册，已经构成违约，委托方有权解除合同并请求违约方承担违约责任。当然，考虑到毕竟受托方已经为委托人发布了三期刊物，对委托方产品的市场销售有一定的意义，故基于自由裁量酌情由受托方收取一定数额的广告费用，其余的退回给原告。

我国《民法通则》时代尚未将习惯或者交易习惯作为法律的渊源，《民法典》第一次通过立法承认了习惯作为民法的渊源地位，即《民法典》第10条规定："处理民事纠纷，应当依照法律；法律没有规定的，可以适用习惯，但是不得违背公序良俗。"而《合同法》则较早就承认了交易习惯在合同解释、合同履行等领域中的意义，其中特别是交易习惯对于合同解释的重大意义。《合同法》第125条第1款规定："当事人对合同条款的理解有争议的，应当按照合同所使用的词句、合同的有关条款、合同的目的、交易习惯以及诚实信用原则，确定该条款的真实意思。”

《民法典》合同编更全面、广泛地承认了交易习惯在合同领域的意义与作用，特别是在解释合同、填补合同漏洞、寻找当事人的真实意思表示中的积极意义。笔者统计发现，《民法典》合同编共有25个条文使用了“交易习惯”的概念，可见交易习惯在合同法中的地位与重大意义。除了本条即第510条在合同编第一次使用“交易习惯”的概念之外，第510条涉及的合同解释价值被合同编第二分编即典型合同编24次引用到，第510条也成为民法典被其他条文引用最多的条文，这些条文几乎涉及所有的典型合同，其中特别是买卖合同、租赁合同、借款合同、运输合同、委托合同、技术合同、行纪合同等，以买卖合同最多，具体包括：

（1）第582条关于违约责任的确定：履行不符合约定的，应当按照当事人的约定承担违约责任。对违约责任没有约定或者约定不明确，依据本法第510条的规定仍不能确定的，受损害方根据标的的性质以及损失的大小，可以合理选择请求对方承担修理、重作、更换、退货、减少价款或者报酬等违约责任。

（2）第602条关于买卖合同中交付期限的确定：当事人没有约定标的物的交付期限或者约定不明确的，适用本法第510条、第511条第4项的规定。

（3）第603条关于买卖合同中交付地点的确定：出卖人应当按照约定的地点交付标的物。当事人没有约定交付地点或者约定不明确，依据本法第510条的规定仍不能确定的，适用下列规定：①标的物需要运输的，出卖人应当将标的物交付给第一承运人以运交给买受人；②标的物不需要运输，出卖人和买受人订立合同时知道标的物在某一地点的，出卖人应当在该地点交付标的物；不知道标的物在某一地点的，应当在出卖人订立合同时的营业地交付标的物。

（4）第616条关于买卖合同中质量约定不明的确定：当事人对标的物的质量要求没有约定或者约定不明确，依据本法第510条的规定仍不能确定的，适用本法第511条第1项的规定。

（5）第619条关于买卖合同中包装方式的确定：出卖人应当按照约定的包装方式交付标的物。对包装方式没有约定或者约定不明确，依据本法第510条的规定仍不能确定的，应当按照通用的方式包装；没有通用方式的，应当采取足以保护标的物且有利于节约资源、保护生态环境的包装方式。

（6）第626条关于买卖合同中价款数额与支付方式的确定：买受人应当按照

约定的数额和支付方式支付价款。对价款的数额和支付方式没有约定或者约定不明确的，适用本法第510条、第511条第2项和第5项的规定。

（7）第627条关于买卖合同中价款支付地点的确定：买受人应当按照约定的地点支付价款。对支付地点没有约定或者约定不明确，依据本法第510条的规定仍不能确定的，买受人应当在出卖人的营业地支付；但是，约定支付价款以交付标的物或者交付提取标的物单证为条件的，在交付标的物或者交付提取标的物单证的所在地支付。

（8）第628条关于买卖合同中价款支付时间的确定：买受人应当按照约定的时间支付价款。对支付时间没有约定或者约定不明确，依据本法第510条的规定仍不能确定的，买受人应当在收到标的物或者提取标的物单证的同时支付。

（9）第674条关于借款合同中利息的确定：借款人应当按照约定的期限支付利息。对支付利息的期限没有约定或者约定不明确，依据本法第510条的规定仍不能确定，借款期间不满一年的，应当在返还借款时一并支付；借款期间一年以上的，应当在每届满一年时支付，剩余期间不满一年的，应当在返还借款时一并支付。

（10）第675条关于借款合同中还款期限的确定：借款人应当按照约定的期限返还借款。对借款期限没有约定或者约定不明确，依据本法第510条的规定仍不能确定的，借款人可以随时返还；贷款人可以催告借款人在合理期限内返还。

（11）第709条关于租赁合同中对承租物使用方法的确定：承租人应当按照约定的方法使用租赁物。对租赁物的使用方法没有约定或者约定不明确，依据本法第510条的规定仍不能确定的，应当根据租赁物的性质使用。

（12）第721条关于租赁合同中租金支付期限的确定：承租人应当按照约定的期限支付租金。对支付租金的期限没有约定或者约定不明确，依据本法第510条的规定仍不能确定，租赁期限不满一年的，应当在租赁期限届满时支付；租赁期限一年以上的，应当在每届满一年时支付，剩余期限不满一年的，应当在租赁期限届满时支付。

（13）第730条关于租赁合同中租期的确定：当事人对租赁期限没有约定或者约定不明确，依据本法第510条的规定仍不能确定的，视为不定期租赁；当事人可以随时解除合同，但是应当在合理期限之前通知对方。

（14）第757条关于租赁合同中租赁物归属的确定：出租人和承租人可以约定租赁期限届满租赁物的归属；对租赁物的归属没有约定或者约定不明确，依据本法第510条的规定仍不能确定的，租赁物的所有权归出租人。

（15）第782条关于承揽合同中报酬支付的确定：定作人应当按照约定的期限支付报酬。对支付报酬的期限没有约定或者约定不明确，依据本法第510条的规定仍不能确定的，定作人应当在承揽人交付工作成果时支付；工作成果部分交付的，定作人应当相应支付。

（16）第831条关于运输合同中货物检验期限的确定：收货人提货时应当按照约定的期限检验货物。对检验货物的期限没有约定或者约定不明确，依据本法第510条的规定仍不能确定的，应当在合理期限内检验货物。收货人在约定的期限或者合理期限内对货物的数量、毁损等未提出异议的，视为承运人已经按照运输单证的记载交付的初步证据。

（17）第833条关于运输合同中货物风险承担的确定：货物的毁损、灭失的赔偿额，当事人有约定的，按照其约定；没有约定或者约定不明确，依据本法第510条的规定仍不能确定的，按照交付或者应当交付时货物到达地的市场价格计算。法律、行政法规对赔偿额的计算方法和赔偿限额另有规定的，依照其规定。

（18）第858条第1款关于技术开发合同中风险负担的确定：技术开发合同履行过程中，因出现无法克服的技术困难，致使研究开发失败或者部分失败的，该风险由当事人约定；没有约定或者约定不明确，依据本法第510条的规定仍不能确定的，风险由当事人合理分担。

（19）第875条关于技术开发合同中后续改进技术成果归属的确定：当事人可以按照互利的原则，在合同中约定实施专利、使用技术秘密后续改进的技术成果的分享办法；没有约定或者约定不明确，依据本法第510条的规定仍不能确定的，一方后续改进的技术成果，其他各方无权分享。

（20）第889条关于保管合同中保管费的确定：寄存人应当按照约定向保管人支付保管费。当事人对保管费没有约定或者约定不明确，依据本法第510条的规定仍不能确定的，视为无偿保管。

（21）第902条关于保管合同中保管费支付时间的确定：有偿的保管合同，寄存人应当按照约定的期限向保管人支付保管费。当事人对支付期限没有约定或者约定不明确，依据本法第510条的规定仍不能确定的，应当在领取保管物的同时支付。

（22）第955条第2款关于行纪合同中增加利益的归属的确定：行纪人高于委托人指定的价格卖出或者低于委托人指定的价格买入的，可以按照约定增加报酬；没有约定或者约定不明确，依据本法第510条的规定仍不能确定的，该利益属于委托人。

（23）第963条第1款关于中介合同报酬的确定：中介人促成合同成立的，委托人应当按照约定支付报酬。对中介人的报酬没有约定或者约定不明确，依据本法第510条的规定仍不能确定的，根据中介人的劳务合理确定。因中介人提供订立合同的媒介服务而促成合同成立的，由该合同的当事人平均负担中介人的报酬。

（24）第976条第1款关于合伙合同中合伙期限的确定：合伙人对合伙期限没有约定或者约定不明确，依据本法第510条的规定仍不能确定的，视为不定期合伙。

当然，第510条除了交易习惯的解释方法以外，还包括补充、体系解释方法的内容。极而言之，在合同履行过程中，当合同编其他条文援引第510条时，都是遵循以下程序规则：第一，当出现合同内容没有约定或者约定不明时，首先应当根据合同自由的原则，鼓励当事人通过协商签订补充协议的方法对合同漏洞进行填补；第二，如果由于分歧太大当事人无法达成补充协议，应当按照体系解释、交易习惯解释的方法对没有约定或者约定不明的内容进行确定；第三，当既无法达成补充协议又无法通过体系解释、交易习惯解释确定合同内容时，转而适用《民法典》第511条规定的履行规则，即约定不明时的法定履行规则。下一节即介绍约定不明时的法定履行规则。

（三）第510条与第466条、第142条第1款的适用关系

《民法典》第510条规定："合同生效后，当事人就质量、价款或者报酬、履行地点等内容没有约定或者约定不明确的，可以协议补充；不能达成补充协议的，按照合同相关条款或者交易习惯确定。"第466条规定："当事人对合同条款的理解有争议的，应当依据本法第一百四十二条第一款的规定，确定争议条款的含义。合同文本采用两种以上文字订立并约定具有同等效力的，对各文本使用的词句推定具有相同含义。各文本使用的词句不一致的，应当根据合同的相关条

款、性质、目的以及诚信原则等予以解释。”第142条规定：“有相对人的意思表示的解释，应当按照所使用的词句，结合相关条款、行为的性质和目的、习惯以及诚信原则，确定意思表示的含义。无相对人的意思表示的解释，不能完全拘泥于所使用的词句，而应当结合相关条款、行为的性质和目的、习惯以及诚信原则，确定行为人的真实意思。”此三个条文存在一定的相关性，需要准确理解其相互之间的适用关系：

第一，此三个条文均涉及意思表示的解释规则与方法，且均涉及体系解释、习惯解释的方法，其立法目的均在于尊重当事人的意思表示，当出现合同漏洞，或者出现对合同条款理解上的争议时，强调应当努力探寻当事人的真意，以达到合同自由、意思自治的宗旨。

第二，第142条规定于《民法典》总则编第六章“民事法律行为”之第二节“意思表示”，是作为全部法律行为的规则构成部分，对所有的法律行为中的意思表示的解释均具有适用的效力，其涵摄面最广。其未使用“交易习惯”而是直接使用“习惯”的概念，因其不仅包括合同行为中的交易习惯，还包括其他民事习惯，交易习惯被包含在此处的“习惯”之中。交易习惯是作为民法渊源的习惯中的一种类型，主要适用于以营利为目的的商事交易行为。

第三，第466条规定于合同编通则分编的第一章“一般规定”，专门适用于当事人对已经约定的合同条款发生争议的情形，是作为合同解释的一般规则加以规定的，对所有合同行为具有适用的效力，其涵摄面小于第142条。

第四，第510条规定于合同编通则分编第四章“合同的履行”，仅作为合同的履行中出现没有约定或者约定不明时的漏洞填补规则，其涵摄面最小。

第五，根据法律适用从具体到一般、特别规则优先于一般规则的原则，如果出现纠纷的环节是在合同履行中由于某些或者某个条款没有约定或者约定不明，需要确定合同的内容以便于履行，此时应当适用第510条，以及在适用第510条仍然不能确定相关内容时转向适用第511条，而无适用第466条之必要，进而更无适用第142条之可能。如果发生纠纷的环节是当事人对于合同已经有的约定（而不是没有约定或者约定不明）出现了不同的理解，发生了理解上的争议，则应当适用第466条，并由第466条转引致第142条，而不适用第510条。当然第510条所称的“约定不明确”与第466条所称的“对合同条款的理解有争议”二者之间存在交叉的可能性，正是由于约定不明进而导致理解上的歧义，继而发生争议，此种情形仍应先适用第510条，再适用第511条，仍然不能确定争议的内容时才有可能适用第466条。

三、约定不明时的法定履行规则

如前所述，合同生效后，如果当事人就质量、价款或者报酬、履行地点等内容没有约定或者约定不明确的，既无法通过协商达成补充，按照合同相关条款或者交易习惯也无法确定没有约定或者约定不明的内容，此时《民法典》提供了一套详细的候补规则，这就是没有约定或者约定不明时的法定履行规则。

《民法典》第511条规定："当事人就有关合同内容约定不明确，依据前条规定仍不能确定的，适用下列规定：（一）质量要求不明确的，按照强制性国家标准履行；没有强制性国家标准的，按照推荐性国家标准履行；没有推荐性国家标准的，按照行业标准履行；没有国家标准、行业标准的，按照通常标准或者符合合同目的的特定标准履行。（二）价款或者报酬不明确的，按照订立合同时履行地的市场价格履行；依法应当执行政府定价或者政府指导价的，依照规定履行。（三）履行地点不明确，给付货币的，在接受货币一方所在地履行；交付不动产的，在不动产所在地履行；其他标的，在履行义务一方所在地履行。（四）履行期限不明确的，债务人可以随时履行，债权人也可以随时请求履行，但是应当给对方必要的准备时间。（五）履行方式不明确的，按照有利于实现合同目的的方式履行。（六）履行费用的负担不明确的，由履行义务一方负担；因债权人原因增加的履行费用，由债权人负担。"该条也是《民法典》中字数最多的条文之一。此一规定的适用前提是：某一事项当事人在合同中没有约定或者约定不明，又不能通过协商达成一致意见，而根据合同的相关条款或者交易惯例仍然不能确定债务如何履行，这种情况下，《民法典》给出了直接的法定履行规则。

（一）质量要求约定不明时的履行规则

即对于标的物的质量标准、质量参数、技术参数，包括质量的检测机构、检测方法等，没有约定或者约定不明。比如，尽管合同中约定货物必须由第三方出具检测报告，但是第三方是谁并没有约定，同行业可能有很多不同的检测机构，到底是国际的还是国内的，是一级资质的还是二级资质的，都没有写清楚。结果有一方出具了一个二级资质的检测机构的检测报告，对方不认可。出现这种争议时，如果标的物有强制性国家标准的，则必须按照强制性国家标准履行；没有强制性国家标准的，按照推荐性国家标准履行；如果没有推荐性国家标准的，则按照行业标准履行；如果连国家标准、行业标准都没有的，按照通常标准或者符合合同目的的特定标准履行。

通用产品或者服务一般不存在国家的强制性标准，强制性国家标准通常是对保障人身健康和生命财产安全、国家安全、生态环境安全以及满足经济社会管理基本需要的技术要求。比如，对食品、药品等实行强制性国家标准。强制性国家标准只能由中央人民政府即国务院批准发布，或者由国务院授权批准发布，其表述是以GB开头，即“国标”的拼音首写字母。

推荐性国家标准是由生产者或者经营者自愿采用的国家标准。换言之，该标准也是由国家制定，但不是必须采用的，不具有强制性，通常是需要对有关行业或者产品起到引领或者示范作用的技术要求。其表述是GB/T开头，其中的T即“推”字的拼音首写字母。

行业标准是对没有国家标准而又需要在某个行业范围内统一技术要求所制定的标准。行业标准不是由国家行政主管部门制定和发布，而通常是由某个行业协会等民间机构制定和发布。行业标准不具有强制性，但是当某些产品或者服务没有国家标准而存在行业标准时，如果生产者或者经营者提供的产品或者服务不符合该行业标准，则构成质量标准违约，行业标准可以作为认定其构成违约的依据。行业标准存在的另外一种情形是，在有国家标准的情况下，行业协会等仍然制定出由特定行业普遍采用的技术标准。此种情形下，行业标准的技术要求不得低于强制性国家标准的相关技术要求。

通常标准其实就是指在既没有国家标准又没有行业标准时，生产者、经营者提供产品或者服务所应当达到的一般标准，即满足一般或者基本需要的技术要求，如不得低于债务履行地的平均水平。当事人之间因为标的物质量问题产生纠纷，在没有国家标准和行业标准的情况下，可以参照履行地该类产品或者服务的平均水平作为认定当事人是否构成违约的依据。

符合合同目的的特定标准是指在没有国家标准、行业标准的情况下，或者即使有国家标准、行业标准但是当事人有特别要求的情况下，根据当事人所订立的合同中的具体条款而体现当事人的特定合同目的，债务人提供的产品或者服务应当符合或者满足该等具体条款所体现的对方的合同目的，如果不能实现对方的合同目的，则意味着债务人的给付不符合特定的合同目的，质量标准不合格，构成违约。例如，在一份场地租赁合同中，承租人明确提出由于其需要使用技术参数很严格的精密仪器，故特别约定场地周围的噪声分贝不能高于30分贝，但是后来测出周围的噪声分贝为50分贝，承租人请求解除合同，主张出租人构成根本违约，出租人则抗辩称噪声分贝没有超出《环境噪声污染防治法》规定的标准。由于当事人在合同中对噪声问题作出了特别的约定，债务人的履行必须符合合同目的的特定标准，出租人的抗辩不能成立。

（二）价款或者报酬约定不明时的履行规则

广义上的价款，包括货款、租金、运费、工程款、代理费等。价款或者报酬约定不明确的，应当按照订立合同时履行地的市场价格履行。这里涉及确定价格的三个判断因素：其一，时间因素，应当是订立合同时，而不是履行合同时；其二，地点因素，应当是合同履行地，而不是合同订立地或者其他地方；其三，价格性质因素，应当是市场价格，即当地市场的一般或者平均交易价格。这种价格有可能来自某一行业协会发布的一定时期内的平均交易价格，也有可能来自某一交易市场或者交易平台发布的某一时段内的平均交易价格。

比如悬赏广告，有的悬赏广告的报酬说得很清楚，“如果谁给我送还遗失物，本人愿以5000块钱酬谢”。但是有的说“必有重谢”，什么是重谢？遗失物的拾得人后来联系到了失主，交还了遗失物，失主给了拾得人200块钱，拾得人不同意，说：“我和你联系花了很多时间，电话费就花了很多，我还打车给你送过来，已经花了300块钱。这是我的成本。你还答应重谢我呢！”于是双方发生纠纷。这是一个典型的价款或者报酬约定不明的例子，问题是这种情况是否有市场参考价？很可能找不到，更没有政府定价，因为悬赏广告本身就是一个立法空白。所以就只能回到《民法典》第509条、第510条的履行原则，以及第466条的解释规则，依据诚实信用原则、公平原则等，确定失主应当支付给拾得人的报酬。如果丢失的是一件普通的东西，给200块钱报酬差不多（通信费、误工费、出租车费等成本之外的报酬），但如果是笔记本电脑，里面有很重要的文件，那就不一样了，所以报酬与返回遗失物的价值有关。

如果该产品或者服务属于依法应当执行政府定价或者政府指导价的，则应当依照相关规定按照政府定价或者政府指导价履行。现在推行市场经济，政府定价只在极少数商品或者服务领域才有适用，如自来水、民用电、热力、暖气、成品油等公用事业领域。此处的“政府定价”到底是中央政府，还是也包括地方政府，语焉不详。比如建筑工程合同，很多地方政府对于施工企业的取费标准都有规定，且差别很大，所以原则上应该是中央政府的定价，但是不能排除地方政府的定价，特别是如果中央政府对某类产品或者服务的定价授权给地方政府定价的情况。

（三）履行地点约定不明时的履行规则

履行地点属于合同中的主要条款之一，当事人应当严格按照合同约定的履行地点履行义务，否则就构成义务违反。但是，如果履行地点没有约定或者约定不明，就可能带来履行中的困难与纠纷，需要相应的规则。所以《民法典》第511条第3项规定：履行地点不明确，给付货币的，在接受货币一方所在地履行；交付不动产的，在不动产所在地履行；其他标的，在履行义务一方所在地履行。以此规定，在履行地点约定不明时，首先要区分给付的内容，并且将给付的内容具体分为两种情形，一种为给付货币，另一种为给付非货币。前者，由接受货币一方所在地作为履行地，如北京一家公司与上海一家公司签订一份买卖合同，北京公司是卖方，上海公司是买方，货款共计4000万元，买方支付货款，但没有约定在哪里支付，则根据此一规定在接受货币一方履行，本案中接受货币一方为卖方即北京公司，故就支付货币的义务履行地而言，北京为履行地，上海公司需要将4000万元货款支付到北京公司指定的在北京地区的账户。后者，即给付非货币，则进一步将标的物分为不动产与动产及其他标的，如果是不动产，由该不动产所在地作为履行地，如果是动产或者其他标的（比如，技术资料、知识产权、股权等），则在履行该动产或者其他标的的给付义务一方所在地履行。例如，在一份股权转让协议中，武汉一家公司将其持有的目标公司50%的股权转让给重庆一家公司，双方对于履行地点没有约定，则就交付股权这一给付义务而言，义务人为武汉公司，履行地应当在武汉而非重庆。

（四）履行期限约定不明时的履行规则

履行期限约定不明，包括合同的有效期没有约定或者约定不明，容易产生纠纷。比如，买卖合同中，只约定了货物的名称、数量，但是什么时候发货以及什么时候交款，没有约定或者约定不明。又如，一份借款合同，甲对乙说："能不能借我10万元。"因为都是朋友，乙说："行。"甲便写了一张借条，言明借款10万元，可是借多长时间没有写。乙说："等你有钱的时候还我吧。"借款期限没有约定，1年后乙要求甲还钱，甲说："咱们没有约定什么时候还啊。"乙现在是否有权请求甲还钱？这就必须有一个法定的规则。

履行期限没有约定或者约定不明的时候，债权人可以随时要求债务人履行债务，他只需要给债务人一个合理的期限做准备就行。比如，房屋租赁合同，没有约定租期，结果1年后出租人对承租人说："对不起，这房子现在我要自己住，你明天搬出去吧。"如果约定了租期3年，出租人1年后肯定不能解除合同，让承租人搬出去，但是当时合同没有约定租多长时间，所以1年后出租人有权利让承租人搬走，也就是说他随时可以解除合同，因为在没有约定租期的情况下这份租赁合同就成了不定期合同，不定期合同当事人都可以随时解除合同，这就是《民法典》第563条第2款规定的"以持续履行的债务为内容的不定期合同，当事人可以随时解除合同，但是应当在合理期限之前通知对方"。出租人有权利随时解除合同，但他需要给承租人合理时间准备好搬家，不能今天通知明天就要求承租人搬出去。这是从债权人角度的分析，即债权人随时可以行使债权。

又如，上面借款10万元的案例，借款合同没有约定借款期限，则出借人乙有权利随时请求借款人甲偿还借款，只是需要给甲一个合理的期限。

从债务人的角度而言，在履行期限没有约定或者约定不明时，债务人可以随时履行，债权人不得拒绝受领。当然，债务人在实际给付之前基于诚实信用原则应当通知债权人。

履行期限没有约定或者约定不明的时候，与诉讼时效的起算存在紧密的关系，合同之债的诉讼时效起算点通常是合同约定的履行期限届满，如果是分期履行，就是最后一次履行期届满之次日，债权人就可以主张债权了，他不行使权利就开始起算诉讼时效，但是履行期限约定不明，应当从什么时候开始起算诉讼时效？再回到前面甲向乙借10万元的案例，合同没有约定借多长时间，先借着再说，结果5年过去了，债务人也没有主动履行，债权人也没有找债务人要求还钱，6年以后的某一天债权人找债务人说："请你还我10万元。"债务人说：6年了，诉讼时效早就过了。本案中，借款时间尽管确实已经过去了6年，诉讼时效只有3年，然而本案中的诉讼时效却并没有超过，因为它都还没有开始起算诉讼时效。此种情况下诉讼时效应当从什么时候开始起算？从某种意义上而言，它只能适用绝对时效，即20年的最长时效，但是如果债权人向债务人提出了履行请求（债权人可以随时要求债务人履行），则债权人第一次提出履行请求以及给出的履行期限届满，即开始起算诉讼时效。比如该案中，没有约定借款期限，3个月以后乙向甲说："请你10天之内还我这笔钱。"这样，履行期限就出来了，债权人可以单方决定。因为本来就没有约定期限，所以债权人可以随时要求履行，只需要给债务人一个合理期限。从乙提出履行请求以及给出的期限届满，10天以后如果甲还没有还钱，那么从第11天开始就起算诉讼时效了。

（五）履行方式约定不明时的履行规则

所谓履行方式，一般是指债务履行的方法，亦即债务人以什么样的方法履行和完成自己的义务，包括标的物的具体交付方法、标的物的运输方法、工作成果的完成与提交方法、价款或者酬金的支付方法等。履行方式关系到当事人的权利义务内容、责任承担、风险分配等，应当由双方当事人明确约定。在没有约定或者约定不明的情况下，应当按照有利于实现合同目的的方式履行。所以首先需要明确双方当事人特别是债权人的合同中的目的是什么，然后才能对约定不明的履行方式加以确定。例如，在一份技术转让合同中，双方对于转让方提交工作成果的方法约定不明，转让方主张其只需要提交相关设备和技术资料即可，受让方则认为除了上述设备和技术资料以外，转让方还应当对设备进行调试、对受让方人员进行技术培训等。从受让方的合同目的考察，仅仅获得相关设备和技术资料本身不是其受让该技术的目的，而在于能够使用该技术，如果没有转让方的技术培训受让方是无法实际使用该设备的，故转让方负有对受让方进行人员培训的义务。

（六）履行费用负担约定不明时的履行规则

履行费用负担一般不涉及主给付内容。比如买卖合同中，如果价款没有约定或者约定不明，它不是履行费用的问题，而是前面所讲的价款约定不明的问题。如果一家北京公司从一家沈阳公司订购了1000吨水泥，货物要从沈阳运输到北京，约定了每吨的价款，但是关于运费没有约定，或者约定不明，这就是履行费用负担的问题。又如房屋买卖合同，不管是一手房还是二手房买卖，都得缴纳房屋交易契税、所得税，对于这些税款买卖双方谁去缴纳，也就是谁负担，双方可以约定，但是如果没有约定或者约定不明，该由谁负担？税收机关不管当事人谁缴纳，只要有人缴纳就行，而当事人之间就得看约定，没有约定就得按照法律规定的规则处理，这个规则就是：履行费用的负担不明确的，由履行义务一方负担；因债权人原因增加的履行费用，由债权人负担。换言之，在履行费用没有约定或者约定不明的情形下，谁是履行义务一方，谁就负担因履行而发生的费用。

履行费用通常涉及运送费、保险费、仓储费、清仓费、关税、所得税、契税、增值税、登记费、通信费、包装费、银行手续费、鉴证费、翻译费、律师费等。

实践中，有的时候容易确定履行义务一方，有的时候不好确定谁是履行义务一方，如商品房买卖的契税，谁是履行义务一方？是买房的人，还是卖房的人，并不明确。《民法典》这一条只是给出一个原则性的规则，实践中还需要根据各种情况综合判断，才能得出公平的结论。比如，在我们国家有一个非常奇怪的现象，在房屋买卖合同中，出卖人卖房，取得房屋价款，出卖人是所得方，他应该交纳个人所得税，按照公法即《个人所得税法》也应当是出卖人缴纳个人所得税，但是实践中出卖人的个人所得税往往约定是由买方来承担，因为这是一个卖方市场，一个畸形的房地产市场。当然，如果合同中约定得很清楚，由买房人缴纳个人所得税，双方自愿做了这样的约定，约定当然是有效的。如果没有约定，则应当是由履行义务一方也就是出卖人承担。

在国际贸易当中，履行费用的负担通常是根据贸易价格术语来决定的。运费、保险费等由谁来负担，取决于约定的价格术语，价格术语中已经包含了各种费用由谁负担的规则，这个费用特别指的是运费、保险费，有的时候还包括进出口关税负担的问题。常见的几种价格术语，包括FOB（Free On Board），即离岸价；CIF（Coast，Insurance and Freight），即到岸价等。到岸价的含义就是成本加保险加运费。[①]

国内贸易当中不用价格术语，但是在常见的买卖合同当中，有三种交货方式，它类似于国际贸易中价格术语。一种是送货制，另一种是提货制，还有一种是代办托运制。此三种交货方式可以说是很重要的交易惯例，这些交易惯例不仅涉及费用负担，也涉及标的物风险的转移。国际贸易价格术语，如FOB，指的不仅是买方承担运费和保费，卖方只负责把货运到装运港港口，到了港口以后，一般不可能马上就装船，都得在码头进行堆放保管，因为装船要排期，所以货到了码头以后得租仓位，这就发生了保管费、堆仓费等。港口装货有很多风险，价格术语中包含了风险的负担规则。国内所谓的送货制很像国际贸易当中的CIF或者DES，出卖人要负责把货送到买方指定的地点，那么就意味着运费、保管费等费用由出卖人负担，出卖人的义务是把货送到买方指定的地点或者仓库。提货制则相反，它像国际贸易中的FOB，是买受人自己要到卖方指定的地点或者仓库提货，至于如何运输，由买受人自己决定，与出卖人无关。还有一种代办托运，它指的是出卖人代买方办理托运手续，这种情况需要经过第三承运人来运输货物，出卖人的义务是负责把货交给双方约定的或者买受人指定的承运人。

需要重申的是，上述法定履行规则的适用前提是合同对质量、价款、履行时间、履行地点、履行方式、履行费用负担等约定不明，双方无法通过协商达成补充协议，又无法经由《民法典》第510条的体系解释和习惯解释予以确定，这种情况下才适用上述法定履行规则。

四、提前履行与部分履行的规则

（一）提前履行的规则

履行期限约定很清楚，但是债务人提前履行，是否应当允许？提前履行是不是违约行为？例如提前交货，提前付款，提前办理股权变更登记手续等。一般而言，债务人愿意提前履行，是债务人自己放弃了期限利益，似乎对债权人都是有

① 现在一般认为只有DES即Delivered Ex Ship，才是真正的到岸价，亦即必须是在目的港船上交货，而不是装运港船上交货。

利的，所以债权人应当没有权利拒绝债务人的提前履行。但事实上不一定提前履行都是对债权人有利的。比如，北大和某个厂家在5月中旬订了一份加工承揽合同，约定8月1日厂家负责把1万把椅子送到北大，北大要使用该批椅子装修教室，为9月1日开学做准备，结果厂家提前到6月上旬就把货送过来了，北大没有地方存放这1万把椅子，现在还得找仓库存放，还要支付仓储费和保管费。所以，并不是提前履行都是对债权人有利的。

对于提前履行，《民法典》的基本原则是尊重债权人的意思，保护债权人的期限利益，同时维护债务人放弃自己期限利益的权利。《民法典》第530条规定："债权人可以拒绝债务人提前履行债务，但是提前履行不损害债权人利益的除外。债务人提前履行债务给债权人增加的费用，由债务人负担。"依此规则，提前履行需要经过债权人同意，债权人不同意则债务人不能提前履行。这是债权人享有的拒绝受领的权利，应予保护。但是如果债务人提前履行，并不因此损害债权人利益，则债权人不能拒绝债务人的提前履行。细言之，第一，当约定了履行期限的时候，债务人如欲提前履行，需要征得债权人的同意。不是说债务人提前履行，债权人就必须得接受，而是相反，提前履行需要经过债权人的同意。第二，债权人可以不同意，可以加以拒绝。质言之，对于提前履行，债权人享有拒绝权。第三，如果债权人没有正当理由，而提前履行又不损害债权人的利益，则债权人不能拒绝。比如，前面讲的北大与某厂家的加工承揽合同，厂家提前履行，北大有正当理由拒绝，因为现在还没有施工队，也没有仓库存放如此多的椅子。第四，如果债权人同意了债务人的提前履行请求，或者债权人应当同意债务人的提前履行请求，则如果因为提前履行而比原来合同的约定增加了费用，所有这些新增加的费用应当由债务人承担。

（二）部分履行的规则

对于部分履行的规则，《民法典》第531条给出了具体的规定，即债权人可以拒绝债务人部分履行债务，但是部分履行不损害债权人利益的除外。债务人部分履行债务给债权人增加的费用，由债务人负担。其中道理与前面的提前履行异曲同工。部分履行是与全面履行相对应的概念，即债务人仅履行一部分债务。如果合同约定债务人可以分批分次履行，或者约定可以部分履行，则部分履行不属于违约行为。但是如果合同没有这样的约定，则债务人应当全面履行债务，若仅履行了一部分债务即构成违约。例如，约定一次性交付货物10吨，结果出卖人在约定的期限内只交付了5吨货物，此种情形下的部分履行即属于违约。当然，当债务人部分履行时，债权人是否有权拒绝该部分履行，还是应当先受领部分履行，对未履行的部分请求债务人继续履行并承担违约责任，需要视合同的性质、约定的内容、履行的具体情况等因素确定，既不能绝对地认为债权人享有拒绝受领的权利，更不能认为债权人必须接受债务人的部分履行。原则上，债权人享有拒绝受领部分履行的权利，除非债务人能够证明该部分履行不会损害债权人的利益，在部分履行不会损害债权人利益的情况下，债权人不享有拒绝受领的权利，应当接受履行。如果因部分履行而增加了履行的成本或者负担，此等费用由债务人承担。

五、履行主体

基于债的相对性，债的履行主体也是特定的、相对的。就债务人而言，只能是根据约定或者法律规定，应当承担给付义务的人。除债务人外的任何其他人不承担给付义务，债权人只能请求该特定的债务人而不能请求任何其他人履行给付义务。

实务中，由于当事人的名称或者姓名发生变化，或者总公司与分公司、母公司与子公司的关系发生变化，或者因为收购、合并、分立等导致主体资格的变化，或者因股权转让、增资扩股等导致公司主体的变化等，可能会给债务人或者履行主体的确定带来争议。例如，某房地产公司有5个自然人股东，公司开发的项目地块分为A、B两个区域，后来其中一个股东甲在项目进行之中把他享有的10%的股份转让给第三人乙，有一次4个老股东开会，新股东乙未参加，这次股东会形成了股东会决议，即A区由股东丙经营，丙自己另外注册一家新公司经营A区义务，与A区有关的债权债务归丙或者丙设立的新公司负担，与其他人无关，B区由另外四个股东利用原来的公司进行经营，B区的债权债务由B区的4个股东负担。后来，丙设立了一个新的公司，经营良好，盈利颇丰，但是B区没有进行实际开发，处于负债状态。现在B区的4个股东提起公司决议无效之诉，请求确认之前的股东会决议是无效的，理由是违反了法律的强制性规定，因为决议决定A区的债务由丙负担，B区的债务由其他股东负担，这相当于一个公司分立行为，而按照公司法，公司分立以后原来公司的债务应当由分立以后的公司承担连带责任，所以决议规定A区的债务归A区、B区的债务归B区，违反了法律的强制性规定。此外，新股东乙没有参加股东会，侵害了乙的表决权，故当初公司的股东会决议无效，不能约束公司，也不能约束公司所有股东，B区的债务也需要全体股东承担。这个纠纷的实质是公司股东会决议涉及的原公司的债务处理方案的效力问题，就会议程序而言，按照公司法的规定和公司章程，重大事项实行2/3多数决，即使乙没有参加股东会，由于其只占10%的股份，而另外四个股东当时是全票通过的，达到了2/3的比例，所以影响决议效力的此一程序瑕疵可以治愈。就股东会决议的实体内容而言，其对原公司的债权债务进行内部划分是有效的，对全体股东都有约束力，对公司也有约束力，但是对外则不能产生对抗第三人的效力，公司之前的债权人仍然有权要求公司履行债务，亦即对公司之前的债权人而言，其债务人仍然是公司，履行主体并未发生变化，但是就内部关系而言，丙以及丙新设立的公司不是B区债务的履行主体，B区债务由除丙之外的四个股东承担。

又如，甲雇了一个保姆，保姆在小区里替甲干活的时候不小心把邻居家的车弄坏了，邻居请求赔偿，谁是这个侵权之债的义务主体？侵害行为实施人是保姆，不是雇主。但是保姆是甲雇用的，她是在履行保姆事务的时候导致的损害，这就涉及侵权行为之债中的雇用人责任问题，是特殊的责任主体问题。

再如，在一份买卖合同中，买受人是A公司，出卖人是B公司，约定分三期付款，三次付款都付清了，但是证明付款的银行对账单没有一个是从A公司账上出去的，一次是从B公司账户付给卖方，一次是从C公司账户付给卖方，一次是从张三个人的账户付给卖方。后来买方B公司起诉A公司，称：“你没有付款，因为没有一笔钱是从你A公司的账上付出来的。”其实债务人作为履行主体，他可以指示他人代为付款，他人作为履行中的第三人或者履行辅助人，他们不是债的主体，不是履行主体，但是他们的履行行为视为债务人的履行行为。指示付款就是典型的履行辅助行为。

六、涉他合同的履行

所谓涉他合同，是指合同的权利义务涉及合同当事人以外的第三人（他人）

的合同。涉他合同是债的相对性的例外情形之一。

《民法典》规定的涉他合同有两种类型：第一种是向第三人履行的合同；第二种是由第三人履行的合同。涉他合同与前面所讲的指示付款是不一样的。如果A和B签订合同，A需要付款，它让自己的关联公司C代为付款，这不是涉他合同，而只是履行辅助行为，合同的当事人只有A和B，与C没有关系，C只是在具体付款的时候，受A的指示代其付款而已。而所谓的涉他合同，指的是当事人在合同当中约定了第三人的情形。一种情形是债权人和债务人约定了债权和债务各自的内容，但是他们同时约定，这个债务由合同以外的C来履行，这就称为由第三人履行的合同。如果A和B之间约定，A向B采购100吨大米，A是买受人，B是出卖人，然后约定这100吨大米由C向A交付，这就是由第三人履行的合同。另一种情形是向第三人履行的合同，其原理与由第三人履行的合同是一样的，只是方向正好相反。例如A和B约定，A向B采购100吨大米，B交货，A付款，同时约定B把这100吨大米交给合同以外的第三人C，这就是向第三人履行的合同。

（一）向第三人履行的合同

1.利益第三人合同的概念

利益第三人合同是指当事人约定由一方向合同以外的第三人履行给付义务的合同，也称为向第三人履行的合同。利益第三人合同只为第三人创设权利，第三人不承担义务，故学理上将这种合同称为“利益第三人合同”或者“利他合同”，即第三人只享有合同中的利益，不负担义务。

《民法典》第522条第1款规定：“当事人约定由债务人向第三人履行债务，债务人未向第三人履行债务或者履行债务不符合约定的，应当向债权人承担违约责任。”第2款规定：“法律规定或者当事人约定第三人可以直接请求债务人向其履行债务，第三人未在合理期限内明确拒绝，债务人未向第三人履行债务或者履行债务不符合约定的，第三人可以请求债务人承担违约责任；债务人对债权人的抗辩，可以向第三人主张。”

依照《民法典》第522条的上述两款规定，学理上通说认为《民法典》实际上规定了两种类型的利他合同，其中第1款规定的是不真正的利他合同，第2款规定的才是真正的利他合同。在第1款的场合，第三人不享有对合同的介入权，当债务人未向其履行债务或者履行债务不符合约定时，第三人不能向债务人请求承担违约责任。而在第2款的场合，基于法律的直接规定或者当事人的约定，第三人享有一定程度的合同介入权，当债务人未向其履行债务或者履行债务不符合约定，第三人有权以自己的名义直接请求债务人向其承担违约责任。

2.利益第三人合同的特征

《民法典》规定的上述第二种情形，即真正的利他合同，具有以下特征：

第一，产生真正的利他合同有两种原因，一种是基于法律的直接规定，这种法律是《民法典》以外的民商事单行法，作为民事基本法的特别法而存在，其关于利他合同的规定得以优先适用。例如，依据《保险法》，受益人并非保险合同的当事人，而是关系人，他没有在合同上签字，也不参与合同的签约过程，不进行任何意思表示，但是，当约定的保险事故或者给付保险金的条件成就时，他有权直接请求保险人履行给付保险金的义务。典型的如交通事故责任中的第三人强制险，受害人在保险合同订立时是完全不确定的、不特定的任何可能的第三人，一旦他成为交通事故的受害人，就享有向保险公司请求支付保险赔款的权利，保险公司也必须直接向受害人支付保险赔款。这种权利称为受害人的直索权。

另一种是基于当事人在合同中的约定，即当事人在合同中不仅约定了由债务人向第三人履行，而且明确约定了当债务人未履行时，债务人应当向第三人承担违约责任，第三人有权请求债务人承担违约责任。例如，在融资租赁合同中，其交易结构是由出租人与出卖人（供货商）之间的买卖合同、出租人与承租人之间的租赁合同共同组成的，承租人与出卖人并非直接的合同关系当事人，但是出卖人通常都是承租人自己选定的，所以当事人可以在合同中约定当租赁物的质量等出现违约时，承租人有权直接向出卖人主张权利。《民法典》第741条规定“出租人、出卖人、承租人可以约定，出卖人不履行买卖合同义务的，由承租人行使索赔的权利。承租人行使索赔权利的，出租人应当协助”就是针对约定的第三人向债务人的直索权（就租赁物的买卖合同而言，出卖人履行的是交货义务及保障租赁物质量的义务，出租人即买卖合同中的买受人是债权人，承租人相当于第三人）。

在一般的合同中，当事人也可以做出上述约定与请求权的安排。例如，A与B签订一份买卖合同，约定由B向第三人C交付标的物，同时约定：如果B没有按期向C交付标的物，B应当向C承担继续履行以及赔偿损失的责任，C有权请求B承担上述继续履行与赔偿损失的违约责任。

第二，法律规定的或者合同约定的第三人未为明确的拒绝的意思表示。基于意思自治的原则，合同当事人约定涉及第三人，即便只是为第三人创设权利，第三人只享有履行利益而不负担任何义务，第三人仍然享有拒绝的权利，不能得出第三人必须同意或者接受的结论。如果第三人曾经明确表示拒绝，不接受债务人的履行与给付，则其不仅不能接受债务人的履行，更不享有当债务人不履行或者履行不符合约定的介入权。但是，第三人同意的意思表示不需要以明示的方式作出，只要第三人未曾作出拒绝的意思表示，则推定其同意与接受，而不需要以某种特定的方式作出接受的意思表示。换言之，只要第三人未在合理的期限内明确表示拒绝，则推定其接受履行，并享有对债务人的直接请求权。

第三，当第三人向债务人行使请求权时，债务人享有的对债权人的抗辩可以用于对第三人的抗辩。换言之，债务人除了可以行使专门针对第三人的抗辩（例如，第三人曾经明确表示拒绝接受债务人的履行），其依据合同而享有的对于债权人的抗辩也可以用于对第三人进行抗辩。

3.利益第三人合同的履行与违约责任承担

在向第三人履行的合同中，如果法律规定或者合同约定第三人享有直索权，则当债务人违约，没有按照约定向第三人履行债务时，承担违约责任的主体当然是债务人，但是有权请求债务人承担违约责任的主体是债权人还是第三人？根据《民法典》的上述规定，当债务人未向第三人履行或者履行不符合约定的时候，债务人应当向债权人承担违约责任，而不是向第三人承担违约责任。比如，A和B签订一份买卖合同，A是收货方，B是交货方，就交货而言，B是债务人，就付款而言，A是债务人。合同约定由B向C交货，即向第三人履行，现在B没有向C交货，B当然构成了违约，但是按照该条规定，B只向A承担违约责任，C如果知道了A和B之间有这么一个合同，约定由B来向他交付100吨大米，结果B没有交付，他能不能去告B，主张B对他构成了违约，要求B承担违约责任？

合同当事人为什么要约定向第三人履行债务，这是商业逻辑的问题，就法律而言，第三人与合同当事人之间肯定存在某种法律关系，即法律上的权利义务关系，不可能相互之间真的是素不相识或者没有任何利益关系的，所以当合同当事人约定向第三人履行时，他们会通知第三人。在上面的案例中，如果不通知C，这份向第三人履行的合同事实上是难以甚至根本无法履行的，因为如果不通知C，100吨大米发过去，由谁受领呢？其实B发货的时候就必须跟C联系，因为他需要填写收货地址、收货人等信息。或者，合同签订时A在合同中告知了B这些有关C的信息。这样，C就知道了A和B之间有这样一个合同，作为第三人的C就有了一个合理的预期，即合同约定的交货期3个月期满时B会向他交付100吨大米，而结果B不履行，C没有收到预期中的货物。B违约了，这是确定的事实，C的预期没有实现，这也是确定的事实，但是C没有权利去向B主张违约责任。这就是债的相对性原理所决定的，因为C毕竟不是合同的当事人。

但是，如果B向C履行交付货物的义务，C有权利受领吗？答案是肯定的，C有权受领，受领以后也享有保持力。换言之，C享有债的效力当中的受领力和保持力，但是他有没有请求力？有没有强制力？这是立法选择的问题，法律可以赋予C请求力甚至强制力，也可以不赋予他。法律如果不赋予他，他就没有这些权利。当然，当事人也可以在合同中约定是否赋予第三人这种介入权。《民法典》之前的《合同法》，严守合同的相对性原则，不承认、不赋予第三人任何介入权，第三人对于债务人的违约行为没有任何救济的途径，这种规定显然不利于涉他合同中对第三人的保护。所以《民法典》进行了一定程度的规则改进。《民法典》第522条第2款规定："法律规定或者当事人约定第三人可以直接请求债务人向其履行债务，第三人未在合理期限内明确拒绝，债务人未向第三人履行债务或者履行债务不符合约定的，第三人可以请求债务人承担违约责任；债务人对债权人的抗辩，可以向第三人主张。"所以，在上述案例中，第三人C是有权直接请求债务人向他承担违约责任的。当然，如果第三人没有提出这样的主张，则债权人有权提出这样的主张，请求债务人向他承担违约责任。

第三人对合同履行的介入权是有限制的。《最高人民法院关于适用〈中华人民共和国民法典〉合同编通则若干问题的解释》第29条第1款规定："民法典第五百二十二条第二款规定的第三人请求债务人向自己履行债务的，人民法院应予支持；请求行使撤销权、解除权等民事权利的，人民法院不予支持，但是法律另有规定的除外。"这意味着当法律规定或者当事人约定向第三人履行的，第三人有权请求债务人向自己履行。但是，基于履行请求权产生的从权利，如合同解除权、合同撤销权等，第三人不能享有，只能由合同当事人自己行使，除非法律对此有相反的规定。

当债务人按照约定或者法律规定向第三人履行债务时，第三人有权接受，也有权拒绝受领。当第三人拒绝受领时，债权人可以请求债务人向自己履行债务，除非债务人已经采取提存等方式消灭了债务。

因第三人拒绝受领或者受领迟延，由此而给债务人造成损失的，债务人无权请求第三人承担损失赔偿责任，但是有权请求债权人赔偿。

（二）由第三人履行的合同

由第三人履行的合同是指合同当事人约定，债务人的债务由约定的第三人履行，而非由债务人履行。所以，这种合同是为第三人设定义务或负担，故又称为第三人负担的合同。由于这种涉他合同不是为第三人创设权利或者利益，而是相反，给他人设定义务与负担，是对债的相对性原则的更大程度的突破，也是对他人私法生活的更大程度的介入，所以各国立法对这种涉他合同采取更为严格的态度。

《民法典》第523条规定："当事人约定由第三人向债权人履行债务，第三人不履行债务或者履行债务不符合约定的，债务人应当向债权人承担违约责任。"从这一规定可以看出，在由第三人履行的合同中，如果第三人没有履行债务或者履行债务不符合约定，债权人只能向债务人主张违约责任，而不能向第三人请求承担违约责任，更严格地遵守了债的相对性原则。例如，A与B签订一份100吨大米的买卖合同，但是约定由C来履行，即由C向买受人A交付货物，后来C没有交货，这个时候债权人A只能向债务人B请求履行和承担违约责任，因为B才是债务人，C不是债务人，而只是依据合同约定由第三人C履行给付义务。

运输合同是较为典型的存在基于约定或者法律规定而由第三人履行义务的情形。例如，《民法典》第十九章"运输合同"之第830条规定："货物运输到达后，承运人知道收货人的，应当及时通知收货人，收货人应当及时提货。收货人逾期提货的，应当向承运人支付保管费等费用。"对于逾期提货而产生的保管费等费用，作为运输合同当事人的托运人有权向收货人主张，而收货人并非合同当事人，只是基于合同约定而履行给付义务的第三人。《海商法》也有类似的规定，该法第69条规定："托运人应当按照约定向承运人支付运费。托运人与承运人可以约定运费由收货人支付；但是，此项约定应当在运输单证中载明。”

七、第三人代为履行

第三人单方自愿代为履行是《民法典》规定新增加的一种制度，之前《合同法》没有此一制度。所谓第三人单方自愿代为履行，是指第三人因对债务人的履行具有合法利益，在债务人不履行债务时，该第三人向债权人代为履行，以了结债权人与债务人之间的债权债务关系，并且取得债权人地位的制度。《民法典》第524条规定：“债务人不履行债务，第三人对履行该债务具有合法利益的，第三人有权向债权人代为履行；但是，根据债务性质、按照当事人约定或者依照法律规定只能由债务人履行的除外。债权人接受第三人履行后，其对债务人的债权转让给第三人，但是债务人和第三人另有约定的除外。”

（一）第三人代为履行的构成要件

第一，债权人与债务人之间的合同并没有约定由第三人履行债务。如果有这样的约定，便是涉他合同，第三人履行具有约定的依据，而此种情形是没有约定，第三人没有约定依据履行债务。换言之，第三人既不是合同当事人，也不是约定的或者法定的连带债务人、保证人、物上保证人、共有人等，其不负有与该合同有关的任何履行义务。

第二，债务人不履行债务。如果债务人自己已经将债务履行完毕，债权债务关系已经终止，自无第三人代为履行之可能与必要。此处所谓债务人不履行债务，既包括债务人的实际违约行为，也包括债务人的预期违约行为；既包括因客观原因明显丧失履行能力的情形，也包括因主观原因明确表示拒绝履行的情形，即明示的预期违约。

第三，第三人对履行该债务具有合法利益。这是最重要的要件。此处所谓的合法利益，是指不违反法律的任何正当利益。例如，A与B之间存在借款合同关系，A将自己的一栋写字楼抵押给B作为担保；借款到期，A无力偿还借款本金与利息，而C与A签订了该写字楼的买卖合同，但由于写字楼办理了抵押登记，债权人B有可能行使抵押权，请求法院变卖或者拍卖该写字楼，进而导致C对写字楼购买后支配与使用的不确定状态，于是C单方自愿代替A向债权人B履行债务，偿还借款合同项下的本金与利息。此处，第三人C即属于对债务的履行具有合法利益。

对于如何确定“具有合法利益的第三人”的范围，《最高人民法院关于适用〈中华人民共和国民法典〉合同编通则若干问题的解释》对于《民法典》第524条中“第三人对履行该债务具有合法利益”予以了解释。其第30条规定：“下列民事主体，人民法院可以认定为民法典第五百二十四条第一款规定的对履行债务具有合法利益的第三人：（一）保证人或者提供物的担保的第三人；（二）担保财产的受让人、用益物权人、合法占有人；（三）担保财产上的后顺位担保权人；（四）对债务人的财产享有合法权益且该权益将因财产被强制执行而丧失的第三人；（五）债务人为法人或者非法人组织的，其出资人或者设立人；（六）债务人为自然人的，其近亲属；（七）其他对履行债务具有合法利益的第三人。第三人在其已经代为履行的范围内取得对债务人的债权，但是不得损害债权人的利益。担保人代为履行债务取得债权后，向其他担保人主张担保权利的，依据《最高人民法院关于适用〈中华人民共和国民法典〉有关担保制度的解释》第十三条、第十四条、第十八条第二款等规定处理。”具体而言，“第三人对履行债务具有合法利益”包括：

（1）保证人或者提供物的担保的第三人。具体是指对债务的履行提供了担保的任何第三人，即担保人。此处的担保人包括保证人与物保的担保人。保证人包括一般保证的保证人和连带责任保证的保证人，以及提供增信措施的承诺人；物保担保人包括抵押人、出质人，以及提供让与担保中的担保人等。

（2）担保财产的受让人、用益物权人、合法占有人。例如，债务人将自己享有土地使用权的土地抵押给债权人，而该土地之上设置了居住权，则居住权人对于债务人的债务履行具有合法利益，其可以代替债务人向债权人履行债务，债权人不得拒绝。

（3）担保财产上的后顺位担保权人。根据《民法典》物权编的规定，同一财产之上可以同时设立数个抵押权，数个抵押权均为有效设立，且均可以行使优先受偿权，但是在数个抵押权人之间存在先后的顺位，前顺位的抵押权人得到全部清偿后，后顺位的抵押权人才能受偿。所以，除了一般意义上的担保权人可以代为履行以外，后顺位的担保权人也可以代为履行。

（4）对债务人的财产享有合法权益且该权益将因财产被强制执行而丧失的第三人。此一情形除了需要符合“对债务人的财产享有合法权益”的条件，如享有债权请求权，还需要符合该财产已经或者可能会被法院采取强制执行措施，一旦被采取强制执行措施第三人对该财产的权益便无法实现。

（5）债务人为法人或者非法人组织的，其出资人或者设立人。例如，公司的股东，合伙企业的合伙人，个人独资企业的投资人等。实践中，公司的实际控制人也应当视为具有合法利益的第三人，有限合伙企业中的有限合伙人亦同。当然，公司的股东是否应当有持股比例的要求，可能是实践中需要解决的问题，一个仅对公司持有1%的股东是否有权代为履行，恐怕不能简单地得出结论，而需要在个案中予以甄别。

（6）债务人为自然人的，其近亲属。此处的近亲属严格限于《民法典》第1045条第2款规定的“配偶、父母、子女、兄弟姐妹、祖父母、外祖父母、孙子女、外孙子女为近亲属”的表述范围。

（7）其他对履行债务具有合法利益的第三人。例如，执行异议人、其他债权人等。

第四，不存在不允许第三人代为履行的情形。如果根据债的性质，或者合同的约定，或者法律的规定，债务只能由债务人自己来履行，不能由第三人代为履行，则不适用该规则，不发生第三人单方自愿代为履行。例如，某些具有人身关系或者身份关系的债务，只能由特定的主体履行，他人不能代为履行。比如，甲与乙签订一份婚纱摄影合同，约定只能由乙照相馆拍摄，乙照相馆承揽该业务后却由于订单太多无法按照约定的时间派出摄影师完成摄影工作，此时业务黯淡的丙摄影社表示自愿代替乙照相馆履行债务，以扩大自己的影响力和客户范围（此即其享有的合法利益），但是由于合同中明确约定了只能由乙照相馆完成摄影工作，故该合同不适用第三人单方自愿代为履行的规则。

（二）第三人代为履行的法律后果

第三人单方自愿代为履行的行为属于一种事实行为，而非法律行为，无须当事人之间的意思表示，不需要约定。第三人单方代为履行也不是一种独立的合同类型，与涉他合同也完全不同。第三人代为履行的行为发生后，会产生对内、对外两方面的法律后果：

1.对内效力

第三人代为履行的对内效力主要是解决当出现第三人代为履行的情形时，在债权人与债务人之间产生怎样的效果。这一效果可以从三个方面理解：首先，第三人并不因为其进行了履行且债权人予以接受而成为债的当事人，第三人仍然不是债的当事人，而是债的相对人。其次，如果第三人的履行行为存在瑕疵，如数量不够或者质量不符合约定，债权人仍然只能向债务人主张相应的违约责任，而不能向第三人主张。最后，第三人代为履行后，在债权人接受履行的范围内，债务人的债务了结，换言之，如果第三人只是代为履行了部分债务，则该部分债务了结，债务人的债务相应扣减，未履行的部分债权人仍然有权请求债务人履行；如果第三人履行了全部债务，则债务人的债务全部了结，债权人不能再向债务人主张权利。

2.对外效力

对外效力解决的是第三人代为履行后，在第三人与债权人、债务人相互之间产生怎样的效果。这一效果主要表现在：首先，债权人不得再向债务人主张履行债务，而应将其对债务人享有的债权转让给第三人，即产生债权法定移转的效力，且无须以通知债务人为条件。《最高人民法院关于适用〈中华人民共和国民法典〉合同编通则若干问题的解释》第30条第2款规定："第三人在其已经代为履行的范围内取得对债务人的债权，但是不得损害债权人的利益。"当然，如果第三人与债务人有相反的约定，即约定第三人代为履行后，第三人并不取得债权人的地位，则不产生债权法定移转的效果。

其次，当债务人的担保人代为履行债务而取得债权，此时担保人的身份已经没有意义，因为债务人的债务已经消灭，无须担保，担保人其实已经不再是债务人的担保人，而是债权人。此时，如果之前债务人还有其他担保人，而这些担保人没有向债权人履行担保义务（清偿义务），担保人能否向其他担保人主张担保权利，对此《民法典》未予规定，《最高人民法院关于适用〈中华人民共和国民法典〉合同编通则若干问题的解释》第30条第3款规定："担保人代为履行债务取得债权后，向其他担保人主张担保权利的，依据《最高人民法院关于适用〈中华人民共和国民法典〉有关担保制度的解释》第十三条、第十四条、第十八条第二款等规定处理。”而依《最高人民法院关于适用〈中华人民共和国民法典〉有关担保制度的解释》第13条、第14条、第18条第2款的规定，除非之前所有的担保人之间约定了相互追偿及分担份额，或者担保人之间约定承担连带共同担保，或者约定相互追偿但是未约定分担份额的，或者担保人之间未对相互追偿作出约定且未约定承担连带共同担保，但是各担保人在同一份合同书上签字、盖章或者按指印，上述情况下承担了担保责任的担保人有权请求其他担保人按照比例分担责任、进行内部追偿之外，代为履行的担保人无权请求其他担保人分担清偿责任。

八、以物抵债协议的效力

（一）期后以物抵债协议的效力及其履行

以物抵债在现实生活中较为常见，其含义是指当债务人负有金钱给付之债未履行时，债务人或者第三人与债权人达成协议，由债务人或者第三人将自己的某一财产交付给债权人，用以抵偿其所负债务。所以以物抵债也称为代物清偿。《民法典》没有对以物抵债协议作出相应规定，《最高人民法院关于适用〈中华人民共和国民法典〉合同编通则若干问题的解释》用两个条文分别对期后以物抵债协议和期前以物抵债协议作出了规定。

期后以物抵债协议是指债务履行期限届满后，债务人或者第三人与债权人达成的协议。《最高人民法院关于适用〈中华人民共和国民法典〉合同编通则若干问题的解释》第27条规定：“债务人或者第三人与债权人在债务履行期限届满后达成以物抵债协议，不存在影响合同效力情形的，人民法院应当认定该协议自当事人意思表示一致时生效。债务人或者第三人履行以物抵债协议后，人民法院应当认定相应的原债务同时消灭；债务人或者第三人未按照约定履行以物抵债协议，经催告后在合理期限内仍不履行，债权人选择请求履行原债务或者以物抵债协议的，人民法院应予支持，但是法律另有规定或者当事人另有约定的除外。前款规定的以物抵债协议经人民法院确认或者人民法院根据当事人达成的以物抵债协议制作成调解书，债权人主张财产权利自确认书、调解书生效时发生变动或者具有对抗善意第三人效力的，人民法院不予支持。债务人或者第三人以自己不享有所有权或者处分权的财产权利订立以物抵债协议的，依据本解释第十九条的规定处理。”该条规定共有四款，分别对期后以物抵债协议的性质、效力、以物抵债协议所涉及的物权变动时点、无权处分订立的以物抵债协议的效力等作出了规定。

1.期后以物抵债协议的要物性争议

学理上对于期后以物抵债协议是否具有要物性历来存在争议，一种观点认为期后以物抵债协议应当属于实践性合同，即要物合同，必须以债务人或者第三人将抵债的财产实际交付给债权人或者办理权属变更登记手续之时协议才生效；另一种观点则认为期后以物抵债协议应当理解为诺成性合同，无须以实际履行作为生效的条件。

如果认为以物抵债协议属于实践性合同，自双方当事人意思表示达成一致时尚未生效，需辅之以交付行为，则当一方（主要是债务人一方，但不排除债权人一方）不履行以物抵债协议时，对方能否请求强制实际履行？按理，如果签订了以物抵债协议之后，一方不履行该协议，则恢复到之前的原有债权债务关系，继续请求其履行之前的债务，应当没有问题，但是问题在于之所以双方达成了新的以物抵债协议，往往就是因为债务人无法履行之前的债务，而新的以物抵债协议又给了债权人新的合理的信赖和预期，如果否认以物抵债协议的效力，一则很可能不符合债权人的权利保护与救济，二则也容易鼓励债务人的不诚信行为。例如，甲因借款合同欠付乙1000万元，甲无力以现金清偿，但有一栋物业经评估价值为950万元，甲、乙经协商达成以物抵债协议，甲愿意将此物业作价1000万元交付给乙，以抵偿全部所欠乙的借款本息，乙也同意，且愿意放弃全部利息，双方约定协议签订后三个月之内甲应当配合乙办理该物业的所有权变更登记手续，后甲一直拖延不配合办理过户登记手续，半年之后该物业价格上涨，甲明确表示不再办理变更登记手续，而又不处置该物业，不偿还对乙的欠款，乙两头落空。所以依笔者之见，在双方签订了以物抵债协议之后，可以理解为此时形成了选择之债，债权人既可以选择之前的债为履行对象，也可以选择现在的新债即以物抵债协议作为履行的对象。极而言之，应当赋予以物抵债协议以法律上的效力。由此，笔者认为，将以物抵债协议理解为诺成性合同应当更为妥帖。

《最高人民法院关于适用〈中华人民共和国民法典〉合同编通则若干问题的

解释》采纳了第二种观点，规定“债务人或者第三人与债权人在债务履行期限届满后达成以物抵债协议，不存在影响合同效力情形的，人民法院应当认定该协议自当事人意思表示一致时生效”。

将期后以物抵债协议理解为诺成性合同比将其理解为实践性合同具有更多的优点：一是防止债务人或者第三人恶意毁约，以合同未生效为由拒绝履行自己的义务；二是更有利于债权的实现，保障债权人的合法利益；三是更有利于促进以物抵债协议的达成，让债权人有更多的制度期待，从而更有利于减少交易成本、鼓励及时清结债务，从而有利于交易秩序的维持。所以，依据上述司法解释的规定，只要期后以物抵债协议不存在其他导致其无效的因素，协议应当自双方签字或者盖章之时，以及双方达成意思表示一致之时成立且生效，无须以债务人或者第三人完成现实交付作为生效的条件。

2. 期后以物抵债协议与原债之间的关系

这一问题同样历来存在较大争议，涉及以物抵债协议的性质与效力的认定，特别是新债（以物抵债协议所产生之债）与旧债（原债）之间的关系，即以新债取代旧债，抑或新债与旧债同时并存，新债并不当然取代旧债。对此，学界有三种不同的解释：其一，代物清偿说。此说认为以物抵债是指债权人现实受领他种新给付以代替原定旧给付，双方之间产生原债关系消灭的法律效果，只在债务人或者第三人与债权人之间存在新的债的关系，旧债已经不复存在。所以以物抵债协议生效的前提是债务人或者第三人已经实际完成他种给付，将特定的财产现实交付给了债权人。换言之，以物抵债是一种事实行为。其二，债务更新说。此说认为以物抵债协议生效后，新债与旧债并未保持同一性，当事人、债的标的即给付内容等发生彻底的变化，原债已经被废除，双方之间产生了一个新的债权债务关系。新债相比旧债发生了实质性变更，其不是原债的担保或者补充协议。按照该说，以物抵债协议属于诺成性合同，协议达成之时合同生效且原债归于消灭，原债的从权利也随之消失，诉讼时效也应重新起算。其三，新债清偿说。该说认为以物抵债协议是债务人或者第三人为清偿原债与债权人约定新给付的协议，新的给付（新债）仅是履行原债的手段，而非直接替代原债，在新债履行完毕前原债仍然存续。按照该说，以抵债物协议不以现实交付为成立要件，新债完全履行完毕之前原债不消灭，二者同时存续。基于诚信原则，债务人应先履行新债，当新债无效或被撤销时，才可选择履行原债。[①]如果新债不能履行，债权人仍然可根据旧的债权债务关系请求债务人履行。

《最高人民法院关于适用〈中华人民共和国民法典〉合同编通则若干问题的解释》第27条第2款规定："债务人或者第三人履行以物抵债协议后，人民法院应当认定相应的原债务同时消灭；债务人或者第三人未按照约定履行以物抵债协议，经催告后在合理期限内仍不履行，债权人选择请求履行原债务或者以物抵债协议的，人民法院应予支持，但是法律另有规定或者当事人另有约定的除外。"以此规定，司法解释采纳的属于上述第三种观点，即新债清偿说，理解该条的重点在于：

第一，若债务人或者第三人履行了以物抵债协议约定的义务，将抵债的财产交付给了债权人，如动产完成了交付，不动产完成了权属变更登记手续，股权等完成了交割（包括变更登记手续）等，则两项债务即新债与原债法律关系同时归于消灭，债权人、债务人、第三人相互之间不再存在任何权利义务关系。

第二，以物抵债协议并没有当然地消灭原债，在协议签订以后、实际履行之前，原债仍然有效地存续。若债务人或者第三人在签订以物抵债协议后，没有按照约定履行义务，债权人没有取得抵债的财产或者财产权利，则债权人享有选择权，既可以选择新债履行，请求债务人或者第三人履行以物抵债协议项下的义务，交付财产，也可以选择旧债履行，恢复到原债的履行状态。

第三，债权人行使选择权需要向债务人或者第三人进行催告，不能当新债的履行期限一届满债务人或者第三人未履行就径直恢复到原债的履行，而是需要对债务人或者第三人进行催告，并给予对方合理的期限以履行新债，只有在合理期限届满后债务人或者第三人仍然不履行新债，债权人才可以行使选择权，选择请求债务人或者第三人履行新债项下的义务，或者请求债务人履行原债项下的义务。

第四，如果当事人对于新债未得到履行，或者被撤销、被宣告无效、被宣告不成立时，是继续按照新债履行，抑或采取别的救济方法，或者恢复到原债的履行，对于此等事项在以物抵债协议中已经有约定，则依照其约定。例如，协议中

---

① 最高人民法院民事审判第二庭、研究室编著：《最高人民法院民法典合同编通则司法解释理解与适用》，人民法院出版社2023年版。

明确约定不能恢复到原债的履行，只能由债务人或者第三人承担继续履行或者赔偿责任等，则应当按照约定履行，债权人不能选择恢复到原债的履行。

3. 以物抵债协议中的物权变动

《最高人民法院关于适用〈中华人民共和国民法典〉合同编通则若干问题的解释》第27条第3款规定："前款规定的以物抵债协议经人民法院确认或者人民法院根据当事人达成的以物抵债协议制作成调解书，债权人主张财产权利自确认书、调解书生效时发生变动或者具有对抗善意第三人效力的，人民法院不予支持。"此条解决了以物抵债协议中的物权变动问题。

《民法典》第229条规定："因人民法院、仲裁机构的法律文书或者人民政府的征收决定等，导致物权设立、变更、转让或者消灭的，自法律文书或者征收决定等生效时发生效力。"此乃《民法典》物权编关于物权变动的特殊规则之一，即不以交付（动产）或者登记（不动产）作为物权变动的条件，而是当人民法院、仲裁机构的法律文书或者人民政府的征收决定等会导致物权设立、变更、转让或者消灭的，自法律文书或者征收决定等生效时即发生物权变动的效力。而在以物抵债协议中，即使该以物抵债协议的效力经过了法院的确认程序，确认其为有效，或者法院依据该以物抵债协议制作了可供执行的调解书，仍然不能适用上述《民法典》物权编第229条之规定，上述确认书、调解书不具有直接导致物权变动的效力，债权人不能主张基于上述确认书或者调解书上载明的债务人或者第三人应当交付抵债财产的时间作为物权变动的时点，也不能主张上述确认书、调解书具有对抗善意第三人的效力。例如，第三人有证据证明以物抵债协议约定抵债财产是他的财产，而不是债务人或者协议中的第三人的财产，则即使法院就以物抵债协议的效力出具了确认书或者调解书，债权人仍然不能据此对抗该善意第三人。

此一规定既有现实意义，也有充足的理论依据。就现实意义而言，可以防止或者避免实践中的虚假诉讼现象。有的当事人通过虚假诉讼请求法院先根据以物抵债协议制作调解书或者确认书，然后借以主张抵债的财产所有权已经发生移转，进而对抗善意的第三人，损害第三人的合法利益。现在该条明确规定与以物抵债协议有关的确认书、调解书本身并不直接导致物权变动，当事人不能据此提出对抗善意第三人的主张，便可以预防此种恶意虚假诉讼的发生。就理论依据而言，《民法典》第229条并不含有所有的法律文书都可以在该法律文书生效之时就产生物权设立、变更、转让或者消灭的法律后果之意，而在民事诉讼法理论上，根据诉的性质和内容可以将诉分为确认之诉、给付之诉与形成之诉，相应的法律裁判文书也可分为确认性裁判、给付性裁判与形成性裁判，调解书也可分为给付性、确认性和形成性调解书，只有形成性裁判和形成性调解书才具有直接导致物权变动的效果，确认性裁判、给付性裁判不能产生物权变动的效果[①]。换言之，只有形成性裁判法院和仲裁机构才会在法律文书上写明改变原有物权关系的效果。对此，《最高人民法院关于适用〈中华人民共和国民法典〉物权编的解释（一）》第7条有明确的表述："人民法院、仲裁机构在分割共有不动产或者动产等案件中作出并依法生效的改变原有物权关系的判决书、裁决书、调解书，以及人民法院在执行程序中作出的拍卖成交裁定书、变卖成交裁定书、以物抵债裁定书，应当认定为民法典第二百二十九条所称导致物权设立、变更、转让或者消灭的人民法院、仲裁机构的法律文书。"根据此一规定，并非人民法院和仲裁机构作出的所有法律文书都可以直接引起物权变动，能够引起物权变动效果的法律文书仅限于直接为当事人创设或变动物权的法律文书，而法院依据以物抵债协议制作的确认书或者调解书（而非在执行程序中作出的以物抵债裁定书），便不能产生直接导致物权变动（物权设立、变更、移转、消灭）的法律效果。

4.以物抵债协议中的无权处分及其效力

《最高人民法院关于适用〈中华人民共和国民法典〉合同编通则若干问题的解释》第27条第4款规定："债务人或者第三人以自己不享有所有权或者处分权的财产权利订立以物抵债协议的，依据本解释第十九条的规定处理。"而该司法解释第19条规定的内容为："以转让或者设定财产权利为目的订立的合同，当事人或者真正权利人仅以让与人在订立合同时对标的物没有所有权或者处分权为由主张合同无效的，人民法院不予支持；因未取得真正权利人事后同意或者让与人事后未取得处分权导致合同不能履行，受让人主张解除合同并请求让与人承担违反合同的赔偿责任的，人民法院依法予以支持。前款规定的合同被认定有效，且让与人已经将财产交付或者移转登记至受让人，真正权利人请求认定财产权利未

① 最高人民法院民事审判第二庭、研究室编著：《最高人民法院民法典合同编通则司法解释理解与适用》，人民法院出版社2023年版。

发生变动或者请求返还财产的，人民法院应予支持。但是，受让人依据民法典第三百一十一条等规定善意取得财产权利的除外。”以此规定，在以物抵债协议中，如果存在无权处分的情形，即债务人或者第三人不属于自己的财产或者自己没有处分权的财产通过协议约定抵债给债权人，该协议并不属于无效，而是有效合同，债权人有权请求债务人或者第三人履行协议约定的义务，将抵债财产交付给债权人，至于如果债务人或者第三人因为事后仍然没有取得处分权或者抵债财产的真正权利人不予追认，债务人或者第三人无法履行约定的义务，则债权人不能请求法院判决强制履行协议，而只能请求债务人或者第三人承担赔偿责任，或者请求债务人恢复到原债的履行。

（二）期前以物抵债协议的效力及其履行

《最高人民法院关于适用〈中华人民共和国民法典〉合同编通则若干问题的解释》第28条规定：“债务人或者第三人与债权人在债务履行期限届满前达成以物抵债协议的，人民法院应当在审理债权债务关系的基础上认定该协议的效力。当事人约定债务人到期没有清偿债务，债权人可以对抵债财产拍卖、变卖、折价以实现债权的，人民法院应当认定该约定有效。当事人约定债务人到期没有清偿债务，抵债财产归债权人所有的，人民法院应当认定该约定无效，但是不影响其他部分的效力；债权人请求对抵债财产拍卖、变卖、折价以实现债权的，人民法院应予支持。当事人订立前款规定的以物抵债协议后，债务人或者第三人未将财产权利转移至债权人名下，债权人主张优先受偿的，人民法院不予支持；债务人或者第三人已将财产权利转移至债权人名下的，依据《最高人民法院关于适用〈中华人民共和国民法典〉有关担保制度的解释》第六十八条的规定处理。”

债权人与债务人或者第三人在债务履行期限届满前达成的以物抵债协议与期满后达成的以物抵债协议，尽管主要内容都是以物抵债，但是协议成立的时间不同决定了法律需要对其采取不同的规制，主要基于两个因素：首先，利益平衡的因素。期满前达成的以物抵债协议，其真实目的主要是担保原有债务的实现，担保性质比较明显，如果在期满前就约定债务人到时不能履行债务时由债权人直接取得抵债财产的所有权，由于债权尚未到期，当履行期限届满后交付抵债财产，抵债财产的价值在缔约时与实际交付时可能发生较大的变化，很可能使债权数额与抵债财产的价值存在较大差距，若直接认定该约定有效，有可能会导致双方利益显失公平。其次，法律关于禁止流押、流质的规定。《民法典》第401条、第428条分别对流押、流质作出了规定，尽管改变了之前《物权法》绝对禁止流押、流质，将流押、流质条款一律视为无效的规则，承认了流押、流质条款的相对效力，即担保物权的效力，但是仍然禁止债务人不履行债务时由债权人直接取得抵押物或者质押物的权利，事实上仍然坚持了担保物权人在债务履行期限届满前不得与担保人约定债务人不履行到期债务时担保财产归债权人所有的原则。当事人在履行期限届满前达成的以物抵债协议，可能因违反流押、流质规定而无效。而在履行期限届满后达成的以物抵债协议，不存在这一问题。

所以，理解司法解释上述第28条规定需要把握以下五点：

第一，期前达成的以物抵债协议的效力不能一概而论，需要根据个案进行甄别。有的内容可能是有效的，有的内容可能是无效的。法院首先需要审查原债的债权债务关系的性质与效力，在此基础上认定以物抵债协议的效力。此与期后达成的以物抵债协议应当认定为有效（除非有导致协议无效的其他情形）是不同的。

第二，如果期前以物抵债协议约定债务人到期没有清偿债务的，债权人可以对抵债财产拍卖、变卖、折价以实现债权，则应当认定该约定有效。因为这样的约定其实就类似于担保，只是当事人没有签订担保合同也没有办理抵押登记或者质押登记，但其主要内容就是约定当债务人不能履行债务时，债权人有权对抵债财产予以拍卖、变卖或者折价以实现债权，所以这样的约定是有效的，债权人基于这样的约定主张权利是应当得到支持的。

第三，如果以物抵债协议约定债务人到期没有清偿债务时，抵债财产归债权人所有，则这样的约定违反了前述《民法典》物权编第401条、第428条关于禁止流押、流质的规定，应当认定为无效，债权人不能据此主张取得抵债财产所有权的权利。但是，此时仅是有关流押、流质的约定条款无效，协议的其他部分并不随之无效，亦即关于债权人有权对抵债财产进行拍卖、变卖或者折价，以实现去债权的约定是有效的，应当得到法院或者仲裁机构的支持。

第四，期前以物抵债协议签订后，债务人或者第三人并未将财产权利实际转移至债权人名下，如没有现实交付财产或者办理权属变更登记手续，当债务人不能履行债务时，如果债权人主张其享有优先受偿权，法院或者仲裁机构不能支持，因为毕竟以物抵债协议不是担保协议，更未办理抵押权或者质权的登记，不具有公示效力，故而债权人不享有优先于其他债权人的受偿权。

第五，期前以物抵债协议签订后，债务人或者第三人已经将抵债财产的权利转移至债权人名下的，办理了权属变更登记手续或者移转了占有，完成了公示，此时应当依据《最高人民法院关于适用〈中华人民共和国民法典〉有关担保制度的解释》第68条的规定处理。根据《最高人民法院关于适用〈中华人民共和国民法典〉有关担保制度的解释》第68条规定，具体处理规则为：（1）若债务人或者第三人与债权人约定将财产形式上转移至债权人名下，债务人不履行到期债务，债权人有权对财产折价或者以拍卖、变卖该财产所得价款偿还债务的，该约定有效，债权人有权行使上述权利。（2）债权人请求参照民法典关于担保物权的有关规定就该财产优先受偿的，应予支持，亦即在完成了担保物权公示的前提下，债权人有权行使优先受偿权。（3）当事人已经完成财产权利变动的公示，债务人不履行到期债务，债权人请求对该财产享有所有权的，不能得到支持，但债权人请求参照民法典关于担保物权的规定对财产折价或者以拍卖、变卖该财产所得的价款优先受偿的，应当得到支持。（4）债务人在履行债务后请求债权人返还财产的，应当得到支持。（5）债务人主张以抵债财产折价或者以拍卖、变卖所得的价款清偿债务的，应当得到支持。

九、合同履行中的抗辩权

在合同的履行当中，债权人有权利请求债务人为给付，债务人有义务按照约定或者法律规定为给付，以实现债权人的权利。通常情形下，如果债务人不履行债务或者履行债务不符合约定或者法律规定，债权人可以进行自力救济，如果自力救济仍然不能实现债权，则可以请求公力救济，强制债务人履行。除了这种通常的情形以外，为避免产生债的履行中的纠纷，平衡债权人和债务人双方的利益，依据公平和诚信原则，法律会赋予债务人一方以某种程度的对抗债权人请求权的权利，这就是抗辩权。抗辩权是民事权利第一层次分类中的基本权利，即民事权利依据其性质与功能而分为支配权、请求权、形成权和抗辩权。

合同履行中的抗辩权，就是针对债权请求权而由法律赋予债务人享有的抗辩权，抗辩事由、抗辩权的行使方式、行使条件、行使时间等，均由法律规定。当事人也可以基于约定而给予一方或者双方以抗辩权。没有法律的依据或者约定的依据而拒绝履行债务，则不是行使抗辩权的行为，而只会使债务人陷入违约。

根据《民法典》的规定，债的履行中的抗辩权包含三种，即同时履行抗辩权、先履行抗辩权（或称后履行抗辩权）和不安抗辩权。

（一）同时履行抗辩权

《民法典》第525条规定："当事人互负债务，没有先后履行顺序的，应当同时履行。一方在对方履行之前有权拒绝其履行请求。一方在对方履行债务不符合约定时，有权拒绝其相应的履行请求。"这就是债的履行中的同时履行抗辩权。

1.同时履行抗辩权的意义

所谓同时履行抗辩权，是指当事人互负债务，没有法定的或者约定的履行上的先后顺序，当一方当事人在对方未为对待给付之前，可以拒绝对方的履行请求。例如，甲乙约定一份买卖合同，甲为买方，乙为卖方，没有约定由乙方先交货还是由甲方先付款，则当乙方没有交货而其请求甲方付款时，甲方可以主张同时履行抗辩权，拒绝乙的付款请求；或者相反，当甲方没有付款而请求乙方交货时，乙方可以主张同时履行抗辩权，拒绝甲的交货请求。

同时履行抗辩权的主要功能在于保证债的履行中的公平性，防止积极履行义务一方遭遇不能实现自己债权的风险，维持当事人之间的利益平衡。其法理基础则是履行标的与给付义务相互之间的牵连性，即相互之间的债权债务互为前提、互为对价，当一方不履行债务时对方有权利拒绝履行自己的债务。

2.同时履行抗辩权的行使条件

（1）必须是双务合同，且双方的权利义务基于同一份合同产生。如果两个当事人之间存在多份合同关系，每个合同之间相互没有关联，则不能将不同的合同关系混同适用，如甲乙之间有一份买卖合同，同时还有一份租赁合同，则甲不能因为乙没有支付租金而拒绝买卖合同项下的发货义务。当事人互负债务是最主要的条件，且互为对待给付，所以单务合同不存在同时履行抗辩权的适用情形，如赠与合同、借用合同、保证合同、无偿保管合同等。实践中大部分合同都是双务合同，故同时履行抗辩权的适用情形是较为普遍的。

（2）必须是互负的债务没有先后履行的顺序，且均已届履行期。如果合同中约定了双方履行义务的先后顺序，则不能适用同时履行抗辩权，而可能会适用先履行抗辩权或者不安抗辩权。先后顺序必须是明确的，没有明确的先后顺序即为没有先后履行顺序，可以适用同时履行抗辩权。

（3）必须是对方未履行债务或者履行债务不符合约定。换言之，当对方请求己方为履行，而对方自己没有履行债务或者履行债务不符合约定，己方即可行使同时履行抗辩权。当然，如果对方已经履行了一部分债务，然后请求己方为履行，己方应当只能就“履行债务不符合约定”这一部分行使同时履行抗辩权，而不能全部抗辩。

同时履行抗辩权的价值在于当没有约定履行顺序或者约定为同时履行的时候，如果一方请求对方为履行，亦即自己没有为对待给付而请求对方为给付的时候，被请求方就有权利抗辩。抗辩权相当于盾，请求权相当于矛，盾是用于防御的，所以如果没有遇见进攻性的矛，就没有必要使用防御性的盾。

例如，在一份布匹买卖合同中，合同约定为送货制，布匹生产厂家将货物即布匹负责送到服装厂，分3次交货，第一次送货时结清第一次的货款，然后预付下一批货物20%的货款，第二批货运过来时再付清第二批货的货款，同时预付第三批货物的20%的货款，当第三批货物送过来之后结清全部货款。从上述约定来看，每一次的交货义务和付款义务有非常清晰的约定，是同时履行，没有先后顺序。每一次交货的时候都是一方交货另一方付款。实际履行时，第一批货布匹厂自备运输工具运过来了，在服装厂的仓库进行了验货，布匹厂负责送货的工作人员提出：“你们把汇票给我们开好，我们带回去。”服装厂这边说：“今天正好会计没在，开不出来汇票。”布匹厂工作人员说：“我们厂长交代好了的，不带汇票回去，不能卸货，那就把货带回去。”服装厂这边说：“明天我们的会计就回了，先把货卸下来吧。”布匹厂这边说：“今天不能卸货，我们自己找旅馆住，货还是放在我们车上。我们明天再来。”到了第二天，又到了服装厂，服装厂工作人员说：“会计还没回，还得等。”等到第三天，服装厂的人说：“对不起，我们的会计还没回来。”于是布匹厂工作人员把货拉回去了。过了半个多月，服装厂起诉布匹厂，主张布匹厂没有按时交货，构成违约，导致了服装厂的损失，要求赔偿。本案中，合同约定的是同时履行，服装厂在自己没有支付货款的情况下要求布匹厂先交货，而布匹厂并没有先交货的义务，所以布匹厂拒绝卸货属于行使同时履行抗辩权，不构成违约，服装厂的诉讼请求不能得到支持。

《最高人民法院关于适用〈中华人民共和国民法典〉合同编通则若干问题的解释》第31条第2款规定："当事人一方起诉请求对方履行债务，被告依据民法典第五百二十五条的规定主张双方同时履行的抗辩且抗辩成立，被告未提起反诉的，人民法院应当判决被告在原告履行债务的同时履行自己的债务，并在判项中明确原告申请强制执行的，人民法院应当在原告履行自己的债务后对被告采取执行行为；被告提起反诉的，人民法院应当判决双方同时履行自己的债务，并在判项中明确任何一方申请强制执行的，人民法院应当在该当事人履行自己的债务后对对方采取执行行为。"以此规定，在司法实践中，如果一方起诉对方请求履行合同义务，对方提出同时履行的抗辩，但是未提起反诉或者仲裁反请求，法院或者仲裁机构经查明抗辩成立，此时简单地支持被告的抗辩，驳回原告的诉讼请求，则双方之间的纠纷仍然没有解决，属于典型的案结事未了，甚至使案件陷入履行僵局，所以该司法解释对此作出了非常正确的解释：此时应当判决双方同时履行，即判决被告在原告履行债务的同时履行自己的债务，一方面支持了被告的抗辩；另一方面又支持了原告的诉讼请求，可谓"两全其美"。当然此时法官需要在判项中明确原告申请强制执行的，法院应当在原告履行自己的债务后对被告采取执行行为，换言之，如果原告自己没有按照判决履行义务，法院不能对被告采取强制执行措施。反之亦然。如果原告起诉请求被告履行义务，被告不仅提出了同时履行的抗辩，并且提起了反诉，即也请求原告履行义务，这种情形下法院当然更应该采取上述裁判思路，判决双方同时履行，同时在判项中明确一方申请强制执行的前提条件即可。

（二）先履行抗辩权

先履行抗辩权是指合同约定或者法律规定有先后履行顺序，当负有先履行义务一方未履行自己的债务或者履行债务不符合约定，而请求对方履行债务时，后履行一方有权拒绝对方的履行请求。此种抗辩权称为先履行抗辩权，或者称为后履行抗辩权。先与后两个反义词，表达的却是同一个意思，即先后顺序。《民法典》第526条规定："当事人互负债务，有先后履行顺序，应当先履行债务一方未履行的，后履行一方有权拒绝其履行请求。先履行一方履行债务不符合约定的，后履行一方有权拒绝其相应的履行请求。”

1.先履行抗辩权的适用条件

（1）当事人因同一双务合同而互负债务。此一条件与前面的同时履行抗辩权是一致的，即必须是当事人互享债权，互负债务，并且是基于同一法律关系中的债权债务。

（2）当事人的债务有先后履行顺序。换言之，基于法律规定或者合同约定，双方当事人各自的债务履行是有确定的先后顺序的。通常情况下，是约定各自履行债务的具体时间，先后顺序便包含在其中，如合同约定8月1日交货，8月10日付款，卖方与买方各自的履行顺序很清楚。也可以没有具体的时间约定，但是明确约定一方先履行另一方后履行，如约定“货到付款”，或者“款到发货”，尽管没有各自交货或者付款的具体时间，但履行顺序已经清楚约定。在有先后顺序的情况下，应当先履行交货义务的一方如果没有交货，而要求对方付款，对方即有权利拒绝履行，行使先履行抗辩权（自己是后履行义务一方，所以亦称为后履行抗辩权）。如果合同中没有明确的关于先后顺序的约定，但是根据法律规定可以判断出先后顺序，或者根据交易习惯可以确定先后顺序，同样可以适用先履行抗辩权。当然，此种情况下，主张依据法律或者交易习惯行使后履行抗辩权的一方需要就相关法律规定或者交易习惯进行举证与说明。

例如，在一个股权转让合同纠纷中，约定股权过户分三次交割，受让方支付第一笔35%的股权转让款，转让方办理对应的35%的股权过户变更登记手续，第二次交割50%，第三次交割15%，同时约定了定金条款，受让方支付了一笔定金给转让方的关联方。又约定：为了担保转让方转让股权，先将转让方的股权进行质押登记。本案的履行顺序应该是相对比较容易判断的，但是在实际履行当中，受让方支付第一笔转让款发生了迟延，迟延了2个多月，转让方办理了对应的35%的股份过户手续。第二笔转让款没有迟延，可是转让方没有按期办理第二期的股权过户手续。后来受让方起诉转让方违约。转让方提出抗辩：受让方第一次付款就已经违约了，所以第二笔款尽管是按期支付，但是转让方办理第二次股权交割也可以迟延，并且可以迟延与受让方迟延相对应的天数。转让方的意思是：第一次我没有追究你的违约责任，你这次也不能追究我的违约责任。但是，转让方的此一抗辩是不能成立的，受让方第一次付款迟延时，转让方可以行使后履行抗辩权，同时也可以追究受让方的违约责任，甚至可以解除合同（当然这需要经过催告后受让方在合理期限内仍然没有履行付款义务时），但是转让方当时并没有行使抗辩权，而是按约定办理了第一笔价款对应的股权过户登记手续，当然他可以继续追究受让方的违约责任，但是整个合同还是在继续履行，所以他不能用第一次对方的迟延付款来对抗第二次对方的履行请求权，因为第二次受让方没有违约，转让方收到转让款后却没有按时办理股权交割手续，构成违约，不属于正当行使抗辩权的行为。

先履行抗辩权的制度价值在于保障法律规定或者合同约定所赋予一方的履行期限利益，当其拒绝对方的履行请求时阻却其行为的违约性。

（3）双方所负债务均已届履行期，应当先履行的一方到期未履行或者履行不符合约定。

如果一方的债务尚未届清偿期，对方请求其履行义务，此时一方当然可以拒绝履行，但此属于一般的履行期限抗辩，即任何一方不能请求对方提前履行债务，除非双方同意，所以未届清偿期的抗辩不属于顺序抗辩。

概言之，应当先履行一方自己没有履行义务或者履行义务不符合约定，却请求对方为履行，对方即可行使后履行抗辩权。

2. 先履行抗辩权的行使方式

先履行抗辩权的行使是否需要以明示的方式进行，《民法典》未予明确规定。学界存在两种不同的观点：一种称为行使效力说，即行使先履行抗辩权一方收到对方的履行请求时，应当以明示的方式明确告知对方自己要行使先履行抗辩权，否则将陷入违约，因为毕竟双方的履行期都已经届至。另一种称为存在效力说，即只要满足了行使先履行抗辩权的实质要件，不需要后履行一方以明示的方式告知对方，即使后履行一方对对方的履行请求保持沉默，其也不构成违约，且有权利追究对方的违约责任。笔者之见，基于诚实信用原则，当先履行一方提出了履行请求时，后履行一方应当对此作出回应，告知对方自己是否行使抗辩权，而不能仅仅是保持沉默，否则将会不利于交易秩序的维持。

3. 先履行抗辩权的行使效力

先履行抗辩权只是从履行程序或者时间层面保障后履行一方的期限利益，其本质是对先履行一方违约行为的抗辩，阻却后履行一方拒绝履行债务的违法性，暂停履行自己的义务，而非导致当事人债权债务的消灭，故一旦先履行一方补正了自己的违约行为，满足了对方的履行利益时，后履行一方即应当恢复履行，不能继续抗辩下去。当然，这不影响后履行一方追究先履行一方的违约责任。

《最高人民法院关于适用〈中华人民共和国民法典〉合同编通则若干问题的解释》第31条第3款规定："当事人一方起诉请求对方履行债务，被告依据民法典第五百二十六条的规定主张原告应先履行的抗辩且抗辩成立的，人民法院应当驳回原告的诉讼请求，但是不影响原告履行债务后另行提起诉讼。"此与上一节所述同时履行抗辩权的行使规则不同，因为合同有履行顺序的先后约定，不会因为抗辩权的行使而使得合同陷入履行僵局，所以只要被告提出的原告应当先履行的抗辩成立，就应当驳回原告的诉讼请求。当然，如果后来原告履行了自己的义务，就可以另行起诉被告履行义务，不违反"一事不再理"的规则。

（三）不安抗辩权

《民法典》第527条规定："应当先履行债务的当事人，有确切证据证明对方有下列情形之一的，可以中止履行：（一）经营状况严重恶化；（二）转移财产、抽逃资金，以逃避债务；（三）丧失商业信誉；（四）有丧失或者可能丧失履行债务能力的其他情形。当事人没有确切证据中止履行的，应当承担违约责任。"此条规定的即为不安抗辩权制度。

1.不安抗辩权的意义与制度价值

与前面的同时履行抗辩权、先履行抗辩权不同，不安抗辩权不是顺序抗辩权，而是实质上的抗辩，尽管它也与履行顺序有关。不安抗辩权的构成要件之一是合同有先后履行顺序，此与前面的先履行抗辩权一样。既然有先后履行顺序，在应当先履行义务一方的履行期到来的时候，他就应当为履行，如果他不履行就陷入迟延，构成违约。比如，合同约定7月1日付款1000万元，8月1日办理股权过户，有很明确的履行顺序，所以到了7月1日付款方就应当付款，到了7月2日如果仍然没有付款，就构成违约。如果付款方到了7月2日自己不为履行，反过来请求对方办理股权过户手续，对方当然可以抗辩，这是行使后履行抗辩权。现在的问题是，在有先后顺序的情况之下，本来应当先履行义务的一方，当他有证据证明后履行义务一方有不能履行债务的风险时，他该怎么办？他可以拒绝履行债务吗？这就是不安抗辩权制度要解决的问题，也是其意义所在。

又如，在一份水泥买卖合同中，买方按约定到了7月1日应该给卖方支付1000万元货款，卖方8月1日才有义务交货，可是现在买方有充分的证据证明卖方到时候交不了货，因为卖方已经濒临破产，几乎已经停产了，或者，买方有证据证明卖方已经官司缠身，资不抵债，银行信用评级已经严重下调，但是按照约定买方确实已经到了付款期，他要是不付款就很可能构成违约，要承担违约责任，但是如果真的付了款却很可能打了水漂儿，既不能收到货，也不能由对方返还货款，所以这种情况下法律需要给予先履行一方以某种抗辩权，其本来应当先履行却可以拒绝履行而不需要承担违约责任，阻却其行为的违法性。这就是不安抗辩权制度的价值所在。

2. 不安抗辩权的适用条件

根据《民法典》第527条规定以及相关学理解释，不安抗辩权的行使应当满足以下各项条件：

（1）必须是当事人互负债务。此与前面的顺序抗辩权是同样的。

（2）必须是有先后顺序的约定，且先履行一方的履行期已经届至。

（3）必须是应当先履行一方有证据证明对方有不能为对待给付的风险，且这种风险是现实存在的，有证据证明的。此等风险即是由《民法典》第527条规定的四种法定情形。这是不安抗辩权最重要、最实质的条件，如果不符合此一条件，先履行一方如果拒绝履行自己的义务就会陷入违约，不能阻却其行为的违法性。当然，如果这种风险或者对方可能无法为对待给付的情形对于先履行一方而言是在订立合同时就已经知晓的，或者这种风险已经在合同中予以说明，则先履行一方不能再行使不安抗辩权。

3. 不安抗辩权行使的法定情形

《民法典》第527条规定列举了三种可以行使不安抗辩权的常见情形，同时用一个兜底条款对列举之外的其他情形留下了解释的空间：

（1）经营状况严重恶化。比如，严重资不抵债，负债累累，官司缠身，面临巨大的败诉可能性；又如，已经申请破产，或者濒临破产边缘，或者经营资质被取消等。遇有此种情形，后履行一方将来履行债务的可能性已经微乎其微，先履行一方可以拒绝履行自己的债务。

（2）转移财产、抽逃资金，以逃避债务。此种情形较之第一种情形其实更为恶劣，前面所讲的经营状况严重恶化可能是由于过失，或者经营管理不善，而此种情形属于主观恶意，事实上已经构成默示预期违约，先履行一方如果仍然按照约定履行了自己的给付义务，则极有可能无法实现自己的债权，故其可以行使不安抗辩权。

（3）严重丧失商业信誉。比如，债务人的信用指标被评级机构大幅度下调，或者上市公司在证券市场进行证券虚假陈述而被惩罚，又或者恶意毁约事件频频曝光等，说明债务人的履约能力与诚信状况均陷入危险的境地，先履行一方可以行使不安抗辩权。

（4）有丧失或者可能丧失履行债务能力的其他情形。这是一个兜底条款，需要根据具体的合同性质、合同履行中出现的具体情形等因素予以判断。

4.不安抗辩权的行使法律后果、行使方式与举证责任

（1）不安抗辩权的行使后果。《民法典》第527条第一段话的表述为："应当先履行债务的当事人，有确切证据证明对方有下列情形之一的，可以中止履行。"此处的"中止履行"即为不安抗辩权行使的第一层次也是最重要的法律后果。换言之，不安抗辩权的行使并不导致先履行一方债务的消灭，而只是赋予其暂停履行自己义务的权利，即中止履行，事实上是一种延期履行抗辩权，双方之间的债权债务关系并不受任何影响。一旦后履行一方的当事人恢复了履行能力或者提供了担保，先履行一方便不能再行使不安抗辩权，不安抗辩权归于消灭。

（2）不安抗辩权的行使方式。《民法典》第528条第一句话的表述为："当事人依据前条规定中止履行的，应当及时通知对方。"此处的"应当及时通知对方"即通知义务是一项法定义务，是先履行一方行使不安抗辩权的程序要件，如按照约定先履行一方7月1日应当付款，其如果准备行使不安抗辩权，就需要在7月1日当天或者之前给对方发出通知，告知对方自己行使不安抗辩权，不会付款，以便让对方有所准备，同时在通知中需要说明暂停拒绝付款的理由及相关证据。如果没有通知对方行使不安抗辩权，则到了7月2日先履行一方就陷入了违约。极言之，不安抗辩权必须以明示的方式来行使。

（3）不安抗辩权中的举证责任。《民法典》第527条第一段话的表述为："应当先履行债务的当事人，有确切证据证明对方有下列情形之一的，可以中止履行。”此处的“有确切证据证明”即为不安抗辩权中的举证责任规则，即行使不安抗辩权一方需要承担举证责任，证明后履行一方具有《民法典》第527条规定的四种法定情形之一，即经营状况严重恶化，或者转移财产、抽逃资金以逃避债务，或者严重丧失商业信誉，或者有丧失或者可能丧失履行债务能力的其他情形。四种法定情形只要能够证明其中之一即可。换言之，先履行一方如果行使不安抗辩权，不仅需要在履行期届至前向对方发出书面通知，告知对方自己将暂停履行义务，而且需要说明理由，提供证据，否则不是合适地行使不安抗辩权的行为，不能阻却其行为的违法性。即使先履行一方在履行期届至时没有履行义务，事后找到了四种法定情形之一的证据，但是如果没有证据证明当时向对方发出了暂停履行义务的通知并且提供了充足的证据，则也不能认定其属于行使不安抗辩权的行为，仍然构成违约。所以《民法典》第527条第2款规定：“当事人没有确切证据中止履行的，应当承担违约责任。”

5. 不安抗辩权的消灭与合同解除

（1）不安抗辩权的消灭。《民法典》第528条第二句话的表述是：“对方提供适当担保的，应当恢复履行。”此即关于不安抗辩权消灭的规则。当后履行一方收到先履行一方发出的中止履行、行使不安抗辩权的通知后，如果后履行一方进行了回应，愿意为自己将来履行债务提供担保，并且采取了措施切实地提供了担保，在此情况下不安抗辩权归于消灭，先履行一方应当恢复履行，按照约定履行自己的义务。就担保方式而言，只要是符合《民法典》物权编或者合同编规定的法定担保方式，或者其他民商事单行法规定的担保方式，包括典型担保方式，如保证担保、定金担保、抵押担保、质押担保等，也包括《民法典》规定的但未予列明的非典型担保方式，如让与担保、所有权保留担保等。就“适当”而言，主要是指担保的比例，有的学者则主张担保的数额或者价值应当与先履行一方的债务“对等”或者“相当”，有的学者主张可以参照《民法典》关于定金的比例即达到先履行一方债务金额的20%即可。笔者认为，完全与先履行一方的债务金额对等显然对后履行一方过于苛刻，而参照定金20%的比例又似嫌过低，因为毕竟后履行一方存在不能履行债务的现实风险，按照一般情形下的定金比例并不妥当，事实上还是需要综合考虑后履行一方可能丧失履行能力的程度、将来恢复履行能力的可能性、先履行一方已经履行债务的情况（如果有了已经部分履行的情况），最终确定担保的相对数额或者比例。通常情况下，如果已经达到了先履行一方债务数额的一半，即可以认为是“适当”的。

导致不安抗辩权消灭的另一个原因是后履行一方在合理期限内恢复了履行能力，则解除了先履行一方的后顾之忧，不再存在不能履行债务的现实风险，故先履行一方应当恢复履行，不安抗辩权归于消灭。后履行一方应当就其恢复了履行能力进行举证，并及时通知对方。至于恢复到何种程度才能认定为不安抗辩权归于消灭，同样需要综合各种具体因素加以判断。笔者认为，只要后履行一方真实地采取了增加商业信誉、降低负债率、保证正常生产经营等积极措施，企业生产经营活动恢复正常或者出现好转的迹象，即应认为恢复了履行能力，不能采取过于严苛的标准，应当给企业以再生的机会，而不是雪上加霜。

（2）合同解除。《民法典》第528条第三句话的表述为：“中止履行后，对方在合理期限内未恢复履行能力且未提供适当担保的，视为以自己的行为表明不履行主要债务，中止履行的一方可以解除合同并可以请求对方承担违约责任。”这是不安抗辩权行使的第二层次的法律后果，此种法律后果不一定真实发生，其发生前提是当先履行一方中止履行后，后履行一方在合理期限内既未恢复履行能力亦未提供适当担保的，此时才会发生第二层次的法律后果。

解除合同不同于中止履行，它是对债的关系的终止，故须慎重对待。不安抗辩权本身只能是一种延期履行的抗辩，不属于法定解除合同的制度，故其本身与合同解除无关。但是，如果先履行一方行使不安抗辩权之后，在合理的期限内，后履行一方既不能提供适当的担保，又不能恢复履行能力，就会置先履行一方于十分不利的境地，如果规则只允许其进行抗辩，暂停履行，即使其一直抗辩下去，后履行一方不能履行债务的风险仍然现实存在，就会使债的关系陷入僵局，不利于先履行一方的权益保护，故需要进一步赋予其终局性地解决僵局的权利。同时，就法理逻辑而言，先履行一方明确行使了不安抗辩权，后履行一方既不能提供适当担保，也不能恢复履行能力，实际上等同于以自己的行为表明其不履行债务，构成了默示的预期违约，依据《民法典》第578条规定：“当事人一方明确表示或者以自己的行为表明不履行合同义务的，对方可以在履行期限届满前请求其承担违约责任。”则先履行一方可以进一步行使合同解除权，并且可以在解除合同的同时向对方主张违约责任。

十、选择之债的履行

（一）选择之债的概念与区分的标准

选择之债是与简单之债对应的概念。简单之债与选择之债是以债的给付内容或者债的标的有没有可选择性作为划分标准而进行的分类。如果债务人履行债务没有可选择性，只有一种给付内容或者给付标的，那就是简单之债。实践中大部分的债都是简单之债。如果给付内容或者标的有选择性，可以以A种给付方式履行债务，也可以以B种给付方式履行债务，都视为债务人履行了债务，它就是选择之债。

所谓选择之债，是指债的给付内容或者给付标的上，通过约定或者法律规定，债务人或者债权人可以进行选择，选择其中之一的给付内容或者给付标的进行履行，选择以后就把选择之债变为一个简单之债。最终履行的，仍然是一个简单之债，但是在选择和确定之前，属于选择之债。比如，一份买卖书画作品的合同，如果约定标的物是齐白石的一幅画，为简单之债，但是如果买卖双方约定到期交付的是齐白石的两幅画之一，或者是《戏虾图》，或者是《蛙声十里出山泉》，价款都是1000万元，这两幅画都是齐白石的作品，卖方交付其中任何一幅都可以，这就是一个选择之债。选择之债要在履行的时候才予以特定化，如果在特定之前，选择之债的某些标的物灭失了，这可能就导致选择之债变成简单之债，因为没有选择的余地了，如前面说的买画的案例，标的物《戏虾图》或者《蛙声十里出山泉》中的某一幅画在交付之前被火烧掉了，这份合同就成为一个简单之债了。如果这两幅画都灭失了，那就产生履行不能，卖方说“我还有一幅《葡萄架下的小鸡》，也是齐白石的名画，市场价也差不多，我交付这幅画”，那就超出了选择的范围，除非双方都同意，否则就是履行不能。

（二）选择权的归属

选择之债中的关键问题是：谁享有选择权？将选择之债进行特定化、确定交付的内容的时候，是由债权人进行选择还是由债务人进行选择？比如，前面买画的案例，到了具体交付的时候，买受人指定出卖人交付《戏虾图》，但是出卖人坚持交付《蛙声十里出山泉》，此时该如何处理？根据《民法典》第515条第1款的规定："标的有多项而债务人只需履行其中一项的，债务人享有选择权；但是，法律另有规定、当事人另有约定或者另有交易习惯的除外。"以此规定，选择之债中的选择权原则上归债务人享有，也就是履行给付义务的一方，在上述买画的案例中就属于出卖人，因为就交付标的物的债务而言，出卖人是债务人（买受人则是履行价款给付义务的债务人）。但是，根据约定优先的民法原理，如果当事人在合同中已经约定了选择权属于谁，则按照约定处理。或者，对某些选择之债法律直接规定了享有选择权的人，则依照法律规定处理，如《民法典》第588条第1款规定："当事人既约定违约金，又约定定金的，一方违约时，对方可以选择适用违约金或者定金条款。"以此规定，如果当事人在合同中既约定了违约金又约定了定金，则发生违约时违约方仅需承担违约金或者定金责任中的某一种即可，而不需要同时承担违约金和定金的支付义务，但是到底是按照违约金条款支付还是按照定金条款支付，则不能由债务人选择，而只能由债权人即守约方选择。比如，按照违约金计算出来的数额是8万元，而按照定金计算出来的数额是9万元，守约方请求按照定金条款由违约方支付9万元，违约方不能抗辩。

如果在选择之债中既没有当事人约定也没有法律规定，双方又无法达成妥协，此时需要根据交易惯例以及债的性质、履行情况等因素，确定由哪一方行使选择权。

（三）选择权的移转

根据法律规定或者当事人约定，或者交易习惯，确定了选择权人之后，选择权人应当在约定的期限行使选择权，不然，如果选择权人怠于行使选择权，可能会发生选择权法定地移转至对方当事人的后果，由对方当事人享有选择权。这就是选择之债中的选择权移转规则。《民法典》第515条第2款规定："享有选择权的当事人在约定期限内或者履行期限届满未作选择，经催告后在合理期限内仍未选择的，选择权转移至对方。"

如果当事人没有在合同中约定选择权的行使期限，则以合同中约定的债务履行期限作为选择权的行使期限，即：合同约定的债务履行期届满之时，也就是选择权行使的最后期限，选择权人应当在此期限之前行使选择权。当然，并不是合同约定的选择权行使期限届至的那一天或者债务履行期届至的那一天，选择权即发生移转，而是在上述期限届至时，如果选择权人没有行使选择权，对方当事人应当向其进行催告，即催告其行使选择权，或者催问其是否行使选择权，如果经催告后又经过一个合理期间，选择权人仍然未作出选择，未行使选择权，则合理期间届满时，选择权移转给对方当事人。此处的“合理期间”应当根据个案的具体情形，结合合同的性质、当事人的合同目的、履行中的情况等因素确定。

（四）选择权的行使方式

《民法典》第516条规定：“当事人行使选择权应当及时通知对方，通知到达对方时，标的确定。标的确定后不得变更，但是经对方同意的除外。可选择的标的发生不能履行情形的，享有选择权的当事人不得选择不能履行的标的，但是该不能履行的情形是由对方造成的除外。”以此规定，第一，行使选择权应当进行通知，此处通知应当理解为可为对方知晓的方式，通常应当是书面方式，如通过信函、传真、邮件、短信等方式，原则上不能以口头的方式如电话进行通知，除非其能够举证证明以口头方式行使了选择权。第二，通知到达对方时，标的确定，选择之债变为简单之债，给付的内容确定。第三，通知一旦到达对方，给付内容确定，则依据禁反言规则，选择权人不得变更给付标的，不得再次行使选择权，除非对方同意其作出的变更。第四，可选择的标的如果发生履行不能之情形，则选择权人不能选择该履行不能的标的。在只有两种标的可供选择，亦即二选一的情况下，如果其中之一的标的发生履行不能，其实选择之债已经变更为简单之债，不再是选择之债，当事人无法进行选择，也不再需要选择。当然如果可供选择的标的超过两个，则发生其中一个给付不能时仍然属于选择之债。《民法典》该条最后一句话即“享有选择权的当事人不得选择不能履行的标的，但是该不能履行的情形是由对方造成的除外”，即如果导致标的履行不能的原因是对方所致，则选择权人仍然可以选择陷入履行不能的标的，请求对方为给付。当然，如果确实已经陷入绝对的事实不能或者法律不能，选择权人作了选择客观上也不可能履行，则于选择权人毫无实际意义，此时应当通过违约责任的方式对债权人进行救济。

十一、按份之债与连带之债的履行规则

（一）多数人之债的概念和特征

多数人之债亦称多数当事人之债或者复数主体之债，是指债的关系中有一方当事人的人数是两个或者两个以上，即债的一方主体是多数人，但是债的给付内容是同一的。多数人之债具有以下特征：

其一，一方当事人为多数人。债权人或者债务人一方为多数人，即两个或者两个以上。有时，甚至双方当事人的人数均为两个或者两个以上。多数人之债相对应的概念是单一之债，即债权人与债务人均为一个人的债。多数人之债由于一方当事人是两个或者两个以上，这样就不仅存在债权人与债务人之间的法律关系，而且存在数个债权人内部或者数个债务人内部的权利义务关系，所以多数人之债比单一之债的规则要复杂得多。

其二，多数人之债的给付具有同一性。多数人之债尽管主体为复数，但是债的给付内容是同一的，仅存在一个债的关系，不存在数个不同的给付内容。如果数个主体之间存在多个不同性质的给付，则属于同时存在数个债的关系，而不是多数人之债。例如，甲乙两人作为借款人之一方，共同向丙借款50万元，甲乙对丙而言是共同的债务人，这就属于多数人之债，而若甲和乙分别向丙借款25万元，一共借款数额也是50万元，出借人都是丙，但是甲与乙之间没有任何关系，不发生债的内部关系，而是两个各自独立的债，两个单一之债，不是多数人之债。

其三，多数人之债既可以因为当事人之间的约定而发生，也可以因为法律的直接规定而发生，发生原因具有多样性。前者如数个人共同为同一债权提供保证担保，即基于他们之间的约定而形成多数人之债，数个保证人与债权人之间发生多数人之债。后者如法律规定生产者与销售者对产品质量瑕疵而对受害人承担的连带责任，即属于法定的多数人之债，生产者和销售者共同承担对受害人的同一给付的损害赔偿之债。

多数人之债的履行规则较为复杂，之前《合同法》对于多数人之债基本上未予涉及。《民法典》用了七个条文对多数人之债进行了规定，包括总则编“民事

责任”一章的两个条文即第177条、第178条，合同编“合同的履行”一章的5个条文即从第517条至第521条，尽管仍然不够周全，但已经为多数人之债提供了基本的规则需求。

（二）多数人之债的分类

1.多数人债权与多数人债务。若债务人一方为多数，称为多数人债务；若债权人一方为多数，称为多数人债权。

2.按份之债和连带之债。这是多数人之债中最主要的分类。在按份债务当中，尽管债务人是多数人，但是每个债务人所负担的债务的数额或者份额是确定的，或者根据约定是确定的，或者根据法律规定是确定的，故称为按份债务，“按份之债”的文义解释就是数个债权人中的每个债务人按照已经确定的份额承担自己的债务。而连带债务相反，根据约定或者法律规定，数个债务人不分份额地、完全相同地承担同一给付内容的债务，所以它称为连带债务。在一个按份的多数人债务当中，或者根据约定，或者根据法律规定，各个债务人的债务数量是确定的和有份额的。比如，我们前面讲过的共同保证，共同保证可以是按份共同保证，也可以是连带共同保证。如果债权一共100万元，两个保证人来做保，约定甲担保其中的60万元，乙担保其中的40万元，这就是按份共同保证，如果约定甲乙共同地、不分份额地连带担保债权的实现，就是连带共同保证。按份之债的数个债务人不分份额、完全平等地承担债的清偿责任，而连带之债的债权人可以不分份额地要求数个债务人全体或者某一个债务人清偿全部债务。

（三）多数人之债的效力

多数人之债的效力分为对外效力与对内效力两个方面。

1.多数人之债的对外效力

对外效力是指多数债务人与债权人之间的效力。如果是按份之债，债权人只能按照约定或者法定的份额请求债务人承担清偿义务。相应地，在这种多数人之债中的每一个债务人只是根据法律规定或者约定承担自己份额的清偿义务，对于超出其份额的部分不承担责任。所以，每一个按份债务人清偿完了自己的债务以后，并不消灭全体债务，必须待所有的按份债务人全部清偿了各自的份额以后，对外债务关系才彻底消灭，债权才彻底实现。如果是连带债务，数个债务人中的每一个人都有清偿全部债务的义务，或者反过来说，债权人可以请求任何一个债务人清偿全部债务。比如，普通合伙企业负债时，债权人如果起诉，他可以把合伙企业的全部五个合伙人作为共同被告，加上合伙企业一共有六个被告，但他也可以只起诉五个合伙人当中的某几个甚至某一个。当然，从程序法上而言，如果债权人仅起诉一个合伙人，法院会为了便于合伙债务关系的查明而追加其他的合伙人，尤其当债权人不起诉主债务人合伙企业的时候。

2. 多数人之债的对内效力

对内效力是指各债务人相互之间的法律关系。就按份之债而言，每一个债务人承担了自己的份额以后，相互之间没有权利义务关系，只有在连带债务中会涉及复杂的对内效力的问题。在连带债务当中，一个债务人对外清偿了全部债务以后，就对外效力而言，债的关系全部消灭，债权人的债权得以实现，连带债务当中的债务全部清偿完毕。但是，就对外承担了全部清偿义务的债务人而言，他可以向没有承担对外清偿义务的债务人行使内部的代位求偿权。对内的代位求偿不是连带责任，而是按份债务。

（四）按份之债

1. 按份之债的概念

《民法典》第517条规定："债权人为二人以上，标的可分，按照份额各自享有债权的，为按份债权；债务人为二人以上，标的可分，按照份额各自负担债务的，为按份债务。按份债权人或者按份债务人的份额难以确定的，视为份额相同。"这是按份之债的定义。所谓按份之债，是指数个债权人或者债务人按照一定的份额享有债权或者负担债务。按份之债包括按份债权与按份债务，实务中以按份债务居多。狭义上的按份之债也称为按份责任。

按份之债的前提是作为债的给付标的必须是可分的，即可分之债，不可分的给付标的不能成立按份之债。例如，甲乙丙按份共有一栋物业，三人作为共同出租人将物业出租给承租人丁，丁按照甲乙丙各自的物业面积比例分别向甲乙丙支付租金，在这一法律关系中，债权人为数人，给付基于同一原因发生，给付内容是可分的，由此形成按份债权，即甲乙丙三人对债务人丁的按份债权。反过来，如果甲乙丙共有的物业是一个整体性的建筑，不动产所有权人为甲乙丙三人共同共有，物业在使用性能上不能分割的，则如果甲乙丙合意将该物业出卖，与买受人丁订立买卖合同，交付物业的债务便为不可分之债，故其不可能成为按份债务，而只能成立连带债务。

2. 按份之债的特征

按份之债的特征体现在以下四个方面：

其一，债的当事人一方或者双方为两人或者两人以上，即复数。若债权人一方为复数，称之为按份债权；若债务人一方为复数，称之为按份债务。

其二，给付必须是基于同一发生原因。即给付是基于同一法律事实产生的债的关系，如基于同一份买卖合同或者租赁合同形成的按份债权或者按份债务。

其三，给付是可分的，即给付的内容可以分割为相对独立的数个给付，而数个给付对于债的性质与债权的价值实现没有影响。

其四，债权的份额或者债务的份额在按份之债成立时即已确定。按份之债的最大特征在于尽管存在数个债权人或者债务人，但是每个债权人或者债务人的债权数额或者债务数额是确定的，是有份额的，所以才成为按份之债，并且份额是在债的关系成立之时即已确定。

3. 按份之债中份额的确定规则

在按份之债中，如果是约定之债，通常都会约定各自的份额，各债务人按照约定的份额承担责任，而如果是法定之债，不可能事先约定份额，此时需要根据情况判断是否能够确定各自的责任大小，如果能够确定各自的责任大小，便按照各自的责任大小分别承担对外的清偿义务；如果无法确定各自的责任大小，则由各债务人平均承担清偿责任。例如，乙丙两个人由于各自独立的行为而产生同一结果，致受害人花了1万元医药费，受害人将两人作为共同被告起诉，但是能够查明两个人各自的原因力与作用力不一样，甲在路上行走，首先是乙骑自行车把甲撞倒在地，接着丙骑自行车从甲身上轧过去，由此产生损害后果，这种情况应当属于按份责任而非连带责任，乙丙之间不存在意思联络，不构成共同故意侵权，但因为乙和丙的原因力不同，法官如果认为能够确定责任大小，就按责任大小确定份额。当然，法官也可能会认为无法确定乙和丙的责任大小，此时即由乙和丙平均承担责任，即每人承担一半的责任。换言之，在按份责任的承担上，如果有约定或者法律的依据确定各债务人的份额，就按确定的份额来承担；如果无法确定各自的责任大小与份额，就由各债务人平均承担。各债务人相互之间没有内部追偿权。

对于按份之债中各个债权人或者债务人债权或者债务数额的确定方法，《民法典》有两个规则：其一，根据《民法典》第517条第2款规定，按份债权人或者按份债务人的份额难以确定的，视为份额相同。其二，根据《民法典》第177条规定，二人以上依法承担按份责任，能够确定责任大小的，各自承担相应的责任；难以确定责任大小的，平均承担责任。所以，如果能够通过其他因素确定各个债权人的债权份额或者债务人的债务份额，则按照此一份额确定；如果无法确定各自的份额，则推定为平均份额，即由数个债权人或者债务人按照平均的、等额的比例分享债权和分担债务。

4.按份之债的效力

第一，按份之债的对内效力。按份之债的对内效力其实就是指数个债权人或者数个债务人各自份额的确定。如前所述，份额的确定规则是：其一，有约定的按约定；其二，没有约定的按照其他因素确定；其三，无法按照其他因素确定的则推定为份额相同，平均享有债权，平均负担债务。

第二，按份之债的对外效力。按份之债的对外效力需要从以下两个层面理解：分别实现债权和分别履行债务。由于按份之债的实质是数个债的集合，各个债均具有相对的独立性，所以每个按份债权人的债权都是可以单独实现的，每个按份债权人也只能单独实现自己的债权，不能向债务人请求其履行超过债权人份额的义务，更不能请求债务人为全部债务的清偿；每个按份债务人仅就自己负担的份额之内的债务向债权人为给付，对其他债务人的债务不负清偿义务。

尽管份额是确定的，且债权人按照份额行使权利，债务人按照份额履行义务，但是毕竟按份之债是基于同一原因或者同一法律关系而产生，所以各个债权与债务之间仍然存在一定的牵连关系，具体体现在：其一，在因合同原因发生的按份之债中（实务中大部分按份之债都是基于合同原因形成的），涉及合同的解除、合同的撤销等权利的行使，应当由合同一方的全体当事人共同作出意思表示，不能由其中的某一个当事人决定行使；其二，涉及合同履行中同时履行抗辩权、不安抗辩权的行使，如果因数个债务人中的某一个债务人未履行债务，即使其他债务人已经履行，债权人是否可以行使同时履行抗辩权？笔者认为，由于按份之债都是可分之债，故每个债的履行都具有独立性，一方当事人不能以对方当事人的某一个未为给付而拒绝全部债务的履行，仅能就自己应享有的份额范围之内对对方的履行行使抗辩权。

（五）连带之债

1.连带之债的概念

《民法典》第518条第1款规定："债权人为二人以上，部分或者全部债权人均可以请求债务人履行债务的，为连带债权；债务人为二人以上，债权人可以请求部分或者全部债务人履行全部债务的，为连带债务。"这就是连带之债的概念。所谓连带之债，是指债权人一方或者债务人一方为数人，任一债权人均有权请求债务人履行全部债务，或者任一债务人有义务履行全部债务。在前者，即为连带债权；在后者，即为连带债务。

连带之债包括连带债权与连带债务，实践中以连带债务居多，故狭义上的连带之债仅指连带债务，而连带债务也被称为连带责任，《民法典》就是根据约定俗成地将连带债务表述为连带责任。《民法典》第178条第1款规定："二人以上依法承担连带责任的，权利人有权请求部分或者全部连带责任人承担责任。"第2款规定："连带责任人的责任份额根据各自责任大小确定；难以确定责任大小的，平均承担责任。实际承担责任超过自己责任份额的连带责任人，有权向其他连带责任人追偿。"本条第1款是连带责任本身的含义，强调的是外部关系，第2款规定的是连带责任的内部关系。

连带债权是指两个或者两个以上的债权人依据约定或者法律规定共享同一个债权，且每一债权人都有权请求债务人清偿全部债务。连带债务或者连带责任是指两个或者两个以上的债务人对同一项债权负有连带清偿的义务，即每一债务人都有义务清偿全部债务，债权人有权请求任一债务人履行全部的债务清偿义务。

2.连带之债的特征与效力

连带之债的特征与效力体现在：

第一，全部给付义务。全部给付义务指的是连带责任中每一个连带债务人都有清偿全部债务的义务，就对外效力而言各债务人之间是不分份额地承担清偿责任。

第二，一人给付的效力。在连带之债中，只要有一个债务人进行了给付，清偿了全部债务，则对外的债务全部归于消灭，一人的行为导致全部连带责任的消灭，此即连带责任中一人给付的效力。

第三，影响效力的连带性。影响效力的连带性是指在连带之债中，数个债务人中某一个人作出的意思表示或者处分行为是否及于所有的债务人，债权人对其中某一个债务人作出的意思表示或者处分行为是否及于所有的债务人。原则上，基于连带责任的特征，数个债务人中任何一个债务人作出的意思表示或者处分行为的效力是及于所有债务人的，未作出意思表示的债务人也受其约束。同样，债权人只是对数个债务人当中的某一个作出的意思表示，其效力也及于其他所有的债务人。这就是影响效力的连带性。例如，甲乙丙三人共同对丁负有100万元的连带清偿责任，若丁仅对乙表示免除其中40万元的债务，未对甲丙为免除的意思表示，但免除债务的意思表示的效力及于甲乙丙三人，甲乙丙共同所负的债务由100万元变为60万元。

第四，时效中断的连带性。这是指如果债权人向所有债务人中的任何一个人采取了主张债权的措施，或者其中任何一个债务人向债权人作出了履行债务的意思表示，则产生中断诉讼时效的效力及于全体债务人。

3. 连带债务的发生原因

连带债务对债务人而言是很苛刻的加重责任，所以权利人主张债务人承担连带责任或者司法判决当事人承担连带责任，都必须有明确的依据，法官不能类推适用连带责任。当事人承担连带责任有两个发生原因：第一，按照意思自治原则，基于当事人之间的约定；第二，基于法律的直接规定。《民法典》第178条第3款明确规定："连带责任，由法律规定或者当事人约定。"《民法典》或者其他民商事单行法中如果有关于连带责任的规定，则法官可以直接适用该等规定判决当事人承担连带责任。例如，《公司法》第23条第1款规定："公司股东滥用公司法人独立地位和股东有限责任，逃避债务，严重损害公司债权人利益的，应当对公司债务承担连带责任。"此即法律规定连带责任的适例，有限责任公司的股东只以出资额为限对公司债务承担责任，股份有限公司的股东只以所持有的公司份额为限对公司债务承担责任，只有在该条规定的特殊情形下才有可能要求股东对公司债务与公司一起承担连带责任，即公司人格否认制度。该条规定现在进入了《民法典》，成为营利性法人制度中的一般规则，即《民法典》第83条第2款所规定的："营利法人的出资人不得滥用法人独立地位和出资人有限责任损害法人债权人的利益；滥用法人独立地位和出资人有限责任，逃避债务，严重损害法人债权人的利益的，应当对法人债务承担连带责任。"对于法律规定的连带责任，当事人不能通过约定予以排除适用。

4.连带债务与按份债务的比较

连带债务与按份债务均属于多数人之债，即一方当事人为两人或者两人以上，但是二者有较大的区别，其中最大的区别在于按份之债较为简单，不存在数个债务人内部的关系，各个债务人均只按照各自的份额承担清偿义务，相互之间没有关联，而连带债务中任一债务人均负有清偿全部债务的义务，且在数个债务人内部形成求偿权关系。具体而言，二者的区别表现在：

第一，发生原因不同。连带债务只能根据当事人的明确约定或者法律的明确规定而产生，在没有当事人的明确约定或者法律明确规定的情况下，不能让当事人承担连带责任。如果发生多数人之债，原则上只能是按份债务，除非有当事人的明确约定或者法律的明文规定，所以就适用范围而言，按份债务是多数人之债的一般情形，是常态，而连带债务是多数人之债中的特殊情形，是例外，必须基于当事人之间的明确约定或者法律的明文规定。

第二，给付是否可分不同。按份之债中的给付义务必须是可分的，这样才能由数个债务人各自承担自己的份额，如果是不可分之债，则不可能成为按份之债。例如，三个人负有共同向债权人交付一头牛的义务，这个多数人之债只能是连带之债，不可能是按份的，因为交付一头牛的义务是不可能分割的、分别的义务。连带债务的给付义务既可以是可分的，也可以是不可分的。

第三，债权人的请求权与债务的给付方式不同。在按份之债中，债权人只能分别向每一个债务人请求给付，不能请求其中的任何一个债务人为全部给付，而任何一个债务人也只有清偿自己份额的义务，没有义务代替其他债务人为给付。相反，在连带债务中，债权人有权请求全体债务人为给付，也可以仅请求个别债务人为全部给付，任一债务人均负有清偿全部债务的义务。

第四，是否存在内部求偿关系不同。按份债务不存在数个债务人内部的相互求偿关系，而在连带债务中，对外清偿承担了超过自己份额的债务人对内获得了求偿权，有权请求没有承担对外清偿义务的债务人清偿其应当承担的份额范围内的责任。

十二、电子商务合同履行中有关交付的特别规则

《民法典》第512条规定："通过互联网等信息网络订立的电子合同的标的为交付商品并采用快递物流方式交付的，收货人的签收时间为交付时间。电子合同的标的为提供服务的，生成的电子凭证或者实物凭证中载明的时间为提供服务时间；前述凭证没有载明时间或者载明时间与实际提供服务时间不一致的，以实际提供服务的时间为准。电子合同的标的物为采用在线传输方式交付的，合同标的物进入对方当事人指定的特定系统且能够检索识别的时间为交付时间。电子合同当事人对交付商品或者提供服务的方式、时间另有约定的，按照其约定。"这是《民法典》对电子商务合同这种新型商业活动的立法回应，体现了《民法典》的时代性。

我国于2018年颁布了专门的《电子商务法》，该法第三章专门规定电子商务合同的订立与履行，其第51条规定："合同标的为交付商品并采用快递物流方式交付的，收货人签收时间为交付时间。合同标的为提供服务的，生成的电子凭证或者实物凭证中载明的时间为交付时间；前述凭证没有载明时间或者载明时间与实际提供服务时间不一致的，实际提供服务的时间为交付时间。合同标的为采用在线传输方式交付的，合同标的进入对方当事人指定的特定系统并且能够检索识别的时间为交付时间。合同当事人对交付方式、交付时间另有约定的，从其约定。"第52条规定："电子商务当事人可以约定采用快递物流方式交付商品。快递物流服务提供者为电子商务提供快递物流服务，应当遵守法律、行政法规，并应当符合承诺的服务规范和时限。快递物流服务提供者在交付商品时，应当提示收货人当面查验；交由他人代收的，应当经收货人同意。快递物流服务提供者应当按照规定使用环保包装材料，实现包装材料的减量化和再利用。快递物流服务提供者在提供快递物流服务的同时，可以接受电子商务经营者的委托提供代收货款服务。"《电子商务法》的上述两条规定为电子商务合同的交付时间和交付方式作出了符合电子商务行业特点与规律的规定，由于《电子商务法》颁布实施在前，《民法典》起草在后，且《电子商务法》刚刚实施不久，所以《民法典》有关电

子商务合同的订立与履行的规则无须自己创造，仅需复述《电子商务法》的相关规定即可，所以《民法典》第512条的内容与《电子商务法》第51条完全相同。

根据上述《民法典》第512条与《电子商务法》第51条和第52条的规定，电子商务合同的交付时间与交付方式的基本规则是：

1.当事人约定优先规则

电子商务合同的标的无论是交付商品还是提供服务，也无论交付方式是通过快递物流还是在线传输，如果当事人对交付时间作出了明确的约定，则该约定有效，应当按照此约定的规则确定交付的时间。这种约定通常是通过电子商务经营者在平台上发布的“用户守则”“用户协议”等方式公布，消费者通过阅读和勾选“用户守则”“用户协议”等同意条款而视为接受了电子商务经营者公布的有关商品或者服务的交付时间的约定，双方就此达成合意。

2.没有约定时标的为商品的交付时间确定规则

如果就商品或者服务的交付时间没有约定，标的是交付商品，且通过快递物流的方式交付，则用户（收货人）签收的时间为交付时间。按照交易习惯或者约定，快递公司将商品放置于固定的收货柜（如丰巢等）、驿站或者其他用户指定的放置地点，用户取件之时应当视为用户签收，进而作为交付时间。

3.没有约定时标的为服务的提供时间确定规则

如果就商品或者服务的交付时间没有约定，标的是提供服务，则生成的电子凭证或者实物凭证中载明的时间为交付时间；前述凭证没有载明时间或者载明时间与实际提供服务时间不一致的，实际提供服务的时间为交付时间。例如，用户通过网约车乘车，如果对于服务的交付时间没有约定，则在网约车打印出乘车发票（自动生成的实物凭证）或者平台自动扣划成功（自动生成的电子凭证）之时为提供服务的时间。当然有证据证明上述自动生成的电子凭证或者实物凭证上载明的服务提供时间与实际提供服务的时间不一致，则应当以实际提供服务的时间为准。

4.数字产品交付时间的确定规则

如果合同标的为数字产品，且约定为通过数字传输方式交付，没有约定交付时间，则自合同标的物进入对方当事人指定的特定系统且能够检索识别的时间为交付时间。此处需要注意与《民法典》第137条第2款规定的意思表示以数据电文方式发送到达对方并生效的时间判断标准，即“以非对话方式作出的意思表示，到达相对人时生效。以非对话方式作出的采用数据电文形式的意思表示，相对人指定特定系统接收数据电文的，该数据电文进入该特定系统时生效；未指定特定系统的，相对人知道或者应当知道该数据电文进入其系统时生效。当事人对采用数据电文形式的意思表示的生效时间另有约定的，按照其约定”。很显然，第137条第2款规定是意思表示的到达时间与生效时间，涉及的是合同的成立问题，而第512条第2款规定的是合同标的的交付时间，涉及的是合同的履行问题，二者不可混淆。此外，通过数字传输方式交付的，不仅需要进入对方指定的系统，需要对方知道或者应当知道进入了其系统，而且必须能够为对方检索识别，才能视为交付时间。

十三、政府定价与指导价调整对合同履行的影响

《民法典》第513条规定：“执行政府定价或者政府指导价的，在合同约定的交付期限内政府价格调整时，按照交付时的价格计价。逾期交付标的物的，遇价格上涨时，按照原价格执行；价格下降时，按照新价格执行。逾期提取标的物或者逾期付款的，遇价格上涨时，按照新价格执行；价格下降时，按照原价格执行。”此条来源于之前《合同法》的第63条，只字未改。

在我国，商品或者服务的价格可能有三种情况，即市场价（或称市场调节价）、政府指导价和政府定价。大部分商品与服务的价格都是市场价，但是涉及公共利益或者公益事业的产品或者服务政府会掌握定价权，通过价格杠杆进行调整，这就形成了政府定价与政府指导价。政府指导价，是指依照《价格法》的规定，由政府价格主管部门或者其他有关部门，按照定价权限和范围规定基准价及其浮动幅度，指导经营者制定的价格。政府定价，是指依照《价格法》的规定，由政府价格主管部门或者其他有关部门，按照定价权限和范围制定的价格。政府定价与政府指导价的区别在于：政府定价是固定的、不变的价格，政府指导价是在基准价基础上有一定浮动幅度的价格。

《价格法》第18条规定：“下列商品和服务价格，政府在必要时可以实行政府指导价或者政府定价：（一）与国民经济发展和人民生活关系重大的极少数商品价格；（二）资源稀缺的少数商品价格；（三）自然垄断经营的商品价格；（四）重要的公用事业价格；（五）重要的公益性服务价格。”所以，执行政府定价或者政

府指导价的商品与服务是极少数的，大部分的商品与服务的价格都是市场价，由合同当事人通过自由协商确定，不受政府管制。

对《民法典》该条的理解应当把握如下几点：

第一，对于政府定价与政府指导价，其属于强制性规定，当事人必须遵守，也不得通过约定排除政府定价或者政府指导价的适用。某一或者某类商品或者服务是否属于必须执行政府定价或者政府指导价，以及具体的价格标准，需要根据政府发布的价格目录确定。

第二，如果双方都没有违约行为，则在合同履行期限内遇有政府价格调整的（包括政府定价与政府指导价的调整），应当按照新的调整后的价格执行，且当事人不能通过协商予以改变。换言之，政府定价与政府指导价具有溯及力，即使合同签订在先，政府价格调整在后，也就是在合同履行过程中发生了政府价格调整的情形，当事人双方均必须按照调整后的新价格执行。对于执行政府定价或者政府指导价的商品或者服务，当事人不得在合同中约定“价格为不变价格，政府价格调整不受影响”“遇有政府价格调整时仍按合同约定的价格执行”之类的条款，如有此类约定亦属于无效条款。

第三，如果出现了违约行为，则需要通过对政府价格的执行体现对违约方的某种惩罚，令其承担价格不利的后果。具体而言，逾期交付标的物的，遇价格上涨时，按照原价格执行，违约方不能获得价格上涨带来的好处；遇价格下降时，按照新价格执行，违约方要承担价格下降带来的损失。逾期提取标的物或者逾期付款的，遇价格上涨时，按照新价格执行，违约方要承担价格上涨的现实风险；遇价格下降时，按照原价格执行，违约方不能享受政府价格下调的好处。两种情形，价格执行方向相反，效果相同，均体现了违约方需要承担价格调整的不利后果。

十四、合同当事人变化对合同履行的影响

《民法典》第532条规定：“合同生效后，当事人不得因姓名、名称的变更或者法定代表人、负责人、承办人的变动而不履行合同义务。”这本来是不言而喻的道理，之所以仍然要郑重其事地写进《民法典》，是因为实践中确实还存在这样的错误理解，并因此引发纠纷。

（一）当事人姓名变化不影响合同义务履行

合同当事人如果是自然人，签订合同后该自然人改变了姓名，如由张三改为张四，可能原来合同上的签名也改成了张四，也可能没有改变，仍然是张三，但是无论哪种情况都仅仅是合同当事人姓名改变了而已，之前的张三与现在的张四是同一个人，合同主体并没有发生变化，所以张三不能以张四的身份来主张其不是合同的当事人进而不再履行合同。依据《民法典》第1012条规定，自然人可以变更自己的姓名，这是姓名权的内容之一，但是行使姓名变更权不能成为不履行合同义务的理由。

（二）法人、非法人组织名称变化不影响合同义务履行

合同当事人如果是法人或者非法人组织，在合同履行过程中可能变更名称，如由“山水有限责任公司”改为“海岸有限责任公司”，法人公章也更换了，但是更名后的海岸有限责任公司不能以合同签订人不是海岸有限责任公司的名称为由拒绝履行合同义务，因为法人名称的变化不是合同主体的变化。

如果发生了法人分立或者合并的事实，而不是单纯的法人名称变更，但同时也发生了法人名称的变更，此种情形与单纯的法人名称变更不同，单纯的法人名称变更不发生任何法人的实质性变化，而法人分立或者合并则可能发生法人的实质性变化，如法人组织形态的变化，法人资产的变化，法人治理结构的变化等，此时应当适用《民法典》第67条之规定，即：“法人合并的，其权利和义务由合并后的法人享有和承担。法人分立的，其权利和义务由分立后的法人享有连带债权，承担连带债务，但是债权人和债务人另有约定的除外。”在吸收合并（兼并）的情况下，被吸收的法人消灭，法人名称当然也随之消灭；在新设合并的情况下，之前的法人均归于消灭，启用新的法人名称。无论哪种合并，都是由合并后的法人承担合并之前法人的债权债务，包括合同义务的履行。在法人分立的情况下，无论是派生分立还是新设分立，分立之前的法人的合同权利义务均由原法人与新成立的法人相互之间连带地承担合同义务的履行责任，除非在分立过程中债权人与债务人达成了有关合同权利义务的其他协议。

（三）法人的法定代表人、非法人组织的负责人以及合同承办人的变化不影响合同义务的履行

登记为法人的法定代表人或者非法人组织的负责人，其对外行为的后果由法人或者非法人组织承担，此乃基于职务行为与代表行为的理论与规则，法定代表人或者负责人的变更不是法人或者非法人组织本身的变更，而合同的权利义务承受者本来就不是法定代表人或者负责人，而是法人或者非法人组织自身，所以法定代表人或者负责人的变更当然不影响合同义务的履行。其立法依据是《民法典》第61条规定："依照法律或者法人章程的规定，代表法人从事民事活动的负责人，为法人的法定代表人。法定代表人以法人名义从事的民事活动，其法律后果由法人承受。法人章程或者法人权力机构对法定代表人代表权的限制，不得对抗善意相对人。"

《民法典》第532条除了规定法定代表人、负责人的变更不影响合同义务的履行以外，还出现了"承办人"的概念，即承办人的变更也不影响合同义务的履行。承办人不是法定代表人或者负责人，而是受法定代表人或者负责人的指派或者委托，具体负责某一合同的谈判工作，与对方当事人进行联系与谈判，具体落实合同的签订，以及合同签订后负责合同履行中的相关工作，合同的具体签订及签订后的具体履行与承办人存在极大的关联性。有时候，合同签订后，承办人即使被更换了，或者离职了，承办人由签约时的某个人变更为现在的某个人，但是不影响合同义务的履行，合同的主体未发生任何变化。

十五、合同履行中的情势变更规则

（一）情势变更的概念与立法沿革

情势变更原则，是指在合同有效成立后，履行过程中，因不可归责于双方当事人的原因发生了不可预见的客观情况的巨大变化，致使订立合同的基础丧失，合同目的落空，若继续履行合同对一方当事人显失公平，因而允许当事人变更合同或者解除合同的制度。[①]

当初《合同法》起草过程中，很多学者建议规定情势变更原则，但是争议较

① 参见韩世远：《合同法总论》，法律出版社2021年版，第488页。

大，反对者的主要理由是情势变更原则过于抽象，给法官的权力太大，况且不可抗力、对方违约、混合过错等制度已经足以解决违约中的免责、减责问题，没有必要再规定情势变更制度。然而实践中由于没有情势变更规则而产生的弊端日益显见，相关规则不敷使用，于是最高人民法院在2009年通过的《关于适用〈中华人民共和国合同法〉若干问题的解释（二）》第26条规定了情势变更原则，即："合同成立以后客观情况发生了当事人在订立合同时无法预见的、非不可抗力造成的不属于商业风险的重大变化，继续履行合同对于一方当事人明显不公平或者不能实现合同目的，当事人请求人民法院变更或者解除合同的，人民法院应当根据公平原则，并结合案件的实际情况确定是否变更或者解除。"该条在司法实践中的适用效果较好，有积极的现实意义，所以《民法典》起草过程中，立法机关采纳了大部分学者与司法实务部门的意见，首次以立法的形式规定了情势变更规则，且对之前《最高人民法院关于适用〈中华人民共和国合同法〉若干问题的解释（二）》的规定进行了更为合理的改造。《民法典》不是将情势变更制度规定在合同编"违约责任"一章，而是规定在"合同的履行"一章，仅此足见情势变更规则解决的不仅是违约责任中的免责、减责事由问题，更需要解决合同履行过程中的问题，包括履行艰难、继续磋商、合同变更与解除等规则的建构。《民法典》第533条规定："合同成立后，合同的基础条件发生了当事人在订立合同时无法预见的、不属于商业风险的重大变化，继续履行合同对于当事人一方明显不公平的，受不利影响的当事人可以与对方重新协商；在合理期限内协商不成的，当事人可以请求人民法院或者仲裁机构变更或者解除合同。人民法院或者仲裁机构应当结合案件的实际情况，根据公平原则变更或者解除合同。"这就是《民法典》确立的情势变更规则。

情势变更规则的适用具有法定性，当事人不能在合同中预先约定排除情势变更原则的适用，如果作出了这种约定，该约定也是无效的，当一方当事人向法院或者仲裁机构请求基于情势变更而变更合同或者解除合同的，对方不得援引合同中有关排除情势变更原则适用的条款进行抗辩。这就是《最高人民法院关于适用〈中华人民共和国民法典〉合同编通则若干问题的解释》第32条第4款所规定的："当事人事先约定排除民法典第五百三十三条适用的，人民法院应当认定该约定无效。"

（二）情势变更的构成要件

情势变更是合同必须严守原则的例外情形，其适用必须符合法律规定的条件，而法律规定有关情势变更的行使条件是很严格的，以防止过于宽松的条件而导致情势变更规则的滥用，进而损害合同的严肃性。

按照《民法典》第533条的规定，适用情势变规则更应当符合的构成要件有五项，分别为：

1.有情势变更的事实

此处的“情势”是指合同赖以订立的客观基础事实，这种客观基础事实构成合同订立的基础条件，是纯客观的存在，不属于合同当事人主观方面的认知。此处的“变更”是指重大变化，且此处重大变化不是当事人在订立合同时所能够预见到的，不属于通常的商业风险。此种客观事实既包括不可抗力，也包括其他社会因素与人为因素，如政府法律的修改，政策的变化，市场价格的异常波动，客观环境的巨大改变，等等。

如何理解《民法典》第533条第1款规定的“重大变化”，《最高人民法院关于适用〈中华人民共和国民法典〉合同编通则若干问题的解释》第32条第1款规定：“合同成立后，因政策调整或者市场供求关系异常变动等原因导致价格发生当事人在订立合同时无法预见的、不属于商业风险的涨跌，继续履行合同对于当事人一方明显不公平的，人民法院应当认定合同的基础条件发生了民法典第五百三十三条第一款规定的‘重大变化’。但是，合同涉及市场属性活跃、长期以来价格波动较大的大宗商品以及股票、期货等风险投资型金融产品的除外。”此一解释一方面从原则上确立了判断构成情势变更的要件；另一方面又列举出了最常见的、容易与情势变更混淆但明显不属于情势变更的几种情形，是非常明智与精确的表述，抽象与具体结合得非常贴切。其确立的情势变更的原则性要件包括当事人在订立合同时无法预见、不属于商业风险的价格涨跌和继续履行合同对于当事人一方明显不公平。具体列举则包括市场属性活跃、长期以来价格波动较大的大宗商品交易合同以及股票、期货等风险投资型金融产品的交易合同。

2.发生于履约阶段

情势变更必须是在履约阶段发生的事实，与订约无关。合同订立之前的事实不属于情势变更的范畴。一方如果已经陷入了违约，如陷入迟延，在陷入迟延以后发生的客观事实的重大变化，原则上也不能作为情势变更。

3. 当事人无法预见

情势变更的事实必须是当事人无法预见的。此处的无法预见是指一般的民商事主体在通常情况下预见不到的事实，并不要求当事人具备特殊的专业方面的判断能力。此一构成要件说明，发生情势变更不属于任何一方当事人主观上的过错，不具有主观上的可归责性，而是纯粹的客观事实。

4. 不属于商业风险

情势变更不属于商业风险，因为正常的商业风险属于一般人能够预见进而也能够接受的程度与范围，故其不能作为免责或者减责事由，也不能作为要求变更合同或者解除合同的理由，而情势变更超过了正常的商业风险的程度，当事人无法在订立合同时预见到或者应当预见到。

例如，一份建设工程施工合同，约定为固定包干价9500万元，主要建筑材料包括水泥、玻璃等由施工方自行采购，施工期限22个月，合同履行过程中遇全国性水泥价格暴涨，由每一吨平均价550元涨到850元，仅水泥一项施工方就要比预算多支付近1000万元才能购进，如果按照合同的约定施工方将这个项目完成下来，不仅一分钱利润赚不到，反而要亏损近600万元，此种情形即属于典型的情势变更。施工方可以请求与发包方重新协商工程价款，变更合同条款，如将水泥一项变更为发包方自己负责采购，或者仍然维持由施工方自行采购，但增加相应的工程价款。如果发包方坚持不同意变更合同，施工方即可以请求解除合同，并免予承担解除合同的赔偿责任。

5. 继续履行的后果违背公平原则

在发生情势变更的情形下，如果强制继续履行合同，则对一方当事人明显不公平，即已经属于显失公平，而不是轻微的不对等、不公平。不公平必须是履行合同时的情况而非订立合同时的情况。

就情势变更与不可抗力的关系而言，可以理解为不可抗力是情势变更的一种具体情形，情势变更是比不可抗力更为广泛的概念，除了不可抗力以外，政府行为、意外事件、法令修改、价格异动等都可以成为情势变更的原因，这些客观事件对当事人而言都是不可预见的，不可以归责于任何一方当事人，并且也是难以克服的，或者即使能够克服但是需要一方付出极高的代价，进而导致其合同目的不能实现。

（三）情势变更的法律后果

如果构成了情势变更，会产生以下两个法律后果：

1.继续磋商义务

继续磋商义务亦称为再交涉义务，是指欲以情势变更为由请求变更合同或者解除合同的一方，负有提出建议，先与对方进行磋商的义务。当确实发生情势变更的情形时，受情势变更影响的一方当事人（通常称之为受损方）不能直接通知对方解除合同或者变更合同，甚至不能直接向法院起诉请求解除或者变更合同，而是首先应当与对方进行交涉，告诉对方客观情况发生了重大的变化，如果还按原来约定的条件履行，自己无法承受。情势变更中的磋商义务属于双方均应履行的义务，即对方当事人也有磋商的义务，应当同意与受损方进行磋商。但是磋商义务对受情势变更影响的一方即受损方的意义更大，因为磋商义务实际上限制了受损方立即寻求变更合同或者解除合同的权利，必须先进行磋商。所以，法律赋予受情势变更影响一方的变更权、解除权，不能直接行使，必须先履行其磋商义务。

2.变更或者解除合同

如果磋商达成了一致，相当于双方协商变更了合同，可以达成补充协议等方式重新约定双方的权利义务。如果经过磋商不能达成一致，此时受情势变更影响的一方既可以采取私力救济的方式，向对方发出解除合同的通知，也可以采取公力救济的方式，直接提起诉讼或者仲裁，请求法院或者仲裁机构判决解除合同或者变更合同。这就是《民法典》第533条第1款后半句所表述的“在合理期限内协商不成的，当事人可以请求人民法院或者仲裁机构变更或者解除合同”。如果人民法院或者仲裁机构经过审理认为符合情势变更的构成要件，应当根据原告的诉讼请求或者仲裁请求判决或者裁决变更合同，或者解除合同。如果原告的请求是变更合同，法院或者仲裁机构原则上不能裁决解除合同，否则既有违当事人的诉权自由原则，也不符合鼓励交易原则。如果原告的请求是解除合同，法院或者仲裁机构应当结合案件的实际情况，特别是如果变更合同的话是否具有现实履行性以及是否符合公平原则，可以裁决解除合同，也可以裁决变更合同。

就涉及情势变更的诉讼与仲裁的程序而言，为了体现尊重当事人诉权自由与保障的程序法原则，以及鼓励交易的合同法原则，在符合情势变更的情形下，如果当事人请求法院或者仲裁机构裁决解除合同，法院或者仲裁机构能否裁决变更合同？当事人如果请求变更合同，法院或者仲裁机构是否能够解除合同？《最高人民法院关于适用〈中华人民共和国民法典〉合同编通则若干问题的解释》第32条第2款对此给出了答案："合同的基础条件发生了民法典第五百三十三条第一款规定的重大变化，当事人请求变更合同的，人民法院不得解除合同；当事人一方请求变更合同，对方请求解除合同的，或者当事人一方请求解除合同，对方请求变更合同的，人民法院应当结合案件的实际情况，根据公平原则判决变更或者解除合同。"以此规定，如仅有一方当事人提出因情势变更而请求变更合同，并未提出解除合同，对方亦未提出反诉或者仲裁反请求，则法院或者仲裁机构不能裁决解除合同，即使符合解除合同的条件；如果一方提出解除合同，对方提出变更合同，或者相反，一方提出变更合同，对方提出解除合同，则法院或者仲裁机构应当根据案件的具体情况，或者裁决解除合同，或者裁决变更合同。该条解释的遗漏之处在于：如果仅有一方当事人提出诉讼请求或者仲裁请求，请求的内容是解除合同，对方未提出反诉或者仲裁反请求，此种情况下应当如何处理？是要么支持，要么驳回请求，还是也可以裁决变更合同而不是解除合同？笔者认为，此与一方请求变更合同、对方未提出反诉时法院不能裁决解除合同的情况不同，法院或者仲裁机构根据案件情况可以选择裁决解除合同或者变更合同。

此外，就诉讼与仲裁程序而言，尚有一个问题需要注意：《民法典》所表述的"当事人可以请求人民法院或者仲裁机构变更或者解除合同"，如果当事人的诉讼请求或者仲裁请求使用的"请求判决变更或者解除原告与被告之间的合同"，没有确定是请求变更还是解除，此时法院或者仲裁机构是否应当向当事人释明，必须作出是请求变更还是请求解除的选择？如果法院或者仲裁机构进行了释明，当事人依然坚持之前的表述，该如何处理？笔者认为，原则上诉讼请求或者仲裁请求应当是明确的、确定的，不能是不确定性的或者选择性的，但是某些特殊的制度或者规则之下，基于法律规定本身的可选择性，应当允许当事人提出替代性或者选择性的诉讼请求，此时法院或者仲裁机构根据审理的情况，既可以判决变更合同，也可以判决解除合同。

根据《最高人民法院关于适用〈中华人民共和国民法典〉合同编通则若干问题的解释》第32条第3款的规定，法院或者仲裁机构如果裁决变更或者解除合同，应当综合考虑合同基础条件发生重大变化的时间、当事人重新协商的情况以及因合同变更或者解除给当事人造成的损失等因素，在判项中明确合同变更或者解除的具体时间。

第五章

合同的保全

一、合同保全制度概述

（一）合同保全制度的概念与特征

所谓合同的保全，也称为债的保全，是指法律为了防止债务人的财产不当减少或者不增加而可能于现在或者将来给债权人的债权造成损害，允许债权人突破债的相对性，行使代位权或者撤销权，以保护其债权实现的制度。合同保全制度具有以下特征：

1. 作为合同相对性的例外规则

合同保全是合同相对性的突破与例外。债权是一种对人权，只能对特定的相对人即债务人主张和行使，但是合同保全制度允许债权人越过债务人对第三人主张权利或者对债务人与第三人之间的法律行为的效力提出异议，无论是合同保全代位权还是合同保全撤销权都体现了此种对债的相对性原理的突破与例外，在某种意义上，合同保全必须借助于对第三人的权利主张才能实现对债权的保护。

2. 发生于合同有效存续期间

合同保全发生在合同关系存续期间。换言之，合同保全以合同关系有效为前提，也就是以债权的合法、有效为前提，如果债权已经实现，或者因为债的关系不成立、不生效、无效、被撤销、被解除等，不存在合法有效的债权，则不发生合同保全制度适用的必要性。

3. 以维持债务人的责任财产为手段

合同保全是通过维持债务人的责任财产为手段或者途径而实现对债权的保护。一旦出现债务人的责任财产不正当地减少，或者应当增加而未增加，给债权人债权的实现带来现实的风险，导致债权有不能实现之虞，债权人就可以依法采取合同保全措施，以保障债权的实现。

合同保全具体包括合同保全代位权制度和合同保全撤销权制度两种制度。

（二）我国债的保全制度的立法变迁

《合同法》第一次规定了债的保全制度，即代位权制度和撤销权制度。但是《合同法》一共仅为代位权和撤销权制度设置了三个条文，极为简单。此后最高人民法院通过《关于适用〈中华人民共和国合同法〉若干问题的解释（一）》《关于适用〈中华人民共和国合同法〉若干问题的解释（二）》对代位权、撤销权制度进行了较为丰富的解释，扩张了两种保全方式的运用场合与运用效果。《民法典》合同编通则为合同保全制度专设一章，置于合同编第一分编第五章，章名为“合同的保全”，吸收前述两个司法解释的内容，使得我国债的保全制度得到了极大的发展。而且，在立法体例与形式上，与之前《合同法》总则体例唯一不同的，就是《民法典》合同编通则将合同的保全专设为一章，是合同编通则唯一增加的一章，其他各章都是沿用之前《合同法》的体例与名称。

二、代位权

（一）代位权的基本概念与特征

债的保全代位权是指当债务人不履行债务，损害债权人的债权，又不行使自己对次债务人的债权，债权人即有权以自己的名义请求债务人的债务人（次债务人）履行债务。

《民法典》第535条第1款规定：“因债务人怠于行使其债权或者与该债权有关的从权利，影响债权人的到期债权实现的，债权人可以向人民法院请求以自己的名义代位行使债务人对相对人的权利，但是该权利专属于债务人自身的除外。”

《民法典》此处使用了“相对人”的概念指称债务人的债务人，这一概念当然没有问题，但是相对人是一个更为宽泛的概念，而代位权中的相对人用“次债务人”的表述更为明确具体，更为有针对性。所以学理上通常更多地使用“次债务人”的称呼。[①]

债的保全代位权涉及三个主体，即债权人、债务人和次债务人。它扩展到了

---

① 本书同时使用“相对人”或者“次债务人”的概念，二者不作区分。

债权人和债务人以外的第三人，即债务人的债务人，这是代位权制度的基本特征。本来有一个基础的债的关系，在这个关系里是只有一个债权人甲和一个债务人乙，基于债的相对性原理，甲只能请求乙为给付，乙只有义务向甲为给付。现在，债务人乙负有对甲的债务，未能履行，但是乙又不行使对他自己的债务人丙的债权。这个次债务人丙，对于债权人甲而言是第三人，丙与甲本来没有任何法律关系，他只是债务人乙的债务人。可是乙又怠于行使自己的债权，这样就会导致甲的债权无法实现。通常情形下，基于债的相对性原理，甲是不能去向丙主张权利的。但是有了代位权制度，甲就可以以自己的名义，代债务人乙之位，向债务人乙的债务人丙主张给付，行使请求权。这就称为债的保全代位权。

债的保全代位权具有以下特征：

1. 针对债务人怠于行使权利的情形

代位权针对的是债务人消极不行使权利的行为，即怠于行使债权的行为，也就是《民法典》第535条中使用的概念“怠于行使其债权”。代位权制度的原理是保持债务人责任财产的应然状态，不至于因为债务人的懒怠行为致使债务人的财产应当增加而没有增加，并因此减弱了债务人清偿债务的能力。

2. 向次债务人为主张

代位权是债权人向法院请求以自己的名义代位行使债务人的债权。换言之，代位权是债权人向次债务人提出的履行请求，而不是向债务人提出的，向债务人提出履行请求属于一般的债务履行请求，不涉及代位。

3. 以诉讼的方式行使

代位权只能通过诉讼的方式行使，债权人如果要行使代位权，就必须向法院提起诉讼，通过诉讼程序获得救济，而不可能通过私力救济的方式进行，如债权人不可以直接发函给次债务人请求其向自己履行债务，也不可以通过仲裁的方式进行，因为债权人与次债务人本来就没有任何法律关系，他们之间不可能存在仲裁协议。

4. 属于债权效力的体现

代位权的性质属于债权效力的体现。换言之，代位权尽管只能通过诉讼的方式行使，但这并不意味着代位权是一种诉权或者诉讼上的权利，它属于实体法意义上的权利，是一项实体权利，而且是基于债权自身的属性所具有的一种权能，是债权效力的体现。学理上关于代位权的性质有不同的理解，有一种观点认为代位权是一种形成权，也另有观点认为代位权是一种形成诉权，还有观点将代位权理解为代理权、管理权、优先权等不同主张，均有一定的道理，笔者认为代位权的性质更接近于债权本身的一种效力体现，是法律专为保全债权的实现而创设的一种特殊权利。

（二）代位权的行使条件

代位权的成立要件亦即代位权的行使条件。《民法典》第535条第1款规定："因债务人怠于行使其债权或者与该债权有关的从权利，影响债权人的到期债权实现的，债权人可以向人民法院请求以自己的名义代位行使债务人对相对人的权利，但是该权利专属于债务人自身的除外。"以此规定，代位权的成立要件为：

1.债权人对债务人享有合法有效的到期债权

此一条件包含以下含义：第一，债权人的债权通常应当为已决债权，即已经为生效的法律文书所确认。此处的法律文书包括法院的判决书、裁定书、决定书、支付令、调解书、执行证书、仲裁机构的仲裁裁决书等。当然，未决债权的债权人同样可以行使代位权，只是如果次债务人提出异议，则债权人需要举证证明其对债务人享有的债权的有效性。第二，债权的性质与类型不受限制，亦即债权人对债务人享有的合同之债、侵权之债、不当得利之债、无因管理之债、单方允诺之债、担保人内部追偿之债等均可以行使代位权。第三，债权人的债权必须已经到期，债权人的债权如果尚未到期，则不能行使代位权。第四，债权数额必须是确定的，所以通常情形下代位权人的债权以金钱债权为主。当然，可以行使代位权的债权不限于金钱给付债权。

2.债务人对次债务人享有合法有效的到期债权

代位权的行使不仅需要债权人对债务人享有合法有效且已经到期的债权，同时也要求债务人对次债务人享有合法有效的到期债权，即两个债权（债权人对债务人的债权、债务人对次债务人的债权）均为合法有效且已经到期，才能由债权人对次债务人行使代位权。

对于债务人对次债务人享有的债权是否必须是以财产给付为内容甚至必须是以金钱给付为内容，有肯定性与否定性两种不同的理解，之前《最高人民法院关于适用〈中华人民共和国合同法〉若干问题的解释（一）》采取了肯定性的观点，即债务人对次债务人的债权限于具有金钱给付内容的债权。鉴于实践中已经突破了此一限制，且为了扩大代位权的适用范围，《民法典》没有延续《最高人民法院关于适用〈中华人民共和国合同法〉若干问题的解释（一）》的体例，没有将债务人对次债务人的债权限于金钱给付债权。并且，《民法典》将债务人对次债务人的债权扩展到了与该债权有关的从权利。

债权人只要有证据证明其对债务人享有合法有效且已经到期的债权即可，而无须通过司法判决文书来证明其债权的存在或者有效性。换言之，债务人不能以债权人未获得法院或者仲裁机构的胜诉且生效判决文书而对抗债权人的代位权诉讼。《最高人民法院关于适用〈中华人民共和国民法典〉合同编通则若干问题的解释》第40条第2款明确规定："债务人的相对人仅以债权人提起代位权诉讼时债权人与债务人之间的债权债务关系未经生效法律文书确认为由，主张债权人提起的诉讼不符合代位权行使条件的，人民法院不予支持。"

同样的道理，如果在债权人提起代位权诉讼后，债务人在诉讼过程中作出免除或者减轻次债务人的债务，或者延长其履行债务的期限，次债务人即以自己不再是次债务人，或者不负担债权人所主张的债务数额，或者其对债务人的债务尚未到期为由，对债权人的代位权之诉进行抗辩的，不能得到支持。《最高人民法院关于适用〈中华人民共和国民法典〉合同编通则若干问题的解释》第41条规定："债权人提起代位权诉讼后，债务人无正当理由减免相对人的债务或者延长相对人的履行期限，相对人以此向债权人抗辩的，人民法院不予支持。"

如果债权人对债务人的债权已经罹于诉讼时效，债权人发现债务人还有次债务人，此种情况下债权人能不能提起代位权之诉？在债的代位权之诉当中，次债务人可以行使债务人对债权人的所有抗辩，这是毫无疑问的。所以从程序意义而言，如果债权人的债权已经罹于诉讼时效，他仍然享有诉权，可以提起代位权之诉，如同通常情况下债权人的债权罹于诉讼时效后其仍然有权对债务人提起诉讼一样，但是被告（次债务人）可以享有债务人的时效抗辩权。

3. 债务人怠于行使对相对人的债权且影响债权人债权的实现

此为代位权行使的实质要件。其含义有二：第一，债务人的行为构成"怠于行使权利"；第二，由于债务人怠于行使权利进而对债权人的债权实现造成了不利影响。

“怠于行使权利”的判断标准比较模糊与抽象，所以之前《最高人民法院关于适用〈中华人民共和国合同法〉若干问题的解释（一）》采取了对债务人而言较为严格、对于债权人而言较为宽松的判断标准，即只要债务人没有以诉讼或者仲裁的方式向次债务人主张权利，即构成“怠于”，即使债务人以其他方式（如催告）向次债务人主张过权利，也仍然构成“怠于”。当时司法解释之所以采取如此的规则设计，主要是考虑到通常而言如果次债务人负债不还，债务人却不去主张权利，一般都是因为债务人与次债务人之间可能存在关联交易或者有其他的利害关系，进而使得次债务人不敢或者不愿意或者不方便向债务人主张权利，如果债权人启动代位权之诉，次债务人可能立即就会与债务人联系，让债务人赶紧发催款函或者催告通知，债务人和次债务人之间达成这种同盟是比较容易的，所以如果债务人用私力救济的方式也可以排除债权人的代位权，这就容易使得代位权之诉形同虚设，故司法解释规定债务人必须采取公力救济的方式（通过诉讼或者仲裁）行使权利，才不属于“怠于行使权利”。

《民法典》没有延续上述司法解释的规则，仍然只是采用抽象性的表述，亦没有给出具体的规则，这就很可能会出现司法实践中在认定债务人是否构成“怠于行使权利”方面的较大差距，需要司法解释予以细化。值得欣慰的是，《最高人民法院关于适用〈中华人民共和国民法典〉合同编通则若干问题的解释》承继了《最高人民法院关于适用〈中华人民共和国合同法〉若干问题的解释（一）》对“怠于行使权利”的标准，于第33条规定：“债务人不履行其对债权人的到期债务，又不以诉讼或者仲裁方式向相对人主张其享有的债权或者与该债权有关的从权利，致使债权人的到期债权未能实现的，人民法院可以认定为民法典第五百三十五条规定的‘债务人怠于行使其债权或者与该债权有关的从权利，影响债权人的到期债权实现’。”以此规定，次债务人如果不以公力救济的方式即向次债务人提起诉讼或者仲裁以主张自己的权利，就符合“怠于行使其权利”的构成要件，即使债务人以私力救济的方式向次债务人主张过权利，如向次债务人发出催款函等，都仍然构成怠于行使权利。按理，私力救济也是行使权利的一种方法，但司法实践之所以作出这样的规定，主要是因为如果法律规定私力救济也可以成为债务人主张权利的证据，不构成怠于行使权利，进而得以对抗债权人的代位权之诉，则代位权之诉很可能会被架空，因为债务人与次债务人之间达成这种“默契”是较为容易的，特别是在债权人起诉次债务人以后，债务人更容易与次债务人达成“同盟”，让债务人向次债务人发出催款函等，甚至倒签催款函的时间。因为在债务人与次债务人看来，与其让债权人实现债权，不如让债务人实现债权，毕竟次债务人是欠债务人的钱没有偿还。如此一来，代位权之诉就很难成立。所以，该司法解释将债务人“怠于行使其债权”规定为“不以诉讼或者仲裁方式向相对人主张其享有的债权或者与该债权有关的从权利”。当然，如果债务人有证据证明其确实已经以诉讼或者仲裁的方式向次债务人主张过权利，如已经提起诉讼或者仲裁，便不再构成“怠于行使权利”。

如果债务人只是向有关主管部门、行业协会、调解中心等主张其权利，请求协助解决其与次债务人之间的纠纷，则仍然属于怠于行使权利。换言之，必须以符合《民事诉讼法》或者《仲裁法》的方式向法院提起诉讼或者向仲裁机构提起仲裁，才能符合不构成怠于行使权利的条件，才能以此对抗债权人的代位权之诉。

“影响债权人的债权实现”的判断标准相对较为明确，即只要债权人的债权没有实现，债务人没有完成对债权人的清偿义务，则债务人怠于行使权利的结果就可以认定为影响了债权人债权的实现。这当中存在两个层次的因果关系：一是由于债务人怠于行使权利而导致自己责任财产应当增加却没有增加，进而其偿付能力减弱；二是由于债务人偿付能力的减弱进而导致对债权人债权实现的不利影响。

4.代位标的为非专属于债务人自身的权利

《民法典》第535条有一个“但书”条款，即“但是该权利专属于债务人自身的除外”。对于什么性质的权利是专属于债务人自身的权利，不能作为代位权的行使对象，《民法典》并无进一步的明确规定，之前《最高人民法院关于适用〈中华人民共和国合同法〉若干问题的解释（一）》第12条专门对此予以了解释，即“专属于债务人自身的债权，是指基于扶养关系、抚养关系、赡养关系、继承关系产生的给付请求权和劳动报酬、退休金、养老金、抚恤金、安置费、人寿保险、人身伤害赔偿请求权等权利”。此次《最高人民法院关于适用〈中华人民共和国民法典〉合同编通则若干问题的解释》基本上延续了上述《最高人民法院关于适用〈中华人民共和国合同法〉若干问题的解释（一）》的精神，只是在表述时省略了基础法律关系的描述，直接表述为各种请求权，《最高人民法院关于适用〈中华人民共和国民法典〉合同编通则若干问题的解释》第34条之规定："下列权利，人民法院可以认定为民法典第五百三十五条第一款规定的专属于债务人自身的权利：（一）抚养费、赡养费或者扶养费请求权；（二）人身损害赔偿请求权；（三）劳动报酬请求权，但是超过债务人及其所扶养家属的生活必需费用的部分除外；（四）请求支付基本养老保险金、失业保险金、最低生活保障金等保障当事人基本生活的权利；（五）其他专属于债务人自身的权利。"与《最高人民法院关于适用〈中华人民共和国合同法〉若干问题的解释（一）》相比：一是增加了失业保险金和最低生活保障金请求权，同时将"养老金"细化为基本养老保险金；二是将"劳动报酬请求权"作了除外规定，即劳动报酬中超过债务人及其所扶养家属的生活必需费用的部分，不再是专属于债务人自身的权利，可以成为代位权的对象；三是删去了"退休金、抚恤金、安置费、人寿保险"请求权；四是删去了因继承关系产生的请求权。但是，该条仍然有一个兜底条款，即"其他专属于债务人自身的权利"，实践中如人身伤害保险的保险金（财产保险的保险金除外）、退伍或者转业军人的安置费（拆迁安置费除外）等应当认定为"其他专属于债务人自身的权利"。法律之所以不允许债权人对债务人的这些专属于其自身的权利行使代位权，是因为它们与债务人的人身密切相关，具有身份性，且与债务人的生活、生存密切相关，故这些权利即使债务人自己不去行使，债权人也不能予以干预。

以上四项即为代位权行使的法定条件。除了此四项条件以外，还涉及《民法典》新增加的代位权行使的情形，即债务人怠于行使从权利，下文详述。

5.债务人怠于行使与其债权有关的从权利

这是《民法典》新增加的内容，之前《合同法》没有关于代位权效力以及于债务人所享有的债权的从权利的规定。

从权利是指附属于主债权的权利，主要包括担保物权中的抵押权、质权和定金担保、保证担保形成的从权利，以及利息债权、违约金债权、法定优先权等，它们不能独立存在也不能独立行使，必须依附于主债权。如果债务人对次债务人享有债权，并且这些债权之上还设立了上述从权利，这些从权利已经到期，债务人不去行使这些从权利以实现自己的主债权，同样会对债权人的债权实现造成不利影响，故而债权人可以行使代位权。

如果债务人只是对次债务人行使主债权，没有行使从权利，此时债权人不能对债务人的主债权行使代位权，但是对于债务人享有的对次债务人的从权利可以行使代位权，请求相对人履行相应的偿付义务。例如，甲为债权人，乙为债务人，丙为次债务人，丁为乙丙之债的保证人，向乙提供了连带责任保证担保，甲对乙、乙对丙的债权均到期后，乙没有向丁主张权利，请求丁承担保证责任，则甲可以行使乙的从权利，即保证担保中的请求权，直接诉请丁向自己履行保证责任。

债务人对次债务人享有的其他主债权以外的权利，是否属于《民法典》第535条规定的可以代位的从权利，不无争议。例如，债务人对次债务人享有的解除权、撤销权、抵销权、选择权等，如果债务人怠于行使，债权人是否可以以自己的名义代债务人之位向次债务人行使上述解除权、撤销权等权利，殊值探讨。依笔者之见，对此应当采取限缩解释，"从权利"有其特定的含义，除上述担保物权、定金与保证担保中的从权利、法定优先权等权利外，那些属于形成权性质的抵销权、解除权、选择权、撤销权等不应解释为从权利的范围，以防止债权人对债务人、次债务人私法生活的过度干预。

（三）代位权行使效力的立法变迁与"入库规则"的取消

代位权行使的效力，亦称代位权行使的法律后果，是指如果法院支持了原告的代位权之诉，代位权之诉成立，会形成什么样的法律后果。说到底，债权人与债务人之间的债的关系，债务人与次债务人之间的债的关系，会受到什么影响？如何实现债权人的债权？次债务人作为代位权之诉的被告，如何为给付？谁有受领次债务人给付的权利？这在代位权制度中是非常重要的问题。在传统的大陆法中，尽管在程序上突破了债的相对性，赋予债权人以自己的名义代债务人之位向次债务人请求为给付的权利，但是，如果法院经过查明，代位权之诉成立，应当怎样进行判决呢？换言之，能不能判决次债务人直接向债权人为给付？债权人能不能直接受领次债务人的给付？传统理论认为，基于债的相对性原理，债务人毕竟是次债务人的债权人，对次债务人而言，只有债务人才有权为履行请求，才能受领其给付，所以次债务人在代位权之诉当中被判败诉，他为给付的受领主体仍然是债务人，而不是债权人，因为实质法律关系上次债务人确实与债权人没有任何法律关系。所以按照传统大陆法的代位权规则，代位权之诉成立以后，次债务人的给付与受领对象只能是债务人，而不能是债权人，它必须进入债务人的责任财产范围，这被称为“入库规则”。入库规则是传统大陆法代位权制度的核心规则之一。入谁的库？入债务人的库，也就是入债务人的责任财产库。它的原理是：毕竟次债务人只是欠债务人的债，或者说他只是债务人的债务人，而不是债权人的债务人，债权人其实对次债务人没有实质意义上的给付请求权，只有债务人才享有给付请求权，所以它的清偿只能是由债务人来受领。它是通过增加债务人的责任财产，以增加债务人的清偿能力，进而增加债权人债权实现的可能性。

但是，如果采取入库规则，很容易产生非常不利的结果，并且会影响到代位权制度的功能实现。比如，甲赢得了一场代位权之诉的官司，法院判决次债务人丙必须偿付100万元债务，但是该100万元只能支付给债务人乙。这笔钱到了乙的账上，当然是乙的财产，乙愿意如何处置这100万元就可以如何处置，因为他有处分权，他可以拿去炒股、发奖金，甚至优先偿还其他债权人的债务。这样一来，对甲的债权的实现还有意义吗？甲辛辛苦苦打赢一场代位权之诉的官司，结果什么也没有得到。向债务人偿付还会产生一个问题，假定债务人乙除甲之外还有别的债权人，现在该100万元通过甲启动的代位权诉讼，支付到了乙的账上，乙的其他债权人如戊、己、庚、辛，都可以来平均受偿，他们是不是成了“搭便车”者？甲费钱费力把官司打赢，让丙偿付了100万元，钱却到了乙的账户，最后的结果是乙的所有债权人一起来分享这100万元，甲成了做好事的雷锋。所以，如果法律规则是这样设计，即所谓的遵守入库规则，那很多人就没有积极性打代位权之诉了，代位权之诉基本上就会被架空。这样一来，我们在合同法中引入代位权制度就没有价值了。所以，《最高人民法院关于适用〈中华人民共和国合同法〉若干问题的解释（一）》对传统大陆法中的代位权制度做了一个重大的突破，取消了入库规则，改为直接由债权人受领次债务人的给付。《最高人民法院关于适用〈中华人民共和国合同法〉若干问题的解释（一）》第20条规定：“债权人向次债务人提起的代位权诉讼经人民法院审理后认定代位权成立的，由次债务人向债权人履行清偿义务，债权人与债务人、债务人与次债务人之间相应的债权债务关系即予消灭。”“次债务人向债权人履行清偿义务”加上“债权人与债务人、债务人与次债务人之间相应的债权债务关系即予消灭”，通过抵销的方式简化了三角债的问题，而且节约了履行的成本，降低了债权人面临的风险，最大限度地实现了代位权制度的价值。正如学者所指出的，“限定性入库规则”的优势就在于，当债务人没有现实破产或者存在破产风险时，承认代位权的行使能够发挥一个简易的债权回收效果，既有程序上的便利性，又避免了债务人挥霍财产或者其他债权人“搭便车”的风险，是一个最有效率的选择。既然债务人没有破产，那么其他债权人应当“自力更生”，自行寻找可执行财产。①

有学者批评取消入库规则，认为这样对债务人的其他债权人不公平，因为提起代位权之诉的债权人比其他债权人优先得到了清偿，违反了债权的平等性原则。这一批评其实并无道理，因为其他的债权人并没有提起代位权之诉，没有行使权利，而且债务人并没有破产，其他债权人仍然可以起诉债务人，所以对其他债权人并不存在不公平的问题。相反，如果让所有债权人都来受偿，等于强行将债务人推入了破产程序，因为只有在破产程序中才遵循全体债权人公平受偿的规则。并且，如果要使其他债权人公平受偿，则法院还需要通知其他债权人，因为法院并不知道债务人是否还有其他债权人，所以通知只能是以广而告之的公示方式进行，但是在一般的诉讼程序中法院是不能通过广而告之的方式通知诉讼当事人以外的其他人加入诉讼的。只有在破产程序中，法院才需要公告通知所有未知的债权人，而代位权之诉的程序不是破产程序。笔者认为，在代位权之诉中，提起代位权之诉的债权人比躺在权利上睡大觉的其他债权人优先实现债权，也是合情合理的。所以，让其他债权人都能受偿，反倒是违反公平原则的，会导致代位权人辛辛苦苦为他人做嫁衣，这对债权人是不公平的，而且使得整个代位权之诉失去意义。

《民法典》承继了《最高人民法院关于适用〈中华人民共和国合同法〉若干问题的解释（一）》关于取消入库规则的精神，在第537条规定：“人民法院认定代位权成立的，由债务人的相对人向债权人履行义务，债权人接受履行后，债权人与债务人、债务人与相对人之间相应的权利义务终止。”这一规定是非常合理的、科学的，是《民法典》对代位权制度的创造性贡献。

（四）代位权行使的具体法律后果

依照《民法典》第537条规定，理解代位权之诉成立的法律后果需要从以下

① 龙俊：《债之保全和转让规则的发展与创新》，载《中国法律评论》2023年第6期。

几方面掌握：

1.同时消灭两个债权债务关系

代位权之诉成立后，由次债务人向债权人为清偿义务，债权人接受次债务人的清偿后，债权人与债务人之间、债务人与次债务人之间的两个债权债务关系同时归于消灭，在对应的债的额度范围内债权人不能再向债务人主张权利，债务人亦不能再向次债务人主张权利。当然对于尚未受偿的债权，债权人仍然有权继续请求债务人履行。比如，债权人对债务人的债权数额为100万元，通过代位权之诉从次债务人那里获得了80万元的清偿，则就未受清偿的20万元债权人有权继续向债务人主张权利。

2.债权人享有直接受偿的权利

《民法典》承继之前《最高人民法院关于适用〈中华人民共和国合同法〉若干问题的解释（一）》的规定，赋予了债权人向债务人的相对人的直索权，债权人有权代债务人之位直接请求次债务人为清偿，受领次债务人的清偿。如果次债务人不执行代位权之诉的判决，则债权人可以作为申请执行人申请法院强制执行代位权之诉的判决。

3.对债务人的权利限制

在债权人提起代位权之诉后，债务人对次债务人的债权及其从权利受到限制，债务人不能再对其债权以其附属于债权的从权利进行处分行为，包括转让、抵销、免除、以物抵债、投资入股等，即使进行了上述行为，其法律后果亦不能对抗债权人。在次债务人向债权人为清偿后，债务人在相应的债的数额范围内无权向次债务人再提出履行请求。

4.对次债务人的权利限制

次债务人应当直接向债权人履行给付义务，履行完毕后有权拒绝债务人的相同履行请求。在债权人提起代位权之诉后，如果次债务人对债务人进行了给付，该项给付不能对抗债权人，债权人仍然有权在代位权之诉的判决中确定的清偿数额范围内请求次债务人为给付。次债务人可以向债务人主张不当得利返还。

5.代位权判决对其他债权人的既判力

代位权之诉的判决对债权人、债务人、次债务人均具有既判力，此无疑义。存疑的是代位权之诉的判决对其他债权人是否具有既判力。笔者认为，代位权之诉仅审理债权人、债务人、次债务人之间的债权债务关系，未涉及债务人的其他债权人，故判决原则上对于债务人的其他债权人不具有既判力，如果债务人的其他债权人发现债务人有新的次债务人，他们可以对这些新的次债务人提起代位权之诉，债务人不能以在先已经进行的代位权之诉进行抗辩。当然，对于债权人已经进行的代位权之诉中的次债务人，债务人的其他债权人不能再向该次债务人提起代位权之诉，故就债权人与次债务人之间的债权债务关系消灭的判决而言，对其他债权人亦具有既判力。

以上所述的前提是代位权之诉成立，即原告的代位权之诉符合法律规定的条件，法院支持了债权人的诉讼请求，即产生上述各项法律后果。如果相反，法院经审理后认为原告的主张不符合代位权之诉的各项条件，则法院应当表决驳回原告的诉讼请求。但是将来如果债权人有了新的证据，其可以再次提起代位权诉讼。这就是《最高人民法院关于适用〈中华人民共和国民法典〉合同编通则若干问题的解释》第40条第1款所规定的："代位权诉讼中，人民法院经审理认为债权人的主张不符合代位权行使条件的，应当驳回诉讼请求，但是不影响债权人根据新的事实再次起诉。"

（五）代位权之诉的费用负担

《民法典》第535条第2款第二句规定："债权人行使代位权的必要费用，由债务人负担。"以此规定，代位权之诉的费用负担规则应做如下理解：

1. 必要费用的范围

代位权之诉必要的费用，就类型而言一般包括：（1）诉讼费用；（2）财产保全费用；（3）鉴定费用；（4）律师费用；（5）差旅费用等。上述费用应当是合理的、必需的费用，且应当以相应的凭证（发票等）为依据。

2. 由债务人负担

代位权之诉的被告是次债务人而非债务人，必要费用通常是由诉讼当事人一方承担，债务人并非代位权之诉的诉讼当事人，但是一则由于代位权之诉的实质是由债权人代位行使债务人的债权，最终仍然是代位债务人实现其利益；二则代位权之诉的启动也是由于债务人怠于行使权利的结果；三则代位权之诉中债务人通常需要以第三人的身份加入诉讼当中去，故法律规定代位权之诉的费用是由债务人而非次债务人负担。

3. 债权人需获得胜诉

按照谁败诉谁负担的规则，代位权之诉的费用由债务人负担的前提是债权人胜诉，即法院判决代位权之诉成立。如果法院没有支持债权人的诉讼请求，则代位权之诉不成立，当然由债权人自行负担相关费用。如果法院部分支持了债权人的请求，则由债权人与债务人按照合理的比例分担代位权之诉的相关费用。

（六）代位权之诉中的诉讼程序规则

1. 代位权诉讼的管辖

代位权诉讼是一种独立类型的案由，有其诉讼程序方面的特殊性，特别是涉及管辖、诉讼与仲裁协议的关系、当事人的确定等。《民法典》不可能对其诉讼程序规则作出规定，《最高人民法院关于适用〈中华人民共和国民法典〉合同编通则若干问题的解释》作出了若干具体规定。

《最高人民法院关于适用〈中华人民共和国民法典〉合同编通则若干问题的解释》第35条规定："债权人依据民法典第五百三十五条的规定对债务人的相对人提起代位权诉讼的，由被告住所地人民法院管辖，但是依法应当适用专属管辖规定的除外。债务人或者相对人以双方之间的债权债务关系订有管辖协议为由提出异议的，人民法院不予支持。"以此规定，第一，代位权诉讼采取原告就被告的一般管辖规则，由被告所在地法院管辖。代位权诉讼的被告是次债务人即相对人而非债务人，所以代位权诉讼的管辖法院为次债务人所在地的法院。第二，如果代位权诉讼属于应当适用专属管辖的规定，则属于法律关于专属管辖的规定，如果代位权诉讼的标的是不动产，而该不动产不在被告即次债务人所在地而在甲地，则应当由甲地法院管辖。第三，如果债务人与次债务人在他们的合同中订立有管辖协议，约定了他们之间发生纠纷时的管辖法院，如可能不是次债务人的所在地，而是债务人的所在地，或者其他的地方，此管辖协议对债务人和次债务人当然具有约束力，但是对债权人没有约束力，债务人或者次债务人不能以此管辖协议而对被告所在地法院的管辖提出异议。

2. 代位权诉讼中的仲裁协议效力

如果债务人与次债务人之间的合同中约定了有效的仲裁条款，债务人与次债务人之间的纠纷只能通过约定的仲裁机构进行仲裁，排除了法院的司法管辖。此时，如果债权人对次债务人提起代位权诉讼，由于次债务人与债务人之间存在合法有效的仲裁协议，由此，次债务人或者债务人能否以仲裁协议的效力对抗法院的管辖，对受理代位权诉讼的法院提出管辖异议，认为该案应当通过仲裁解决。对此争议，有两种观点：一种观点认为如果由被告所在地法院管辖，便牺牲了仲裁协议的效力，违反了《仲裁法》和《民事诉讼法》的规定，故而代位权诉讼在债务人与次债务人订有仲裁协议的情况下，应当根据仲裁协议确定的仲裁机构、仲裁地点和适用的仲裁规则，通过仲裁解决。另一种观点则相反，认为代位权诉讼的管辖不应当受债务人与次债务人之间仲裁协议的约束，因为债权人与次债务人并未约定有仲裁协议。此一观点为通说。

《最高人民法院关于适用〈中华人民共和国民法典〉合同编通则若干问题的解释》采纳了通说，即代位权诉讼不受仲裁协议的约束。其第36条规定："债权人提起代位权诉讼后，债务人或者相对人以双方之间的债权债务关系订有仲裁协议为由对法院主管提出异议的，人民法院不予支持。但是，债务人或者相对人在首次开庭前就债务人与相对人之间的债权债务关系申请仲裁的，人民法院可以依法中止代位权诉讼。"

依上述规定，需要把握以下三点：

其一，代位权诉讼不受债务人与次债务人之间仲裁协议的约束。债务人与次债务人之间的仲裁协议仅能约束债务人与次债务人，不能约束债权人。所以，无论是债务人还是次债务人均不能以他们之间订有仲裁协议而对被告所在地法院的管辖提出异议。

其二，在代位权诉讼的首次开庭之前，如果债务人或者次债务人就他们之间的债权债务关系申请了仲裁，仲裁机构已经受理，则此时受理代位权诉讼的法院可以在接到当事人提交的或者仲裁机构寄送的仲裁案件受理通知书后，决定中止代位权诉讼的审理，等待债务人与次债务人之间债权债务关系的仲裁处理结果。由于债务人或者次债务人是在债权人提起代位权诉讼后才提起仲裁的，所以不影响代位权诉讼的成立，只是受理法院需要等待仲裁机构实体审理的结果。

其三，如果债权人与债务人之间的合同订有仲裁协议，当债权人向次债务人提起代位权诉讼后，债务人或者次债务人能否以债权人与债务人之间仲裁协议对法院的管辖提出异议，司法解释仅规定了债务人与次债务人之间订有仲裁协议的处理规则，而未规定此种情形下的处理规则。参照前一种处理规则，应当得出相同的结论，即债务人或者次债务人不能以债权人与债务人之间仲裁协议对法院的代位权诉讼管辖提出异议。

3. 代位权诉讼中的当事人

代位权诉讼中的原告为债权人，被告为次债务人（相对人），处于连结点的债务人是否应当作为当事人参加诉讼？当然，如果债权人将次债务人和债务人已经列为共同被告，或者将债务人列为第三人，则毫无问题，但如果债权人仅将次债务人列为被告，没有将债务人列为被告，之前《最高人民法院关于适用〈中华人民共和国合同法〉若干问题的解释（一）》第16条的规定是“法院可以追加债务人为第三人”，此次《最高人民法院关于适用〈中华人民共和国民法典〉合同编通则若干问题的解释》采取了更为激进也更为妥帖的做法，即“债权人以债务人的相对人为被告向人民法院提起代位权诉讼，未将债务人列为第三人的，人民法院应当追加债务人为第三人”（第37条第1款），将“可以”改为“应当”有利于法院查明债权人与债务人之间的基础法律关系，也有利于各方当事人充分行使抗辩权，充分发表辩论意见，同时更有利于代位权之诉的法律效果的实施，因为在代位权之诉成立的情况下，需要同时消灭两个债权债务关系，包括债权人与债务人之间的法律关系，如果不让债务人参加诉讼，显然对债务人是不公允的。

4. 代位权诉讼中的合并审理

（1）《最高人民法院关于适用〈中华人民共和国民法典〉合同编通则若干问题的解释》第37条第2款规定：“两个以上债权人以债务人的同一相对人为被告提起代位权诉讼的，人民法院可以合并审理。债务人对相对人享有的债权不足以清偿其对两个以上债权人负担的债务的，人民法院应当按照债权人享有的债权比例确定相对人的履行份额，但是法律另有规定的除外。”以此规定，若债务人有两个或者两个以上的债权人，该两个或者两个以上的债权人以债务人的同一个次债务人作为被告提起代位权诉讼，则法院可以将此两个或者两个以上的代位权诉讼作为普通的共同诉讼合并审理。尽管司法解释规定的是“可以”而不是“必须”或者“应当”，但是从一并解决纠纷且公平对待所有债权人的角度出发，受理数个代位权诉讼的法院最好的选择是将数个以同一次债务人为被告的代位权诉讼合并审理。合并审理后如果发现债务人对次债务人享有的债权不足以清偿其对两个以上债权人负担的债务的，法院应当按照各个债权人享有的债权比例确定次债务人的履行份额，除非法律另有规定。

（2）类似的情形是，债权人先向法院起诉债务人，之后又向同一法院对债务人的相对人提起代位权诉讼，属于该法院管辖的，则法院也可以合并审理。当然，如果不属于该法院管辖的，法院应当告知债权人向有管辖权的法院另行起诉。在债权人起诉债务人的诉讼终结前，代位权诉讼应当中止审理，等待债权人诉债务人的实体审理结果（《最高人民法院关于适用〈中华人民共和国民法典〉合同编通则若干问题的解释》第38条）。

（3）不同的诉讼但同样可以合并审理的情形是：在债权人对次债务人提起代位权诉讼中，债务人自己以原告的身份，对超过债权人代位请求数额的债权部分起诉相对人，且属于同一人民法院管辖的，则前一个诉与后一个诉可以合并审理，因为被告都是同一人，实体法律关系是完全相同的。如果两个案件不属于同一法院管辖，应当告知债务人向有管辖权的法院另行起诉。在这种情况下，应当中止审理程序的是债务人对相对人的诉讼，代位权诉讼继续进行。

（七）代位保存权

前面所述代位权的行使是以债权已经到期为前提，即《民法典》第535条第1款规定的“因债务人怠于行使其债权或者与该债权有关的从权利，影响债权人的到期债权实现的……”以及该条第2款规定“代位权的行使范围以债权人的到期债权为限……”此处两次提及“到期债权”，即代位权之诉的成立前提之一必须是债权人对债务人的债权已经到期，以及债务人对次债务人的债权也已经到期。债权人的债权尚未到期则不能行使代位权。

代位权行使条件的上述限制是合理的，因为尚未到期的债权不存在采取特别保护措施的必要性。但是，在某些特殊情况下，如果非要等到债权人的债权到期才能行使代位权，则有可能待债权到期时已经无法实现对债权人的保护。此时便需要设立一种针对此种情形的规则，而且此一规则与一般的代位权之诉是具有不同的行使条件与行使效力。之前《合同法》并未规定此种制度，《民法典》新增加了此一制度，即代位保存权制度。《民法典》第536条规定：“债权人的债权到期前，债务人的债权或者与该债权有关的从权利存在诉讼时效期间即将届满或者未及时申报破产债权等情形，影响债权人的债权实现的，债权人可以代位向债务人的相对人请求其向债务人履行、向破产管理人申报或者作出其他必要的行为。”这就是《民法典》增加的代位保存权制度。

1.代位保存权的概念与性质

代位保存权与代位权之诉共同构成完整的代位保全制度。根据《民法典》的规定以及学理通说，代位保存权是指在债权人的债权到期之前，由于债务人出现某种可能危及债权人利益的现实情况，法律赋予债权人以请求债务人的相对人履行债务或者采取其他措施以保全其债权的权利。代位保存权的性质可以理解为一种法定代理权，法定代理权是指由法律直接规定而使得代理人具有代理权，代理权的产生源于法律规定而非当事人的授权行为。《民法典》第536条规定的代位保存权，其实质就是法律赋予债权人代位请求次债务人向债务人履行债务，或者向相对人的破产管理人申报债权的权利，这些权利的真正权利人应当是债务人，但是债务人怠于行使这些权利，债权人有权以代理人的身份请求债务人的相对人为履行行为，或者在相对人破产的情况下代理债务人向次债务人的破产管理人申报破产债权。当然，将代位保存权的性质理解为一种债权人的管理权也是可以成立的，即法律赋予债权人管理债务人财产的权利，最终实现债务人自身的利益。

2.代位保存权的行使条件

其一，债权人对债务人存在未到期债权。此处的债权性质与类型在所不问，合同债权、侵权之债债权、不当得利债权、无因管理债权、担保追偿权债权等均可。债权一定是尚未到清偿期，如果已经到了清偿期则债权人可以直接行使代位权而非代位保存权。

其二，债务人对次债务人存在合法有效的权利。这是代位保存权行使的实质要件。与代位权不同的是，由于代位保存权遵循入库规则，债权人行使代位保存权而取得的利益归属于债务人，而非直接归属于债权人，所以《民法典》并没有关于像代位权那样对专属于债务人自身的权利作出除外规定，换言之，在代位保存权的行使条件中，只要是属于债务人对相对人享有的所有财产性质的民事权利，无论是否专属于债务人自身，债权人均可以行使代位保存权，不仅包括债权及其从权利，也包括物权、物上请求权、形成权（如合同的解除权、抵销权、选择权等）、债务人的代位权与撤销权、诉讼法上甚至公法上的与财产有关的权利（如中断诉讼时效的权利、申请强制执行的权利、登记请求权等）。

其三，债务人的消极行为影响债权人的债权实现。此一要件的含义是指债务人本来享有且应当行使其对次债务人或者其他相对人的权利，但是债务人消极地不作为，不向次债务人或者相对人行使债权、担保权利、物权、物权请求权、各种形成权、各种保全代位权与撤销权等，极有可能最终使得债务人不能再享有或者行使上述权利，这些权利会走向消灭，而当债务人最终丧失了这些权利时，又会影响债务人的清偿能力，进而影响债权人的债权实现。

3.代位保存权的行使主体

对于代位权的行使主体与名义，《民法典》第535条第1款明确规定“债权人可以向人民法院请求以自己的名义代位行使债务人对相对人的权利”，即代位权的行使中债权人是以自己的名义向次债务人主张权利，但是对于代位保存权的行使主体《民法典》并未使用“债权人以自己的名义”这样的表述，而是使用的如下表述：“债权人可以代位向债务人的相对人请求其向债务人履行、向破产管理人申报或者作出其他必要的行为。”如何理解《民法典》的此一规定，即代位保存权的行使中应当是以债权人的名义还是债务人的名义？笔者认为，基于代位保存权的法定代理权性质，以及代理制度的基本原理，代理人应当以被代理人的名义与第三人进行法律行为，故代位保存权的行使中，债权人一方面需要表明自己的代理人身份；另一方面需要以债务人的名义向次债务人或者其他利害关系人提出主张。例如，次债务人进入了破产程序，债务人作为次债务人的债权人却消极地不行使权利，不申报破产债权，此时债权人即可以债务人的代理人的身份，代债务人向次债务人的破产管理人申报债权，申报的当然是债务人对次债务人享有的债权，所以债权人必须向次债务人的破产管理人表明是以债务人的名义。

4.代位保存权的行使方式

《民法典》第536条对于代位保存权的行使方式没有明确规定。笔者认为，代位保存权的行使有两种方式可供选择：一种是非诉方式；另一种是诉讼方式。此与代位权只能通过诉讼方式行使是不同的。而且，代位保存权的行使大部分情况下都应当是以非诉的方式行使。例如，在债务人对次债务人的债权或者从权利即将罹于诉讼时效的情况下，债权人可以债务人的名义向次债务人发出催告其履行债务的通知，进而达到引起诉讼时效中断的效果。又如，在债务人不申报破产债权的情况下，债权人可以债务人的名义向次债务人的破产管理人申报破产债权。这些都是以非诉的方式行使代位保存权的。当然，也可以诉讼的方式行使代位保存权。例如，当债务人对次债务人享有合同解除权而不行使时，债权人可以代理人的身份、以债务人作为原告、以次债务人作为被告向法院请求解除债务人与次债务人之间的合同。

5. 代位保存权的行使效果

如前所述，代位保存权的性质相当于法定代理权，且包含管理权的属性，所以该权利的行使效果不同于代位权，债权人不能直接受领次债务人的给付，而是先归入债务人的责任财产，再由债务人向债权人为清偿。并且，很多代位保存权的行使并不导致相对人给付行为的发生，而仅仅是导致其他法律效果，例如向相对人的破产管理人申报债权仅仅产生在破产程序中申报债权的法律效果，并不发生相对人向债务人为个别清偿的后果。

三、撤销权

（一）撤销权的基本概念与特征

合同保全撤销权，是指因债务人实施不正当地减少其财产的行为，且因此对债权人的债权造成损害的，债权人可以请求法院撤销该行为的权利。《民法典》第538条规定："债务人以放弃其债权、放弃债权担保、无偿转让财产等方式无偿处分财产权益，或者恶意延长其到期债权的履行期限，影响债权人的债权实现的，债权人可以请求人民法院撤销债务人的行为。"第539条规定："债务人以明显不合理的低价转让财产、以明显不合理的高价受让他人财产或者为他人的债务提供担保，影响债权人的债权实现，债务人的相对人知道或者应当知道该情形的，债权人可以请求人民法院撤销债务人的行为。"这就是合同保全撤销权制度的基本内容。

撤销权与代位权的基本原理是异曲同工的，都是通过对债的效力的扩张，突破债的相对性，将债的效力扩张到债务人和债权人以外的第三人，以增加债权实现的可能性，实现保全债权的功能。但是两者的制度结构是不同的，代位权制度是通过赋予债权人对次债务人的请求权，由次债务人直接向债权人为清偿，以实现债权，而撤销权制度中不存在第三人向债权人为履行、债权人受领给付的情形。撤销权适用的情形是：债务人没有履行债务，给债权造成损害，同时又实施了一定的处分行为或者交易行为，这些处分行为或者交易行为会导致债务人责任财产的不正当减少，进而会加大债权实现的风险。在这种情况之下，法律赋予债权人对债务人所实施的会导致债务人责任财产不正当减少的这些处分行为或者交易行为以撤销权，通过撤销权的行使使得因这些处分行为或者交易行为导致的债务人财产恢复到未履行的状态，进而恢复债务人的责任财产价值。债务人的这些处分行为与交易行为本来在正常情况之下都是合法有效的，属于私法自治的范畴，其他人无权干涉，但是现在由于债务人没有对债权人进行清偿，债权人的债权没有实现，债务人却实施了会导致其责任财产不正当减少的行为，法律遂赋予债权人撤销债务人所实施的这些行为的权利。在罗马法上，这种撤销权被称为废罢诉权，也是通过诉讼方式行使，它的目的是要废止债务人已经实施的法律行为。大陆法继承了罗马法的这种制度。我国《合同法》制定的时候即规定了债的保全撤销权制度，与代位权一起构成完整的债的保全制度。

撤销权具有以下特征：

1.撤销权的法定性与从属性

法定性特征是指撤销权作为债权的一项权能与效力，是由法律直接规定而产生的。从属性特征是指撤销权并非一项独立类型的民事权利，其既非支配权或者请求权，亦非形成权或者抗辩权，而是一项附属于债权的一项权能，它不能离开债权而独立存在，债权消灭则撤销权亦消灭，债权转让则撤销权亦随之转让，债权人不能将债权转让给受让人而自己保留撤销权，也不能将撤销权单独转让给第三人。

2.针对债务人的积极行为

撤销权的功能在于废止债务人的积极行为。债权人行使撤销权的前提是债务人积极地实施了某一处分行为或者交易行为，该等行为会导致债务人责任财产的不正当减少，进而减弱了债务人的偿债能力，增大了债权人债权实现的风险，所以撤销权行使的目的在于阻止债务人所实施的上述行为发生法律效力，恢复债务人本应有的财产状况与偿付能力。

3. 功能的混合性

撤销权的功能具有混合性。撤销权的行使既可以使得债务人与相对人的处分行为或者交易行为失去效力，此具有形成权的功能；又可以产生相对人向债务人返还财产进而增加债务人责任财产的效果，此具有请求权的功能。

4. 以诉讼方式行使

如同代位权，撤销权也必须通过诉讼的方式行使，即债权人必须向人民法院提起撤销权之诉，由法院最终裁定其撤销权之诉是否成立。

（二）撤销权与代位权的比较

1. 撤销权与代位权的相同之处

（1）二者的基本功能均为保全债权，防止债权实现的风险，增加债权实现的保障，共同构成完整的合同保全制度。

（2）二者都是基于对债的效力进行扩张的结果，都涉及债权人和债务人以外的第三人。

（3）二者都必须通过公力救济的方式行使，即通过诉讼的方式进行，在民事诉讼中形成对应的代位权之诉与撤销权之诉。

2. 撤销权与代位权的不同之处

（1）针对的行为类型不同。代位权针对的是债务人的消极不作为行为，即债务人怠于行使其到期债权的行为。撤销权则相反，其针对的是债务人的积极作为行为，即债务人积极地实施了导致其责任财产不正当减少的行为，包括处分行为与交易行为，均在撤销之列。

（2）构成要件不同。代位权的构成要件重点在于债务人怠于行使到期债权，即不以诉讼或者仲裁的方式向相对人主张权利，撤销权的构成要件重点在于债务人主动实施了某种处分行为或者交易行为，该等行为明显会导致债务人责任财产的不正当减少，从而危及债权人的债权实现。

（3）法律效果不同。代位权的法律效果主要体现在债权人可以直接受领相对人的给付，以实现其债权，而撤销权中债权人并不能直接受领第三人的给付，第三人返还财产等必须返还给债务人。有时候，即使债权人通过撤销权之诉撤销了债务人与第三人实施的行为，但是债务人仍然怠于请求第三人返还财产或者完成其他给付，所以实践中有时候当债权人发现债务人有属于撤销权行使对象的行为时，需要先行使撤销权，再行使代位权，才能完满地保障自己的债权实现。

（三）撤销权的构成要件与被撤销行为的法定类型

撤销权的行使条件比代位权更为复杂。之前《合同法》第74条规定的撤销权行使的客观要件即被撤销行为的类型比较简单，仅有三种情形，后来《最高人民法院关于适用〈中华人民共和国合同法〉若干问题的解释（一）》《最高人民法院关于适用〈中华人民共和国合同法〉若干问题的解释（二）》不断扩充了撤销权行使的行为对象类型，由三种增加到七种。《民法典》充分吸收了上述司法解释的成果，并且拆分成两个条文对撤销权的行为类型分别进行规定。《最高人民法院关于适用〈中华人民共和国民法典〉合同编通则若干问题的解释》则对行使条件进行了具体化的解释。

1.撤销权的客观要件

撤销权的客观要件主要是指哪些行为属于撤销权行使的对象。根据《民法典》第538条、第539条的规定，撤销权行使的行为类型包括两大类七小类，两大类即无偿处分行为和不合理交易行为，其中无偿处分行为包括放弃债权、放弃债权担保、无偿转让财产和恶意延长其到期债权的履行期限，不合理交易行为包括以明显不合理的低价转让财产、以明显不合理的高价受让他人财产和为他人的债务提供担保。分述如下：

（1）放弃债权。之前《合同法》要求放弃的必须是到期债权，才能行使撤销权，未到期债权不包括在内。《民法典》制定过程中学者提出未到期债权的放弃同样会害及债权的实现，如果必须等到到期以后才能由债权人行使撤销权，则很可能次债务人的责任财产已经被其处分或者消耗殆尽，债权人即使撤销了放弃债权的行为，也可能已经毫无意义，故《民法典》规定的是“放弃债权”，既包括放弃已到期债权，也包括放弃尚未到期的债权，均可以由债权人行使撤销权。放弃的方式包括单方的放弃声明、约定的债务免除等。放弃债权从反面来说就是免除债务人的债务，实务中债权人单方声明放弃某一债权的情形并不多见，更多的情况是债权人、债务人通过协议约定部分或者全部免除债务人的某一债务。所以此一情形的适用前提是债务人明确作出了放弃债权亦即免除债务的意思表示。放弃债权或者免除债务的行为属于准物权行为，一旦作出即产生法律效力，债务人不再享有债权，次债务人不再负有债务，所以只能先通过债权人行使撤销权，撤销债务人放弃债权的行为，使之失去效力，这样债权恢复到债务人名下，如果债务人仍然怠于行使其债权，债权人便可以行使代位权，直接诉请次债务人履行义务。

（2）放弃债权担保。债务人放弃债权担保之所以也可以成为撤销权的对象，其原理与放弃债权有异曲同工之处。当然，放弃债权担保并不必然导致债务人责任财产的减少，但是如果债务人的责任财产本来就不多，债务人又未能履行自己的债务以实现债权人的利益，此时债务人却放弃自己债权之上设立的担保，则极有可能由于债务人无法再行使对担保人的请求权而导致其自身债权无法实现，进而对债权人的债权造成损害。此处的担保包括各种法定担保方式中的典型担保，如保证担保、抵押担保、质押担保、留置担保、定金担保，也包括实务中各种能够有效成立的非典型担保，如让与担保、所有权保留担保等。当然，如果债务人有证据证明其有足够的偿付能力，放弃担保不会影响其债务履行，或者应债权人的请求提前清偿债务，或者在放弃担保的同时提供新的担保，则债权人不能行使撤销权。

（3）无偿转让财产。无偿转让财产就是无偿将自己的财产或者权益赠与第三人。赠与本来属于权利人依据意思自治原则处分自己财产的行为，法律不应干预，但是如果债务人一方面有债务不履行；另一方面却将自己的财产无偿赠与给他人，很明显是对债权的诈害行为，因为这种行为明显会导致债务人责任财产的减少，进而减弱债务人的偿付能力，损害债权人的债权。实务中，无偿转让财产往往通过较为隐晦的方法进行，名义上不会直接签订赠与合同，而是通过签订诸如以物抵债、互易等方式进行，而实际上双方之间并无真实的债的关系。另外需要注意的是，如果债务人未履行自己的债务，却进行无偿转让财产的行为，即使是将财产赠与慈善机构，也是可以被撤销的，债权人同样可以行使撤销权，因为清偿债务是债务人的法律上的义务，而捐赠只是一种道德义务，债务人连法律上的义务都不履行，却进行捐赠行为，此种违反诚实信用原则的做法不宜提倡。当然，根据《民法典》第658条第2款规定，具有救灾、扶贫、助残等公益、道德义务性质的赠与合同，赠与人不能撤销，但是法律此处限制的只是赠与人对赠与合同的撤销权，不影响债权人基于合同保全撤销权而撤销债务人的赠与行为。

（4）恶意延长其到期债权的履行期限。债务人与次债务人约定延长债务的履行期限，本属正常行为，但是如果债务人为了逃避债务的履行而有意延长债务的履行期限，则明显会导致债务人应当正常增加的责任财产而没有增加，进而导致债务人偿付能力的下降，此种行为构成诈害行为，债权人可以行使撤销权。所以，与前述放弃债权、放弃担保、无偿转让财产的表述不一样，《民法典》此处在“延长其到期债权的履行期限”前特意加上了“恶意”二字。实务中，判断是恶意延长还是正常延长，关键还是要看延长次债务人的履行期限是否会实质性地减弱债务人的偿付能力，进而损害债权人的债权。例如，延长以后使得次债务人的履行期限远长于债务人的履行期限，即属恶意之嫌。又如，次债务人明显有支付能力也愿意履行债务，债务人却与其达成延长履行期限的协议，亦属恶意之例证。

（5）以明显不合理的低价转让财产。债务人以明显不合理的低价转让财产，如本来应当值100万元的机器设备，债务人却以50万元即出售给他人，其结果是导致了债务人责任财产的不正当减少。对于什么样的价格属于“明显不合理的低价”，《最高人民法院关于适用〈中华人民共和国民法典〉合同编通则若干问题的解释》第42条给出的标准是：对于《民法典》第539条规定的“明显不合理”的低价或者高价，人民法院应当按照交易当地一般经营者的判断，并参考交易时交易地的市场交易价或者物价部门指导价予以认定。转让价格未达到交易时交易地的市场交易价或者指导价70%的，一般可以认定为“明显不合理的低价”；受让价格高于交易时交易地的市场交易价或者指导价30%的，一般可以认定为“明显不合理的高价”。但是债务人与相对人存在亲属关系、关联关系的，不受前款规定的70%、30%的比例的限制。

此处需要注意的有两点：第一，70%的比例仅仅是一个参考值，并不是绝对的，确定这个比例还需要参酌其他因素，如转让合同订立的时间（季节性因素）、标的物本身的性质与种类（标的物因素）等，不一定低于这个70%的比例就绝对是不合理的低价。第二，需要考虑受让方与债务人的关系，即身份关系（对自然人而言）或者经营关系（对法人或者非法人组织而言）。债务人与受让方的身份或者经营方面的关联性因素之所以需要纳入考虑的因素，是因为具有此种特定关系的当事人之间的交易通常更有可能进行利益输送，损害债权人的利益，尽管表面上的价格可能没有低于市场价的70%，亦即超过了市场价的70%，但是债权人行使撤销权不受该比例的限制，即使超过了70%也可以行使撤销权。

（6）以明显不合理的高价受让他人财产。前面所讲的以明显不合理的低价转让财产是将债务人的实物资产故意减价出售，进而导致债务人应得的现金资产或者货币资产不正当减少，而此处的以明显不合理的高价受让他人财产，则是债务人故意以高价购买他人不值钱的财产，进而导致债务人现金资产或者货币资产的不正当减少，二者的结果其实是一样，只是方向相反，前者是应当增加（收入）的现金资产没有增加，后者是不应当减少（支出）的现金资产减少了。比如，债务人花费50万元从第三人处购买一辆只值20万元的汽车，就是不正当地将债务人的现金资产进行转移，进而损害了债权人的债权。对于高出正常价格多少才算明显不合理的高价，《最高人民法院关于适用〈中华人民共和国民法典〉合同编通则若干问题的解释》给出了可参考的比例，即：对转让价格高于当地市场交易价或者指导价30%的，一般可以视为明显不合理的高价。同样，此处的30%也只是参考性质的，仍然需要参酌其他各种因素，不一定高出这个比例就一定是不合理的高价。同时也要考虑转让人与债务人之间的身份关系与关联关系。

比较特殊的情况是，如果债务人从第三人处受让时的价格明显过高，标的物价值不值那么多钱，但是当债权人行使撤销权的时候标的物的价格上涨，接近于甚至超过当时的受让价格，此种情况下再让债权人行使撤销权其实并不能增加债务人的责任财产，进而对债权人没有实际意义，故不应当允许债权人行使撤销权。

（7）为他人的债务提供担保。债务人一方面不履行自己的债务；另一方面却用自己的财产为别人的债务提供担保，而担保通常都是无偿的，一旦被担保人不能履行债务，担保权人就可以行使担保权，债务人的担保财产就必须实现担保权人的债权，债务人的责任财产减少，进而导致对债权人的诈害。实践中，即使担保是有偿的，其对价也不可能是公允的，即担保人收取的担保费不可能高于担保物本身的价值，所以债务人或者相对人（担保权人）不得以担保是有偿的为由进行抗辩。

当然，债务人是为了自身的债务而为新的债权人提供抵押、质押等担保，属于债务人正常经营活动所需，不存在诈害行为，故债权人不得行使撤销权。

除了上述七种情形，如果发现债务人存在以明显不合理的价格实施互易财产

（以物易物）、以物抵债、出租或者承租财产、知识产权许可使用等行为，进而影响债权人的债权实现，且第三人知道或者应当知道该情形，债权人请求撤销债务人的行为的，也属于撤销权行使的对象，法院应当予以支持（《最高人民法院关于适用〈中华人民共和国民法典〉合同编通则若干问题的解释》第43条）。

2.撤销权的主观要件

《民法典》第538条与第539条将撤销权的行使对象区分为两大类，对于第一大类即无偿处分行为，包括放弃债权、放弃担保、无偿转让财产，恶意延长到期债务，由于其诈害性质明显，主观恶性程度高，且相对人无偿地获得了利益，所以只要债务人单方实施了该等行为，或者与相对人共同实施了该等行为，不论相对人主观上是否知情，是否具有恶意，均应允许撤销权的行使；而对于第二大类即有偿交易行为，毕竟属于有偿行为，相对人并非纯获利益，并且交易价格或者对价的确定在市场经济中比较复杂，所以此种情形不能仅以此等客观行为本身发生就成立撤销权，而必须同时具备相对人的主观要件，即第539条所表述的"债务人的相对人知道或者应当知道该情形的"，债权人才能行使撤销权。

上述条文中的"知道或者应当知道该情形"，此处的"该情形"应当作何种理解？换言之，相对人主观上的恶意到底是什么具体内容，他知道或者应当知道什么情形才构成主观恶意？也就是知道的对象是什么呢？是价格明显不合理，过高或者过低，还是债务人尚存未清偿的债务这一事实？法条没有说清楚，留下了解释的空间。比如，债权人为甲，债务人乙将自己价值100万元的房子以50万元卖给了相对人丙，"知道该情形"是指丙知道这个房子应该值100万元，结果乙以50万元就卖给他了，还是指丙应当知道乙尚欠甲100万元未清偿的事实？如果要求债权人证明相对人的两个主观状态，即一方面知道或者应当知道价格明显过高或者过低；另一方面知道或者应当知道债务人尚有未清偿的债务，这对于债权人而言显然过于苛刻，因为毕竟债务人与相对人之间的交易具有相对性，债权人很难举证证明债务人与相对人在磋商或者订立合同时双方的主观心理状态，所以，笔者主张应当将此处的"知道或者应当知道该情形"解释为相对人知道价格是过高或者过低，亦即明显不合理即可，能够证明这一点就可以推定相对人主观上有过错，具有恶意，而无须证明相对人知道或者应当知道债务人尚有未清偿的债务，无须证明债务人与相对人恶意串通以损害债权人的利益。

在为他人债务提供担保的情形中，由于担保是无偿的，对导致债务人责任财产减少的结果是明显的，所以相对人（被担保人）的恶意更是不证自明的，故无须债权人单独证明相对人主观上的恶意，即知道或者应当知道该情形。

（四）撤销权的行使

1.撤销权的行使方式

撤销权的行使方式如同代位权一样，必须以公力救济的方式行使，即向法院提起撤销权之诉。

2.撤销权之诉中的当事人

撤销权之诉中的当事人与代位权之诉有所不同。在代位权之诉中，债权人是原告，次债务人是被告，债务人是作为第三人参加诉讼，但是在撤销权之诉中，债务人与相对人是作为共同被告的。因为行使撤销权的目的是撤销法律行为，而法律行为是债务人与相对人共同实施的，所以债务人也要作为撤销权之诉的当事人。由于行使撤销权通常都会涉及相对人的利益，所以相对人（放弃债权中的次债务人、放弃担保中的担保人、无偿转让财产中的受赠人、恶意延长到期债务中的次债务人、不合理交易的转让人或者受让人、为他人债务提供担保中的被担保人）应当作为撤销权之诉的被告。

3.撤销权之诉中的管辖与合并审理

（1）合同保全撤销权诉讼应当以债务人和债务人的相对人为共同被告，并且由债务人或者相对人的住所地人民法院管辖，但是依法应当适用专属管辖规定的除外。换言之，如果债务人与相对人分别属于不同的地方，则或者由债务人所在地法院管辖，或者由相对人所在地法院管辖。

（2）如果出现两个或者两个以上债权人就债务人的同一行为提起撤销权诉讼的，法院可以合并审理（《最高人民法院关于适用〈中华人民共和国民法典〉合同编通则若干问题的解释》第44条第2款）。

（3）债权人请求受理撤销权诉讼的人民法院一并审理其与债务人之间的债权债务关系，属于该人民法院管辖的，可以合并审理。不属于该人民法院管辖的，应当告知其向有管辖权的人民法院另行起诉（《最高人民法院关于适用〈中华人民共和国民法典〉合同编通则若干问题的解释》第46条第2款）。

4. 撤销权之诉的范围与费用负担

《民法典》第540条规定："撤销权的行使范围以债权人的债权为限。债权人行使撤销权的必要费用，由债务人负担。"此处的所谓"以债权人的债权为限"，有三层含义：其一，仅以提起撤销权之诉的债权人所享有的债权为限，不涉及债务人的其他债权人的债权数额；其二，债权人请求撤销的对象不能超过诈害行为本身的数额，如债务人将价值20万元的机器赠与受赠人，则债权人请求撤销的以该赠与物的价值为限，不能超过；其三，如果请求撤销的法律行为具有不可分性，或者标的物为不可分物，则需要撤销整个法律行为，不能仅撤销部分行为，但是如果法律行为是可分的，或者标的物是可分的，则撤销的对象应当以债权数额为限，超过的部分不能撤销。例如，债务人欠债权人100万元，债务人将自己的价值150万元的汽车赠送受赠人，赠与物的价值大于保全的债权的数额，超过债权数额的部分按理债权人是不能撤销的，但是赠与汽车的法律行为是一个不可分的行为，因为汽车属于不可分物，不能仅撤销其中与保全的债权对应的100万元，剩下的50万元不撤销。但是，如果债务人将150万元的现金赠与相对人，现金属于特殊种类物和可分物，则债权人可以只请求撤销其中的与债权数额对应的100万元，剩下的50万元现金受赠人仍然可以接受，不能被撤销。对此，《最高人民法院关于适用〈中华人民共和国民法典〉合同编通则若干问题的解释》第45条第1款作出了明确的规定："在债权人撤销权诉讼中，被撤销行为的标的可分，当事人主张在受影响的债权范围内撤销债务人的行为的，人民法院应予支持；被撤销行为的标的不可分，债权人主张将债务人的行为全部撤销的，人民法院应予支持。"

债权人行使撤销权的必要费用，与代位权的行使相同，由债务人负担，包括诉讼费用、财产保全费用与合理范围内的律师费用、差旅费用等（《最高人民法院关于适用〈中华人民共和国民法典〉合同编通则若干问题的解释》第45条第2款）。

5. 撤销权行使的除斥期间

代位权的行使没有除斥期间的限制，但是撤销权受到除斥期间的限制。《民法典》第541条规定："撤销权自债权人知道或者应当知道撤销事由之日起一年内行使。自债务人的行为发生之日起五年内没有行使撤销权的，该撤销权消灭。"以此规定，撤销权有两种除斥期间，即一年的除斥期间与五年的除斥期间。一年除斥期间的起算点，是从债权人知道或者应当知道可撤销事由之日起计算。所以即使提起撤销权之诉时，待撤销的法律行为已经过了两年或者三年，债权人可以证明他刚刚知道撤销事由的，应该从他知道那天开始算起，所以尚未经过一年的除斥期间。五年的除斥期间是绝对的除斥期间，无论债权人是否知道或者应当知道待撤销行为，它不是从债权人知道或者应当知道撤销事由开始起算，而是从待撤销行为发生之时开始起算。如果待撤销行为过去第六年了，债权人才知道该行为，哪怕他第二天就去法院起诉，也已经超过了五年的最长除斥期间，撤销权归于消灭。

（五）撤销权的行使后果

《民法典》第542条规定："债务人影响债权人的债权实现的行为被撤销的，自始没有法律约束力。"撤销权之诉成立的，会产生什么样的后果，主要取决于被撤销的事由属于哪一类。例如，如果撤销的是放弃到期债权，也就是免除债务的行为，放弃债权可以是单方法律行为，也可以是双方法律行为，一旦撤销以后，意味着不论是单方法律行为，还是双方法律行为，都不再发生法律效力，曾经发生过的法律效力被否定，恢复到未发生之前的状态，而按照法律规定，债权人免除债务的意思表示到达债务人时即发生效力，债归于消灭，债务人不再是债务人，债权人也不再是债权人，但是现在债权人通过撤销权之诉，撤销了放弃债权或者免除债务的行为，意味着债务人和次债务人之间又恢复了债的关系，所以被免除债务的次债务人又成了债务人的债务人。这是第一步，恢复债的关系。第二步，恢复了以后对债权人有什么意义？此时如果债务人仍然怠于行使债权，债权人就可以启动代位权之诉，代为行使债务人的债权，即可以以自己的名义代债务人之位，向次债务人请求为给付。所以债权人先启动撤销权之诉，接下来就可以启动代位权之诉。

又如，如果被撤销的是无偿转让行为，无偿转让如果仅仅是订了合同而没有交付标的物，被撤销的后果就是使得合同关系归于消灭，任何一方不得请求履行合同；如果已经履行完毕了，即标的物已经交付给了相对人，则被撤销的后果就是恢复原状，相对人应当将取得的财产返还给债务人。

如果是以明显不合理的低价转让财产或者以明显不合理的高价购入财产的情

形，被撤销的法律后果也是一样的，都是使得已经发生的买卖合同或者其他的互易合同等归于消灭，相互返还财产，恢复原状。

如果是恶意延长债务的履行期限的情形，被撤销的法律后果就是债务人与次债务人所达成的新的债务履行期限归于无效，仍然按照他们之间原来约定的履行期限来履行债务。

如果是放弃债权担保的情形，被撤销的法律后果就是使得债务人原来所享有的有担保的债权依然存在有效的担保，债务人恢复担保权，担保人继续履行担保义务。

所以，一旦撤销权之诉得到法院支持，由债务人与相对人所实施的法律行为的后果归于消灭，具体来说，如果因为此一行为已经发生的财产变动，要恢复到变动之前的状态，相互返还财产；如果尚未发生财产变动，则法律行为不具有可履行性，法律关系恢复到撤销之前的状态。

《最高人民法院关于适用〈中华人民共和国民法典〉合同编通则若干问题的解释》第46条第1款规定："债权人在撤销权诉讼中同时请求债务人的相对人向债务人承担返还财产、折价补偿、履行到期债务等法律后果的，人民法院依法予以支持。"此一规定与上一节所述内容是完全一致的。换言之，债权人提起撤销权之诉，首先是有关形成之诉的诉讼请求，即请求法院撤销债务人单独实施的或者与相对人共同实施的法律行为，但是仅仅撤销此等法律行为对于债权人债权的实现并无任何意义，所以债权人可以在提出形成之诉的诉讼请求的同时提出给付之诉的诉讼请求，包括请求相对人承担返还财产、折价补偿、履行到期债务等义务。当然这些给付行为的受领主体为债务人，而非债权人，此与代位权之诉的法律效果是不同的，在代位权之诉中债权人有权直接受领相对人的履行与给付。

第六章

合同的变更与转让

一、合同变更的概念与特征

合同的变更是指在合同成立后，当事人不发生变化的前提下，在原合同的基础上对合同内容进行的修改或者补充。《民法典》第543条规定："当事人协商一致，可以变更合同。"合同变更的特征是：

第一，已经存在合法有效的合同关系。如果当事人之间之前不存在合同关系，或者合同无效，或者合同被撤销、被解除，均不会发生合同的变更。

第二，合同主体不发生变化，而仅仅发生合同内容的变化，如果是合同主体即合同当事人发生变化，即为合同的转让而非合同的变更。合同内容的变更包括标的物、质量、数量、履行时间、履行地点、违约责任、争议解决条款等任何合同内容的变化。

第三，必须经合同双方当事人协商一致，才能发生合同变更的效果。换言之，当事人无权单方宣告变更合同的内容。

第四，合同变更仅向将来发生效力，对于已经按照原合同进行了的给付或者完成了的履行事项无溯及力，已经完成的给付继续有效，除非双方明确约定变更具有溯及力。

由于通过协商变更合同的内容与签订合同一样，属于合同自由、意思自治的范畴，所以《民法典》无须对合同变更提供更多的规则，第543条就是简单的一句话："当事人协商一致，可以变更合同。"

二、合同是否变更的推定规则

如果一方当事人主张合同已经变更，而另一方认为双方未达成变更合同的一致意见，合同未变更，由此发生争议，则主张合同已变更的一方必须就合同变更的事实进行举证。《民法典》第544条规定："当事人对合同变更的内容约定不明确的，推定为未变更。"以此规定，若一方当事人主张合同已经变更，但对于变更的内容约定不明，无法确定，换言之，主张合同已变更的一方无法就变更的内容举证，以证明变更的内容是什么，则应当推定为合同没有变更，双方当事人的权利义务仍按原合同的约定处理。实践中容易出现这样的情形：一方主张双方已经于某年某月某日就合同的某一事项（如交货时间、付款方式等）达成了一致意见，修改了原合同的约定，所以不应当按照原来合同约定的时间确定出卖人的交货时间，但是对方认为尽管就交货时间的事项出卖人的确曾经提出过修改的建议，而买受人并未同意，双方并未就合同变更达成一致。此时，如果出卖人不能就双方何时、何地、以何种方式变更了合同，特别是变更合同的内容到底是什么进行举证，则只能推定为合同未变更，仍然按照原来的约定确定双方的权利义务。实践中合同的变更通常是由双方当事人通过签订“补充协议”“备忘录”等形式确定合同变更的内容，也可以通过要约、承诺的方式达成变更合同之目的。

三、合同转让的概念与特征

《民法典》合同编第六章所称的“合同的转让”，在债法原理上称为债的移转，指的是债在不同主体之间的流通，或者说，债的移转是在保持债的同一性的前提之下，债的主体发生变更。所谓保持债的同一性，指的就是债的性质、债的内容不发生变化，保持同一。法律关系的三个要素，即主体、客体与内容，在债的移转中客体与内容都没有变化，但是主体发生了变化。广义上“债的变更”包括了债的移转，狭义上的“债的变更”是指债的主体不发生变化的情况下债的内容发生变化，也就是上一节所分析的“合同的变更”，如甲乙签订一份租赁合同，约定每年租金2万元，第二年双方经过协商把租金涨到2.5万元，这就是合同（债）的变更。如前所述，对于合同的变更，法律并不过多涉及，它完全是意思自治的问题。但是，合同的转让较为复杂，法律必须给出相应的规则。

合同的移转具有以下特征：

第一，合同的当事人发生变化。无论是合同权利的转让即债权让与，还是合同义务的转让即债务承担，抑或合同权利义务即债权债务的概括转移，均将导致合同当事人即主体发生变化，其中，在债权让与中，新债权人取代了原债权人，但是债务人未发生变化；在债务承担中，新债务人代替了原债务人，或者新债务人与原债务人共同成为债务人，但是债权人未发生变化；在债权债务概括移转中，一方完全退出，由新的当事人成为合同的一方当事人。

第二，合同的内容保持同一性，即债权、债务关系本身不发生变化，转让之前是何种性质的债，转让之后仍然是何种性质的债，当事人的合同权利义务内容没有发生变化，而仅仅是债的主体发生了变化。

第三，合同的转让既可以基于法律行为即当事人之间的约定发生，也可以基于法律的直接规定发生。基于约定发生的合同转让属于意思自治的范畴，基于法律规定发生的合同转让是法律为了保护某种交易关系或者某种权益而设计的制度。例如，《民法典》第67条规定："法人合并的，其权利和义务由合并后的法人享有和承担。法人分立的，其权利和义务由分立后的法人享有连带债权，承担连带债务，但是债权人和债务人另有约定的除外。"此即关于合同权利义务法定移转的规则。又如，在继承的场合也存在债权债务法定移转的情形，即被继承人生前的债权作为遗产由继承人继承，继承债权的继承人即取得债权人地位，被继承人的债权法定移转至继承人；同样，被继承人生前的债务也由继承人承担，但是继承人法定承继被继承人的债务仅以其继承的遗产价值为限，超出部分不发生法定移转，除非继承人自愿承担。《民法典》第1161条规定："继承人以所得遗产实际价值为限清偿被继承人依法应当缴纳的税款和债务。超过遗产实际价值部分，继承人自愿偿还的不在此限。继承人放弃继承的，对被继承人依法应当缴纳的税款和债务可以不负清偿责任。"再如，在财产保险中，如果保险事故是由第三人引起的，保险人向被保险人承担保险金支付义务后，被保险人必须将其对第三人的赔偿请求权移转给保险人，也属于债的法定移转。《保险法》第60条第1款规定："因第三者对保险标的的损害而造成保险事故的，保险人自向被保险人赔偿保险金之日起，在赔偿金额范围内代位行使被保险人对第三者请求赔偿的权利。"凡此种种，均属于债的法定移转的适例。

四、合同转让的类型

合同转让有如下三种类型：

1.单纯的债权移转。即只发送债权的移转，新的债权人取代原来的债权人，或者与原来的债权人共同成为债权人，债务人不发生变化。债法原理将此种单纯的债权移转称为债权让与。

2.单纯的债务移转。即只发生债务的移转，新的债务人取代原来的债务人，或者与原来的债务人共同成为债务人，债权人不发生变化。债法原理将此种单纯的债务移转称为债务承担或者债务加入。

3.债权和债务的概括移转。即债的一方当事人将其享有的债权与承担的债务一并移转给第三人，既有债权让与又有债务承担。债法原理将此种情形称为债权债务概括移转。

五、债权让与

（一）债权让与的概念

所谓债权让与，是指在债的关系当中，债权人将其所享有的债权全部地或者部分地让与第三人。比如，甲是债权人，乙是债务人，现在债权人甲将其对乙享有的债权让与第三人丙。债权让与既可以是债权人将其全部债权让与第三人，也可以是将部分债权让与第三人，如甲对乙有1000万元的债权，他可以将全部1000万元债权让与丙，也可以只让与其中的200万元给丙，其余的800万元仍然保留在自己名下。在债权部分让与的场合，并非新的债权人即受让人与原债权人成为共同债权人，进而享有连带债权或者按份债权，成为多数人之债，而是形成一个新的债的关系，之前的债务人既是原来债权人的债务人，也是新的债权人的债务人，但是两个债的关系是相互独立的，如在上述案例中，就已经让与的200万元债权而言，甲已经退出债的关系，只有丙有权利请求乙清偿该200万元的债务，甲只能请求乙偿付800万元的债务，甲和丙各自享有和行使自己的债权，他们之间的债权是相互独立的，既没有连带关系，也没有按份关系。

（二）债权让与的成立条件

1.有效债权的存在且债权具有可让与性

债权让与的成立要件之一是必须存在有效的债权，并且债权具有可让与性。债权必须合法有效，违法的债权或者不受法律保护的债权，即所谓的自然债，如赌债，是不能让与的。当然已经超过诉讼时效的债权也属于自然债，但是这种债权仍然可以转让，只要债权人与受让人双方同意即可。如果债权人在让与时未告知受让人债权已经罹于诉讼时效的事实，则受让人可以欺诈为由请求撤销，让与行为并非无效行为而只是可撤销行为。如果债权人已经告知受让人债权已经罹于诉讼时效的事实，则受让人事后不能以债权超过诉讼时效为由主张撤销。

债权的可让与性，是指债权能够被让与，具有可让渡性。大部分的债权都是具有可让与性的，但是某些债权由于其权利性质决定了其不能被让与，或者法律规定其不能转让，或者当事人约定了不能转让，此等情形下债权就不能转让。所以，《民法典》第545条第1款规定："债权人可以将债权的全部或者部分转让给第三人，但是有下列情形之一的除外：（一）根据债权性质不得转让；（二）按照当事人约定不得转让；（三）依照法律规定不得转让。"

何谓"根据债权性质不得转让"？什么样的债权性质是不具有可让与性的？《民法典》并无规定，学理上一般认为如果债权具有某种人身信赖关系，或者债是基于某种特定的身份关系而产生，或者基于当事人的某种特定资质或者商誉等产生，则通常由此形成的债权不具有可让与性。比如，在一份施工合同中，甲支付了工程款给乙，甲的债权是请求乙完成约定的工程施工义务，甲的这样一个债权让与给丙行不行呢？一般认为，此种债权具有特定的人身性，不能转让。依据债的性质不能转让的债权，一般是指具有特定人身关系、身份关系、信赖关系等的债权。委托合同、合伙合同、保证合同、物业服务合同等，都有一定的人身或者身份关系性质，债权人的债权不具有可让与性。承揽合同、建筑施工合同、技术开发合同等，其实也有某种人身关系性质，因为它们涉及承揽方或者施工方的资质与经验，或者技术开发方的能力等因素，故一般也不能让与。所以，所谓的根据债权性质不能转让，通常是指这种债权与债权人或者债务人的人身或者身份有某种关联性，如身份信赖、人格信赖等。

当事人如果约定了债权不得转让，当事人当然不能再将债权转让。但是，如果债权人违反约定仍然与受让人签订了债权让与协议，此时该协议的效力应当如何理解？下文将专节论述。

有的时候法律直接规定某些债权不得让与，这种情形下债权当然不得让与。按照意思自治的原则，民商法上直接规定某些债权不得转让的情形极为罕见。之前《担保法》中规定最高额担保当中的债权人享有的债权不得转让，但是现在《民法典》已经不再作出这样的规定。

2. 债权人与受让人达成合意

债权让与协议通常由债权人作为让与人、第三人作为受让人而签订，即让与人与受让人之间达成债权让与合意。实践中，由债权人、受让人加上债务人三方共同签订债权移转协议的情形也存在。

3. 债权人需为通知义务

《民法典》第546条第1款规定："债权人转让债权，未通知债务人的，该转让对债务人不发生效力。"这就是债权让与中的通知规则。债权转让通知对债务人发生什么样的效力？就是告知债权已经转让给受让人的事实，债务人知道这个事实后，就应当且只能向受让人为清偿，而不能再向原债权人即让与人为清偿，如果债务人仍然向让与人为清偿，则不能产生清偿的法律效力，不能消灭债务人与受让人之间的债的关系。债务人收到通知后仍然向原债权人进行的给付称为错误给付，由此导致的损失和风险，以及由此增加的费用和负担等，债务人都必须承担。而所谓"未通知债务人的，该转让对债务人不发生效力"，就是指债权让与不能对债务人产生上述效力，债务人仍然将让与人作为债权人为清偿，此种清偿能够发生消灭债的效果。债权让与是债权人的一种处分行为，在不增加债务人负担的前提之下，不需要债务人的同意。但问题是，债权让与以后受让人成了新的债权人，他才有受领权，债务人的给付应当向他而为，可是债务人如果不知道债权让与怎么办？所以法律就设计了通知规则，债权人让与债权不需要征得债务人的同意，但是债权人需要履行通知义务，即通知债务人债权让与的事实，通知中应当载明受让人的相关信息（姓名或者名称、地址、联系方式等）、转让债权的数额、转让的时间等。这样债务人才能够向新的债权人为给付。

对于通知的方式，《民法典》并无规定，通常认为应当以书面的方式发出通知。通知义务的主体是债权人，但是如果债权人没有通知而受让人向债务人发出了通知，能不能发生通知的效力呢？例如，甲把对乙的1000万元债权转让给了丙，甲丙之间有转让协议，他们商定让丙去通知乙，然后丙给乙发了一个书面的通知函："贵公司所欠甲公司的1000万元，甲公司已经让给我公司，附件是我们的债权让与协议，现通知贵公司，请贵公司将款项汇到我公司的账户。"丙通知了乙，乙最后还是把1000万元汇给了甲，乙构不构成债的清偿？如果是正常的债权让与，债权人通知了债务人，这个时候对债务人发生效力，债务人必须向新的债权人，也就是受让人为给付。如果债务人仍然向原债权人为给付，不能产生清偿债务的后果，因为原债权人已经不再是债权人，他没有受领力，不能受领清偿，受领了也属于不当得利。但是，现在受让人丙通知债务人乙，而乙认为甲没有通知他，故仍然向甲为履行，这个时候乙是否清偿了自己的债务？丙能否起诉乙要求他向自己履行？对此，法律规定并不明确，学者们也有不同的解释。一种观点认为，从《民法典》第546条第1款规定的逻辑解释来说，债权人是唯一的通知义务主体，换言之，只有债权人的通知才发生通知的效力，受让人的通知不能发生通知的效力。但是，另一种观点则认为，对上述规定应该作扩大解释，受让人的通知也应当能发生通知的效力。亦即，债权人可以通知债务人，受让人也可以通知债务人。当然，如果他们共同通知，就更没有问题。笔者赞同对《民法典》的上述规定作扩大解释，因为通知行为本质就不是征求债务人的同意，而仅仅是告知，此处的通知并非为意思表示，而只是事实行为，所以债权人通知与受让人通知并无差别。当然，为避免隐患与风险，债权人最好是采取自己通知债务人的方式。

《最高人民法院关于适用〈中华人民共和国民法典〉合同编通则若干问题的解释》第48条对于转让通知的几种特殊情况的效力作出了规定。该条规定包含了以下几层含义：

其一，债务人在接到债权转让通知前已经向让与人履行，受让人请求债务人履行的，法院不予支持。此种情况下让与人其实已经不再是债权人，他已经没有可以让与的债权。

其二，债务人在接到债权转让通知后仍然向让与人履行，受让人请求债务人履行的，法院应予支持。在债务人已经接到债权让与通知的情况下，债务人不能再向让与人履行。即使履行了，当受让人请求其为履行时，债务人也不能以其已经向让与人履行为由抗辩。

其三，如果让与人未通知债务人，受让人在受让债权后直接起诉债务人请求履行债务，法院经审理确认债权转让事实的，应当认定债权转让自受让人提起诉讼的起诉状副本送达债务人时，对债务人发生效力，即自此时起债务人应当向受让人为履行，不能再以其未收到让与人的转让通知为由拒绝向受让人履行或者继续向让与人履行。

其四，如果债务人主张因让与人未在受让人起诉之前通知其债权转让的事实而给其增加的履行费用或者造成的损失从认定的债权数额中予以扣除的，法院依法予以支持。

（三）禁止转让条款的效力

在合同之债中，有的合同当事人在签订合同的时候，双方就约定了债权是不能转让的，这称为禁止转让的约款（或附款）。这种约定的效力如何？如果一方违反了该约定仍然将债权转让给了受让人，该转让是否有效？之前《合同法》对此没有相关的规则，《民法典》完善了债权禁止转让约款的效力规则。

《民法典》第545条第2款规定："当事人约定非金钱债权不得转让的，不得对抗善意第三人。当事人约定金钱债权不得转让的，不得对抗第三人。"

依据上述规定，首先，禁止债权转让的约款对于债权人和债务人而言是有效的，任何一方都不得违反该约定，如果违反了应当承担相应的违约责任。其次，此一约款不得对抗第三人，不能约束第三人，所以如果债权人违反了不得转让债权的约款，与第三人达成了债权让与的协议，这个协议是有效的，债权人和受让人都不得事后以禁止转让约款为由否定债权让与协议的效力。

有一种观点认为，违反禁止债权转让约款的债权让与协议只能约束债权人和受让人，不能约束债务人。所以，即使债权人通知了债务人，告知其与第三人达成了债权让与协议，如果债务人不同意，主张债权让与协议违反了禁止转让的约款，不承认债权人债权让与的效力，进而仍然向让与人为给付，债务人不构成为错误给付。相反的观点则认为，违反了禁止债权让与约款的债权让与协议对债务人也仍然是有约束力的，债务人应当向受让人为清偿。当然，债务人可以根据约款主张债权人构成违约，追究债权人的违约责任。《民法典》采纳了第二种观点，并且区分了金钱给付之债与非金钱给付之债，即：当事人约定非金钱债权不得转让的，不得对抗善意第三人；当事人约定金钱债权不得转让的，不得对抗第三人。具体而言，对于非金钱债权，禁止债权让与的约款对当事人有约束力，但对于善意的第三人没有约束力，不能对抗善意第三人，如果第三人知道或者应当知道当事人之间订立有禁止债权让与的特别约款而仍然与债权人签订债权让与协议，则约款的效力可以对抗该非善意的第三人，债务人可以主张债权让与协议无效，但是债务人需要承担第三人为非善意的举证责任。对于金钱债权，由于货币的等价交换物地位与极强的流通性特征，约定不得转让对于任何第三人而言都是没有意义的，不发生效力，即使第三人知道有该约定而与债权人订立债权让与协议，该协议也是有效的。

（四）债权让与的效力

债权让与的效力，分为两个方面：其一，对债权让与协议的当事人即让与人与受让人的效力，此亦称为债权让与的内部效力；其二，对债务人的效力，此亦称为债权让与的外部效力。

1. 债权让与对让与人与受让人的效力

债权让与对让与人与受让人的效力体现在以下四个方面：

（1）受让人成为新的债权人。学理通说认为，债权让与属于准物权行为，自债权让与协议生效之时即发生权利变动的效果，无须交付等行为，债权即由原债权人让渡到受让人。如果是债权全部让与，则受让人成为新的唯一的债权人，原债权人即让与人完全退出债的关系，让与人不能再向债务人主张权利。如果是部分让与，则就让与的部分受让人成为新的债权人，受让人与债务人之间建立起法律关系；就未让与的部分仍然是原债权人与债务人之间的法律关系。如前所述，在部分让与的情形，就该让与的部分之债的关系，是一个独立的法律关系，同样受债的相对性的约束，仅属于受让人与债务人之间的关系，原债权人退出该法律关系，而非原债权人与受让人成为共同债权人。

（2）从属于主债权的从权利一并让与。如果主债权存在从权利，如抵押权、质权、定金债权、违约金债权、利息债权、损害赔偿请求权等，这些从权利同时转让给受让人，且不论债权让与协议中是否对此加以明确的约定，均不影响这些从权利的同时移转，故其属于法定的移转。《民法典》第547条第1款规定：债权人转让债权的，受让人取得与债权有关的从权利，但是该从权利专属于债权人自身的除外。在两种情形下从权利不发生同时移转：其一，该从权利是专属于债权人自身的，即具有特定的人身性或身份性，不能转移，如人身损害赔偿请求权；其二，债权人与债务人明确约定了某一从权利不能随主债权移转而移转。例如，在甲乙的借款合同中，丙提供抵押担保，与甲签订了抵押合同，合同中约定：该担保系丙应乙的请求专为甲所设，如果甲未来将其在借款合同中的主债权转让给第三人，则丙不再承担担保责任。除上述两种情形外，主债权转让的，从属于该主债权的从权利一律同时移转。

为了保证受让人实际取得需要办理转移登记手续或者转移占有的从权利，防止受让人因未能及时办理相关手续或者移转占有而失去从权利，继而影响主债权的实现，根据实践中的情况需要，《民法典》第547条第2款还特别增加了与登记手续或者移转占有有关的从权利移转规则，即：受让人取得从权利不因该从权利未办理转移登记手续或者未转移占有而受到影响。例如，甲将其债权让与给丙，该债权当初丁提供了抵押担保，但丙受让债权后没有到不动产登记机构办理抵押权的变更登记手续，将抵押权人由甲变更登记为丙，后债务到期，债务人不能清偿，丙主张行使抵押权，但抵押人丁提出抗辩，认为登记的抵押权人仍然是甲，丙不是登记簿上的抵押权人，根据不动产物权变动的公示与公信原则，丙不能行使抵押权。而依据《民法典》第547条第2款的特别规定，此种情形下不适用不动产物权变动的公示公信原则，受让人丙不因未办理变更登记手续而丧失抵押权。

（3）债权证明文件的交付。债权本身不需要交付，债权让与协议生效之时债权即归受让人，但是有关债权的证明文件，如债权证书、合同文本、款项的支付凭证、有关的邮件或者函件等，债权人应当按照约定及时交付给受让人，在没有约定的情况下作为附随义务债权人也应当基于受让人的请求而交付。

（4）让与人的瑕疵担保义务。债权让与后，让与人退出债的关系，不再是原债的当事人，但是，让与人应当保证受让人取得的债权不存在法律上的障碍，不会被认定为无效债权，债权上不存在权利负担或者被第三人追索的危险，不会罹于诉讼时效或者除斥期间。如果出现了上述瑕疵，受让人可以请求让与人承担相应的违约责任。当然，如果对于上述瑕疵或者风险在签订债权让与协议时让与人已经向受让人充分如实披露，不存在隐瞒的情形，则适用买者自负责任的规则，让与人不承担上述瑕疵担保义务。

2. 债权让与对债务人的效力

债权让与对债务人的效力体现在以下三个方面：

（1）债务人不得再向让与人即原债权人履行债务。债权让与后，债务人不再是原债权人的债务人，而是受让人的债务人，债务人只能向新的债权人即受让人履行债务。如果债务人仍然向原债权人为给付，构成错误给付，属于非债清偿，原债权人没有受领权，因而构成不当得利。同时，债务人如果向原债权人为给付，并不能产生债务消灭的效果，受让人的债权没有实现，其有权请求债务人履行债务。如果因此给受让人造成了损害，受让人有权请求债务人赔偿。

（2）债务人对原债权人的抗辩权可以对抗受让人。债务人对原债权人享有的抗辩权，不因债权移转而消灭，债务人得以对抗原债权人的所有抗辩权均可以由债务人继续行使以对抗新债权人。《民法典》第548条规定：债务人接到债权转让通知后，债务人对让与人的抗辩，可以向受让人主张。例如，债务人对债权已经罹于诉讼时效的抗辩、对债权人存在违约行为的抗辩、对债权人利息计算错误的抗辩、对债权人的先履行抗辩权、对债权人的不安抗辩权等。

如果债权让与后发生了纠纷，形成了诉讼，新债权人起诉债务人请求履行债务，债务人对新债权人主张其可以对原债权人的抗辩，此时为了查明事实，法院可以通知原债权人参加诉讼（《最高人民法院关于适用〈中华人民共和国民法典〉合同编通则若干问题的解释》第47条第1款）。

（3）债务人抵销权的行使。《民法典》第549条规定：有下列情形之一的，债务人可以向受让人主张抵销：（一）债务人接到债权转让通知时，债务人对让与人享有债权，且债务人的债权先于转让的债权到期或者同时到期；（二）债务人的债权与转让的债权是基于同一合同产生。以此规定，债务人在两种情形下可以行使抵销权：第一种情形，债务人对让与人享有债权，且债务人的债权先于转让的债权到期或者同时到期。如果债务人的债权晚于被让与的债权到期，则不能抵销，因为抵销的前提是双方互享债权，互负债务，且主动债权已到期。例如，如果让与的债权6月1号到期，则债务人对让与人的债权应当先于6月1号到期，或者于6月1号同时到期。如果在债权让与之前债务人就可以行使抵销权而没有行使，那么当出现债权让与的时候债务人能不能行使抵销权？答案应当是肯定的，因为法律并未规定抵销权行使的除斥期间，更未规定抵销权必须在债权让与之前行使。事实上，债权人甲让与债权给丙以后，丙只是单纯的债权人而已，他对乙并没有债务，乙只是单纯的债务人，其不是丙的债权人。同时，甲也已经不是乙的债权人，所以乙也不能对甲行使抵销权。这样就可能使得债务人乙原本享有的抵销权由于债权让与而无法行使，所以，为了防止债权人（让与人）和受让人通过串通，损害债务人的抵销权，法律规定在这种情形之下，债务人仍然可以向受让人丙行使抵销权。丙不能以其并不对乙负有债务而进行抗辩。第二种情形，债务人的债权与转让的债权是基于同一合同产生的。基于同一个合同产生，意味着债权人对债务人的债权和债务人对债权人的债权具有极为紧密的联系，受让人也应当意识到债务人极有可能基于该合同享有债权，受让人甚至可以就此种情形行使抵销权的可能性与让与人或者债务人进行统一的考虑与安排，在没有特别安排的情况下，债务人基于同一合同而对债权人享有的抵销权可以对受让人行使。例如，甲乙之间有一份买卖合同，甲已经完成交货义务，然后将收取货款的债权转让给丙，并且通知了债务人乙，当丙向乙请求支付货款时，乙提出甲的货物经检验存在质量问题，应当承担违约损害赔偿责任，就质量瑕疵部分导致的损害乙可以向丙主张行使抵销权。

（五）债权让与中的禁反言规则

债权让与中的禁反言规则，是指让与人或者债务人在债权让与后反悔，否认债权让与的效力或者债权的真实性，不能产生其主张的法律效力。《最高人民法院关于适用〈中华人民共和国民法典〉合同编通则若干问题的解释》第49条对此作出了相应的规定，具体包括两种情况：

其一，债务人接到债权转让通知后，让与人以债权转让合同不成立、无效、被撤销或者确定不发生效力为由请求债务人向其履行的，不予支持。但是，该债权转让通知被依法撤销的除外。债权转让的通知可以撤销，但是让与人撤销转让通知必须早于转让通知到达债务人，或者与转让通知同时到达债务人，才能产生撤销转让通知的效果，否则转让通知一旦到达债务人，对债务人而言就产生了债权让与的效果，债务人不能再向让与人履行，而只能向受让人履行，即使让与人提出了其与受让人之间的债权让与合同不成立、无效、被撤销或者确定不发生效力的理由甚至提供了相应证据，让与人仍然不能请求债务人向其为履行。

其二，受让人基于债务人对债权真实存在的确认受让债权后，债务人又以该债权不存在为由拒绝向受让人履行的，人民法院不予支持。但是，受让人知道或者应当知道该债权不存在的除外。换言之，在债权转让合同订立过程中，受让人向债务人进行了尽调，请债务人确认债权是否真实存在，债务人对此作出了肯定的答复，即确认债权的真实存在，而事后却又主张债权不存在，并以此为由拒绝向受让人履行债务，其此一主张不能得到法院的支持。

（六）债权多重让与的效力

所谓债权多重让与，是指债权人将其享有的同一个债权同时或者先后转让给两个或者两个以上的受让人。由于债权让与具有准物权行为的特征，就让与人与受让人而言自债权转让合同生效之时债权即已发生移转，原债权人（让与人）不再享有债权；但是，债权让与对债务人发生效力的条件是必须有效通知债务人，否则债权让与对债务人不发生效力。所以在发生债权多重让与的情形下，如何确定让与人、受让人、债务人相互之间的权利义务及债权让与的效果，需要具体的规则供给。《民法典》对此未予规定，《最高人民法院关于适用〈中华人民共和国民法典〉合同编通则若干问题的解释》第50条对此给出了相应的规则：

其一，让与人将同一债权转让给两个以上受让人，债务人以已经向最先通知的受让人履行为由主张其不再履行债务的，法院应予支持，因为此时债务人的债务已经有效履行，其不再对任何人负有债务。

其二，但是，如果有证据证明债务人明知接受履行的受让人不是最先通知的受让人，而仍然向其为履行，则最先通知的受让人有权请求债务人继续履行债务，债务人不能抗辩。就债务人明知的事实而言，最先通知的受让人负有举证责任。此种情形下，最先通知的受让人也可以选择向让与人主张，请求让与人承担违约责任。

其三，在债务人向次后通知的受让人履行的，最先通知的受让人请求该接受履行的次后受让人返还其接受的财产的，不予支持，除非最先通知的受让人能够举证证明该接受履行的受让人明知该债权在其受让前已经转让给其他受让人。

其四，所谓最先通知的受让人，是指最先到达债务人的转让通知中载明的受让人。在债权多重让与的场合，债权人往往向债务人发出了数份债权转让的通知，数份通知中载明了不同的受让人，应当以最先到达债务人的转让通知中载明的受让人为最先通知的受让人，债务人应当向该受让人为履行。如果当事人之间对通知到达时间有争议，则由法院作出判断，法院应当结合通知的方式等因素综合判断，而不能仅根据债务人认可的通知时间或者通知记载的时间予以认定。债权人如果是以采用邮寄、通信电子系统等方式发出债权转让通知，法院应当以邮戳时间或者通信电子系统记载的时间等作为认定通知到达时间的依据。

（七）债权让与增加费用的负担规则

《民法典》第550条规定："因债权转让增加的履行费用，由让与人负担。"在债务履行过程中，如果由于债权人的原因而导致履行费用增加，应当由债权人自行负担该增加的费用，与债务人无关。此一规则同样适用于债权让与的场合，即如果因为债权让与而增加了履行费用，该等费用应当由债权人负担。例如，债权让与后，受让人的交货地址发生变化，需要增加运输费用，该费用即由债权人负担。如果债权人拒绝承担该费用，债务人可以行使相应的权利，如同时履行抗辩权或者先履行抗辩权。当然，实践中通常对于增加的履行费用当事人可以在债权让与协议中进行约定，或者由债权人与债务人协商确定增加费用的抵扣方法，以降低交易风险。

六、免责的债务承担

（一）债务承担的概念

债务承担，是指在不改变债的同一性，也就是不改变债的内容和效力的情况之下，债的主体发生变化，由第三人承担债务，即第三人作为新的债务人。所以，债务承担就是债务人将自己所负担的债务转让给第三人，第三人称为债务承担人。所以，所谓债务承担，是债务人经债权人同意，与第三人协议由第三人承担债务人全部或者部分债务的行为。债务承担的要件和债权让与的要件完全不一样，因为债权让与只是让与人与受让人之间的事情，无须债务人同意，而债务承担则不同，除了需要在债务人和承担人之间达成协议以外，还必须经过债权人的同意。

债务承担和履行承担是完全不同的概念。履行承担仅仅是一种事实行为，而非法律行为，即由债务人以外的第三人承担履行义务，但是第三人并不成为法律上的当事人，他既不是债权人也不是债务人，如甲欠乙100万元，甲找到丙说：

“我欠了乙100万元，乙一直在追债，影响我公司的生产经营，能不能请你帮我个忙，你先替我把这个账给还了。”丙说：“那行吧。”他们也告诉了乙，甲对乙说：“丙现在替我还你这笔钱，他会转账给你。”乙同意，于是丙从自己的账户上给乙转账了100万元。丙的行为就是典型的履行承担，他并没有加入甲乙之间的法律关系中，而只是实施一项具体的履行行为。如果丙答应甲之后却没有向乙转账，乙不能请求丙履行，或者请求丙承担其他的违约责任，因为丙并非债务人。

（二）债务承担的类型

债务承担有两种大的类型：一种是免责的债务承担，一种是加入的债务承担或者并存的债务承担。所谓免责的债务承担，指的是承担人承担了债务人的全部债务，原债务人不再负有债务，完全脱离原来债的法律关系。所谓加入的债务承担或者并存的债务承担，指的是原来的债务人仍然保留在债的关系中，第三人加入进来，与原债务人共同作为债务人。狭义上的债务承担仅指免责的债务承担，不包括加入的债务承担，加入的债务承担作为一种独立的制度而存在，即债务加入制度。之前《合同法》仅规定了狭义上的即免责的债务承担，没有规定加入的债务承担，《民法典》完善了债务承担规则，新规定了债务加入制度。此节仅介绍狭义上的债务承担，下一节专门介绍债务加入规则。

（三）债务承担的成立条件

《民法典》第551条第1款规定：“债务人将债务的全部或者部分转移给第三人的，应当经债权人同意。”债务移转必须经过债的另一方当事人即债权人的同意，未经同意，不发生债务承担的后果。这是债务承担与债权让与最大的区别。在债权让与中，如乙欠甲100万元，甲现在把债权让给丙，乙反正要支付100万元，债权让与并没有增加他的负担，所以不需要他的同意。而在债务承担中，如甲欠乙100万元，甲作为债务人把该债务转让给丙，债权人乙就会担心丙的清偿能力，换言之，丙承担债务后可能会增加乙的债权实现的风险，所以债务承担必须经过债权人的同意。如果没有这样的规则要求，那么债务人负债以后都将自己的债务转移给他人，不需要债权人同意，整个交易秩序就会被破坏。

债权人的同意应当以明示的方式作出，不能进行推定。《民法典》第551条第2款规定："债务人或者第三人可以催告债权人在合理期限内予以同意，债权人未作表示的，视为不同意。"以此规定，在债务承担中，债权人同意的意思表示必须是以明示的方式进行，不能采取默示的方式。当然，如果债务人或者承担人告知了债权人，尽管债权人没有作出明确的同意债务承担的意思表示，但是承担人已经开始向债权人为履行，而债权人予以接受，则可以认定债权人作出了同意的意思表示，且产生债的消灭的后果。

是故，债务承担有两个成立要件：第一，有可移转的债务，且该债务不是专属于债务人自身的，可以让渡；第二，必须经过债权人同意。

实践中，债务承担意思表示的达成有三种具体的方式，第一种是由债务人与第三人（承担人）达成债务承担协议，此时必须经过债权人的同意。第二种是由债权人与第三人达成债务承担的协议，第三人愿意承担债务，债权人同意由其承担，二者达成一致。此时是否产生债务承担的效果，值得商榷。核心的问题是，是否需要征求债务人的同意。原则上，此种经由债权人自己主动认可的债务承担并不增加债务人的负担与风险，相反，第三人能否履行债务的风险完全由债权人自己承担，而债务人从债的关系中解脱出来，不再负担债务，所以对债务人而言是有利的，故原则上不需要取得债务人的同意。当然，如果债务人认为债权人与第三人之间达成的债务承担协议对自己不利，不同意债务承担，自己仍然愿意作为债务人履行债务，则债务人的履行仍然可以产生消灭债的效果，其履行行为不构成非债清偿，债权人不构成不当得利。另外，此一债务承担协议在债权人与第三人（承担人）之间是有效的。第三种是由债权人、债务人和第三人共同签订债务承担协议，此种情形下协议的效力及于三方当事人，自协议成立之日起产生债务移转的后果，因为它已经包含了债权人同意的内容。

（四）债务承担的效力

1. 原债务人脱离债的关系

在免责的债务承担中，原债务人脱离了债的法律关系，不再受债的约束，只有承担人是债务人，债权人只能向新债务人即承担人行使请求权。

2. 抗辩权移转

《民法典》第553条第一句规定："债务人转移债务的，新债务人可以主张原债务人对债权人的抗辩。”发生债务承担时，原债务人得以对抗债权人的所有抗辩事由与抗辩权，新债务人均可以主张，包括不可抗力的抗辩、债权人违约的抗辩、债务已经部分清偿的抗辩、同时履行抗辩权、先履行抗辩权、不安抗辩权、债务已经罹于诉讼时效的抗辩等。抗辩权移转的条件是：首先，债务承担已经生效，新债务人取代了原债务人的地位，债权人可以向新债务人主张权利；其次，此等抗辩权在债务转移之时就已经存在，原债务人是否曾经行使过此等抗辩权在所不问；最后，新债务人行使原债务人的抗辩权不影响其基于债务移转后新产生的抗辩权的行使，如债务移转后新债务人已经全部履行或者部分履行的抗辩。

如果债务承担后发生诉讼，新债务人主张原债务人对债权人的抗辩的，人民法院可以追加原债务人为第三人（《最高人民法院关于适用〈中华人民共和国民法典〉合同编通则若干问题的解释》第47条第2款）。

3.抵销权的限制

《民法典》第553条第二句规定：“原债务人对债权人享有债权的，新债务人不得向债权人主张抵销。”此与债权让与中的抵销权规则不同，在后者，当发生债权让与时，债务人可以向受让人行使其对原债权人的抵销权，而在债务承担的情形中，如果之前原债务人对债权人享有债权，但是没有行使，债务移转后新债务人不得向债权人主张抵销。这是因为新债务人对债权人并不享有债权，不符合抵销权行使的一般条件。当然，如果当事人约定债务人将其对债权人的债权一并转移给了承担人，则承担人可以向债权人主张抵销权。

4.从债务一并移转

《民法典》第554条规定：“债务人转移债务的，新债务人应当承担与主债务有关的从债务，但是该从债务专属于原债务人自身的除外。”

七、债务加入：并存的债务承担

（一）债务加入的概念与意义

债务加入，其实就是并存的债务承担，由于债务加入与免责的债务承担差别较大，所以学理上通常将其作为一项独立的债务移转规则。《民法典》新规定的债务加入制度的意义在于：第一，将债务加入和免责的债务承担、按份的债务承担相区分，以凸显债务加入制度的价值和独特性；第二，确立了债务加入制度的两种结构类型，即第三人和债务人约定加入债务、第三人单方允诺加入债务；第三，尊重当事人的意思自治，赋予债权人以拒绝权；第四，明确了债务加入制度中，原债务人和加入人对债权人承担连带债务。

（二）债务加入与相关制度的比较

1. 债务加入与连带责任保证的比较

债务加入与连带责任保证有相似之处，如都是多数人之债，都有连带清偿责任的内容，但是债务加入与连带责任保证存在以下四个方面的不同之处：

其一，是否具有从属性方面二者完全不同。连带责任保证具有典型的从属性，与其所担保的主债务之间是典型的从债务与主债务之间的关系，而债务加入后形成的债的关系并非形成从债务关系，而是直接形成加入人、原债务人与债权人之间的单一的债务关系，并且加入人承担债务的方式、范围、时效等根据约定既可以与原债务完全相同，也可以不同于原债务，此即债务加入的相对独立性。

其二，是否形成履行顺位方面二者不同。在连带责任保证场合，保证人与主债务人并非处于同一履行顺位，主债务人在债务履行中处于主导地位，保证人只是从属性、补充性地承担保证债务。而在债务加入中，加入人和原债务人处于同一履行顺位，并无主从或者先后之分。

其三，成立方式不同。连带责任保证合同只能在保证人与债权人之间订立，而无其他类型的成立方式，尽管客观上在实践中存在由债权人、债务人、保证人三方共同签订一份合同，在该合同中设立连带责任保证条款，然后由三方共同签字的情形，但连带责任保证的意思表示仅发生于保证人与债权人之间，连带责任保证合同只能说是保证人与债权人之间的合同，与债务人无涉。而债务加入的成立方式实践中存在五种具体模式：（1）债务人与第三人订立债务加入契约并通知债权人；（2）第三人单方向债权人作出加入债务的允诺；（3）债权人与债务人和第三人共同订立债务加入契约；（4）债权人与债务人订立债务加入契约；（5）债权人与第三人订立债务加入契约。《民法典》第552条目前规定的债务加入方式仅为第（1）种和第（2）种，对后面三种方式未予规定。

其四，法律对二者的期限利益保护不同。由于从属性的地位，保证人承担的仅是补充性质的责任，且保证人通常都是无偿地承担债务清偿责任，故法律给予其相对优待的期限利益保护，即：保证人承担保证责任不仅受诉讼时效的保护，而且同时受保证期间的保护，而债务加入人只能主张在债务加入成立前即已存在的原债务人对债权人的抗辩，对于债务加入成立后原债务人享有的抗辩，加入人不得援引。

2. 债务加入与免责的债务承担之间的比较

债务加入与免责的债务承担的共同之处在于均发生了新的债务人进入原来的债的关系当中的事实，二者的区别体现在以下几个方面：

其一，债务主体的变更上不同。免责的债务承担是在保持债的同一性即内容不变的情况下，全部债务由原债务人整体移转于新的承担人承担，原债务人退出债的关系，不再是债的关系的主体。债务加入则仅是增加了承担债务的主体数量，进而扩大了债权实现的责任财产的范围，但并未发生债务移转及债的主体变更，而只是债的主体增加，原债务人仍然是债务人。此为二者最本质的区别。

其二，意思表示的内容不同。免责的债务承担中，承担人不仅要表示承担原债务人的债务，而且要明确表示免除原债务人的债务。而债务加入中，第三人作出的是与原债务人共同向债权人负担同一内容的债务的意思表示，第三人并未同意原债务人退出债的关系。

其三，构成要件不同。免责的债务承担中，因债务人的变更对债权人债权利益能否实现事关重大，因此需要征得债权人的同意。而债务加入中，在由第三人与债务人订立债务加入契约的场合，原则上不需要征得债权人的同意。当然，如果是第三人直接向债权人作出债务加入的意思表示，则需要债权人的同意，债权人可以作出拒绝的意思表示，这就是《民法典》第552条所表述的："……第三人向债权人表示愿意加入债务，债权人未在合理期限内明确拒绝的，债权人可以请求第三人在其愿意承担的债务范围内和债务人承担连带债务。"

其四，法律后果不同。免责的债务承担成立后，原债务人完全脱离债权债务关系，由承担人独自承担债务，而债务加入成立后，原债务人并未脱离债权债务关系，其与加入人对债务的清偿承担连带责任。

其五，对担保效力的影响不同。债务加入中，原债务人并未脱离债的关系，且债务内容的同一性并未改变，因此存在于原债务之上的担保仍得继续有效；而免责的债务承担中，因债务人发生变更，故如果未经保证人同意，存在于原债之上的担保不再继续有效，保证人不再承担保证责任。

（三）债务加入的特殊生效要件

依据债法原理，债务加入的一般构成要件包括存在有效的债务、债务不具有专属性、当事人达成债务加入的合意等三个方面的要件。债务加入的特殊构成要件则是特定类型的债务加入所必须具备的构成要件，这些特定类型包括加入契约与单方通知加入两种具体方式。

1.加入契约

加入契约是指由第三人与债务人双方之间订立的债务加入契约。此种情形是否需要债权人同意？学术界存在如下不同的观点：第一种观点认为不需要债权人同意，且债权人无异议权或拒绝权。第二种观点认为原则上不需要债权人同意，但债权人享有拒绝权，一旦债权人作出拒绝的意思表示则不能发生债务加入的效果。第三种观点认为不需要债权人同意，但是赋予债权人以异议权。第四种观点认为债务加入应当征得债权人的同意。笔者认为，第二种观点即原则上不需要债权人的同意，但是债权人享有拒绝权的主张合理性更为充分，主要理由是基于意思自治的原则，且该种主张兼顾到了加入人、债务人与债权人各方的利益。《民法典》采取的即属于此种主张，即“第三人与债务人约定加入债务并通知债权人，或者第三人向债权人表示愿意加入债务，债权人未在合理期限内明确拒绝的，债权人可以请求第三人在其愿意承担的债务范围内和债务人承担连带债务”。

2.单方通知加入

即由第三人单方向债权人作出债务加入的意思表示。第三人的单方允诺构成债务加入的要约，因债务加入具有担保债权实现的功能，往往对债权人有利，因此只要债权人对该承诺未在合理的期限内明确表示拒绝的，则推定债权人同意第三人的加入。故而通常情况下，当第三人向债权人发出债务加入的允诺通知到达债权人时，即在债权人与第三人之间则形成了债务加入关系，债务加入发生效力，除非债权人行使拒绝权使该加入行为失去效力。简言之，第三人的单方允诺可以产生债务加入的效力，但是债权人可以行使拒绝权。

基于上述分析，在债务加入制度中，通过债务人与第三人签订债务加入契约的方式形成债务加入，与通过第三人单方向债权人发出加入通知而未签订加入契约的方式形成债务加入，二者在构成要件上并无实质性差异，都是需要通知债权人，债权人都有权作出拒绝的意思表示，一旦拒绝则不能产生债务加入的效果，但是如果债权人没有在合理期限内作出拒绝的意思表示，则推定其放弃行使拒绝权，同意第三人加入债务，第三人作为债务承担人与原债务人共同连带承担债务清偿责任。两种加入方式的不同主要体现在加入程序上，而非构成要件与法律效果上，即前者需要先由第三人与原债务人签订债务加入契约，再将该事实通知债权人，后者则是由第三人单独径直向债权人发出加入债务的通知，无须由第三人与原债务人签订债务加入契约。

（四）债务加入中第三人的内部追偿权

《民法典》对于债务加入中第三人实际向债权人履行清偿后，能否向债务人进行内部追偿的问题，没有作出相应的规定。《最高人民法院关于适用〈中华人民共和国民法典〉合同编通则若干问题的解释》弥补了此一缺憾。根据该司法解释第51条规定，第三人自己主动加入债务并且实际向债权人履行了债务之后，其是否有权向债务人进行内部求偿，取决于其与债务人的约定，如果约定有追偿权，则第三人依约享有追偿权；如果没有约定追偿权，则其不能享有追偿权。在不能享有追偿权的情况下，第三人可以基于不当得利请求权，在其已经向债权人履行债务的范围内请求债务人向其履行，该请求应当得到法院的支持。唯一的例外是，如果第三人知道或者应当知道加入债务会损害债务人的利益，且客观上由于第三人的履行已经给债务人造成了损害，则第三人不享有对债务人的不当得利请求权。

债务人就其对债权人享有的抗辩，可以向加入债务的第三人主张。

八、债权债务的概括移转

（一）债权债务概括移转的概念

债权债务的概括移转是指债的当事人将其享有的债权和负担的债务一并移转

给第三人。《民法典》第555条规定："当事人一方经对方同意，可以将自己在合同中的权利和义务一并转让给第三人。"债权债务的概括移转不同于单纯的债权让与或者单纯的债务承担，而是同时包括债权让与和债务承担两方面的内容。权利义务一并移转后，原来债的一方当事人即转让方完全退出债的关系，第三人取代转让方的地位成为合同的当事人。而由于债务承担必须经过债权人的同意，概括移转又包含了债务承担的内容，所以概括移转必须经对方当事人的同意。

（二）债权债务概括移转的原因

债权债务概括移转发生的原因有两类：一类是基于当事人的约定而发生概括移转，另一类是基于法律的直接规定发生概括移转。

1.基于约定而发生概括移转

此种基于法律行为而发生的债权债务概括移转，其前提是当事人之间存在合法有效的合同之债或者其他债的关系，当事人相互之间既有债权，又有债务，通过约定其中的一方当事人将其在合同项下享有的债权和负担的债务一并移转给第三人，而对方当事人表示同意。实践中的企业债务重组协议中其实就含有重要的债权债务概括移转条款。当然即使未发生债务重组的情形，也可以通过约定进行债权债务的全部移转。

2.基于法律的直接规定而发生概括移转

前面在本章第一节中介绍了债权债务法定移转的主要情形，其中特别是公司法律制度、合伙企业法律制度、破产法律制度、继承法律制度、保险法律制度、合同法律制度等相关法律规定而产生的债权债务概括移转。《民法典》总则编在法人制度中涉及法人合并与分立的规则与债权债务概括移转直接关联。公司法中对公司的合并与分立的规制重点即是公司合并以后或者分立以后，对原来的债权债务如何处理，以保护公司债权人以及职工等利益相关者的权益。所以，《公司法》规定公司发生合并或者分立，需要编制资产负债表和财务报告，清理财产，进行公告，应债权人的请求得提供担保等，都是对债权债务的保障。

（三）债权债务概括移转的条件

《民法典》第556条规定：合同的权利和义务一并转让的，适用债权转让、债务转移的有关规定。以此规定，发生债权债务概括移转的，必须同时符合债权让与、债务承担的条件。具体而言，应当符合下列条件：

1.必须同时存在债权与债务。如果当事人只享有债权或者只负担债务，则只能发生单纯的债权让与或者债务承担，不能发生债权与债务的概括移转。

2.必须将债权和债务同时移转。如果债的当事人同时享有债权和负担债务，但其只是将其中的债权让与出去或者只是将其中的债务移转给第三人，自己仍然保留债务或者债权，则不是债权债务的概括移转，而是单纯的债权让与或者债务承担。

3.必须经对方当事人的同意。由于概括移转中既含有债权让与又包括债务承担，而按照债务承担的规则必须经过债权人同意才能有效，所以概括移转需要经过对方当事人的同意，否则不能发生相应的法律效力。

（四）债权债务概括移转的效力

在发生合同权利义务概括移转的情形下，会产生以下法律效力：

1.转让方退出合同关系

合同权利义务概括移转之后，转让方即退出合同关系，不再是合同的当事人，不再享有合同权利，也不再承担合同义务，第三人即受让方成为新的合同当事人。这是概括移转最主要的法律效力。当然，如果当事人通过法律行为达成合同权利义务的概括移转，同时又约定了对于概括移转之前形成的、概括移转之后发现的与合同有关的债务仍然由转让方承担，受让方不承担，这种约定是有效的，转让方就约定范围的债务仍须承担责任。

2.从权利与从义务的附随移转

即受让人取得与债权有关的从权利，承担与主债务有关的从债务，除非这些从权利与从债务具有专属于转让方自身的性质。例如，在一份借款合同的转让中，原债权之上设定了抵押权，现在债权人将其在借款合同中的所有权利义务均移转给受让方，则受让方在取得主债权的同时也取得该设定的抵押权。当然，为避免可能发生的风险，受让方在程序上仍需到抵押登记机关办理抵押权人的变更登记手续。当然，如果没有办理抵押权的变更登记手续，在实质上并不能影响受让方行使抵押权。

3. 抗辩权的继续行使

即合同权利义务一并转让的，不影响对方当事人之前就享有的抗辩权的效力，这些抗辩权对方当事人可以对受让人继续行使。当事人一方将合同权利义务一并转让后，对方就合同权利义务向受让人主张抗辩或者受让人就合同权利义务向对方主张抗辩的，人民法院可以追加让与人为第三人（《最高人民法院关于适用〈中华人民共和国民法典〉合同编通则若干问题的解释》第47条第3款）。

4. 抵销权的行使

根据《民法典》第549条规定，债务人接到债权转让通知时，债务人对让与人享有债权，且债务人的债权先于转让的债权到期或者同时到期，或者债务人的债权与转让的债权是基于同一合同产生，债务人可以向受让人主张抵销。而根据《民法典》第553条后半句的规定，原债务人对债权人享有债权的，新债务人不得向债权人主张抵销。

第七章

合同的权利义务终止

一、债的消灭的概念

合同权利义务终止，在债法原理上称为债的消灭。所谓债的消灭就是指已经发生的债的关系不复存在，不再具有法律上的约束力，债权债务了结。

权利义务就是债的关系内容，所以合同的权利义务终止，就是债的消灭，在这个意义上，“消灭”和“终止”这两个概念没有差别。但是在债法原理上通常都表述为债的消灭，“消灭”强调的是一种客观状态，即债的关系不复存在。《民法典》合同编通则分编第七章的章名是“合同的权利义务终止”，此处的“终止”与“消灭”并无本质性差别，可以看作同一个概念，并且，尽管其章名是“合同”权利义务的终止，实际上是关于所有债的终止（消灭）的规则，对各种债的消灭具有普适性。

导致债的消灭有各种原因。《民法典》第557条第1款规定：“有下列情形之一的，债权债务终止：（一）债务已经履行；（二）债务相互抵销；（三）债务人依法将标的物提存；（四）债权人免除债务；（五）债权债务同归于一人；（六）法律规定或者当事人约定终止的其他情形。”第2款规定：“合同解除的，该合同的权利义务关系终止。”依据《民法典》的此一规定，债的消灭原因可以列举如下：（1）债因履行而消灭；（2）债因抵销而消灭；（3）债因提存而消灭；（4）债因免除而消灭；（5）债因混同而消灭；（6）合同之债因解除而消灭；（7）其他法定的或者约定的消灭债的原因。

二、债的消灭的一般效力

确定一项债的关系归于消灭，意味着法律上会产生一系列的后果，这些后果就是债消灭的一般效力，它具体体现在四个方面：

（一）给付义务消灭

是指债的当事人所负担的给付义务归于消灭，与给付义务归于消灭相同的是请求权的消灭，即债权债务均归于消灭。这是债消灭最主要的效力，债权与债务均不复存在。例如，一份五年期的租赁合同在第三年的时候被解除，则自解除之时双方当事人的给付均消灭，出租人无须再提供租赁物给承租人，有权收回租赁物，承租人则不必再支付租金。又如，无因管理之债中，如果无因管理关系终止，债归于消灭，意味着管理人不再负有继续管理本人（受益人）事务、为本人利益而计算、向本人报告管理事务的进度与财务支出等给付义务。

（二）从权利同时消灭

债消灭时，存在于债之上的从权利一并消灭。《民法典》第559条规定："债权债务终止时，债权的从权利同时消灭，但是法律另有规定或者当事人另有约定的除外。"如果债权之上存在从权利，则这些从权利也随主债权的消灭而消灭。例如，若主债权上设有抵押担保，如果主债权因为清偿而消灭，债权人的债权得到了实现，则其享有的从权利即抵押权也随之消灭，债权人不再享有抵押权。

此处的从权利是基于约定或者法律规定产生的从属于主债权的权利，其目的在于保障债权的实现，或者实现债权的最优效果。所以，实务中从权利主要包括两种类型：一种是担保债权实现的从权利，即附属于主债权的担保权利，既包括物的担保形成的担保权利，如抵押权、质押权、让与担保中的担保权利；也包括人的担保形成的从权利，即保证债权；还包括金钱担保形成的从权利，即定金债权。除了上述基于当事人约定而形成的担保权利以外，也包括基于法律规定形成的担保权利，如留置权、法定优先权（如建设工程价款的优先受偿权）。另一种是除上述担保主债权实现的担保权利之外，基于约定或者法律规定而由当事人享有的附属于主债权的请求权，如利息请求权、违约金请求权、损害赔偿请求权等。

《民法典》第559条表述的是从权利的同时消灭，其实基于权利与义务的对应关系，当从权利消灭时，也意味着从义务的同时消灭。换言之，当债的关系消灭时，如果在债务之上存在从给付义务，该等从义务也同时归于消灭。例如，若主债权上设有抵押担保，如果主债务人履行了主给付义务，偿还了全部债务，主债权因为清偿而消灭，则不仅意味着从权利即抵押权同时消灭，还意味着从义务也随之同时消灭，即抵押人负担的抵押义务也归于消灭。

（三）负债字据的返还

与债有关的证明债权债务的凭证，如欠条、借条、还款协议、承诺函等之类的法律文件，即为负债字据，通常这些负债字据都是由债权人一方持有。当债消灭后，债权人所持有的由债务人开具的这些负债字据，应当返还给债务人。如果债权人没有返还，仍然持有这些负债字据，法律上不会影响债的消灭的效力发生，但是，客观上则有可能引发新的纠纷，债权人可能持这些证据而请求债务人继续履行清偿义务，或者起诉到法院请求判决债务人依据负债字据履行义务。而被告如果不能证明自己已经清偿债务，则原告胜诉的概率很大，因为法官只能依据证据所证明的事实进行判决，而负债字据是非常重要的证据。负债字据的返还属于债务人的后合同义务，尽管债消灭了，合同权利义务终止了，但是仍然存在返还负债字据的后合同义务，它属于附随义务。

（四）后合同义务继续存在

债的关系消灭后，由于债的性质不可能在债的当事人之间瞬间使一切权利义务都真正“清零”，双方如同“陌路人”，事实上，很多情况下，债消灭后，双方之间仍然存在不少“藕断丝连”的情形，基于诚实信用原则，一方当事人需要继续履行诸如通知、协力、保密、照顾等义务，或者根据交易惯例、生活常识等应当负担的其他义务，以维护对方当事人的正当权益。这就是债法中特别是合同法中的附随义务，或者后合同义务。如果一方当事人没有履行这些附随义务，就有可能使得对方的正当权利不能得到保护，正当利益不能得到实现。例如，一份汽车销售合同，买受人支付全部价款，出卖人交付了汽车及相关资料，合同履行完毕，双方之间债的关系已经完全消灭，不再有任何权利义务关系，但是，如果汽车出现了制动系统或者其他严重影响行驶安全的技术故障，汽车厂家通知了汽车销售商，作为出卖人的汽车销售商就有义务通知买受人，买受人有权请求销售商无偿解决上述问题，此即汽车销售中的召回义务，属于债的当事人在债消灭后的附随义务的适例。又如，前述负债字据的返还义务，也属于债权人在债消灭后的附随义务。

《民法典》在第558条对于后合同义务作出了明确的规定，即：“债权债务终止后，当事人应当遵循诚信等原则，根据交易习惯履行通知、协助、保密、旧物回收等义务。”

三、清偿

（一）清偿的概念与特征

清偿，是最典型、最正常的引起债消灭的原因。清偿是指债务人按照债的要求，适当地履行其债务，从而使债权人的债权得以实现。约定之债和法定之债都能通过债务人自觉履行、清偿自己的债务，使得债权得以实现，进而消灭整个债。如果合同当事人都能够做到这样，合同都能够得到适当的履行，其他的法定之债也能够得到实际清偿，就是一个非常有序的、诚信的、高效的社会关系。通常我们说清偿是一个最正常的导致债消灭的原因，它也是当事人按照法律的规定或者约定来履行自己的义务，实现自己的债权的状态。

清偿与履行是大体相同的概念，大多数情况下这两个概念是可以互换的，清偿即履行，履行即清偿。《民法典》第557条第1款第1项的表述也是“债务已经履行”，而未使用“清偿”的概念，但学理上都将第557条第1款第1项表述的“债务已经履行”归纳为“清偿”。当然，履行与清偿有细微的区别，履行一般是表示一种客观的行为，如交货是履行，付款是履行，完成受托事务是履行。但是清偿更多的是描述一种债的消灭的状态。履行不一定非得是清偿，履行只是一个手段，或者一个途径，它是要达到消灭债的目的和结果。例如甲向乙借款，然后偿还借款给乙，此处的偿还可以说它是一个履行行为，同时它也是一个清偿行为。我们很容易认为，清偿更多的是一种与金钱、财产有关的给付，非财产的劳务、工作成果等似乎与清偿无关，事实上履行任何约定的或者法定的给付义务都属于清偿，给付内容各种各样，但是完成给付就是清偿。“清偿”中的“清”含有结清、清结之意，清偿意味着履行了全部义务，完成了全部给付。而履行并不含有上述含义。例如在一份租赁合同中，承租人每个月按照约定支付租金的行为属于履行行为，但不是清偿行为，每一次支付租金的行为并不导致债的关系的消灭。尤其是在继续性债务当中，存在多个的、反复的履行行为，但只有一个了结全部债权债务关系的清偿行为。

清偿一般具有以下特征：

1.清偿是一种事实行为

清偿并不需要当事人就债的清偿与消灭单独作出意思表示，只要债务人为清偿，进行给付，债权人为接受，就能导致债的关系消灭的后果，所以清偿是一种事实行为。当然也有观点认为清偿是一种法律行为，需要消灭债的意思表示，有其一定的道理，但是将清偿理解为事实行为更为恰当一些。例如，甲乙订有一份买卖100斤大米的合同，乙委托邻居丙去甲所在的村庄进货时顺便将此100斤大米交付给甲，并将此事告知甲，丙交付100斤大米给甲的时候无须为任何意思表示，而能够产生消灭债的效力。

2.清偿应当依约或者依法进行

清偿应当依照当事人的约定或者法律的规定而进行。如果合同或者法律对于债的履行的标的物、质量、数量、时间、地点、方式等有明确的约定或者规定，债务人就必须严格按照上述约定或者规定履行自己的义务，才能达到消灭债的后果。相反，如果债务人的履行行为不符合约定或者规定，便不能产生消灭债的法律后果。如果有证据证明双方当事人对于债的履行标的物、质量、数量、时间、地点、方式等作出了修改与变更，则债务人按照变更后的内容进行履行，属于清偿，能够导致债的消灭。

按照给付内容，学理上通常将债务分为方式性债务与结果性债务，前者的给付内容主要表现为完成一定的行为，后者的给付内容则主要表现为交付一定的标的物。对于方式性债务，通常不需要具体结果的出现，只要债务人按照约定或者交易习惯以及诚实信用原则完成了一定的行为，即属于清偿行为，可以产生消灭债的效果，如医疗服务合同，只要医生与医疗机构一方按照正常的诊疗程序履行了诊断、治疗等义务，就能够消灭债的关系，而不以治疗结果为条件，又如律师代理合同，只要律师按照约定以及行业惯例履行了研讨案情、收集证据、会见当事人、发表代理意见、出庭等义务，就履行了合同义务，产生消灭债的后果，而不以案件最终裁决结果的胜败为条件。即使是在律师业务的风险代理中，胜诉也只是支付律师费用的条件，而非律师代理合同是否消灭的条件。

结果性债务则不同，其清偿与否的判断标准除了需要完成一定的行为以外，更需要交付一定的标的物，才能视为是清偿行为，才能消灭债的关系。换言之，对于结果性债务，必须达到法律规定或者约定的结果，否则不能产生债的消灭后果，而所谓的结果往往是指交付一定的标的物，包括动产或者不动产等财物、工作成果等，如买卖合同，必须将标的物给付买受人，又如工程施工合同，施工人必须向发包人交付建筑物或者其他施工成果才能导致债的消灭。

3.清偿原则上可以由第三人代为进行

清偿通常由债务人自己进行，但也可以由第三人代为进行。由于清偿只是一种事实行为而非法律行为，所以清偿可以由债务人自己进行，也可以由他人代为进行，而不影响债的消灭的效果实现。唯一的例外是，如果根据债的性质或者约定，只能由债务人本身进行的、具有一定人身性质的债务，则不能由他人代为履行只能由债务人亲力亲为，否则不能产生消灭债的效果。例如前述律师代理合同，必须是合同中约定的、指明姓名的特定律师去完成出庭、会见当事人、发表代理意见等给付义务，否则属于违约行为，不能导致债的消灭。

（二）清偿抵充

1.清偿抵充的概念与意义

所谓清偿抵充，是指债务人对于同一债权人负担数项同种类债务，或者负担同一项债务而约定分数次给付时，如果债务人的给付不足以清偿全部债务，约定或者指定给付抵充某项债务的制度。[①]清偿抵充的实质是不同债务的清偿顺序问题，或者说不同债权的实现顺序问题。实践中在连续性之债当中分次分批的清偿，都有抵充的顺序问题。给付是同一客体，但是涉及多项债务，如本金、滞纳金、利息、违约金等，或者涉及不同的履行批次、期次。比如甲乙签订一份借款合同，甲向乙借款1000万元，借期一年，月息0.5%，年息6%，约定甲按月支付利息，一年到期以后，甲陆陆续续一共偿还了400万元，这400万元到底是本金还是利息，对于甲所欠债务余额的计算影响很大。如果认为甲前面还的都是本金，那么计算利息的基数就被大大降低了，甲负债的利息就会很低，但是如果认为甲前面还的是以利息及罚息为主，本金基数没有变，则甲负债的利息就很大。再如实务中常见的买房按揭贷款，甲购买一套房子，总价600万元，首付100万元，剩下500万元分20年按揭，每个月付多少钱银行已经计

① 史尚宽：《债法总论》，中国政法大学出版社2010年版，第792页。

算好了，甲必须按月支付（所谓的月供），如果甲连续三个月没有付款，银行就可以解除合同。到了第五年，甲发了一笔大财，一下子得到了600万元，他想一次性把银行按揭贷款全部还掉，按揭中提前还贷银行都会同意，此时银行就会给甲结算细账，过去的五年一共60个月，甲在这60个月内一共还了多少钱，这个数字是固定的，银行告诉甲，你之前还的基本上是利息，500万元的本金只偿还了一小部分，甲主张："我现在提前15年还款，我实际上只借了五年时间，后面15年没有借款，应当刨除后面15年的利息。"但是银行计算出来不是这样的，本金500万元基本上没有偿还；就利息而言，甲可能会负担8年甚至10年的利息，因为在银行看来，甲首先应该还合同约定的20年利息，虽然现在没有20年了，可是当时订的合同是20年，所以甲是按20年利息支付给银行的，甲前面还的都是利息。所以银行是这样进行抵充的。甲提前还钱就不再负债了，但是从经济上来计算，甲是不划算的，因为在某种程度上，甲提前解除合同，付出了类似违约金的代价。按揭贷款中，银行不被允许收违约金，如果借钱人有钱要提前还，银行必须同意，但是这个时候，银行给借款人计算利息的时候，它通过抵充的方式，实质上达到了同样的目的。这样的本金、利息、罚息等的计算方法特别是抵充顺序对借款人是很不公平的，但是之前《民法通则》和《合同法》对于抵充都没有相应的规则。一直到《最高人民法院关于适用〈中华人民共和国合同法〉若干问题的解释（二）》才第一次对债的抵充规则进行了规定。《民法典》将上述司法解释关于抵充的规则予以了承继，解决了抵充在实务中的主要问题。

抵充的实质是在给付已经完成之后，不能清偿全部债务之时，或者进行结算之时，通过约定或者指定以达到具体消灭何种债务的效果的制度。

2.清偿抵充的构成要件

清偿抵充的构成要件如下：

第一，必须是同一债务人对同一债权人负担数项债务。即债权人与债务人之间存在数宗基于不同原因发生的债务。如果债权人与债务人之间仅有一项债务，便不存在如何抵充的问题。

第二，数项债务的给付种类必须相同。完全不同种类之间的数宗债务之间不发生抵充的问题，如债务人基于借款合同欠付债权人借款100万元，又基于买卖合同需要向同一债权人交付一台机器，此两个债务的给付内容属于不同种类的债，不发生抵充的问题。但是如果债务人欠付债权人100万元借款，同时又欠付同一债权人50万元的设备款，则借款与设备款作为金钱给付之债属于同种类之给付内容，涉及抵充规则的适用。

第三，必须是债务人的给付不足以清偿全部债务。换言之，通常情形下，如果债务人有能力清偿数宗不同的债务，则分别完成给付即可，不需要适用抵充规则，只有当债务人无力清偿全部债务，其已经完成的给付到底先清偿哪一项债务，才涉及抵充规则的适用问题。例外情形下，即使债务人能够清偿全部债务或者完成了主要或者全部给付，但是对于已经完成的给付到底是清偿哪一笔或者哪一次债务，仍然需要适用抵充规则。

3.清偿抵充的类型与适用顺序

当事人可以在合同中约定，如果债务人的给付不能清偿全部债务，则其在先已经完成的给付先清偿哪一项债务，这种约定是有效的，必须按照约定进行抵充。如果没有约定，则由当事人指定抵充的顺序，通常是由债务人进行指定。如果债务人不予指定或者明确表示放弃指定，则需要适用法律规定的抵充规则。所以，抵充实际上有三种：约定抵充、指定抵充和法定抵充。[①]其适用顺序是：有约定时优先适用约定的抵充顺序；无约定时适用指定抵充，由债务人进行指定抵充的顺序；不指定时适用法律规定的抵充顺序。

《民法典》第560条第1款规定：债务人对同一债权人负担的数项债务种类相同，债务人的给付不足以清偿全部债务的，除当事人另有约定外，由债务人在清偿时指定其履行的债务。该款规定的就是约定抵充优先适用，无约定时由债务人指定清偿的顺序。

4.法定抵充的顺序

《民法典》第560条第2款规定："债务人未作指定的，应当优先履行已经到期的债务；数项债务均到期的，优先履行对债权人缺乏担保或者担保最少的债务；均无担保或者担保相等的，优先履行债务人负担较重的债务；负担相同的，

① 最高人民法院民法典贯彻实施工作领导小组主编：《中华人民共和国民法典合同编理解与适用［一］》，人民法院出版社2020年版，第621-622页。

按照债务到期的先后顺序履行；到期时间相同的，按照债务比例履行。”以此规定，法定抵充的顺序为：

（1）优先清偿已到期的债务。如果数项债务中有的已经到期，有的还没有到期，则优先清偿已经到期的债务，尚未到期的劣后清偿。

（2）在均已到期的情况下，优先清偿没有担保或者担保最少的债务。如果数项债务中有的有担保，包括保证担保、抵押担保、质押担保、让与担保、定金担保等，而有的没有设定担保，或者尽管都有担保，但是有的提供了足额的或者较大价值的担保，有的则仅提供了数额较小的物的担保，在此情况下，有担保的债权有较大的实现保障，债权人还可以通过对担保人的追偿以实现债权，所以对于已有的给付应当优先清偿那些没有担保或者担保很少的债务。

（3）在都没有担保，或者都有担保但是担保数额相同的情况下，优先清偿负担较重的债务。负担较重的债务，债权实现的难度更大，风险更高，成本更多，所以对于已有的给付应当优先清偿此类债务。例如，约定了违约金的债务比没有约定违约金的债务负担更重；约定了较高比例的违约金的债务比约定为较低比例违约金的债务负担更重；约定有利息的债务比没有约定利息的债务负担更重；个人债务比多数人之债特别是连带债务负担更重，因为多数人之债特别是连带之债毕竟存在多个债务人，债权人可以向多个债务人求偿，而个人债务只能向一个人求偿，实现的难度比多数人之债特别是连带债务更大，属于负担更重的债务。

（4）在负担相同的情况下，按照债务到期的先后顺序清偿。即在负担相同且均未到期的情况下，依据约定或者法律规定先到期的债务优先于后到期的债务获得清偿。

（5）在负担相同且同时到期的数项债务的情况下，由数项债务按照比例清偿。

5. 主债务与从债务的抵充顺序

《民法典》第561条规定：“债务人在履行主债务外还应当支付利息和实现债权的有关费用，其给付不足以清偿全部债务的，除当事人另有约定外，应当按照下列顺序履行：（一）实现债权的有关费用；（二）利息；（三）主债务。”以此规定，如果债务人除主债务外还应当支付利息和费用，当其给付不足以清偿全部债务时，应当首先清偿实现债权而发生的各项费用，如诉讼费、仲裁费、执行费、管理费、公证费、保全费等，其次清偿利息，最后清偿主债务，如本金。利息的标准，有约定按约定，没有约定的通常按照全国银行间同业拆借市场公布的借款利率水平即LPR为基础加以确定。

当然，如果债权人与债务人就主债务、利息、实现债权的费用三者之间如何进行抵充有约定，则按照约定处理，该等约定具有法律效力，如当事人可以约定先清偿主债务，后清偿利息，最后清偿相关费用。但是，就《民法典》第561条与第560条的适用关系而言，第561条具有强制性，当事人按照第560条指定清偿时不能违反第561条的规定，除非事先有约定。

6.新债清偿

新债清偿是在借款合同当中容易出现的一种特别的清偿情形。原《最高人民法院关于适用〈中华人民共和国担保法〉若干问题的解释》第39条第1款规定："主合同当事人双方协议以新贷偿还旧贷，除保证人知道或者应当知道的外，保证人不承担民事责任。"第2款规定："新贷与旧贷系同一保证人的，不适用前款的规定。"其中的"以新贷偿还旧贷"就是新债清偿。例如，企业甲和银行签了一份借款合同，约定借款1000万元，利息100万元，借期一年。一年到期后，甲未还款。此时甲与银行协商，甲向银行再借1100万元，但是借款的目的是用来偿还原来的旧债。也就是这笔借款是借新还旧，借款人拿到这笔钱以后不能自己实际使用，而是立即拿去偿还旧账。这样银行在形式上把去年的放贷收回来了，坏账率降低了。但是借新还旧对于债务人的清偿或者债权人收回贷款，其实风险加大了，因为一个企业借钱如果是为了投资或者购买新的设备等，会产生新的责任财产，是债权实现的保障，可是这笔借新还旧的钱借出来以后，没有给这个企业增加任何新的财产，而是立即用去偿还旧账了，所以债务人还贷的风险增大。当然，债权人、债务人愿意达成借新还旧的协议，仍然属于意思自治的范畴，合同是有效的。

借新还旧如果涉及担保，问题会更为复杂一些。因为如果这个时候让保证人承担保证责任，其风险也相应增大。所以，如果原来的债务没有保证人，新债设立保证担保，债权人和债务人没有告诉保证人，这个借款合同是借新还旧，事后保证人知道了，其可以提出抗辩，不承担保证责任。当然如果新债旧债是同一个保证人，则其不能抗辩，而需承担保证责任。

四、抵销

（一）抵销的概念与种类

抵销是指当事人互享债权互负债务，并且都是同种类的债务，各使双方债务在对等额内相互归于消灭的制度。《民法典》第568条第1款规定："当事人互负债务，该债务的标的物种类、品质相同的，任何一方可以将自己的债务与对方的到期债务抵销；但是，根据债务性质、按照当事人约定或者依照法律规定不得抵销的除外。"此即抵销制度的基本含义。主张抵销一方的债权称为主动债权，被抵销的债权称为被动债权。

抵销分为法定抵销与约定抵销两种，二者的法律后果是一样的，即都能够产生消灭债的后果，但是二者的适用条件、行使方式等均不同。

（二）抵销权的性质

抵销权是一种形成权。当两个当事人相互享有债权时，按照法律规定或者约定他们都应当各自履行自己的债务，以实现对方的债权，当然同时也实现自己的债权。但是，他们当中的任何一方都有权向对方提出通过抵销的方式以同时实现各自的债权。如果没有任何一方提出主张抵销，则两个债权都不会自动实现，两项债务也不会自动消灭。换言之，必须由一方行使权利即抵销权，并且将行使权利的意思表示告知对方，才可能产生两项债务都不需要履行而已经消灭的后果。所以，抵销首先是一种权利，是法律赋予当事人的权利，可以行使也可以不行使；其次抵销权是一种形成权，无须对方当事人的同意，只要抵销权人行使抵销权，向对方发出抵销的通知，就可以产生抵销的法律后果，此符合形成权的基本特征，即权利人单方的意思表示即可产生法律关系发生、变更与消灭的后果。

（三）抵销的制度功能

学理上一般认为，抵销制度具有两项重要功能，一为清偿功能，一为担保功能。

抵销的清偿功能是很清楚的，即通过抵销权的行使而达到债务清偿的效果。抵销不需要进行实际的清偿行为，但是产生与实际清偿相同的效果，视为双方都履行了清偿行为，进而实现债权，消灭债务。抵销这种通过类似拟制清偿的方式达到消灭债务的效果，无须进行实际的清偿行为，如交付货物、支付款项等，为当事人节约了交易成本，简化了结算手续。

抵销不仅具有清偿功能，还具有债的担保功能，这是抵销制度的重要价值。抵销的担保功能体现在：通过行使抵销权，能够保证自己债权得到实现，防止因自己履行了债务却无法实现自己债权的情形发生。例如，甲乙互负债务，甲欠乙10万元租金，乙欠甲10万元货款，如果甲不是通过行使抵销权以消灭债务，而是先履行自己的债务，将10万元租金支付给了乙，而当甲请求乙支付10万元货款的时候，乙可能无力清偿，这样的结果显然对甲不利且不公平，而抵销权制度正好赋予了甲通过抵销以确保自己债权实现的权利，相当于使甲获得了一个法定的担保。

（四）法定抵销的条件

法定抵销即根据法律规定而直接行使抵销权。亦即在符合法律规定条件的前提下，通过一方行使抵销权，向对方作出抵销的意思表示并到达对方，从而使双方的债权债务关系同时归于消灭的抵销方式。法定抵销无须与对方协商，无须对方的同意。狭义上的抵销权仅指这种法定抵销权。法定抵销的条件是：

1. 当事人互享债权互负债务

此即抵销当中债权债务的交互性。如果仅仅是一方对另一方负有债务，而另一方并不对对方负有债务，则不可能产生抵销。

2. 债务属于同种类

即必须是同种类的债务，相互之间才能抵销。所谓同种类，就是债务的标的物的种类、品质相同。金钱之债是最典型的同种类债务，实践中抵销最多的也是金钱给付之债。非金钱给付之债也可以抵销，前提是标的物的类型、品质相同。例如都是东北产一级大米，或者都是联想牌特定型号的笔记本电脑。如果都是笔记本电脑，但是一方应当交付的是联想牌，另一方应当交付的是苹果牌，则不属于品质相同，不能法定抵销，只能通过约定进行抵销。

3. 主动债权已经到期

在抵销的两个债权中，主动债权必须已届清偿期，即主动债权中的债务人已经到了履行期，应当履行债务，否则该债权人不能主张抵销。此即《民法典》表述的“任何一方可以将自己的债务与对方的到期债务抵销”的含义。“主动债权中的债务人已经到了履行期”，也就是主动债权本身已经到期，债权人可以行使请求权。被动债权是否已经到期，在所不问。其实，如果被动债权尚未到期，亦即主张抵销的一方自己的债务尚未到履行期，对方的债权尚未到清偿期，但是主动债权的债权人愿意与对方的债务抵销，意味着他愿意放弃自己的期限利益，依据私法自治的原则应当允许。如果相反，主动债权尚未到期，却向对方主张抵销，等于要求对方提前履行债务，则不符合法定抵销的条件，除非对方同意，所以此种情况下只能是约定抵销，而不能是法定抵销。例如，甲对乙负有支付10万元租金的义务，但是履行期限为三个月以后，乙对甲负有支付10万元货款的义务，已经到了履行期，此时甲可以主张抵销，因为甲的货款债权（主动债权）已届清偿期，而乙不能主张抵销，因为乙如果主张抵销的话，必须是乙对甲的租金债权（主动债权）已经到期，但是事实上乙的租金债权尚未到期，所以乙不能行使法定抵销权。

（五）法定抵销的除外情形

《民法典》第568条第1款后半句规定：“但是，根据债务性质、按照当事人约定或者依照法律规定不得抵销的除外。”此即关于法定抵销的除外情形的规定，亦即纵然符合上述法定抵销的条件：当事人互负债务，债务标的物同种类且品质相同，主动债权已届清偿期，但是也不能抵销。不能抵销的除外情形具体包括以下三种类型：

1. 按照债务的性质不得抵销

按照债务性质不能抵销的债务通常是指以下债务类型：

其一，具有一定人身性质的劳务之债，或者专属于债务人自身的债务。例如，代理合同中的债务，受托人（代理人）甲不能将其负担的代理乙购买房屋的债务与自己委托乙代理办理税务登记的债务进行抵销。

其二，因侵权而产生的赔偿之债。例如，甲欠乙1万元借款，乙因故意致使甲身体损害，乙应当赔偿甲1万元医药费，甲乙互负债务，且均为金钱给付之债，但是乙不能作为主动债权一方主张抵销，因为乙对甲的借款债权是一般意义上的普通债权，没有人身属性，而甲对乙的债权是人身损害赔偿请求权，且系因乙的故意侵权行为而产生，所以两项债权与两项债务属于不同性质的债务。当然甲如果行使抵销权，即甲愿意将自己的含有人身性质的请求权与乙的一般债权请求权抵销，则应当允许。《最高人民法院关于适用〈中华人民共和国民法典〉合同编通则若干问题的解释》第57条明确规定："因侵害自然人人身权益，或者故意、重大过失侵害他人财产权益产生的损害赔偿债务，侵权人主张抵销的，人民法院不予支持。"

其三，不作为之债。即双方互负的债务均为不作为的债务，不能通过抵销而使双方的债务归于消灭，进而使得双方不再负有不作为的债务。例如，当事人约定互负竞业禁止的义务，如果允许当事人行使抵销权，便会导致当事人订立竞业禁止条款的合同目的不能实现。

其四，已过诉讼时效之债。如果当事人互负债务，一方以其诉讼时效期间已经届满的债权通知对方主张抵销，对方提出诉讼时效抗辩的，该抗辩应予支持，不能发生抵销的效果。但是如果一方的债权诉讼时效期间已经届满，对方主张抵销的，则可以产生抵销的后果，因为对方自愿放弃自己的期限利益，当然应当允许（《最高人民法院关于适用〈中华人民共和国民法典〉合同编通则若干问题的解释》第58条）。

2.按照当事人的约定不得抵销

即使是同种类、同品质的债务，如果当事人在订立合同时即已明确约定不能抵销，必须予以实际履行与清偿，则根据意思自治的原则，此种约定合法有效，对双方均有约束力，任何一方不得主张抵销。

需要注意的是，如果甲乙之间约定不得抵销，后来甲将其债权让与给丙，乙能否继续对丙主张约定的效力，排除丙的法定抵销权？依据债的相对性原理，应当理解为不能排除丙的法定抵销权，除非能够证明丙知道并且愿意受此一约定的约束。

3.依照法律规定不得抵销

如果《民法典》之外的其他法律明确规定互负债务不能抵销的，则依据法律规定当事人不能行使抵销权，即使符合法定抵销的条件。例如，《信托法》第18条规定："受托人管理运用、处分信托财产所产生的债权，不得与其固有财产产生的债务相抵销。受托人管理运用、处分不同委托人的信托财产所产生的债权债务，不得相互抵销。"又如，《最高人民法院关于适用〈中华人民共和国企业破产法〉若干问题的规定（二）》第43条规定："债权人主张抵销，管理人以下列理由提出异议的，人民法院不予支持：（一）破产申请受理时，债务人对债权人负有的债务尚未到期；（二）破产申请受理时，债权人对债务人负有的债务尚未到期；（三）双方互负债务标的物种类、品质不同。"

（六）抵销权的行使

法定抵销权的性质属于形成权，与合同解除权类似，依权利人单方作出意思表示即可发生抵销的效力，无须征得对方当事人的同意。《民法典》第568条第2款规定："当事人主张抵销的，应当通知对方。通知自到达对方时生效。抵销不得附条件或者附期限。"以此规定，抵销权的行使方式上需要符合以下要求：

1. 发出抵销通知

抵销权的行使应当以向对方发出抵销通知的方式进行。抵销的通知应当以书面形式发出，抵销通知到达对方时生效，即产生消灭两个债权债务关系的效力，互负债务的双方当事人均不再负担债务。

2. 对方的异议权及行使方式

抵销权是形成权，自抵销通知到达对方时即发生抵销的法律效果，但是，抵销权是形成权并不意味着对方不能提出异议，相反，对方在接到抵销通知后有权提出异议，如对方可以主张由于两个债务的标的物种类与品质不一样，不能抵销，或者主张自己所负债务尚未到履行期因而不同意抵销。对于异议的方式，很遗憾《民法典》没有相应的规定，但是根据通说，抵销异议必须通过诉讼或者仲裁的方式进行，如同合同解除权的行使中，对方对于解除权有异议的，也必须通过公力救济的方式进行一样。笔者也赞同这一观点。

3. 诉讼中的抵销

如果债务人一方向债务人一方提起诉讼或者仲裁，请求对方履行某一债务，债务人一方此时主张：原告或者申请人也对债务人负有债务，且为同种类、同品质，均已到期，因而主张两个债务进行抵销。此种情形下，行使抵销权一方（被告或者被申请人）并不是通过向对方当事人发出抵销通知的方式行使抵销权，能否发生抵销的后果？《民法典》对此并无相应的规则，但是根据最高人民法院印发的《九民纪要》第43条第一句规定，“抵销权既可以通知的方式行使，也可以提出抗辩或者提起反诉的方式行使……”所以，抵销权的行使方式除了通常的发出抵销通知之外，尚可以在诉讼或者仲裁程序中由被告或者被申请人仅仅以抗辩的方式行使，或者以提起反诉或者仲裁反请求的方式行使，于此情形下，应当由法院或者仲裁机构就抵销权的行使是否符合实质要件进行审查，并与本诉或者仲裁本请求一并作出裁决。

4.行使抵销权不能附条件或者附期限

行使抵销权、向对方主张抵销债务，不能附条件或者附期限。例如，甲欠乙100万元货款，乙欠甲100万元租金，均已到期，乙意欲主张抵销，向甲发出通知如下：“你欠我的100万元货款不用还我了，我欠你的100万元租金也不用还你了，此两个债务相互抵销。”这完全符合法定抵销的条件，但是如果乙的抵销通知中是这样表达的：“你欠我的100万元货款不用还我了，我欠你的100万元租金也不用还你了，此两个债务相互抵销，前提是如果你续租我的房屋两年。”乙为抵销附了一个条件，这便违反了《民法典》关于抵销不得附条件的规定，乙发出的这个抵销通知便不能发生抵销的效果。抵销权的行使属于法律行为，而法律行为本来是可以附条件或者附期限的，法律之所以不允许抵销附条件或者附期限，是因为形成权的行使本来应当即刻产生法律关系变动的后果，而如果允许附条件，便不仅将一方的意志强加给另一方当事人，而且不符合形成权的性质，不符合形成权简化清偿程序、节约履行成本的功能，不利于法律关系的稳定。所以，如果主张抵销权的通知中是附条件或者附期限的抵销，则不是所附条件或者所附期限无效，而是抵销行为无效，不发生抵销的法律后果。

（七）抵销的法律效果

如果符合法定抵销的条件，则抵销通知到达对方时双方互负的主债务、利息、违约金或者损害赔偿金等债务在同等数额内消灭。对方对抵销有异议的，应当及时向主张抵销一方提出异议，也可以直接起诉到法院，请求法院确认抵销不成立。参照解除权的行使规则，主张抵销的一方也可以直接起诉到法院请求行使抵销权，或者在合同纠纷的诉讼或者仲裁程序当中提出抵销的主张。如果先发出了抵销通知，此后又进入了诉讼程序行使抵销权，法院经审理认为抵销权成立的，应当认定自通知到达对方时双方互负的主债务、利息、违约金或者损害赔偿金等债务在同等数额内消灭。如果是直接起诉到法院请求行使抵销权，法院经审理认为抵销权成立的，应当认定自起诉状副本到达对方时产生抵销的效果。

如果行使抵销权的一方对对方负担的债务不止一项，而是两项甚至更多，若该数项债务属于同种类之债，但是行使抵销权一方享有的债权不足以抵销该数项全部债务，当事人因抵销的顺序发生争议的，可以参照《民法典》第560条的规定处理。如果行使抵销权的一方享有的债权不足以抵销其负担的包括主债务、利息、实现债权的有关费用在内的全部债务，当事人因抵销的顺序发生争议的，可以参照《民法典》第561条的规定处理（《最高人民法院关于适用〈中华人民共和国民法典〉合同编通则若干问题的解释》第56条）。

（八）约定抵销

约定抵销亦称为合意抵销，是根据当事人的约定而发生的抵销。《民法典》第569条第一句规定："当事人互负债务，标的物种类、品质不相同的，经协商一致，也可以抵销。"此即约定抵销的规则。

约定抵销与法定抵销的不同之处在于：法定抵销必须符合抵销的实质性要件，即债务的标的物的种类与品质相同，且主动债权必须已届清偿期，而约定抵销不需要满足上述条件，换言之，即使两个债务的标的物不是同种类、同品质，也可以相互抵销；即使两个债务中的一个或者两个未届清偿期，也可以相互抵销，只要双方当事人协商一致即可。

从以上分析可以看出，严格而言，所谓的约定抵销其实是双方当事人之间的一种协议行为，即双方达成了一项协议，协议的主要内容是相互不需要履行各自的债务而使两个债务同时归于消灭。极言之，约定抵销并非一方行使权利的结果，不存在抵销权的行使问题，不存在由一方向另一方发出抵销通知的问题，不存在对抵销的异议问题，而是双方合意的结果，其本质是一个相对独立的合同行为。法律之所以将此性质完全不同的制度规定在一起，统一规定于抵销制度中，仅仅是因为二者都是通过意思表示（法定抵销是单方意思表示，约定抵销是双方意思表示）而非清偿行为而使两个债务同时归于消灭。

五、提存

（一）提存的概念与意义

提存是指当债务人履行其到期债务时，由于债权人一方的原因而致使债务人无法或者难以履行，此时债务人可以将其需要给付的标的物或者价款提交到一定的部门保存，以代替履行并消灭债务的制度。

债务履行不仅需要债务人的主动行为，也需要债权人的配合与协助，实际生活中可能会出现这样的情况：债务到期了，债务人也愿意履行债务且有能力履行债务，但是由于债权人的原因，如债权人下落不明，债权人无正当理由拒绝接受履行等，导致债务人无法为给付。由于法律上有了提存制度，这个时候债务人就可以通过提存的方式消灭债，使自己不再是债务人，不再受债的“法锁”的约束。

既然是债权人的原因导致无法或者难以履行，难以完成交付，债务人为什么要着急呢？这是因为：第一，若债务不履行，债权人可能随时出现并主张债务人违约，要求债务人承担违约责任。第二，在双务合同中，债务人不履行自己的债务，他的债权实现也会遇到履行抗辩权的问题。比如，甲委托乙加工1万把椅子，按照约定三个月交付，现在三个月早就过了，可是甲不按约定来收取椅子，乙也联系不到甲，乙也没有仓库来保存这1万把椅子，乙该怎么办呢？如果甲今后主张乙迟延履行怎么办？但是甲只支付了30%的货款，如果乙不把货交给甲，乙还有剩下70%的货款拿不到，所以乙着急要为给付，把椅子交付给甲，可是现在乙联系不到甲，或者甲没有正当的理由拒绝接受乙的给付，乙就可以到提存机关，把要交付的标的物即1万把椅子提存给这个机关，从提存这个时候开始，乙的义务就履行完毕了，乙的债务就消灭了，这样今后甲既不能主张违约，乙也可以向甲主张70%的货款。第三，标的物长期由债务人占有，可能会产生意外的风险，而如果交付没有完成，债务人就必须自己承担标的物因意外事故毁损灭失的风险，提存可以将标的物毁损灭失的风险转移给债权人。

所以，提存尽管是一种很例外甚至很另类的交付方式，但是这种制度对于尽早结束不稳定的法律关系、避免因无法交付带来的履行风险、维护交易的正常进行、保护诚信履行的债务人的合法利益，具有积极的和独特的意义。

（二）提存的原因

《民法典》第570条第1款规定："有下列情形之一，难以履行债务的，债务人可以将标的物提存：（一）债权人无正当理由拒绝受领；（二）债权人下落不明；（三）债权人死亡未确定继承人、遗产管理人，或者丧失民事行为能力未确定监护人；（四）法律规定的其他情形。"该条规定了四种具体的提存原因，其中第3项包含了两种情形，并设置了一个兜底条款。对该条规定的提存原因的理解分析如下：

1.债权人无正当理由拒绝受领

当约定的履行期限届至，债务人按照约定履行自己的义务，如交付货物、支付价款、提交工作成果等，这些履行行为往往需要债权人的积极配合才能完成，如债务人交付货物，需要债权人准备好收货仓库以接收货物、准备好检验人员进行检验等；债务人支付价款，需要债权人提供账户信息；债务人提交工作成果，需要债权人配合办理验收手续等。如果债权人应当提供配合而不配合，无正当理由拒绝债务人的履行，拒绝受领债务人的交付，就很可能导致交付无法完成，这种情况下债务人就可以选择提存的方式，将需要交付的标的物提存到有关的部门或者机关。当然，此一原因强调的必须是债权人无正当理由而拒绝受领，如果债权人拒绝受领是有正当的理由，如债权人主张债务人交付的标的物与约定不符，则债务人不能提存。如果债权人只是拒绝受领而未说明理由，则应当视为无正当理由拒绝受领，债务人可以提存。

2.债权人下落不明

此一情形仅限于债权人为自然人的场合，不适用于债权人为法人或者非法人组织的场合。根据《民法典》总则编自然人一章的规定，自然人下落不明可能会产生宣告失踪的后果，如果失踪人的利害关系人已经向法院申请宣告失踪，法院作出了宣告失踪的裁定，债务人即可以此为依据进行提存。但是，此一条件并不要求必须是法院作出了宣告失踪的裁定，只要债务人能够证明债权人离开住所地无法取得联系达到一定的合理期限，通过其亲朋好友、单位、合伙人等利害关系人都无法得知其下落，则可以证明其符合"下落不明"的条件。

3. 债权人死亡

此一情形同样仅限于债权人为自然人的场合，不适用于债权人为法人或者非法人组织的场合。如果债权人死亡，且未确定继承人、遗产管理人，或者丧失民事行为能力未确定监护人，债务人可以通过提存的方式了结债务。债权人死亡，其继承人或者遗产管理人仍然有权向债务人主张权利，请求债务人为履行，债务人应当向已经死亡的债权人的继承人或者遗产管理人进行交付，但是债权人死亡后如果经过了较长时间仍然无法确定继承人（如继承人之间可能为继承人资格的确认而正在进行诉讼），或者即使确定了继承人但是没有确定遗产管理人，会导致债务人无法履行债务，这种情况下债务人可以通过提存的方式完成交付，进而达到消灭债的效果。

根据《民法典》的规定，继承人包括法定继承人与遗嘱继承人两类，遗嘱继承人产生于法定继承人当中，而债务人无从知晓债权人是否立有遗嘱，更无从知晓遗嘱继承人是谁，所以此处的继承人仅指法定继承人。同时，《民法典》第1145条规定："继承开始后，遗嘱执行人为遗产管理人；没有遗嘱执行人的，继承人应当及时推选遗产管理人；继承人未推选的，由继承人共同担任遗产管理人；没有继承人或者继承人均放弃继承的，由被继承人生前住所地的民政部门或者村民委员会担任遗产管理人。"所以，此处的遗产管理人可能包括三种具体情形，债务人均可以向他们交付标的物，而不需要提存：（1）遗嘱执行人。如果有遗嘱执行人，则该遗嘱执行人同时就是遗产管理人。遗嘱执行人仅限于遗嘱继承的情形，在没有遗嘱的情况下只能适用法定继承，法定继承不存在遗嘱执行人的问题。并且，必须是被继承人在遗嘱中同时指定了遗嘱执行人，才由遗嘱执行人作为遗产管理人；如果没有指定遗嘱执行人，仍然不适用该种情形。（2）遗产管理人。在没有遗嘱执行人的情况下，亦即在法定继承中，或者在遗嘱继承中但是没有指定遗嘱执行人，此时由全体继承人推举产生遗产管理人；未推选的，则由全体继承人作为遗产管理人。（3）在没有继承人或者所有继承人均放弃继承的情况下，由被继承人生前住所地的民政部门或者村民委员会担任遗产管理人。

所以，在发生债权人死亡的情形下，并非债务人立即就可以采用提存的方法，而是先应当向债权人的继承人为给付；如果在合理期限内没有确定继承人，此时才能进行提存。同时，如果确定了遗产管理人，则债务人应当先向遗产管理人而不是继承人为给付，只有在合理期限内没有确定遗产管理人的情况下，债务人才能向提存机关进行提存。

4. 债权人丧失行为能力

如果债权人丧失了民事行为能力，被法院宣告为无民事行为能力人，同时尚未为其确定或者指定监护人，也会导致债务人的给付障碍，债务人可以提存。此处的“丧失行为能力”应当以法院作出的宣告当事人为无民事行为能力人的裁定为依据。在宣告债权人为无民事行为能力人的同时，法院应当为其指定监护人，这种情况下债务人应当向该指定的监护人为给付，而不能提存，但是实践中会出现法院很长时间未能指定监护人，或者指定监护人之后各个具有监护资格的当事人之间因为监护人资格而起诉的情形，进而导致无法确定监护人。在合理期限内未确定监护人的情况下，债务人即可以选择提存的方式消灭债务。

5. 法律规定的其他情形

除上述四种具体的导致提存的情形之外，实务中可能还有一些其他情形同样会导致债务人难以或者无法履行债务，债务人也可以选择提存的方式消灭债务。例如，法人或者非法人组织出现合并、分立等事由，暂时无法确定受领主体，或者因发生市场主体登记事项变更而导致债务人无法确定是否产生新的法人，进而难以确定给付对象，此时债务人都可以提存。

（三）提存的程序

提存的程序主要包括四个环节：

第一，债务人（此时亦称为提存人）提出提存申请，填写提存申请书（提存单）。

第二，提存人向提存部门提交标的物。标的物如果是动产，如交通工具、机器设备、生活用品、书籍资料等，可以直接交付给提存部门。金钱可以提存给债权人的开户银行或者债务人的开户银行或者约定的其他金融机构。对于不动产、超大型设备、有价证券、珍贵艺术品等，由于其价值巨大，保管的风险很高，不适宜进行物理性保管，可以将其拍卖或者变卖，然后将拍卖或者变卖所得价金到银行进行提存。这就是《民法典》第570条第2款所规定的情形：标的物不适于提存或者提存费用过高的，债务人依法可以拍卖或者变卖标的物，提存所得的价款。

第三，由提存部门向提存人开具提存证明。提存的成立时间也就是债务消灭的时间。《民法典》第571条第1款规定："债务人将标的物或者将标的物依法拍卖、变卖所得价款交付提存部门时，提存成立。"

按照司法部发布的《提存公证规则》，提存部门应当制作提存单，提存单应当记载提存人、提存时间、提存标的物（包括标的物名称、规格、型号、数量、质量等）、验收机构等信息，提存人同时应当提交证明债权债务关系的合同文本、债权文书等法律文件。提存部门接收、清点后，应当给提存人开具提存证明书。提存公证不是强制性的，由债务人自愿办理。

第四，提存人履行通知义务。提存人提存以后，要尽量想办法及时通知债权人，告知其提存的事实，包括提存部门等信息。这就是债务人的提存通知义务。如果债权人已经死亡或者被宣告死亡，或者丧失行为能力，或者被宣告失踪，提存人应当通知债权人的继承人、监护人、财产代管人等。《民法典》第572条规定："标的物提存后，债务人应当及时通知债权人或者债权人的继承人、遗产管理人、监护人、财产代管人。"如果由于提存人没有及时通知债权人（或其继承人、监护人、财产代管人等）而导致债权人不知道提存的事实，进而未能及时到提存部门领取提存标的物，给债权人造成损害的，提存人需要承担相应的赔偿责任。

（四）提存的风险负担、孳息归属与费用负担

提存不同于真正的清偿，标的物并没有真正由债权人受领，而是在较长时间内处于提存部门的控制和管领之下，由此会产生诸如标的物毁损灭失风险、形成新的孳息物、发生相关的费用等，这些风险、孳息、费用等如何在提存人与债权人甚至提存部门之间进行分配，需要法律给出相应的规则。《民法典》第573条规定："标的物提存后，毁损、灭失的风险由债权人承担。提存期间，标的物的孳息归债权人所有。提存费用由债权人负担。"该条涉及提存制度在实务中可能遇到的三项规则：

1.风险负担规则

此处的风险负担，是指标的物交付给提存部门后，由于不可归责于他人的事由而导致标的物毁损灭失，由此产生的损失由谁承担的问题。不可归责于他人的事由包括不可抗力、意外事故等。买卖合同中风险负担的一般规则见于《民法

典》第604条规定："标的物毁损、灭失的风险，在标的物交付之前由出卖人承担，交付之后由买受人承担，但是法律另有规定或者当事人另有约定的除外。"这是风险负担的一般规则。根据此一规则，交付作为风险负担的分界线，即标的物交付前的风险由出卖人承担，交付后的风险由买受人承担。而提存应当视为一种交付，即当债务人将标的物交付给提存部门时，同时完成了对债权人的交付，这就是《民法典》第571条第2款所规定的："提存成立的，视为债务人在其提存范围内已经交付标的物。"

进而，由于标的物已经完成交付，故而风险也相应地发生移转，由债权人承担。况且，提存一般都是基于债权人的原因而发生，债务人主观上没有过错，由债务人承担风险是不公平的。所以，自债务人向提存部门交付标的物之日起，风险就移转给债权人。这就是《民法典》第573条第一句"标的物提存后，毁损、灭失的风险由债权人承担"的规定依据。

当然，提存部门应当妥善保管标的物，如果提存部门保管不善，进而导致提存的标的物毁损灭失的，提存部门应当承担损害赔偿责任，债权人可以起诉提存部门。如果是由于第三人的原因导致标的物毁损灭失，则由债权人向该第三人进行追偿，与债务人、提存部门无涉。

2. 孳息归属规则

提存期间标的物如果产生了孳息，如存款产生的利息，或者提存机关将提存的交通工具出租获得的租金，应当归谁所有？通说认为，提存作为一种法律事实产生标的物所有权移转的法律后果，亦即提存以后标的物所有权不再属于债务人，所以根据孳息物随原物的原则，即原物所有权归谁孳息物所有权亦归谁的规则，首先可以肯定的是孳息物不属于债务人。其次，提存部门尽管在此阶段实际控制和管理标的物，但是其法律地位相当于保管人与代理人，而无论是保管人还是代理人，均不是标的物的所有权人，仅是占有人与管理人，所以标的物的孳息物当然也不属于提存部门。

由此，根据孳息物随原物的原则，由于标的物提存后即归债权人所有，故而由其形成的孳息包括自然孳息与法定孳息也应归债权人所有，所以《民法典》第573条第二句规定："提存期间，标的物的孳息归债权人所有。"提存部门不能为自己的利益而使用或者利用提存的标的物，但是如果是为债权人的利益计算，提存部门可以合理地利用和处分提存物，包括将标的物出租以获得租金收入，该收入也归债权人所有。

3. 费用负担规则

提存通常会发生一系列的费用，尽管提存部门并不以营利为目的，但是基于提存行为的性质与法律效力，进行提存一般都会产生下列费用支出：（1）保管费用。提存部门不可能无偿为债权人进行保管，而且有时候提存部门需要租用他人的场地或者仓库对标的物进行保管，需要向他人支付租金或者保管费。（2）公证费用。提存是否进行公证，由债务人即提存人自己决定，公证不是强制性的。一旦办理公证，即会产生公证费用，此一费用是由公证机关收取，而非提存部门收取。由于提存毕竟是一种重大的法律事实，实务中办理公证的情形是很普遍的。（3）评估费用。标的物交付给提存部门时，需要进行盘点、验收，有的还需要对其价值进行评估鉴定，由此会产生评估费用与鉴定费用。（4）拍卖费用。如果标的物不适于保存或者长期保存，提存部门需要将其拍卖或者变卖，将拍卖或者变卖所得价金进行提存，此时会发生拍卖费用。（5）其他费用。为保管或者处理标的物可能发生的其他费用，如运输费、公告费、邮电费等。

上述费用均由债权人承担，提存部门或者其他相关部门（如评估鉴定机构、拍卖公司、公证处等）可以直接从标的物或者标的物拍卖所得的价金中扣除或者收取上述相关费用。实务中都是先由提存部门统一安排对外支付，然后由提存部门从债权人的标的物处理所得的价金中扣除。

（五）提存中债务人的抵销权行使规则

《民法典》第574条第1款规定："债权人可以随时领取提存物，但是，债权人对债务人负有到期债务的，在债权人未履行债务或者提供担保之前，提存部门根据债务人的要求应当拒绝其领取提存物。"该条规定的情形是指：一方面，债务人对债权人负有债务，并且通过提存的方式履行了自己的债务；而另一方面，债权人对债务人也负有到期债务，也就是互负债务，而互负债务是可以通过抵销来同时消灭两个债务的，但是债务人并没有行使抵销权，相反他已经进行了实际清偿行为，提存就是实际清偿行为，所以不可能再行使抵销权。然而，标的物毕竟还在提存部门处，债权人并没有实际占有标的物，而此时债权人本可以凭提存通知到提存部门领取提存物，但是债务人向提存部门进行了通知，告知提存部门债权人对自己尚有未清偿的债务，故而请求提存部门暂时不要让债权人领取提存标的物。这既像是在行使抵销权，又像是在行使留置权。然而其明显既不是行使抵销权，因为债务人已经为清偿，债务人对债权人的债已经消灭，提存就是要消灭债，所以债务人与债权人不再是互负债务；同时，债务人又不是行使留置权，因为两个债之间并没有牵连性，债务人并不是基于同一个债的关系而事先占有了债权人的财产。所以，此乃法律专门为提存行为之中可能出现类似于抵销情形时给予债务人的一种特殊救济规则。依此规则，债务人提存后、债权人领取标的物之前，如果债权人对债务人负有到期债务，在债权人未履行债务或者提供担保之前，债务人可以通知提存部门暂停向债权人交付标的物，提存部门根据债务人的要求，应当拒绝债权人领取提存物。如果债务人已经通知了提存机关，在债权人未向自己清偿债务或者向自己提供担保之前，标的物不能提走，而提存机关仍然让债权人领取了提存物，因此导致债务人的损失，债务人可以要求提存部门赔偿。

（六）提存中债权人的受领权期限及超过期限的后果

1. 债权人的受领有效期限

债权人有权到提存部门受领提存的标的物，此无疑问，因为提存以后的标的物所有权属于债权人。此即《民法典》第574条第1款第一句所规定的："债权人可以随时领取提存物。"但是，如果债权人长期不去领取提存物，则提存部门不能长期为其保管提存物，所以法律需要给债权人领取标的物的权利设定一个合理的、有效的期限，超过这个期限便丧失了受领标的物的权利。所以《民法典》第574条第2款第一句规定："债权人领取提存物的权利，自提存之日起五年内不行使而消灭……"此处消灭的是债权人的实体权利，即受领权，债权人不能再行使受领权，即请求提存部门将提存物向其进行交付的权利。丧失受领权，其后果就是丧失了对提存物的所有权。这是法律对债权人长期不行使权利的一种惩罚性规则，也与诉讼时效等权利失效规则是契合的。

2. 超过受领期限的法律后果与债务人的取回权

如前所述，债权人超过法定的受领期限而未领取提存物，便丧失了受领权，进而丧失了所有权。接下来需要解决的问题是：提存物不再归债权人所有，那应当归谁所有呢？按理，提存物属于民事主体的财产，是私有财产，国家原则上没有依据取得民事主体的私有财产所有权，但是之前《合同法》第104条第2款直接规定超过受领期限的提存物归国家所有。对此，《民法典》起草过程中学者提出了更为妥帖的规则设计，即原则上可以归国家所有，但特殊情形下应当归债务人所有，债务人享有取回权，因为如果当初债务人不进行提存，债权人也未主张权利，则最大的可能性是债权人的债权罹于诉讼时效，丧失胜诉权，债务人享有抗辩权，不再需要履行债务，交付标的物，这种情况下标的物本来就是应当归债务人所有。所以，《民法典》采取了折中的处理方法，即：第一，债权人领取提存物的权利消灭后，提存物扣除提存费用后归国家所有。第二，如果债权人未履行对债务人的到期债务，即债务人证明其对债权人也享有债权，双方互负债务，则提存物归债务人所有，债务人可以取回提存物，只是需要负担相关的提存费用。第三，如果债权人向提存部门书面表示放弃领取提存物权利的，则标的物不能归国家所有，而是归债务人所有，债务人可以取回提存物，当然他需要负担相应的提存费用。这就是《民法典》第574条第2款规定的内容："债权人领取提存物的权利，自提存之日起五年内不行使而消灭，提存物扣除提存费用后归国家所有。但是，债权人未履行对债务人的到期债务，或者债权人向提存部门书面表示放弃领取提存物权利的，债务人负担提存费用后有权取回提存物。"

（七）提存的效力

提存的效力可以从以下几个方面进行界定：

1.对债务人的效力

这是提存产生的最主要的效力。提存对债务人的效力体现在四个方面：第一，债务消灭。自提存之日起，也就是债务人将标的物交付给提存部门、提存部门向债务人签发提存证明书之日起，债务人的债务归于消灭，不再负担债务，对其债权人而言不再具有债务人的身份。第二，标的物的所有权移转，债务人不再是标的物的所有权人，不能再对标的物进行处分。第三，收取孳息权利的丧失。因为提存之前标的物归债务人所有，债务人可以收取标的物的孳息，现在这个权利已经移转给债权人。第四，标的物风险发生移转，债务人不再承担标的物毁损灭失的风险。

2. 对债权人的效力

提存对债权人的效力体现在四个方面：第一，债权人有权受领提存物。第二，负担提存产生的相关费用。第三，承担提存物毁损灭失的风险。第四，债权人不能再向债务人请求履行债务。

3. 对提存部门的效力

提存对提存部门的效力体现在三个方面：第一，保管义务。提存部门接受提存后，最主要的义务与职责就是合理妥善保管提存物。如果由于提存部门保管不善导致标的物损失，提存机关负有赔偿责任。可以解释为提存部门与债权人之间建立了另外一个法律关系，即保管法律关系，但它是包含在提存法律关系之中，提存部门类似于公共保管人，向债权人提供有偿保管服务。第二，交付提存物的义务。当债权人向提存部门主张受领权、提取标的物时，提存部门有将提存物交给债权人的义务。第三，收取合理费用的权利。债权人领取标的物时，对于已经发生的保管费、拍卖费、评估费等合理费用，提存部门有权向债权人收取。事实上，提存部门此时享有留置权，债权人如果不支付上述费用，提存部门有权拒绝返还提存物。当然，如果标的物本身就是金钱或者变卖、拍卖之后获得的金钱，提存部门可以在向债权人交付金钱的时候直接扣除上述费用。

六、免除

（一）免除的概念与种类

债的免除，是指通过债权人的单方意思表示或者债权人与债务人的合意，债权人放弃自己的全部或者部分债权，从而使得债务人不再负担债务，使债权债务关系归于消灭。债务可以免除，从另外一个角度表述就是债权人放弃自己的债权。根据私法自治的原则，债权是一种民事权利，可以行使，也可以不行使，甚至可以放弃。

广义上而言，免除包括单方免除和合意免除，狭义上的免除则仅指单方免除。《民法典》第575条规定："债权人免除债务人部分或者全部债务的，债权债务部分或者全部终止，但是债务人在合理期限内拒绝的除外。"此条规定的即为单方免除，不包括合意免除，因为合意免除就意味着债权人与债务人达成了免除债务的合意，不存在债务人拒绝的问题。

（二）免除的性质

民法学界对于债务免除的性质一直存在不同的理解，有如下三种观点：

第一，单方法律行为说。此说认为免除是单方行为，免除是一种权利，称为免除权，免除权是一种典型的形成权，因此免除可以直接导致法律关系的变动，具体来说就是引起债的法律关系的消灭，合同权利义务关系的终止。免除是单方行为，故而不需要债务人的同意，债权人单方作出免除的意思表示即可产生债权债务归于消灭的后果。单方法律行为说的主要理由：一是基于私法自治，权利人有权任意处置自己的权利；二是免除债务只会使债务人受益，是有利于债务人的，故而不需要债务人的同意。

第二，契约说，或称双方法律行为说，也就是债务只能通过债权人与债务人双方的合意才能免除，不能单方免除。此一观点的理由主要是：其一，债权人免除债务可能有其他的动机或者目的，不一定是为了债务人的利益；其二，免除债务通常而言的确是一种恩惠，但是恩惠不能滥施于人，而应顾及受惠者的意愿；其三，在商事领域中，有的时候免除企业的债务可能并不真正有利于企业，例如，根据商业惯例，企业通常都有一定比例的负债率，超过负债率肯定是不好的财务指标，但是过分低于一定比例的负债率，可能影响到企业的信誉评级等，如果债权人免除某个企业的某一笔债务，可能正好使得该企业的负债率低于所谓黄金负债率，对企业而言并不是好事，并不是受有利益。契约说易受质疑之处在于过度限制了权利人对自己权利的处分。

第三，折中说。折中说是以单方行为说为基础，主张免除债务不需要通过双方合意，但是应当赋予债务人拒绝的权利。换言之，免除本质上是一种单方法律行为，不需要征得债务人的积极同意，免除的通知到达债务人时即发生债务免除的后果，但是债务人可以提出反对或者拒绝，一旦债务人提出反对或者拒绝，便不能产生免除的法律后果。同意不需要积极的意思表示，但是反对需要积极的意思表示，所以如果债务人在收到免除债务的通知后在一定的合理期限内未有反对的意思表示，则视为同意，债务免除。所以折中说亦称为修正的单方法律行为说。

笔者赞同修正的单方法律行为说，其兼顾了债权人的权利处分自由与债务人的意思自治。从法理上而言，不能排除债务人拒绝免除债的权利，不能认为只要债权人免除债务，债务人就必须接受，不能提出异议，这显然是不合理的。之前《合同法》采取的是单方法律行为说，《民法典》进行了修改与完善，在第575条“债权人免除债务人部分或者全部债务的，债权债务部分或者全部终止”的表述之后增加了一款但书规定：“但是债务人在合理期限内拒绝的除外”，赋予了债务人以拒绝权。如果债务人对于免除通知明确作出了拒绝的意思表示，根据禁反言的原则，日后债务人不得再主张其债务已经免除。

比如，债权人向债务人发出免除债务的通知，债务人回函表示拒绝接受免除，两天后后悔，立即又给债权人去函表示：“对不起，我很乐意接受你的免除，两天前拒绝的意思表示现在撤回。”问题是，债务人拒绝的意思表示到达债权人以后，事实上就立即产生了阻止免除效果发生的效力，排除了免除的后果。此与债权人作出了免除的意思表示之后不能撤回一样，均适用禁反言的规则，除非现在债权人仍然同意免除债务，而且即使仍然同意也需要其重新作出免除的意思表示。

单方免除是原则，是常态，但是法律并不应当排除当事人通过合意的方式进行债务免除的安排，所以债务的合意免除仍然是正常的情形。这就与前面讲述的抵销制度一样，法定抵销必须符合法律规定的条件，而合意抵销完全基于意思自治。

（三）债务免除是否可以附条件或者附期限

免除是无偿行为，不需要对价，但是免除能否附条件或者附期限呢？《民法典》对于债务免除是否可以附条件、附期限没有明文规定。依据通说，如果是单方行为的免除，不应当附条件或者附期限，否则会对债务人造成不利，而且会使得免除的效果难以确定，不符合免除权作为形成权的性质。但是，如果是协商合意免除，当然可以由当事人约定免除债务的相应条件或者期限。例如，实践中经常发现当事人达成这样的合意：如果债务人在某年某月某日之前偿还了本金1000万元，则两年的借款利息全部免除，如果债务人在该期限之前仍然不能偿还本金，则两年的利息恢复计算。又如，乙欠甲100万元，双方约定，如果乙家里的第一个孩子考上大学，甲给乙免除50万元，第二个孩子又考上了，再免除30万元，第三个孩子又考上了，再免除剩下的20万元。这样的约定是有效的。

（四）单方免除行为的无因性

债的免除的无因性是指债权人作出了免除债的意思表示，就产生债消灭的后果，至于债权人为什么要免除债，在所不问。根据禁反言的规则，债权人日后也不得以重大误解为由等因素请求撤销免除的效果。至于是不是债权人和债务人之间原来有协议，根据这个协议来行使免除权，都在所不问，所以免除是无因的，具有无因性。债务免除的无因性强调的是只要债权人作出了免除债务人债务的意思表示，就立刻产生债消灭的法律后果，而不问免除的原因。

（五）免除的效果

1. 债务归于消灭

免除的直接效果就是债务归于消灭。如果是全部免除，则全部债务归于消灭；如果是部分免除，则被免除的部分债务归于消灭，未免除的仍然有效。如果对于是全部免除还是部分免除产生争议，免除通知中没有明确，则应当根据综合因素判断债权人的真实意思表示，原则上应当推定为全部免除，除非有证据证明是部分免除并且能够确定免除的是哪一部分。例如，如果免除通知中明确载明只免除利息债务而不免除本金债务，则仅仅产生利息债务免除的后果；如果免除通知中只是笼统地说“上次的借款不用还了”或者“免除贵公司的欠款”，则属于约定不明，除非有确切证据证明仅免除本金或者仅免除利息，否则应当推定为本金利息全部免除。

2. 负债字据的返还

在债的关系中，通常债权人会持有证明债权债务关系的证据，如合同、借据、欠条、还款计划等，债权人在免除债务人债务的同时应当将其持有的债务人所开具的借据、欠条等债权文书返还给债务人。

3. 从权利同时消灭

债务免除之后，债务消灭，从另一个角度而言就是债权消灭，所以如果债权之上设有从权利，从权利同时消灭，如物的担保债权、保证债权、利息债权等。

4. 免除不能损害第三人的利益

如果债权人免除债务人的债务而导致自己责任财产不正当减少，同时债权人自己又有对外债务未清偿，此种情况下债权人免除债务人的债务，会对自己的债权人造成损害，这就是债的保全撤销权当中的“放弃债权”之情形，即《民法典》第538条规定的债务人放弃债权影响债权人的债权实现的，债权人可以请求法院撤销债务人的行为。所以，免除债务可能成为债的保全撤销权的对象，如果免除行为损害了第三人的利益。

七、混同

（一）混同的概念

所谓混同，是指债权人和债务人的主体资格的混同，或称人格的混同。也就是原来是两个主体，一个为债权人，一个为债务人，现在债权人和债务人合二为一，成为一个主体，谁是债权人、谁是债务人无法区分，或者出现自己向自己履行债务的情形，实属没有必要，故而债权债务关系归于消灭。《民法典》第576条规定：债权和债务同归于一人的，债权债务终止，但是损害第三人利益的除外。

债法上的混同是狭义上的混同概念，即仅指债权与债务同归于一人的情形，进而导致债权债务关系的消灭。民法中广义上的混同还包括物权的混同，即所有权与他物权归属于一人的情形，他物权因混同而消灭，如一块土地上原来的土地所有权人为甲，同时设有用益物权人乙，后乙通过受让而成为该土地的所有权人，此时即发生所有权与他物权归属于一人的情形，他物权归于消灭，因为他物权只能设定于他人所有物之上，不能设定于自己的财产之上。

债法上除了《民法典》第576条规定的混同即债权和债务归于同一人之外，还有一种情形也属于混同，它不是债权与债务归于同一人，而是主债务与从债务归于同一人的情形。例如，一项债权之上设有保证，债务人为甲，保证人为乙，后甲吸收合并了乙，即发生从债务与主债务归于同一人的情形。此种情形与债权和债务归于同一人有所不同，是强势债务吸收弱势债务的情形，[①]但是其原理与狭义上的混同类似，法律效果也是相同的。

---

① 最高人民法院民法典贯彻实施工作领导小组主编：《中华人民共和国民法典合同编理解与适用［一］》，人民法院出版社2021年版，第708页。

（二）混同的原因

混同引发的原因有两种：其一为概括承受，其二为特定承受。

1.概括承受

概括承受主要是指因法人合并而导致的由合并后的法人整体承继合并前的法人的所有债权与债务，如甲公司是债权人，乙公司是债务人，乙欠甲1000万元，现在甲兼并了乙，也就是债权人兼并了债务人，原来甲享有的债权和乙负担的债务同归于甲公司，甲乙之间债的关系因混同而归于消灭。

自然人之间会不会产生混同？具体而言，结婚行为会不会导致自然人之间债权债务的消灭？比如，甲男欠乙女10万元，后来他们结婚了，是否发生债权与债务归于同一人进而债权债务关系归于消灭的后果？如果婚后没有离婚，也没有哪一方提出离婚的请求，而结婚之前的债权人乙要求结婚之前的债务人甲偿还10万元欠款，之前乙未曾作出免除甲的债务的意思表示，法院是否应当支持乙的诉讼请求？甲能否以债已经消灭为由进行抗辩？如果正好二人离婚，在离婚的同时乙请求甲偿还这笔10万元借款是否应当得到支持？通说认为，自然人的人格都是独立的，即使是夫妻双方，因为结婚而成为配偶，互相享有配偶权，也并不导致人格的混同，所以结婚行为并不会导致夫妻人格的混同，不会引发原来的债权债务关系的消灭。所以，当甲乙离婚时如果乙提出请求甲偿还之前的借款，甲只能以乙曾经免除了其债务为由进行抗辩，或者以乙的请求权已经超过诉讼时效为由进行抗辩，或者自己以其他的方式已经偿还了该笔欠款为由进行抗辩，而不能以结婚以后发生混同因而债务已经消灭为由进行抗辩。

但是，自然人之间可能在继承领域会发生债权债务归于同一人的情形，如甲欠乙10万元，乙去世前立有遗嘱，指定由甲继承其全部遗产，本来甲对乙负有债务，乙对甲享有债权，现在通过继承而使得债权与债务同归于甲一人，此种情形也属于混同。

2.特定承受

特定承受是指债权人与债务人通过债权让与或者债务承担而使得债权债务归于同一人，进而导致债的关系消灭。例如，债务人受让债权人的债权，或者债权人承担债务人的债务。此种情形的发生并不常见。

（三）混同的效力

如果确定发生了债权人与债务人主体资格混同的事实，其对债权债务的影响效力是：

1. 合同关系及其他债的关系归于消灭

这是混同产生的最主要的后果。发生混同以后，债务人不再负担债务，债权人不再享有债权，债权债务关系不复存在。与主债权有关的从权利也同时归于消灭，如担保债权、违约金债权、损害赔偿债权等。

2. 不发生债的消灭效力的例外情形

有两种例外情形，即使发生了混同的事实，也不能产生债务消灭的后果，这两种情形分别是：（1）如果混同涉及第三人的利益，则债的关系消灭的效果不能及于该第三人。例如，通常情形下转租合同基于租赁合同的终止而自动终止，但是，如果在甲乙之间的租赁合同中，承租人乙经甲同意转租给丙，乙丙之间签订租赁合同（转租合同），后出租人将该租赁物转让给乙，出租人与承租人归于一人，甲乙之间的租赁合同关系消灭，按理此时乙丙之间的转租合同也应归于消灭，但是甲乙之间系基于混同而导致的债的关系消灭，该债的关系消灭的后果不能及于第三人丙，故乙丙之间的转租合同继续有效。（2）在连带债务中，如果仅仅发生债权人与若干连带债务人之中的某一债务人混同的事实，债权人与该连带债务人之间的债的关系归于消灭，但是不影响债权人与其他连带债务人之间的债的关系继续存在。当然，因混同而发生的消灭债权人与该连带债务人之间债务份额的效力及于其他连带债务人，即其他连带债务人有权请求减去已经因混同而消灭的那部分债务。

八、合同解除

（一）解除的概念

解除是合同之债的重要消灭原因之一。合同解除制度是合同法中的一项重要制度。解除权是形成权，是债法中一个典型的、非常重要的形成权。在民事实务当中，如诉讼、仲裁中，很多案件都是以解除合同作为诉讼请求或者仲裁请求，请求判决解除原告与被告之间的合同，或者请求确认解除的效力。而且这往往是第一项请求，后面可能还有赔偿损失等请求。

根据契约必须严守的原则，合同成立后，对双方当事人都有约束力，当事人都应当按照合同约定履行自己的义务，行使自己的权利，不得擅自解除合同。但是，一方面，基于意思自治与合同自由原则，当事人可以在合同中事先约定一方或者双方解除合同的条件，当约定的解除合同的情形出现时，当事人就可以行使解除权；另一方面，即使是在没有约定解除权行使条件的情况下，也可能出现由于主观或者客观原因导致的合同无法履行，如果让合同之债继续约束当事人则可能会给当事人一方或者双方造成不必要的损失，不符合当事人订立合同的目的，故而从法律上也需要规定在符合某些条件时允许当事人通过行使解除权而解除合同。

之前在《合同法》时代，解除是与清偿、抵销、提存、免除、混同等作为合同权利义务终止的原因并列规定的，现在《民法典》合同编第七章尽管名称仍然与当初《合同法》一样称为“合同的权利义务终止”，但是由于现在《民法典》合同编通则分编需要承担债法总则的功能，所以之前《合同法》该章第一个条文的第一句话的表述是“有下列情形之一的，合同的权利义务终止”，而现在《民法典》该章第一个条文的第一句话的表述是“有下列情形之一的，债权债务终止”，不再是“合同的权利义务终止”；而且，解除不再像《合同法》那样是与其他引起合同权利义务终止的原因并列规定，而是在第1款规定了清偿、抵销、提存、免除、混同等原因之后，专设第2款，规定“合同解除的，该合同的权利义务关系终止”，解除仅仅作为合同之债的消灭原因，而其他诸种原因作为所有的债包括合同之债与法定之债的消灭原因。

（二）解除的种类

按照《民法典》的规定，合同解除有两种类型，一类为协议解除或者合意解除，另一类为单方解除。单方解除又分为约定解除和法定解除。协议解除不涉及解除权的问题，而单方解除的核心规则就是解除权的问题，所以二者相差甚大。

1.协议解除

《民法典》第562条第1款规定：当事人协商一致，可以解除合同。这就是合同的协议解除或称合意解除。协议解除是指合同生效后、履行过程中，双方通过协商一致，提前终止合同的权利义务关系，双方都不再履行，或者解除其中的某一部分，双方对其中的某一部分不再继续履行。协议解除基本上属于意思自治的范畴，故法律无须提供更多的规则，所以《民法典》第562条第1款就只有这样一句话，不需要更多的内容。

双方当事人是否达成了解除合同的协议，或者就合同解除形成了一致的合意，实践中易生纠纷，一方可能主张双方已经协商一致解除了合同，不存在解除以后的违约问题，而另一方可能主张双方只是有过解除合同的动议，但是并没有达成一致，形成解除协议。协议解除其实是一种新的协议，即双方之间达成了一个新的协议，该新的协议的目的与内容就在于解除之前的协议，所以解除协议是一个独立的协议，应当符合合同成立与生效的一般条件。解除协议的特殊性在于其目的与内容均围绕如何解除之前已经成立与生效的合同。

解除协议通常除了需要约定解除合同的条款，还需要对解除合同以后的后果进行约定，如解除是否具有溯及力，是否需要一方或者双方采取恢复原状的方法进行补救，是否需要赔偿损失，等等。如果解除协议没有对解除后果进行安排与约定，是否产生解除合同的效力？有一种观点认为，"如果当事人仅达成一致同意解除合同的合意，但对于合同解除的后果未能达成一致意见的，也不能产生合意解除合同的法律效果"[①]。此一主张有其道理，但是一概否认这种解除协议的效力似乎不符合当事人的真意，依笔者之见，此种情形仍然能够产生解除合同的法律效果，对于未约定的事项如是否需要赔偿损失、恢复原状等，可以由当事人进行补充，不能补充的，可以参照法定解除的一般后果予以处理。

《最高人民法院关于适用〈中华人民共和国民法典〉合同编通则若干问题的解释》第52条第1款对上述问题采取了明智的处理方法：当事人就解除合同协商一致时未对合同解除后的违约责任、结算和清理等问题作出处理，一方主张合同已经解除的，法院应予支持，除非有证据证明当事人另有相反的约定。

同时，上述司法解释还对合同解除纠纷中当事人提出不同或者相反的主张时，如何确定合同是否解除给出了相应的规则：第一，如果当事人一方主张行使

① 最高人民法院民法典贯彻实施工作领导小组主编：《中华人民共和国民法典合同编理解与适用［一］》，人民法院出版社2021年版，第633页。

法律规定或者合同约定的解除权，经法院或者仲裁机构审理后认为不符合解除权行使条件，但是对方亦同意解除合同，此种情况下应当认定合同解除；第二，双方当事人均不符合解除权行使的条件，但是均主张解除合同，此种情况下也应当认定合同解除。至于在这两种情况下的合同解除后的处理问题，包括违约责任的承担、结算和清理等问题，法院应当依据《民法典》第566条、第567条关于合同解除的后果的规定以及有关违约责任的规定处理。

协议解除与约定解除不是一回事，是两种不同的规则。协议解除的关键特征在于双方当事人就解除原合同达成了一份新合同，这份新合同必须是合意的结果，而约定解除是通过约定赋予一方解除权，是单方解除合同的规则，是通过单方行使解除权而使得合同权利义务关系归于消灭。

极而言之，解除协议本身是一种合同，这种合同称为解除合同或者解除协议。解除合同的目的只有一个，即解除之前的合同。对于已经签订的任何合同，当事人都可以通过合意来解除。如果是复杂的商事交易，或者继续性合同，解除是非常复杂的操作，需要达成一个非常详细的解除合同的协议。如果最后违反了解除协议，与一般的违约结果是一样的。对于解除协议，还可以行使法定解除权，因为解除协议本身就是一个合同。在笔者看来，解除协议是一种独立类型的合同，它类似于一种广义上的和解协议。狭义上的和解协议，指的是当事人已经进入了司法程序，即已经提起了诉讼或者仲裁，在庭审过程中，双方达成的和解协议，甚至判决以后在执行当中达成和解，即执行和解。

与协议解除对应的概念是单方解除。单方解除指的是一方行使解除权，不需要与对方协商而解除合同，所以单方解除涉及解除权的问题。单方解除分为两种，一种是约定解除，另一种是法定解除。

2.约定解除

约定解除，亦称约定解除权，是指当事人在订立合同时设立专门的合同解除条款，约定一方或者双方在约定的事由发生时有权通过单方行使解除权的方式而解除合同，进而使得双方之间的合同权利义务关系归于消灭。所以它是双方在订立合同的时候就订立了的解除权条款。双方在合同中可以约定如何解除合同，是双方都有解除权还是只有单方才有解除权，哪些条件下可以解除合同，均可以通过协商加以约定。比如租赁合同中约定，承租人连续五期不交租金，出租人有权解除合同。这就是约定的出租人单方的解除权。当然，双方也可以约定，如果出租人提供的租赁物不符合约定的用途，经过承租人通知以后两个月不能替换的，承租人可以解除合同。但是在实务当中，在租赁合同中，发生更多的是约定出租人的单方解除权。

《民法典》第562条第2款规定："当事人可以约定一方解除合同的事由。解除合同的事由发生时，解除权人可以解除合同。"这就是《民法典》规定的约定解除权。

当事人约定的解除权事由与法律行为中的附解除条件不是一个概念。附条件的法律行为，包括附生效条件，也包括附失效条件，附生效条件也称为附延缓条件或者停止条件。《民法典》第158条规定："民事法律行为可以附条件，但是根据其性质不得附条件的除外。附生效条件的民事法律行为，自条件成就时生效。附解除条件的民事法律行为，自条件成就时失效。"附生效条件的法律行为指的是法律行为成立了，但是还没有生效，待条件成就才生效。另外一种就是附失效条件，法律行为成立并且已经生效，但是约定的条件成就的时候，法律行为就失去效力，所以失效条件也称为解除条件。法律行为的解除条件与合同的解除权条件是完全不同的制度，附解除条件属于法律行为效力的制度，而约定解除权是合同权利义务关系的消灭制度。附解除条件是决定法律行为的效力，包括决定合同的效力，而附解除权是决定法律关系要不要消灭，它不涉及合同的生效还是失效的问题。如果约定的是解除条件，只要约定的条件成就，法律行为便自动失效，无须当事人作出任何意思表示。如果约定的是解除权条件，即使条件成就了，但是如果解除权人不行使解除权，法律关系不会因此消灭。比如前面说的租赁合同中约定承租人连续五期不交租金，出租人可以解除合同，现在承租人确实连续五期没交租金，解除权条件成就了，当然出租人可以行使解除权，可是他不行使，他愿意体谅承租人，决定再给承租人4个月的宽限期，所以此时即使解除权条件成就，合同也没有被解除，因为当事人没有行使解除权。换言之，解除权条件成就，并不必然发生解除合同的效力，而附解除条件的条件一旦成就，就必然发生法律行为或者说合同失效的效力。

3. 法定解除

法定解除是指由法律直接规定的当事人可以行使解除权的条件，当事人依据法律规定行使解除权，进而使得合同权利义务关系归于消灭的制度。法定解除中最重要的是《民法典》关于法定解除权的行使条件的规定，下部分专述之。

（三）法定解除权的行使条件

《民法典》第563条第1款规定："有下列情形之一的，当事人可以解除合同：（一）因不可抗力致使不能实现合同目的；（二）在履行期限届满前，当事人一方明确表示或者以自己的行为表明不履行主要债务；（三）当事人一方迟延履行主要债务，经催告后在合理期限内仍未履行；（四）当事人一方迟延履行债务或者有其他违约行为致使不能实现合同目的；（五）法律规定的其他情形。"这就是《民法典》规定的法定解除权的行使条件。以下分别详述之。

1.因不可抗力致使不能实现合同目的之合同解除

法定解除的第一种情形为不可抗力。依文义解释，满足该项条件需要两个因素：其一，发生了不可抗力；其二，因不可抗力导致不能实现合同目的。合同订立后在履行过程中发生了不可抗力，其对合同效力与合同履行会产生怎样的影响，取决于不可抗力本身的程度、影响的范围、合同履行所依赖的条件等各种因素，并非所有的不可抗力均会导致合同的完全不能履行。如果确实导致了合同完全不能履行，则肯定无法实现合同目的，但若只是导致部分不能履行或者迟延履行，则并不属于狭义上的履行不能，此时并不一定产生合同解除权。所以，《民法典》将不能实现合同目的作为发生不可抗力时赋予当事人解除合同的因素或条件之一，是合理的。

但该条存在值得探讨的问题是：其一，当出现不可抗力并且导致不能实现合同目的的情况下，是否还有必要赋予当事人以解除权？换言之，在此情形下合同是否已然自动终止或消灭？况且，《民法典》第590条还规定了"当事人一方因不可抗力不能履行合同的……应当及时通知对方"，既然已经通知对方发生了不可抗力，再行使一次解除权似乎是画蛇添足之举。其二，除了不可抗力，其他不可归责于当事人的事件（如意外事故、情势变更、政府行为等）导致合同不能履行，是否可以行使解除权？其三，学理上而言，到底是因为不可抗力导致合同目的不能实现还是导致合同履行不能而解除合同？[①]上述问题在司法实践中均需面

① 刘凯湘：《民法典合同解除制度评析与完善建议》，载《清华法学》2020年第3期。

对与解决。

依笔者之见，不可抗力应当只是一方当事人享有合同解除权进而解除合同的法定理由，而不是直接导致法律关系即合同消灭的原因。理由如下：其一，债法原理认为引起债的消灭的原因不外乎清偿、抵销、提存、免除及混同，未见有其他关于引起债的消灭的原因，不可抗力从来没有被视为一种单独的引起债的消灭原因；其二，合同这种法律行为是基于意思表示而成立的，除了清偿作为最常见也是最有效的消灭合同的原因，属于事实行为外，其他几种消灭方式包括抵销、提存、免除等，均须辅之以意思表示，解除权的行使亦属意思表示的范畴，通过解除权的行使而消灭合同符合合同消灭的一般法理；其三，合同解除必然涉及解除后的各种安排与事务处理，是非常复杂的操作，如果采用自动解除模式，根本无法解决合同解除后的权利义务及责任问题，所谓的自动解除实质上并没有真正实现解除的目的，这是自动解除模式最大的缺陷；其四，特定情形下如果不自动解除合同，且当事人没有行使解除权，合同关系继续存在，待将来情况发生变化可能对于债权人仍然有意义，合同的价值仍然能够得到实现；其五，《民法典》第590条仅仅是关于发生不可抗力时的通知与证明义务，并不当然含有解除合同与解除后果安排的立法目的；其六，不可抗力在民法上主要是作为法定免责事由而进行规定，与民事责任的承担有关，而与法律关系的变动并无紧密的关联。恰如《民法典》第180条第1款所规定的："因不可抗力不能履行民事义务的，不承担民事责任。法律另有规定的，依照其规定。"

自动解除依赖的前提是法律对于合同解除后的权利义务安排与处理特别是风险负担作出了十分明确且可操作性极强的规定。而事实上，我国之前的《合同法》在其总则部分并没有提供关于合同终止时的风险负担规则，而仅在分则部分给予了个别规定，自动解除模式更无适用的合理性。

所以，我国之前《合同法》对不可抗力导致的合同消灭采用解除模式而非自动消灭模式是应当坚持的，《民法典》承继了此一模式是合理的。

客观上导致了合同履行不能或者无法实现合同目的的情形，均应纳入法定解除的事由。所以，除了不可抗力，不可归责于当事人的意外事故也应当属于合同法定解除的条件之一。不可抗力有严格的构成要件，意外事故的构成要件原则上比不可抗力要宽松，但其与不可抗力的共性是均出乎当事人的预见、均难以克服与避免，只是程度上轻一些而已。

当然，不可抗力和意外事故作为解除合同的法定事由必须由受到不可抗力或者意外事故影响的一方当事人负举证责任，除了需要证明不可抗力或者意外事故发生的客观事实，还需证明其直接受到了影响，以致无法履行合同，亦即证明不可抗力或者意外事故与其不能履行合同之间的因果联系。如果不能证明，则无权解除合同。

政府行为是否可以作为不可抗力而由当事人援引作为解除合同的依据？依笔者之见，政府行为一般不能作为免责的事由，但可以作为解除合同的理由，因为政府行为对作为合同当事人的民商事主体来说是不能克服的障碍，当事人不可能违反政府的禁令而强行去履行合同，事实上也做不到。当然以政府行为作为解除合同的条件并不当然因此免除当事人的违约责任。广义上而言，意外事故、政府行为可以纳入情势变更的范畴，都属于当事人在订立合同时无法预见的、合同履行中出现的动摇缔约基础的客观情形，其后果都是导致合同履行不能或者履行艰难，或者履行将使得一方当事人遭受巨大的损失，故而应当允许当事人变更甚至解除合同。

回到本节开始时提出的问题：到底是因为不可抗力导致合同目的不能实现还是导致合同履行不能而解除合同？发生不可抗力（包括意外事故、政府行为）时，其对合同履行的影响是各不相同的，需要视具体情况而定，由此，既可能是导致只能部分履行的后果，而非全部不能履行，也可能是导致迟延履行的后果，而非绝对不能履行。当然，如果完全不能履行，肯定不能实现当事人的合同目的；如果部分履行，只能实现部分目的，而非全部不能实现；如果迟延履行，则可能不影响合同目的的实现。不可抗力之所以能够产生赋予当事人解除合同的权利，关键是在于其导致当事人无法履行合同，或者只能部分履行合同义务，或者只能迟延履行合同义务，而不是直接导致合同目的不能实现。所以，《民法典》第563条第1款第1项表述为“因不可抗力致使不能实现合同目的”其实并不准确，而应当表述为“因不可抗力致使合同履行不能”。例如，在一买卖合同纠纷中，出卖人所在地发生了5.7级地震，出卖人的车间全部震塌，短期内无法恢复生产，此种情形下出卖人或者买受人可以解除合同吗？如果能够解除，解除的真正原因是什么？假如出卖人还能够交货（如其尚有存货），双方的合同目的都能够实现，则双方均无权解除合同；假如出卖人无力交货，则即使交货能够实现买受人的合同目的，却也因无法交货而使得合同履行不能，买受人或者出卖人均可解除合同。可见，导致合同解除的不是合同目的能不能实现，而是合同根本无法履行。

综上所述，就不可抗力之于合同解除制度而言，第一，不可抗力应当作为合同解除的法定事由；第二，能够作为合同法定解除事由的还应当包括意外事故、政府行为和情势变更，即不可归责于当事人的客观情形；第三，不可抗力是基于导致合同履行不能而非合同目的不能实现而成为解除合同的法定事由。

2. 因预期违约导致的合同解除

《民法典》第563条规定的第二种法定解除的事由是预期违约，即在履行期限届满之前，当事人一方明确表示或者以自己的行为表明不履行主要债务时，对方享有法定解除权。简言之，一方以明示或者默示的方式，拒绝履行债务，进而使得对方可以解除合同。当然，这个时候对方当事人可以等到约定的履行期届满，如果一方当事人真的不履行合同，再起诉他承担实际违约责任，但是这个时候对方也可以不用等到合同约定的实际履行期限届至，而提前解除合同。法律之所以在预期违约的情况下赋予对方当事人以解除权，主要是考虑到如果必须等到约定的实际履行期限届至才能解除合同的话，很可能会导致守约方丧失商业机会，到时造成难以弥补的损失，而提前解除合同可以使其获得减少损失的机会。

需要注意的是，预期违约制度规定于《民法典》第578条，该条规定，“当事人一方明确表示或者以自己的行为表明不履行合同义务的，对方可以在履行期限届满前请求其承担违约责任”，此即预期违约制度。在一方发生预期违约时，对方既可以依据该条向预期违约方主张其承担违约责任，如赔偿损失或者支付违约金，也可以依据前述第563条第1款第2项行使合同解除权，还可以同时主张合同解除权与违约损害赔偿请求权。这是《民法典》第578条预期违约制度与第563条第1款第2项因预期违约导致的合同法定解除权之间的适用关系。

3. 因迟延履行债务导致的合同解除

《民法典》第563条第1款规定的第三种法定解除的情形是，当事人一方迟延履行主要债务，经催告后在合理期限内仍未履行，对方享有解除权。符合此一情形的条件是：第一，债务已届履行期，债务人对主要债务的履行陷入迟延。此处需要注意的是必须是主要债务陷入迟延，如果是从给付义务、附随义务陷入迟延，则不能行使解除权。比如，建筑施工合同中房子的主体工程已经封顶，只是窗户的安装延期了，则发包方没有法定解除权。第二，债权人进行了催告。到了履行期债务人没有履行主给付义务，债权人应当对债务人进行催告，而不是一旦债务人陷入迟延，债权人就可以立即行使解除权。所以，催告是履行迟延行使合同解除权的前置程序，未经催告债权人不能径直解除合同。催告通知应当载明催告期限，根据合同的具体情形给债务人一个履行义务的合理期限，即宽限期，如果债务人在该载明的宽限期之内履行了合同义务，纠正了违约行为，债权人的权利得到了实现，则债权人不能再行使解除权。如果经过宽限期以后债务人仍然未履行债务，债权人才能行使解除权。同时，在载明的宽限期之内，也就是宽限期届至之前，债权人不能违反宽限期的约定提前解除合同，只有在宽限期届至时债务人仍然未能履行义务，债权人才可以解除合同。

所以，该条规定的法定解除权的行使要满足以下条件：其一，债务人已经陷入迟延履行；其二，必须是主要债务的履行陷入迟延；其三，需要进行催告，发出催告通知；其四，催告通知需要给债务人一个合理的宽限期；其五，宽限期届满后债务人仍未履行主要债务。满足上述全部条件时，迟延履行才能成为法定的合同解除权原因。

4.因其他违约行为致使合同目的不能实现导致的合同解除

《民法典》第563条第1款规定的第四种法定解除权的情形是，当事人一方迟延履行债务或者有其他违约行为，致使不能实现合同目的。以此规定，只要债务人陷入了履行迟延，不管是主要债务还是次要债务的迟延，抑或发生了迟延履行以外的其他违约行为，包括不当履行、瑕疵履行等，所有的债的给付当中的义务违反，只要导致了合同目的不能实现的后果，对方就可以解除合同。一般而言，只有主给付义务的不履行或者迟延履行才可能导致合同目的不能实现，但是例外情况下，从债务和次要债务也会与合同目的的实现与否有关。此一规则最早见于《最高人民法院关于审理买卖合同纠纷案件适用法律问题的解释》（法释〔2012〕8号），该司法解释第25条规定："出卖人没有履行或者不当履行从给付义务，致使买受人不能实现合同目的，买受人主张解除合同的，人民法院应当根据合同法第九十四条第（四）项的规定，予以支持。"比如，甲从出卖人处购买了一幅名画，甲的合同目的是取得画的所有权，可是合同中载明甲购买这幅画是为了参加某个画展，这个画展结束以后标的物要进行拍卖，所以必须有一个鉴定书，即证明该画为真迹的鉴定书，出卖人交付画的同时要交付鉴定书。交付鉴定书、发票、原产地证明等都是从给付义务，即使出卖人没有交付也不会影响买受人合同目的的实现，可是甲在合同中载明了他的订约动机，出卖人如果不按约定履行这个从给付义务，也会导致甲的合同目的不能实现，甲可以行使解除权。又如，甲公司给乙公司支付了2000万元的货款，可是乙公司没有向甲公司开具发票，甲是上市公司，没有发票对财务制度而言是非常严重的问题，这个时候发票就与合同目的有关，所以甲可以以乙没有履行交付发票这个从给付义务为由而解除合同。当然，这种情况属于例外情形。

5. 法律规定其他情形导致的合同解除

《民法典》第563条第1款规定的第五种法定解除权情形，即“法律规定的其他情形”，是一个兜底条款。此处的“法律规定”既包括《民法典》合同编典型合同分编中针对具体的典型合同如买卖合同、租赁合同、委托合同等规定的法定解除权情形，也包括《民法典》之外的其他法律法规规定的法定解除权情形，如《消费者权益保护法》《电子商务法》《保险法》《城市房地产管理法》《拍卖法》《招标投标法》等。例如，《民法典》第597条第1款规定，因出卖人未取得处分权致使标的物所有权不能转移的，买受人可以解除合同并请求出卖人承担违约责任。又如，《民法典》第610条规定，因标的物不符合质量要求，致使不能实现合同目的的，买受人可以拒绝接受标的物或者解除合同。买受人拒绝接受标的物或者解除合同的，标的物毁损、灭失的风险由出卖人承担。再如，《民法典》第673条规定，借款人未按照约定的借款用途使用借款的，贷款人可以停止发放借款、提前收回借款或者解除合同。《民法典》以外其他法律法规所规定的法定解除权情形，如《消费者权益保护法》第25条第1款规定：经营者采用网络、电视、电话、邮购等方式销售商品，消费者有权自收到商品之日起七日内退货，且无须说明理由，此即关于消费者与经营者通过电子商务等达成的买卖合同中消费者所享有的七天无理由退货之权利，无理由退货其实就是法定的任意解除权。

（四）不定期继续性合同的法定解除规则

《民法典》第563条第2款规定：“以持续履行的债务为内容的不定期合同，

当事人可以随时解除合同，但是应当在合理期限之前通知对方。”此一规则是之前《合同法》没有规定的新设规则，即不定期合同中的法定任意解除权。前述第563条第1款规定的法定解除权的情形，一般是针对一次性合同设计的，而与一次性合同不同，有些合同或者依据其性质不可能一次性履行完毕，如保管合同、仓储合同、委托合同、租赁合同、借用合同、合伙合同等，或者当事人约定在一定的比较长的期限内持续履行，如持续性的货物销售合同、独家代理合同等，这些合同要么没有约定履行期限，成为不定期合同，要么期限较长，最关键的是这种合同中的债务不可能因债务人的一次履行而消灭，债权也不会因一次履行而实现，而是处于持续的履行状态。

对于持续性合同，如果合同约定了明确的履行期限或者有效期限，则不能适用该条的法定任意解除权。例如租赁合同，约定了五年租期，则任何一方不得行使该条第2款规定的法定任意解除权，而只能行使该条第1款规定的法定解除权。但是，如果符合第730条之规定，即当事人对租赁期限没有约定或者约定不明确，依据本法第510条的规定仍不能确定的，视为不定期租赁，当事人可以随时解除合同，但是应当在合理期限之前通知对方。

依据该条第2款规定，以持续履行的债务为内容的不定期合同，当事人在合理期限之前通知对方后可以解除合同。该款的适用条件是：

第一，必须是不定期合同，即合同没有约定履行期限或者有效期限，也无法通过补充协议的方式或者解释的方式确定履行期限或者有效期限。换言之，如果有明确的履行期限或者有效期限，即使是持续性合同，也不能适用该款规定的任意解除权。

第二，必须是持续性的合同义务履行状态，一次性的合同义务履行状态不适用该任意解除权。

第三，解除权为任意解除权，即不需要理由，尤其不需要该条第1款规定的理由，其实质属于无理由解除权，故称为法定任意解除权。

第四，双方当事人均享有解除权。不定期合同中的法定任意解除权双方都享有，而非赋予某一方当事人的权利。

第五，必须在合理期限内通知对方。由于之前未确定期限，当事人可能存在对对方当事人不解除合同的信赖，而解除合同显然会对对方的生产经营产生较大的影响，所以不能说终止就终止，而应当提前在一个合理期限通知对方，自己要行使解除权，以便对方做好相应的准备，尽量减少因解除合同带来的不利后果。合理期限需要根据合同的性质、已经履行的情况、交易额、交易惯例、对方为履行合同所做的准备与投入、对方寻找新的货源或者新的合作伙伴需要的时间等因素确定，短则几天，长则数月。

第六，未给合理期限的解除通知仍然发生解除的效力，但需要推迟解除的时间节点或者赔偿对方因此遭受的损失。如果一方行使任意解除权，未提前在合理的期限通知对方，而是在解除通知中规定通知到达对方时合同即解除，此时是否发生解除合同的效果？笔者认为此种情况下仍然发生解除合同的效力，但是解除的时间节点应当推迟至合理期限届满之日，或者通知到达时发生效力但解除方需要排除因此给对方造成的损失。①

（五）解除权的除斥期间

1. 解除权除斥期间的意义

在《民法典》之前，《合同法》对于解除权的行使期限仅是作出如下规定："法律规定或者当事人约定解除权行使期限，期限届满当事人不行使的，该权利消灭。法律没有规定或者当事人没有约定解除权行使期限，经对方催告后在合理期限内不行使的，该权利消灭。"《合同法》本身并没有规定解除权的行使期限，而只是使用了一个抽象的概念，即"合理期限"，这个"合理期限"到底是多长存在太大的解释空间，导致司法实践中的裁判差异过大，不利于法律适用的统一性。

《民法典》起草过程中绝大多数学者认为解除权作为一种重要的形成权，法律应当对其权利的存续期限即除斥期间作出明确的规定。如果《民法典》合同编的通则分编中没有对合同解除权除斥期间的一般性规定，会使得所有的典型合同及非典型合同均缺乏统一的解除权行使的除斥期间，所以民法典在承继《合同法》关于解除权行使期间的一般规则的前提下，最大的创新就在于明确规定了解除权的除斥期间。第564条第1款规定："法律规定或者当事人约定解除权行使期限，期限届满当事人不行使的，该权利消灭。"第2款接着规定："法律没有规定

---

① 黄薇主编：《中华人民共和国民法典释义》（中），法律出版社2020年版，第1083页。

或者当事人没有约定解除权行使期限，自解除权人知道或者应当知道解除事由之日起一年内不行使，或者经对方催告后在合理期限内不行使的，该权利消灭。”

2.解除权除斥期间的“法律规定”范围之理解

《民法典》第564条第1款中的“法律规定”所称的“法律”，既包括《民法典》本身对解除权作出的除斥期间的规定，也包括《民法典》以外的其他法律（主要是商事法律）对特定合同中的解除权作出的规定，如《海商法》第97条关于航次租船合同中的特殊解除权除斥期间，《保险法》中投保人与保险人就有关投保人违反如实告知义务而产生的解除权的除斥期间的规定，等等。

3.一年除斥期间的适用规则

《民法典》关于解除权一年除斥期间的规定在实践中的适用规则详细分析如下：

第一，如果当事人在合同中约定了解除权的行使期间，按照约定优先的适用规则，优先适用当事人约定的解除权行使期间，不适用该一年的除斥期间。

第二，如果其他法律对于除斥期间有规定，按照特别法优先于一般法的法律适用规则，优先适用特别法，同样不适用该一年的除斥期间。

第三，只有在当事人没有约定或者其他法律没有规定的情况下，才能适用该一年的除斥期间。

第四，该一年的除斥期间的起算时点为解除权人知道或者应当知道解除事由之日起。解除权人何时才知道或者应当知道解除事由，由解除权人自己负担举证责任，对方可以就其主张的解除权人应当早就知道解除事由进行举证。

第五，该一年期间为不变期间，不适用中止、中断、延长等规则。

第六，如果对方在发生解除事由后向解除权人进行了催告，则不再适用一年的除斥期间，而是经催告后的合理期间届满时解除权消灭，亦即在一年到期之前解除权即已消灭。例如，甲乙之间有一份买卖合同，2022年6月1日发生了解除事由，甲方享有解除权，则一年的除斥期间应当于2023年5月31日届满，如果没有发生催告的事实，就应当截止到2023年5月31日，但是，2022年8月1日，乙方向甲方发函，催告其是否行使解除权，并告知于两个月内如果不行使则视为甲方不再行使，后两个月届满，甲方既未表示行使解除权，亦未表示不行使解除权，但是肯定没有行使解除权，则至2022年10月1日合理期限届满，甲方的解除权归于消灭。当然，对方催告解除权人行使解除权应当根据合同的性质、已经履行的情况、解除事由等因素，给解除权人一个合理的期限，该期限不能过于短促，以致使解除权人无法在该期限内作出适当的抉择。

第七，一年的除斥期间适用于除合意解除之外的所有约定解除权、法定解除权、法定任意解除权，亦即一年的除斥期间具有普遍适用的意义。

（六）解除权的行使方式

1.解除权行使的私力救济与公力救济方式

解除权为形成权，自得依权利人的意思表示以单方行为而为之，由此产生法律关系变动的效果，既无须征得对方的同意，也不必向人民法院或者仲裁机构以公力救济的方式诉请，此在我国民法学界已无争议，且原《合同法》第96条业已明确规定："当事人一方依照本法第九十三条第二款、第九十四条的规定主张解除合同的，应当通知对方。合同自通知到达对方时解除。"《民法典》第565条承继了此一规则。但域外法对于解除权的行使方式其实并不是只有一种模式，而是存在三种立法例：以法国为代表的诉请解除模式，即当事人行使解除权必须向法院提起诉讼，不能自行解除；以日本为代表的自动解除模式；以德国为代表的当事人意思表示解除模式。

尽管我国原《合同法》第96条似乎明确了解除权的行使方式，但对于如何理解第96条的规定，仍然存在不同的解释，需要在理论上有更清晰的说明。这些不同的解释或者争议体现在：其一，解除通知到底能不能产生解除合同的效力？由于第96条中赋予了对方异议权，是否意味着解除通知并不能直接产生解除合同的效果？通知解除的效力是否还需要司法机关的确认？其二，是否需要先履行通知义务，再诉请法院解除，亦即将通知作为前置程序？当事人能不能不经通知而径直向法院或者仲裁机构诉请解除？其三，"应当通知对方"是否意味着只能以通知的方式解除合同，而不能诉请解除？其四，是否相反，不能以通知的方式解除，而只能通过诉请的方式解除。

对上述疑问与争议，笔者的意见如下：第一，通知即可产生解除合同的效果，原《合同法》第96条表述的"合同自通知到达对方时解除"的含义是非常明确的，不存疑义的。唯其如此，才符合解除权作为形成权的性质，才能够通过私力方式解除合同，避免增加当事人的诉累。如果对方没有异议，或者没有在法定的除斥期间行使异议权，便能达到通过私力救济的方式解除合同的后果。公力救济不是必然要经过的程序。但是，第二，不能由此推导出解除权只能通过私力救济的方式行使，只能向对方发通知才能解除合同，或者以通知作为公力救济方式的前置程序，相反，解除权应当解释为既可以私力为之，即由当事人发出解除通知而解除，也可以公力的方式进行，即由当事人直接向法院或仲裁机构诉请解除。

《民法典》对上述问题予以了澄清，其于第565条第2款规定："当事人一方未通知对方，直接以提起诉讼或者申请仲裁的方式依法主张解除合同，人民法院或者仲裁机构确认该主张的，合同自起诉状副本或者仲裁申请书副本送达对方时解除。"以此规定，首先，解除权的行使既可以通过向对方发出解除通知的方式进行，也可以直接通过公力救济的途径进行，即直接向法院或者仲裁机构诉请解除，发出解除通知不是公力救济的前置程序；其次，如果法院或者仲裁机构支持了当事人解除合同的诉请，则合同解除的时间为起诉状副本或者仲裁申请书副本送达对方的时间。该条规定不仅明确了解除合同的私力救济与公力救济之间的关系，而且更明确了公力救济时合同解除的时间节点，赋予送达起诉状副本或者仲裁申请书副本以解除通知到达的效力，使得合同解除规则得到细化，殊值肯定。

需要注意的是，当事人未发解除通知而直接起诉请求解除合同，在未判决前，又主动撤回起诉，还可以再起诉请求解除合同吗？对此，《最高人民法院关于适用〈中华人民共和国民法典〉合同编通则若干问题的解释》第54条规定："当事人一方未通知对方，直接以提起诉讼的方式主张解除合同，撤诉后再次起诉主张解除合同，人民法院经审理支持该主张的，合同自再次起诉的起诉状副本送达对方时解除。但是，当事人一方撤诉后又通知对方解除合同且该通知已经到达对方的除外。"以此规定，其一，起诉（包括提起仲裁）后又主动撤诉的，不影响当事人再次起诉。其二，再次起诉后如果法院认定解除权成立，则合同不是自首次起诉的起诉状副本到达对方时解除，而是自第二次起诉的起诉状副本到达对方时解除，因为上次的起诉被撤回后不能产生起诉的法律效果，应当视为未起诉。其三，如果撤诉后当事人先向对方发出解除通知，然后又向法院起诉，如果法院认定解除权成立，则合同解除的时间就不是第二次起诉的起诉状副本到达对方的时间，而是行使解除权一方在第二次起诉前发出的解除通知到达对方的时间。

2. 解除通知的效力

《民法典》第565条第1款规定："当事人一方依法主张解除合同的，应当通知对方。合同自通知到达对方时解除；通知载明债务人在一定期限内不履行债务则合同自动解除，债务人在该期限内未履行债务的，合同自通知载明的期限届满时解除。对方对解除合同有异议的，任何一方当事人均可以请求人民法院或者仲裁机构确认解除行为的效力。"

本款主要涉及解除通知的规则，具体如下：

第一，以私力救济的方式行使解除权必须通知对方当事人。以什么方式通知？条文表述有点语焉不详，应该理解为只能是书面通知。如果一方主张行使了解除权，他需要承担举证责任，所以必须以书面的方式通知。[①]

第二，通知到达对方之后，即产生合同解除的效果，无须对方作出同意的意思表示。这就是解除权作为形成权的意义所在。

第三，附期限的解除通知。此为《民法典》新增加的一项规则，赋予了解除权行使方式的多元化与对解除权人意思自治的尊重。第565条第1款第二句话表述为："通知载明债务人在一定期限内不履行债务则合同自动解除，债务人在该期限内未履行债务的，合同自通知载明的期限届满时解除。"这一表述的含义应当作如下理解：其一，解除权人在解除通知中不是声明自解除通知到达对方时即发生解除合同的效果（通常情形都是这样表述的），而是给了债务人一个宽限期，若债务人在该宽限期内仍然不履行债务，则合同自动解除。其二，如果对方在所附宽限期内履行了债务，则不发生合同解除的效果，合同继续有效。其三，如果对方在所附宽限期内没有履行债务，继续陷入违约，则解除权人无须再向对方发出解除通知，该次已经发出的解除通知能够产生合同解除的效果。其四，但是，合同解除的时间并非上次解除通知到达对方的时间，而是通知中载明的给予债务

① 笔者作为仲裁员审理的有关合同解除的案件很多，参加专家论证的案子中涉及合同解除的案子也不少，但是主张自己行使了解除权的一方当事人都是以书面的方式向对方发出了解除通知，尚未见到一例是通过口头方式行使解除权的。

人履行债务的宽限期届满之时。

（七）对解除权的异议权及其行使方式与除斥期间

1.异议权及其行使方式

《民法典》第565条第1款最后一句规定："对方对解除合同有异议的，任何一方当事人均可以请求人民法院或者仲裁机构确认解除行为的效力。"由此解决了有权请求法院或者仲裁机构确认解除效力的主体问题，即双方当事人均有权提出请求。但该条从解释论上应当理解为包含以下含义：

其一，对方在收到解除通知后，如果对解除权的行使有异议，其有权提出异议。此即合同解除制度中的异议权，其性质与解除权一样属于形成权，但又有区别。①

其二，与解除权这种形成权关键的不同之处是，异议权只能通过公力救济的方式行使，即必须向法院或者仲裁机构提出异议，请求确认解除行为无效。如果对方只是在收到解除通知后给解除权人回函表示不同意解除合同，则不属于行使异议权，不发生行使异议权的后果，不能产生阻却合同解除的后果。

其三，对方在向法院或者仲裁机构行使异议权时，可以只是请求法院或者仲裁机构确认解除权人的解除行为无效这一唯一的诉讼请求或者仲裁请求，此为纯粹的形成之诉，也可以同时提出请求解除权人继续履行合同的请求，形成之诉与给付之诉一并提出，法院或者仲裁机构需要对两项请求同时作出裁定。

其四，一旦对方向法院或者仲裁机构提出异议权之诉，则暂时产生阻却解除通知效力的发生，合同未被解除，须等待法院或者仲裁机构的裁判结论。

其五，对方当事人可以径直向法院或者仲裁机构提出诉讼或仲裁请求，而无须向解除权人发出异议函再行提起确认之诉。解除权人在收到法院或者仲裁机构寄送的对方当事人的异议权之诉的法律文书副本后，有权提出反诉或者仲裁反请求，请求法院或者仲裁机构确认解除行为有效。如果对方当事人向解除权人发出

---

① 此处的异议到底是否构成一项权利，即异议权，抑或仅仅是一种程序安排，即对被解除一方的程序救济，学理上众说纷纭。笔者倾向于其并非一项独立的权利，更非形成权，但是为了叙述的方便，此处仍然以"异议权"称之。

异议函，则解除权人可以在收到异议函后直接向法院或者仲裁机构提起确认解除行为有效的请求。

其六，司法实践中，如果解除权人未向对方发出解除通知，而是直接向法院或者仲裁机构提出确认之诉，法院或者仲裁机构应当受理，不得要求其先行发出解除通知待对方有异议后再提起诉讼或仲裁。如前所述，《民法典》较之于原《合同法》对此也有非常积极的补充规定：当事人一方未通知对方而直接以诉讼或者仲裁方式主张解除合同，人民法院或者仲裁机构确认该主张的，合同自起诉状副本或者仲裁申请书副本送达对方时解除。解除权人也可以一边向对方发出解除通知一边向法院或者仲裁机构提起诉讼或仲裁。在仲裁实践中，解除权人可以请求仲裁机构裁决解除合同，也可以请求仲裁机构确认解除行为的效力即合同已经解除，还可以待对方提起异议权的仲裁请求后提出仲裁反请求，均为合法行使解除权的方式。

2. 异议权不能以私力方式救济

有学者认为既然原《合同法》第96条使用的是“可以”而非“应当”或者“必须”，现在《民法典》第565条第1款最后一句也仍然是规定“对方对解除合同有异议的，任何一方当事人均可以请求人民法院或者仲裁机构确认解除行为的效力”，则应当解释为可以由对方当事人选择，不必非经司法裁判程序，也可以通过意思自治的方式行使。笔者认为，此种解释尽管有其合理性，但一旦对方收到解除通知后给解除权人发回一份异议函就能够阻止合同解除效果的发生，则事实上在很大程度上等于否认了解除权作为形成权的意义，迫使解除权人只能直接走向公力救济途径，容易导致异议权的滥用。从《民法典》第565条第1款最后一句的文义解释出发，也应得出收到解除通知的一方只能向法院或者仲裁机构请求确认解除行为的效力，而不能由当事人自己决定解除行为的效力。

3. 异议权行使的期间

《民法典》仍然像之前的《合同法》一样没有规定异议权的行使期间，这是一个立法遗憾。法律不规定异议权的行使期间，弊大于利，完全由法官或仲裁员根据个案自由裁量也不太合适。笔者认为，应当给异议权规定行使的有效期间，且该期限不宜过长，应当少于解除权的除斥期间。考虑到异议权不能以意思表示的方式行使，只能提起诉讼或仲裁，而提起诉讼或仲裁需要一定的时间准备证据材料、聘请律师等，故笔者认为以六个月的异议期限为宜。[①]

4.异议期间届满的效力及异议权的性质

对此学界存在较大的争议。有的学者认为异议权在性质上属于请求权，即请求撤销合同解除的权力，且认为如果对方当事人未在异议期间内提出异议，则法院仅需对此做形式审查，一旦发现逾期情形，就可以驳回相对人的异议，而不必就解除权是否成立做实质审查。[②]有学者认为异议权不是实体性权利，而是对方当事人提起确认之诉的诉权而已。笔者认为，异议权当然不同于异议权之诉，这就如同撤销权不同于撤销权之诉一样，前者是后者的发生依据，后者是前者在诉讼程序中的体现。解除权是形成权学界无争议，通过裁判方式行使解除权而提起的诉讼属于典型的形成之诉，即以变动法律关系为诉的目标。通过裁判方式行使异议权（且按照法律规定只能通过裁判方式进行）而提起的诉讼是以确认解除行为的效力为目标，应当属于确认之诉。但是，异议权性质的确定对于如何安排异议权的行使规则应当不构成实质性的影响，法律设置异议期间的目的就是要促使违约方对解除通知尽早做出反应，并且承担未能及时做出反应的不利后果，即不能再行使异议权。

《最高人民法院关于适用〈中华人民共和国民法典〉合同编通则若干问题的解释》对解除权行使的异议期间或者合理期限届满后的后果仍然采取了较为保守的立场，其于第53条规定：当事人一方以通知方式解除合同，并以对方未在约定的异议期限或者其他合理期限内提出异议为由主张合同已经解除的，人民法院应当对其是否享有法律规定或者合同约定的解除权进行审查。经审查，如果当事人享有解除权的，符合约定的或者法定的解除权行使条件，则合同自通知到达对方时解除；如果当事人不享有解除权的，行使解除权不符合约定的或者法定的条件，则尽管发出了解除通知却不能发生合同解除的效力。这种处理方法的优点是对合同解除持谨慎的态度，原则上不轻易支持解除权，行使解除权必须符合实质性条件，缺点是对相对方的沉默持宽容的态度容易导致合同权利义务关系的长期不稳

---

① 笔者之前主张该异议权的除斥期间应当以三个月为已足，参见拙著：《民法典合同解除制度评析与完善建议》，载《清华法学》2020年第3期。但是现在笔者的观点有所改变，三个月恐过于短促，改为六个月似更为妥帖。

② 王利明：《合同编解除制度的完善》，载《法学杂志》2018年第3期。

定状态。例如，如果甲方给乙方发送解除通知，并且给了乙方六个月的异议期限，乙方在这六个月内没有表示异议，六个月届满后也没有表示异议，甲方相信对方不会再有异议，按照合同已经解除处理相关事务，出售案涉财产，不料两年后乙方提出异议，认为甲方不享有解除权，并且起诉到法院，这种情况下法院却还要去查明当初甲方是否享有解除权，显然不合情理，也不利于交易关系的稳定。

（八）从义务、附随义务的违反与合同解除权

当事人在合同项下的义务可以分为主给付义务与从给付义务、约定义务与附随义务。主给付义务是当事人合同中约定的当事人的主要义务内容，违反主给付义务通常会导致合同目的不能实现，如买卖合同中卖方交付标的物、移转标的物所有权的义务，买方支付价款的义务，租赁合同中出租人提供租赁物的义务，承租人支付租金的义务，等等。从给付义务也是当事人应当履行的义务，违反从给付义务同样构成违约，应当承担违约责任，但是通常情况下从给付义务的违反不会导致当事人合同目的不能实现，所以对方不能因此而享有解除合同的权利，除非能够证明从给付义务的违反导致了对方合同目的无法实现。约定义务是合同当事人明确约定于合同中的义务，附随义务则是没有或者不需要约定于合同中，但是根据商业惯例或者诚实信用原则第三人应当履行的义务，所以附随义务一般认为是一种法定义务而非约定义务，如收到价款或者报酬一方向对方开具发票的义务、出卖人向买受人提供标的物的原产地证明文件的义务、施工人向发包人交付钥匙与竣工图纸的义务等。如果当事人已经将某种依据商业惯例或者诚信原则应当履行的义务写进了合同，则该义务不再是附随义务而是约定义务，只是一般属于从给付义务而已，如开具发票的义务，如果写进了合同就是从给付义务，没有写进合同就是附随义务，当事人不能因为合同中没有约定开具发票的义务而认为自己不需要承担开具发票的义务。从给付义务、附随义务一般也称为非主要债务。

《最高人民法院关于适用〈中华人民共和国民法典〉合同编通则若干问题的解释》第26条规定："当事人一方未根据法律规定或者合同约定履行开具发票、提供证明文件等非主要债务，对方请求继续履行该债务并赔偿因怠于履行该债务造成的损失的，人民法院依法予以支持；对方请求解除合同的，人民法院不予支持，但是不履行该债务致使不能实现合同目的或者当事人另有约定的除外。"该

条规定清楚地表明了上述对从给付义务与附随义务违反的法律后果：其一，违反从给付义务与附随义务同样属于违约行为，如果因此给对方造成了损失，对方可向违约方请求赔偿其损失，不得以该项义务属于从给付义务或者附随义务而拒绝承担赔偿损失的责任；其二，违反从给付义务或者附随义务等非主要债务的，一般不能因此导致对方的合同法定解除权，法定解除权的行使条件必须是对主要债务的违反并且导致合同目的不能实现；其三，如果守约方能够证明对方违反从给付义务或者附随义务但是已经导致自己合同目的不能实现，或者合同中约定了即使是从给付义务的违反也构成一方的约定解除权，则另当别论，当事人可以依据约定而行使解除权。

当然，在约定解除权的场合，如果合同约定的一方行使解除权的条件过于宽松，即使对方只发生了轻微的违约行为，按照约定一方也可以行使解除权，如租赁合同中约定承租人任何一期租金支付逾期出租人都可以解除合同，这样的约定是否有效？守约方能否据此行使解除权？从意思自治的角度而言，既然有这样的约定，就应当承认其效力，司法机关难以否定当事人之间的约定，但是从诚实信用原则考量，如果确实仅发生了轻微违约，一方行使解除权，对方不同意，如果支持解除合同很可能对轻微违约方造成明显的不公平，或者守约方明显获得超额的利益，则法官应当综合考量合同订立、履行中的各种因素，不能单纯依据约定就判决解除合同。对此，《九民纪要》第47条有较为妥帖的规定："合同约定的解除条件成就时，守约方以此为由请求解除合同的，人民法院应当审查违约方的违约程度是否显著轻微，是否影响守约方合同目的的实现，根据诚实信用原则，确定合同应否解除。违约方的违约程度显著轻微，不影响守约方合同目的的实现，守约方请求解除合同的，人民法院不予支持；反之，则依法予以支持。"例如，一份为期十年的物业租赁合同约定：租金按月支付，承租人每月的1–5号之内将租金打入出租人的账户；若承租人任一期的租金迟延超过5天，出租人有权解除合同。承租人在头三年中每一期都按期支付了全部租金，但第四年的第三个月没有按期支付租金，到第四个月的时候承租人连同第三个月的租金一起向出租人账户转账，但是出租人发函表示不需要再支付后续租金了，同时通知承租人按照约定行使解除权，解除合同。承租人表示不同意。法院经查明，承租人为该物业花费了近1000万元进行装修，意在长期合作，此前三年多也未发生拖欠或者迟延支付租金的情形，此次迟延支付租金并非恶意拖欠，确实因为资金周转发生了困难，且很快就进行了补正，而且合同还有六年多的承租期限，考虑以上因素，法院没有支持原告解除合同的诉讼请求。

《九民纪要》上述关于轻微违约不应当支持约定的解除权的规定没有得到《最高人民法院关于适用〈中华人民共和国民法典〉合同编通则若干问题的解释》的承继，有其合理之处。毕竟，意思自治是私法的灵魂，如果司法解释直接规定法院有权不遵循当事人的约定，甚至改变当事人的约定，特别是在解除权的行使条件有十分清晰的约定的情况下仍然支持违约方的抗辩，否定守约方行使解除权，则容易发生司法过度干预意思自治、合同自由的事例。

（九）合同解除的后果

1. 合同解除后果的不同学说

学理上对于合同解除的法律效果到底如何，素来众说纷纭，并形成直接效果说、间接效果说、折中说和债务关系转换说等不同观点，其中以直接效果说和折中说为主。直接效果说认为，合同解除具有溯及力，尚未履行的债务免予履行，已经履行的则根据不同情况发生返还请求权。折中说则认为，尚未履行的债务归于消灭，但已经履行的债务并未消灭，而是发生新的返还债务。《民法典》第566条第1款规定："合同解除后，尚未履行的，终止履行；已经履行的，根据履行情况和合同性质，当事人可以请求恢复原状或者采取其他补救措施，并有权请求赔偿损失。"这是合同解除最主要的法律后果。

2. 合同解除对已经履行部分的效果

合同解除后，尚未履行的部分不再履行，所以也不会因解除产生纠纷，关键是已经履行的部分如何处理，这就涉及合同解除的溯及力问题。笔者认为，合同解除后对已经履行部分的效果需要从以下五个方面予以解析，并作为司法裁判需予考量的因素：

第一，对于已经履行的部分，根据合同的不同性质与给付内容，合同解除时不外乎涉及以下已经完成的履行应当如何处理：其一，已经支付的金钱（价款或货款或租金或报酬或佣金等）如何处理？其二，已经交付的动产（机器设备、原材料、交通工具、生活资料、办公用品等）如何处理？其三，已经交付的不动产

（建筑物、构筑物、土地使用权等）如何处理？其四，已经交付的权利（股权、基金份额权、商标权、专利权、著作权等）如何处理？其五，已经交付的工作成果（工程等定作物）如何处理？其六，已经完成的劳务（管理、服务、保管、运输等）如何处理？其七，已经经过的履行事实状态（租用、借用等）如何处理？很显然，上述诸项，有的可以通过原物返还的方式恢复原状，如动产与不动产；有的可以以种类物返还的方式恢复原状，如金钱；有的可以通过变更登记（注销登记与回复登记）的方式恢复原状，如各种需要登记公示的权利。但可以肯定的是，无法对已经完成的履行事实或经过的状态予以恢复原状，只能通过折价等结算方式予以处理。然而上述各种处理方式的共同之处其实都是遵循假定双方不曾履行过合同约定的义务为原则，而所谓的不曾履行合同义务实质上就是使已经完成的履行不再具有约束力，或者说取消其曾经有过的约束力。此种情形，将其解释为合同解除是溯及地使得已经完成的履行或给付丧失或取消效力，是符合债的给付与债的消灭的基本逻辑的，也是符合当事人解除合同欲达致的效果的。

第二，基于上述，恢复原状是合同解除最主要的法律效果，而恢复原状最通常的方式就是返还，包括物的返还、金钱的返还、权利的返还。如果承认物权行为的无因性，此种返还为不当得利返还，如果不承认，则为所有物返还，学理解说不同，但处理结果相同。

第三，在合同解除与合同无效、合同被撤销的情况下，已经履行的部分如何处理的原则与规则是大体相同的，《民法典》第566条第1款也完全沿袭了原《合同法》的此一规定，其表述为："合同解除后，尚未履行的，终止履行；已经履行的，根据履行情况和合同性质，当事人可以请求恢复原状或者采取其他补救措施，并有权请求赔偿损失。"仔细比较这两段关于合同无效（包括被撤销）与合同解除法律后果的条文，其实二者规定的处理方式之间并无本质性的差别，而就效力解释而言，无效是当然自始无效，撤销是溯及地自始撤销，都是使合同不具有约束力，消灭之前的债的关系，那么解除也应当是这样：一旦解除，便溯及地使合同权利义务关系消灭。既然如此，已经履行的部分自当恢复原状。我们也可以把《民法典》第566条的规定进行反推：既然法律规定合同解除后应当恢复原状，则其前提必须是合同已经失去约束力，亦即债的关系不复存在，故而即便是已经履行的部分也因为合同被溯及地失去效力而返还。

第四，如果将合同解除的效果仅仅限定在结算环节，进而将结算解释为一种新的债，则很难甚至无法解释恢复原状特别是返还这种最重要的处理方式的适用，因为返还显然不是结算的问题，不是可以通过折价、评估、鉴定等方式进行结算所能够解决的，即便能够解决也不是返还所希冀达致的救济目的。

第五，合同解除与违约责任、担保责任的关系。《民法典》第566条增加的两条关于合同解除的规则非常必要，一为“合同因违约解除的，解除权人可以请求违约方承担违约责任，但是当事人另有约定的除外”，一为“主合同解除后，担保人对债务人应当承担的民事责任仍应当承担担保责任，但是担保合同另有约定的除外”。这两条新增加的规则更进一步说明合同解除的主要目的在于向后向前同时消灭合同关于给付的效力，而不影响其他条款（包括结算条款、争议解决条款、违约责任条款、担保责任条款等）的效力。

（十）违约方解除合同的条件与程序

《民法典》起草时二审稿在合同分编第353条有一个第3款，即：“合同不能履行致使不能实现合同目的，有解除权的当事人不行使解除权，构成滥用权利对对方显失公平的，人民法院或者仲裁机构可以根据对方的请求解除合同，但是不影响违约责任的承担。”部分学者认为规定例外情况下的违约方解除权是非常好的尝试，但后来又将其删去，最终《民法典》中没有在“合同的权利义务关系终止”一章规定此一制度，而是在“违约责任”一章规定了此一制度。

实践中在合同陷入僵局的特殊情形下，守约方可能利用自己处于道德的制高点，转而谋算不义之利，使对方处于非常艰难的境地。特别是当对方并非恶意毁约，而是由于考虑不周、经营不善、安排不当等过失导致的违约的情形，其本来已经陷入不利的经营或生活的困境，尽管过失不能成为其免除违约责任的理由，但对方出于不公平、不诚信的考虑而不行使解除权，使得套在违约方头上的“法锁”不得挣脱，此时如果不赋予违约方解除合同的权利，事实上已经造成了新的对守约方的不良引诱，双方权利义务关系的新的失衡状态，法律的实施效果可能会适得其反。所以，最高人民法院在《九民纪要》中阐释了有条件地赋予违约方解除权的意义，第一次规定了违约方解除合同的规则。《民法典》对《九民纪要》进行了一定程度的吸收与改造，于第580条第1款规定：“当事人一方不履行非金钱债务或者履行非金钱债务不符合约定的，对方可以请求履行，但是有下列情形之一的除外:（一）法律上或者事实上不能履行;（二）债务的标的不适于强制履行或者履行费用过高;（三）债权人在合理期限内未请求履行。”然后于第2款接着规定:“有前款规定的除外情形之一，致使不能实现合同目的的，人民法院或者仲裁机构可以根据当事人的请求终止合同权利义务关系，但是不影响违约责任的承担。”

依照《民法典》关于违约方解除合同的上述规定，需要理解如下含义与适用条件:

1.仅在发生合同僵局的情况下才有可能由违约方行使解除权。所谓合同僵局，是指非金钱给付之债中，债务人陷入无法履行，或者根据合同性质而无法强制实际履行，债权人却不行使解除权，双方的权利义务都无法得到实现与履行的情形。一方面，债务人确实已经构成违约，应当履行义务；但是另一方面，很难或者无法强制债务人依据合同约定履行其义务，以实现债权人的权利。

2.仅适用于非金钱给付之债，换言之，在纯粹的金钱给付之债中，不存在合同僵局问题，不存在违约方无法履行的问题。

3.必须符合法定的三种情形之一，即：其一，法律上或者事实上不能履行；其二，债务的标的不适于强制履行或者履行费用过高；其三，债权人在合理期限内未请求履行。

上述三种不能请求强制实际履行的法定情形没有兜底条款，法官不能类推适用。

4.发生合同僵局时，守约方与违约方都有权行使合同解除权。

5.守约方既可以通过私力救济的方式行使解除权，即通知对方解除，也可以通过公力救济的方式行使解除权，但是违约方只能通过公力救济的方式行使解除权，即只能以向法院提起诉讼或者向仲裁机构提起仲裁的方式请求判决终止合同。

6.违约方提起诉讼或者仲裁，只能是请求终止合同权利义务关系，而不能提出解除合同的请求，尽管其实际效果就是解除合同。

7.当事人一方依据《民法典》第580条第2款的规定请求终止合同权利义务关系，法院经审查认定合同应当终止的，一般应当以起诉状副本送达对方的时间作为合同权利义务关系终止的时间。根据案件的具体情况，以其他时间作为合同权利义务关系终止的时间更加符合公平原则和诚信原则的，法院可以该时间作为合同权利义务关系终止的时间，但是应当在裁判文书中充分说明理由（《最高人民法院关于适用〈中华人民共和国民法典〉合同编通则若干问题的解释》第59条）。

关于不能请求强制实际履行的三种具体情形的理解，将于本书“违约责任”章详细解释。

第八章

违约责任

一、违约责任的概念和特征

（一）违约责任的相对性

违约责任是民事责任的主要类型之一，是指合同当事人违反合同约定的义务或者附随义务而应当采取的救济措施或者承担的法律后果。

违约责任具有相对性，此乃基于债的相对性原理。违约责任的相对性具有两层基本含义：其一，只有合同当事人才需要承担违约责任，第三人不需要承担违约责任，合同的一方当事人只能向对方当事人请求其承担违约责任，而不能向合同以外的第三人请求其承担违约责任。合同领域可能会发生与第三人有关的事实，如因受第三人欺诈、第三人胁迫而签订合同的情形，就涉及第三人，但是此种情形属于合同可撤销制度的适用范围，与违约责任无关。违约责任只能是合同相对人之间的事情，与第三人无关。其二，只有合同的一方当事人才能向另一方当事人主张违约责任，第三人不能向合同当事人主张违约责任，亦即第三人不能介入合同中来，向合同当事人主张违约责任。违约责任相对性的唯一例外是涉他合同，《民法典》有关涉他合同的内容规定于合同编第四章“合同的履行”之中，其中规定了第三人介入合同的两种情形：第一，约定或者法律规定向第三人履行的合同，第三人的介入权，即第522条第2款：“法律规定或者当事人约定第三人可以直接请求债务人向其履行债务，第三人未在合理期限内明确拒绝，债务人未向第三人履行债务或者履行债务不符合约定的，第三人可以请求债务人承担违约责任；……”第二，第三人代为履行，即第524条第1款：“债务人不履行债务，第三人对履行该债务具有合法利益的，第三人有权向债权人代为履行；但是，根据债务性质、按照当事人约定或者依照法律规定只能由债务人履行的除外。”

（二）违约责任的补偿性

私法上的责任即民事责任包括违约责任与侵权责任，都具有补偿性，其基本功能是填补损失。在侵权责任场合，受害人的人身权利、财产权利或者其他民事权利，包括股权、知识产权等受到了损害，可以请求侵权行为人赔偿，赔偿的目的是弥补被侵害权利人的损失，使其恢复到没有被侵权的状态。一般而言，民事责任不具有报复功能与惩罚、惩戒功能，主要就是填补损失的功能。违约责任也是这样，目的在于补偿守约方受到的损害，原则上不具有惩罚性与报复性。这一理念很重要，所以违约责任中有很多限制赔偿范围与赔偿数额的理论和规则，都是因为违约责任不是为了惩罚违约方，而是要填补守约方或者被违约方所遭受的经济损失。当然，违约方赔偿对方的损失，对他来说也是额外的支出，客观上也起到了某种惩罚性功能甚至警示功能，可以督促人们不要轻易违约。但是这不是违约制度的初衷，违约制度的初衷就是填补损失。

（三）违约责任的约定性

违约责任可以由当事人约定。侵权责任是法定的，何种行为构成侵权行为、应该承担什么责任，是由法律直接规定的。而违约责任条款是由双方协商一致自由约定的，违约责任条款本身也体现了私法自治与合同自由。当然如果当事人在合同中没有约定违约责任的条款，也不妨碍守约方追究违约方的违约责任，他可以根据法律的规定而追究对方的违约责任，即有约定的时候按照约定，约定优先，没有约定的时候按照法律规定承担违约责任。

二、违约行为的形态之一：预期违约

所谓违约行为形态，是指根据违约行为违反义务的性质、特点而对违约行为作出的分类。由于违约行为是对合同义务的违反，而合同义务的性质不同，将导致对这些义务的违反的形态也不相同，从而形成不同的违约形态。从总体上说，可以根据履行期限是否到来而将违约行为区分为预期违约和实际违约两种类型，而预期违约与实际违约又有具体的类型。《民法典》对这两种违约形态都予以了规定。下面就这两种类型分别介绍。

（一）预期违约的概念与特点

预期违约也称为先期违约、期前违约，它是指在履行期限到来之前，一方无正当理由而明确表示其在履行期到来后将不履行合同，或者其行为表明其在履行期到来以后将不可能履行合同。《民法典》第578条规定："当事人一方明确表示或者以自己的行为表明不履行合同义务的，对方可以在履行期限届满前请求其承担违约责任。"这就是《民法典》关于预期违约制度的条文规定。预期违约具有以下特点：

1.预期违约是在履行期到来之前的违约。由于履行期尚未到来，当事人还没必要实际履行其义务，此时一方的违约只是表现为未来将不履行义务，不像实际违约那样表现为现实的违反义务，预期违约行为侵害的是期待的债权而不是现实的债权。当然，尽管履行期限尚未到来，但由于合同已经生效，任何一方出现预期违约行为也属于对合同义务的违反，因而也构成违约。

2.预期违约包括两种形态，即明示毁约和默示毁约。由于这两种形态都是发生在履行期到来之前的违约，因此可以看作与实际违约相对应的一种特殊的违约形态。

3.预期违约在责任后果上与实际的违约责任是不同的。一般来说，实际违约常常会造成守约方期待利益的损失，如一方亟待原材料投入生产，因对方到期不交付而使其不能按时投入生产从而获得利润。而就预期违约来说，一般造成的是信赖利益的损害，如因信赖对方履行而支付一定的准备履行的费用，因此两者在损害赔偿的范围上是各不相同的。

（二）预期违约的制度价值

根据传统合同法理论，通常应当是到了履行期而债务人没有履行或者履行不符合约定，才构成违约，承担违约的基本前提是履行期已经届至，在履行期未届至的情况下是不存在违约的。但是，如果一方在履行期届至前就明确告诉对方，即使履行期到来他也不会或者不能履行合同，这种情况下对方如果只能等待约定的履行期届满时才能采取行动主张违约责任，可能会产生难以克服的困境。比如，一份出版合同，约定六个月后作者交稿，但是两个月之后作者就告诉出版社："对不起，我转行了，不做教学科研了，书稿不能写了，你们另外找人写吧。"这个时候，如果出版社必须等到六个月之后，作者确定没有交稿的时候才能对他主张违约责任，或者采取其他补救措施，可能为时晚矣，耽误出版社的出版计划。

所以，如果在履行期届满之前，一方明确表示不会履行合同或者有证据证明他不会履行合同，如果非得等到履行期届满后才能向他主张违约责任，采取补救措施，这对于交易秩序的维持、对于合同当事人利益的保护，都是不利的。所以，英美契约法中创造了预期违约制度，法律赋予当事人一种在合同履行期届满之前，就可以主张对方已经违约的权利。预期违约也称为期前违约，即当事人在合同履行期届满之前的违约。

（三）预期违约的构成要件

预期违约的构成要件包括：第一，合同约定了明确的履行期；第二，履行期尚未届至；第三，当事人以明示的或者默示的方式告诉对方他将不履行合同，亦即拒绝履行。在满足这三个条件的时候，当事人可以选择等待对方实际违约时再主张违约责任，也可以选择立刻主张违约责任。

（四）明示预期违约

所谓明示预期违约，是指一方当事人无正当理由，明确肯定地向另一方当事人表示他将在履行期限到来时不履行合同。即《民法典》所表述的"当事人一方明确表示……不履行合同义务的，对方可以在履行期限届满前请求其承担违约责任"。构成明示预期违约必须具备以下条件：

第一，必须是一方明确肯定地向对方作出不履行合同的表示。换言之，一方表示的毁约意图是十分明确的，不附有任何条件的，如明确表示其不愿意付款或交货等。

第二，不履行合同的主要义务。正是由于一方表示其在履行期到来之后，将不履行合同的主要义务（如不履行买卖合同中的付款或交货义务），从而会使另一方订约目的不能实现，或严重损害其期待利益，因此，明示毁约人应负违约责任。如果行为人只是表示其将不履行合同的次要义务或者从给付义务，则原则上不构成明示预期违约。

第三，不履行合同义务无正当理由。在实践中，一方提出不履行合同义务常常有可能会找出各种理由和借口，如果这些理由能够成为法律上的正当理由，则不构成明示毁约。各种正当理由主要包括：因债权人违约而使债务人享有解除合同的权利；因合同具有无效因素而应被宣告无效；合同应被撤销；合同根本没有成立；债务人享有履行抗辩权以及因不可抗力发生而使合同不能履行等。在具有正当理由的情况下，一方拒绝履行义务是合法的，因此不构成明示毁约。在一方明示毁约的情况下，另一方有权拒绝对方的明示毁约。这就是说，另一方可以根本不考虑一方所作出的毁约表示，而单方面坚持合同的效力，等到履行期限到来以后要求毁约方继续履行合同或承担违约责任。如在某些情况下，另一方认为，在履行期到来后请求违约方承担赔偿责任，比在履行期到来前请求其承担此种责任对其更为有利，可以等待履行期到来后提出请求。再如，另一方相信毁约方可能会在履行期到来前撤回其毁约的表示，从而消除毁约的状态，也可以等待履行期到来后提出请求。

如果相反，另一方认为等待履行期到来后再提出请求，将使其蒙受更大的损失，或者认为毁约方不可能撤回其毁约的表示，则可以根据《民法典》的上述规定，立即提出请求，要求对方在履行期到来前承担违约责任。尽管法律允许另一方可以在履行期到来前行使各种违约补救方式，如要求毁约方在履行期到来时履行合同、赔偿损失、支付违约金以及解除合同等，但应当看到，履行期到来前的责任和履行期到来后的责任仍然是有区别的。例如，在确定预期违约的损害赔偿时，只能根据履行期到来前的市场价格而不能根据履行期到来时的市场价格来计算损失，并确立毁约方应赔偿的数额。再如，在计算赔偿数额时，应当考虑到从预期违约到履行期到来，另一方可能有较长时间采取措施减少损害。如果他未采取措施减轻其应当减轻的损害，则该数额应当从赔偿数额中扣除。总之，在确定预期违约的责任时，不能以履行期到来后的标准予以确定，否则将加速当事人债务的履行，使毁约方承担过重的责任。

（五）默示预期违约及其与不安抗辩权的关系

所谓默示预期违约，是指在履行期到来之前，一方以自己的行为表明其将在履行期到来之后不履行合同，或者一方有足够的证据证明对方将不履行合同，而对方也不愿意提供必要的履行担保。即《民法典》所表述的“当事人一方……以自己的行为表明不履行合同义务的，对方可以在履行期限届满前请求其承担违约责任”。构成默示预期违约的条件为：

第一，一方以自己的行为表明其将不履行合同。比如，债务人实施转移财产、抽逃资金以逃避债务的行为，就是典型的以自己的行为表明其将不履行合同义务。此种非明示而是以行为表明的不履行合同状态，就是所谓的“默示违约”。

第二，一方具有确凿的证据证明对方具有上述情形。如果另一方只是怀疑或推测一方在履行期到来以后将不履行合同，不能构成确切的证据。

第三，一方不愿提供适当的履约担保。另一方虽有确切的证据证明一方将不履行合同，但还不能立即确定对方已构成违约。根据《民法典》第528条规定，在预期违约制度中，一方要确定对方构成预期违约，必须首先要求对方提供履约担保。只有在对方不提供履约担保的情况下，才能确定其构成预期违约并可以要求其承担预期违约的责任。

只有符合上述要件，才能构成默示违约。在默示违约的情况下，非违约人既可以在履行期限到来以后要求毁约方实际履行或承担违约责任，也可以不必等待履行期限的到来而直接要求毁约方实际履行或承担违约责任。

《民法典》第578条规定的预期违约制度，需要结合《民法典》第527条、第528条的不安抗辩权制度，以及第563条的法定解除权制度进行理解与适用。不安抗辩权制度和预期违约制度有一定的类似性。不安抗辩权是按照约定应当先履行合同义务一方，在特定情形下，通知后履行义务一方自己中止履行，暂停履行合同义务的一时性的抗辩权。《民法典》第527条第1款规定的产生不安抗辩权的情形包括：（1）经营状况严重恶化；（2）转移财产、抽逃资金，以逃避债务；（3）丧失商业信誉；（4）有丧失或者可能丧失履行债务能力的其他情形。其中的第（2）种情形，即转移财产、抽逃资金以逃避债务的行为，完全符合《民法典》第578条中的“以自己的行为表明不履行合同义务”。出现这种情形的时候，按照第527条、第528条，债权人不能立即主张违约责任，只能暂停履行自己的义务，主张不安抗辩权，而按照第578条则可以立即主张违约责任。而不安抗辩权行使的后果，即中止履行以后，如果对方恢复了偿债能力或者提供了适当担保，行使不安抗辩权的一方必须马上恢复履行，不恢复履行就会构成违约，因为他是先履行义务一方。如果在一个合理期限之内，对方既没有提供适当担保又没有恢复偿债能力，行使不安抗辩权的一方才可以进一步解除合同。所以，不安抗辩权制度与合同解除制度存在关联。而根据《民法典》第578条，基于预期违约制度，当事人可以立刻主张违约责任。所以，《民法典》上述几个相互关联的条文与规则在适用上可能产生一些交叉或者重合，需要结合案件的具体情况判断优先适用哪一项规则以及如何整体考虑预期违约、不安抗辩权和合同解除权制度的适用。

实践中特别需要注意默示预期违约与不安抗辩权之间的适用关系。如前所述，默示预期违约与不安抗辩权之间存在一定的关联性与交叉适用的可能性，二者有相似的地方，特别是一方实施转移财产、抽逃资金以逃避债务的行为，既可以构成不安抗辩权的行使条件之一，也可以构成默示预期违约，而且是最典型的默示预期违约，这种情况下到底是适用不安抗辩权制度还是适用默示预期违约制度存在模糊之处。一般认为，行使不安抗辩权的主要客观情形，即债务人主观上不一定不愿意履行合同，但是客观上难以履行，如严重丧失商业信誉、经营状况严重恶化，其实亦非债务人的主观愿望，而默示预期违约主要是债务人主观上存在不愿意履行合同的恶意，客观上并不一定不能履行。当然有时候也会存在交叉的情形，如典型的实施转移财产、抽逃资金以逃避债务的行为，此种情形被规定于《民法典》第527条不安抗辩权之中，却是最典型的默示预期违约行为。笔者认为，在大部分符合《民法典》第527条所规定的情形，包括经营状况严重恶化，资不抵债，濒临破产；实施转移财产、抽逃资金以逃避债务的行为；严重丧失商业信誉，或者信用指数被信用评级机构大幅度下调；有丧失或者可能丧失履行债务能力的其他情形，如诉讼缠身，大部分财产被司法查封等，都应当适用不安抗辩权，而不能径直适用默示预期违约，不能由对方径直主张违约责任，而只能先产生抗辩效果，即应当先履行义务一方可以暂停履行自己的义务，只有在一方行使抗辩权之后对方仍然不能恢复履行能力或者不能提供担保的情况下，才会产生与默示预期违约相同的法律效果，即一方可以解除合同，同时主张对方的违约责任。唯一的例外是，当对方出现实施转移财产、抽逃资金以逃避债务的行为时，守约方既可以行使不安抗辩权，也可以径直向对方主张默示预期违约的责任。

三、违约行为的形态之二：实际违约

在履行期限到来以后，当事人不履行或不完全履行合同义务，都将构成实际违约。实际违约行为有以下几种类型：

（一）拒绝履行

拒绝履行，是指在合同期限到来以后，一方当事人无正当理由拒绝履行合同规定的全部义务。《民法典》第577条所提及的“一方不履行合同义务”就是指拒绝履行的行为。拒绝履行的特点是：一方面，一方当事人明确表示拒绝履行合同规定的主要义务，如果仅仅是表示不履行部分义务则属于部分不履行的行为；另一方面，一方当事人拒绝履行合同义务无任何正当理由。学理上一般认为，一方严重违反合同使另一方订约目的不能实现，或者造成期待利益的重大损失，此种根本违约行为也等同于拒绝履行行为。拒绝履行是最严重的一种违约行为，在一方拒绝履行的情况下，另一方有权要求其继续履行合同，也有权要求其承担支付违约金或者损害赔偿的责任。

债务人拒绝履行的意思表示可以是明示的，也可以是默示的，但是都必须有明确的拒绝履行的意思。实务当中，明确表示拒绝履行的情况并不多见，默示的方式会更多。有的时候债务人确实会明确告诉对方他不会履行债务了，如在一房二卖的情况下，开发商与第一个顾客签订了合同，马上又与第二个顾客就同一套房屋签订合同，并且为第二个顾客办理了过户登记，这种情况下开发商只好对第一个顾客明确告知其不能履行合同了。

（二）迟延履行

迟延履行，是指合同当事人履行了合同义务，但是其履行违反了合同中履行期限的约定，构成履行迟延。履行迟延在广义上包括债务人的给付迟延和债权人的受领迟延，狭义上仅指债务人的给付迟延。《民法典》规定的迟延履行是广义的概念，因此凡是违反履行期限的履行都可以称为迟延履行。例如，《民法典》第589条第2款规定：“在债权人受领迟延期间，债务人无须支付利息。”此处即是关于债权人受领迟延后果的规定。

迟延履行不同于拒绝履行，因为在迟延履行的情况下，违约当事人愿意履行并且已经作出了履行，只是履行不符合期限的规定。而在拒绝履行的情况下，违约当事人不仅没有作出履行，而且明确表示不愿意履行合同义务，可见拒绝履行是一种故意的、全面的违约。当然，在迟延以后，违约当事人不愿继续履行也可转化为拒绝履行。

在迟延履行的情况下，关键是要确定合同中的履行期限。如果合同明确规定了履行期限，则应当依据合同的规定履行。如果合同没有规定履行期限，则应当依据《民法典》第511条第4项的规定，“履行期限不明确的，债务人可以随时履行，债权人也可以随时请求履行，但是应当给对方必要的准备时间”。必要的准备时间也就是合理的履行期限。凡是违反履行期限规定的履行，无论是债务人还是债权人，都构成履行迟延。在履行迟延的情况下，非违约方有权要求违约方支付迟延履行的违约金，如果违约金不足以弥补非违约方所遭受的损失，非违约方还有权要求赔偿损失。

迟延履行与合同解除关系密切。非违约方是否有权在对方发生迟延履行的情况下解除合同？由于在许多情况下，迟延履行不一定会给非违约方造成重大损失或者使其订立合同的目的落空，因此，非违约方并不必要解除合同。依据《民法典》第563条的规定，非违约方可以行使解除权的情况主要有两种：一是当事人一方迟延履行主要债务，经催告后在合理期限内仍未履行；二是当事人一方迟延履行债务致使不能实现合同目的。只有在这两种迟延履行的情况下，非违约方才能解除合同。

迟延履行其实又可细分为两种情形：第一种情形是，到了履行期未履行，但是债务人没有表示拒绝履行，相反可能表示愿意履行，只是时间上要迟延。此时债权人可以主张迟延履行的违约责任，同时也可以要求债务人继续履行。比如，卖方到了履行期还没有交货，买方可以提出两个诉讼请求：第一是继续履行，请求卖方继续履行交货义务；第二是请求赔偿损失。第二种情形是，债务人已经履行，完成了给付，但是是在约定的履行期届满后完成的，如约定8月1日交货，卖方10月1日才交货，给付义务是已经履行了，但是构成迟延。此时买方不能（或者说不必要）起诉请求继续履行，但是可以请求赔偿损失。所以，当守约方主张对方迟延履行的违约责任的时候，实际上有两种情形：第一种情形是债务已经履行完毕，但是陷入了迟延；第二种情形是仍然没有履行，但是债务人也没有拒绝履行。迟延履行要承担违约责任是基本原则，不管债务人最后是不是实际履行了，债权人仍然可以主张迟延履行违约责任。债务人如果还没有履行时，债权人可以同时主张债务人继续履行和承担迟延履行的违约责任。承担迟延履行的违约责任需要根据合同的性质、合同约定的履行期限以及迟延本身的期限，综合判断迟延违约责任的承担。比如租赁合同中，约定承租人每个月的前5天交房租，即每个月的1日到5日交房租，如果承租人6日才交房租便当然构成违约，迟延一天也是迟延，出租人可以主张迟延一天的利息，但是如果迟延了两个月，甚至更长时间，就可能与租赁合同的解除发生联系了。根据《民法典》第563条第1款第3项规定，一方迟延履行主要债务，经催告以后在合理期间之内仍不履行，就会导致法定解除权的产生。所以，迟延履行这种违约形态，首先会发生迟延本身的责任，即因为迟延而给对方造成的损失，还可能发生继续履行或者合同被解除的后果。至于迟延履行与解除权的关系，则需要根据合同的性质、合同本身的履行期以及迟延的期间来判断，比如一份演出合同，约定5月4日晚上7点到9点的演出，演出方延误了两个小时才赶到，观众都已经散席了，所以尽管仅迟到了两个小时却构成根本性违约，会产生对方的法定解除权；而在一份租赁合同中，承租人迟延交付租金达到了两个月却不构成根本性违约，因为合同的性质不一样，当事人在合同中的目的也不一样。

（三）不适当履行

不适当履行，是指当事人交付的标的物、完成的工作成果等给付内容不符合合同约定的质量要求或者其他要求，构成瑕疵履行。例如，标的物质量不符合约定，或者规格型号不符合约定，或者履行方式不符合约定，等等。不适当履行包含的范围很广，凡是拒绝履行、迟延履行、部分履行以外的其他违约行为都可以纳入不适当履行的范围中。

从《合同法》到《民法典》，我国债法立法上没有采取大陆法系中的瑕疵担保责任，而认为不适当履行是一种独立的违约行为，违约当事人应当承担违约责任，而非违约方则可以选择各种违约的补救方式维护其权利。例如，根据《民法典》第582条规定：“履行不符合约定的，应当按照当事人的约定承担违约责任。

对违约责任没有约定或者约定不明确，依据本法第五百一十条的规定仍不能确定的，受损害方根据标的的性质以及损失的大小，可以合理选择请求对方承担修理、重作、更换、退货、减少价款或者报酬等违约责任。”这就是说，在不适当履行的情况下，如果合同对责任形式和补救方式已经作出了明确约定（如约定产品有瑕疵的应当首先进行修理），则应当按照合同的约定确定责任；如果合同没有作出明确约定，非违约方可以根据具体情况，选择各种不同的补救方式和责任形式。

（四）部分履行

所谓部分履行，是指虽然履行了合同义务，但履行不符合数量或者比例或者程度的规定，也就是履行在量的方面存在不足，未达到合同约定的量的标准。在部分履行的情况下，非违约方首先有权要求违约方依据合同规定的数量条款继续履行，交付尚未交付的货物、金钱以及提供尚未提供的服务。非违约方也有权要求违约方支付违约金。如果因部分履行造成了损失，非违约方有权要求违约方赔偿损失。由于在一般情况下，对部分不履行债务人是可以补足的，因此不必要解除合同。如果因部分履行而导致合同的解除，则对已经履行的部分将作出返还，从而会增加许多不必要的费用。所以，从合同法的鼓励交易原则出发，除非债权人能够证明部分履行已构成根本违约，导致其订约目的不能实现，一般不能解除合同，而只能请求对方继续履行。

四、金钱之债的违约责任

（一）金钱之债的概念及其可强制履行性

1. 金钱之债的概念

《民法典》第579条规定：“当事人一方未支付价款、报酬、租金、利息，或者不履行其他金钱债务的，对方可以请求其支付。”该条源于之前《合同法》第109条规定，即“当事人一方未支付价款或者报酬的，对方可以要求其支付价款或者报酬”。但是对《合同法》的规定进行了两个方面的完善：一是增加列举了金钱之债的典型形态，即除了之前的价款与报酬，增加了常见的租金和利息，并予以了兜底表述，即“其他金钱债务”；二是将之前的“要求”改为了更加严谨的“请求”。

金钱之债，或者称为金钱债务，指的是债权的受领内容或者债务的给付内容，是金钱或者货币，而非其他。比如，买卖合同中买受人支付价款的义务，租赁合同中承租人支付租金的义务，借款合同中的借款人偿还借款本息的义务，运输合同中托运人支付运费的义务，委托合同中委托人支付报酬的义务，都属于金钱之债，或者叫作货币之债，因为价款、租金、借款、运费、报酬等都属于金钱或者货币。货币是一般等价物，在流通环节它是一种支付手段。就给付内容而言，货币之债是以货币或者金钱为内容。利息其实也是金钱，它只是与本金对应的概念。

2.金钱之债履行中的特点

金钱之债履行中最大的特点是：原则上金钱之债不发生履行不能的问题。原因在于金钱或者货币属于一般等价物，具有极强的流通性与可替代性，不存在无法履行的问题。即使发生了不可抗力，也不会导致债务人无法履行金钱的给付义务，这与非金钱之债是完全不同的。非金钱债务在出现不可抗力的时候，很可能导致债务人无法继续履行给付，如无法交货，或者无法完成施工任务等，而非金钱之债不会因为发生不可抗力而无法完成货币的支付。除了不可抗力，其他原因也可能导致非金钱之债无法实际履行，即出现履行不能的情形。所以，只要出现一方当事人未支付价款、报酬、租金、利息等，或者未履行其他金钱债务，债权人都可以请求其支付，债务人不得以无法支付或者履行不能为由拒绝履行义务，如果债务人拒绝履行，债权人可以请求法院判决强制其履行。此即金钱之债的可强制履行性。

3.法律规定金钱之债的可强制履行性之意义

《民法典》第579条中的“对方可以请求其支付”，主要强调的是金钱之债包括利息之债不存在无法履行的问题，不存在履行不能或者履行障碍的问题，因而当债务人不履行的时候，债权人可以请求法院强制继续履行。其实，任何债务不履行的时候，债权人按道理都有权通过司法途径请求债务人强制继续履行，而且，《民法典》在该条之前的第577条已经明确规定：“当事人一方不履行合同义务或者履行合同义务不符合约定的，应当承担继续履行、采取补救措施或者赔偿损失等违约责任。”既然已经有如此明确的关于债务强制继续履行的规则，《民法典》为什么还要在第579条单独就金钱之债的履行作出规定呢？其意义就在于设置这样一个债务履行规则：金钱之债不存在履行不能的问题，债务人不能以履行不能提出拒绝履行的抗辩。同时，为下一条即第580条关于非金钱债务的履行规则进行铺垫，以示二者之间的区别。

4. 金钱之债可强制履行规则之例外

在极为特殊的情况下，金钱之债的可强制履行性会出现例外，即金钱之债也可能排除强制履行，适用履行障碍或者履行不能的规则，债权人不能请求债务人给付金钱，或者说当金钱之债的债权人请求债务人为金钱给付义务时，债务人可以提出金钱给付的免责或者减责的抗辩。例如，《最高人民法院关于依法妥善审理涉新冠肺炎疫情民事案件若干问题的指导意见（二）》第6条规定："承租国有企业房屋以及政府部门、高校、研究院所等行政事业单位房屋用于经营，受疫情或者疫情防控措施影响出现经营困难的服务业小微企业、个体工商户等承租人，请求出租人按照国家有关政策免除一定期限内的租金的，人民法院应予支持。承租非国有房屋用于经营，疫情或者疫情防控措施导致承租人没有营业收入或者营业收入明显减少，继续按照原租赁合同支付租金对其明显不公平，承租人请求减免租金、延长租期或者延期支付租金的，人民法院可以引导当事人参照有关租金减免的政策进行调解；调解不成的，应当结合案件的实际情况，根据公平原则变更合同。"需要注意的是，此种情形属于极为特殊的情形，且原则上应当依据法律或者司法解释的规定，金钱债务的债务人才可能基于履行困难而主张特定金钱债务的免责或者减责抗辩。

（二）非金钱之债的履行规则

非金钱之债是指债的给付内容为金钱以外的其他任何给付方式，包括交付财物（任何除金钱之外的财物，包括所有的动产、不动产）、完成劳务（如提供咨询服务、办理股权变更登记手续等）、交付工作成果（如交付创作的作品、移交工程等）、交付知识产权（如办理专利权的权属变更登记、交付专利许可合同项下的相关资料等）甚至不作为等。债务人如果不履行非金钱之债或者履行非金钱之债不符合约定，债权人通常也是可以通过司法途径请求债务人强制实际履行的，但是在某些场合，由于特殊原因所致，可能会发生债务人无法实际交付标的物或者完成约定的劳务的情形，例如房屋买卖合同中，约定交付的房屋被大火烧毁了，又如运输合同中，铁路因为泥石流被冲断而无法通行。此时，即使债权人通过司法途径起诉债务人请求法院判决债务人强制继续履行，实际上该判决也无法得到执行。所以，非金钱之债可能会发生履行不能的情形，或者其他履行障碍，进而无法支持债权人要求债务人继续履行的请求。这就是《民法典》第580条第1款要解决的问题："当事人一方不履行非金钱债务或者履行非金钱债务不符合约定的，对方可以请求履行，但是有下列情形之一的除外：（一）法律上或者事实上不能履行；（二）债务的标的不适于强制履行或者履行费用过高；（三）债权人在合理期限内未请求履行。"当出现该规定的上述情形时，便构成履行不能或者履行障碍，不能支持债权人实际履行请求，而只能采用其他的方法对债权人进行救济，如损害赔偿。

（三）金钱债务与利息之债

1.概念与区分的标准

首先需要理解的是，此处的金钱之债与利息之债的分类，与债法原理中一般的债的分类，如法定之债与意定之债、特定物之债与种类物之债、财物之债与劳务之债等的区分是有所不同的，债法原理中的这些分类都是对应的概念和相反的关系，如法定与意定是一组对应和相反的概念，特定物与种类物也是一组对应与相反的概念，财物与劳务亦如此。但是金钱与利息并不是相反的一组概念，尽管也有对应关系，即利息是相对于本金而言的，此处的本金与"金钱"或者"货币"是同一个概念，并且与利息相对应。

2.利息之债的性质与特殊规则

利息之债，是指在金钱之债的基础上，按照约定债务人需要在偿还本金的同时支付利息，或者如果债务人没有按期履行金钱债务时需要按照法律规定增加支付因未按期履行而给债权人导致的资金成本损失，即利息。一般而言，非金钱债务不发生利息之债，除非有特别约定，但是没有履行或者没有按照约定履行金钱债务，则会发生利息之债，债权人除了可以主张本金的偿还，还可以主张利息的偿还，即使没有事先的约定。在经济学上，利息是一个重要的经济杠杆。民法学理上的通说认为，利息之债的性质属于从债，即利息必须以本金的存在为前提，利息之债是本金之债（金钱之债）的从债，本金之债是主债。没有单纯的、独立存在的利息之债，它必须以本金之债为前提。例如在一份买卖合同中，买受人迟延四个月支付货款10万元，买受人除了需要按约定支付10万元货款，还需要向买受人支付该10万元四个月的利息。利息的标准，之前一般是参照中国人民银行公布的同期银行贷款利率或者存款利率，自2019年8月20日之后一般都是参照贷款市场报价利率即LPR计算。LPR是指由18家报价银行完成报价后，中国人民银行授权全国银行间同业拆借中心计算得出并发布的利率，包括1年期和5年期以上两个期限档次。

只要发生了金钱之债的未履行或者迟延履行，就会发生利息之债，债权人就可以请求利息赔偿，而不需要证明其损失。

《民法典》在合同编规定利息之债，将利息之债作为金钱之债的从债，有其法理依据，且与物权编的相关规定契合。从物权法角度而言，利息和本金属于原物与孳息物的关系。利息作为一种孳息，它对应的概念是原物。基于原物的自然属性或者法律属性，而形成一个新的物，即为孳息物。孳息物的归属原则是：原物归谁，孳息物归谁，此即孳息物随原物的原则。比如一棵苹果树是张三家的，它结了苹果，苹果就是天然孳息物，基于物的自然属性而形成，该苹果作为孳息物归它的原物即苹果树的主人张三所有。有的孳息物要通过法律行为才会产生，比如将10万元存放在银行，1年以后这10万元本金就会产生相应的利息，这个利息是通过储蓄合同或存款合同这一法律行为产生的。

3. 利息与违约金的关系

如果在金钱之债中当事人同时又约定了违约金，后来发生债务人没有按照约定支付金钱的违约行为，此时债务人除了要偿还本金，还要支付利息，这是没有争议的。但是现在还约定了违约金，假如债权人请求：第一，偿还本金100万元；第二，支付利息8万元；第三，支付违约金10万元。这三项请求是不是都应当获得法院的支持呢？或者，是不是支付了利息就不再承担支付违约金的义务了呢？原则上，债务人不需要同时支付利息和违约金，因为对债权人而言，作为金钱之债，其债权受到损害比如货款没有得到及时清偿，其损失就是本金加上本金的利息，不能计算其他损失，所以即使没有约定违约金，债权人也有权请求债务人支付利息，但是在约定了违约金且债务人支付了违约金的情况下，债权人的损失就已经得到了弥补，也就是由债务人承担了债权人的利息损失，所以债务人不能既支付利息又支付违约金。除非约定的违约金太低，不足以弥补债权人的利息损失。所以，一方面，在约定的违约金过分低于利息损失的情况下，债权人可以请求增加违约金，或者先由债务人按约定支付违约金，再补足违约金与实际利息之间的差价；另一方面，如果约定的违约金过高，即过分高于利息损失，则债务人可以请求法院或者仲裁机构予以适当的调减。

4.金钱之债中的货币种类

《民法典》第514条规定："以支付金钱为内容的债，除法律另有规定或者当事人另有约定外，债权人可以请求债务人以实际履行地的法定货币履行。"我国的法定货币是人民币，所以凡是在我国进行履行的合同，支付货款、租金、报酬等金钱，都应当以人民币支付，除非双方在合同中另有约定或者法律对支付货币的种类有其他的规定。

此条的实际意义在于解决如果合同一方当事人在我国境外（包括特别行政区）时的货币支付种类问题，适用于国际货物买卖合同、国际工程承包合同、技术进出口合同等含有涉外因素的合同。在涉外合同中，如果对于货币的支付种类有约定，或者有法律强制性规定，则应当按照约定或者法律规定执行；在既没有约定也没有法律强制性规定的情况下，债权人可以请求债务人以合同的实际履行地的法定货币支付。实际履行地需要根据准据法指向的那一国法律予以确定。如果准据法确定为我国法律，则根据《民法典》《民事诉讼法》《涉外民事关系法律适用法》等以及合同的实际履行情况，以确定合同的实际履行地。

五、承担违约责任的方式

如果确定了一方构成违约，不管是预期违约还是实际违约，守约方可以提出什么样的主张和请求，法院或者仲裁机构最后裁决违约方承担什么样的责任，这都称为承担违约责任的方式，又称为违约救济方式。

违约责任是民事责任的一种，《民法典》在总则编"民事责任"一章中于第179条第1款详细列举了十一种具体的承担民事责任的方式，包括侵权损害民事责任和违约责任的承担方式，其中第4项返还财产，第6项修理、重作、更换，第7项继续履行，第8项赔偿损失和第9项支付违约金，是针对违约责任的承担方式（其中第8项赔偿损失是同时适用于侵权责任和违约责任的方式）。

依据上述总则编关于民事责任承担方式的一般性规定，合同编对违约责任的承担方式进行了进一步的规定，首先规定在第577条，即："当事人一方不履行合同义务或者履行合同义务不符合约定的，应当承担继续履行、采取补救措施或者赔偿损失等违约责任。"这一条列举了三种典型的违约责任的承担方式：继续履行、采取补救措施和赔偿损失。除此三种之外，还规定了其他违约责任承担方式，包括支付违约金、定金，减少价款或报酬等。

（一）继续履行

1.继续履行的概念与意义

继续履行，在学理上也称为强制继续履行或者强制实际履行。从《合同法》到《民法典》合同编，都是将继续履行作为承担违约责任的第一种方式。

继续按照合同的约定履行自己的义务，这到底是不是一种违约责任，学界存有一定的争议。继续履行的内容本来是合同约定的义务，并没有让当事人承受额外的负担。义务违反才有责任，责任是在义务之外施加的负担。所以，有的学者认为继续履行只是履行原来约定的义务而已，没有增加债务人任何额外的负担，更不具有任何的惩罚性，其性质不应当属于责任承担，不是一种违约责任。主流学说则肯定继续履行是作为承担违约责任的一种方式，有两个主要的理由：第一，当事人不履行或者履行不符合约定，法院或者仲裁机构判决或者裁决其继续履行，这种履行不是当事人自觉的履行，已经有了公权力的介入，对当事人构成一种公法上的评价，而且最关键的是继续履行的裁决主文是可以强制执行的，如果判决以后债务人仍然不自觉履行，债权人可以申请法院强制执行。进入强制执行程序的时候，法院强制执行的已经不是合同，而是执行法院或者仲裁机构的生效法律文书，具有公法性质。第二，当事人订立合同，其真实意思表示就是希望双方都按照合同约定的义务履行，这样双方才能实现合同目的，如果没有继续履行这种违约责任承担方式，其他的违约责任承担方式包括赔偿损失、支付违约金等，虽然也能弥补守约方的损失，但是无法让守约方实现合同目的。比如，房屋买卖合同中的买受人购买房子的目的是居住，开发商拒绝交付房屋，作为承担违约责任的方式赔偿了买受人100万元违约金，买受人虽然拿到了100万元违约金，但是没房子居住，没有解决居住问题，他的合同目的仍然实现不了。只有采取继续履行的方式，当事人的合同目的才能实现，而实现合同目的也是整个社会秩序、市场秩序得以维持的一个基础。所以法律将继续履行作为一种承担违约责任的方式，有非常重要的意义。

2.继续履行在金钱债务中的适用

有关金钱债务的违约责任承担，上一节在“金钱之债的违约责任”中已有相关叙述，此处再从继续履行的角度作一分析。

《民法典》第579条规定：“当事人一方未支付价款、报酬、租金、利息，或者不履行其他金钱债务的，对方可以请求其支付。”这是《民法典》对金钱债务履行规则的完善。

（1）金钱债务的种类。《民法典》对金钱债务的种类进行了列举，将实践中最常见的几种金钱债务予以具体列明，包括价款（多见于买卖合同）、报酬（多见于委托合同、承揽合同、行纪合同、中介合同、物业服务合同）、租金（多见于租赁合同、融资租赁合同）、利息（多见于借款合同及所有的有偿合同）等。其他金钱债务，是指上述列明的金钱债务以外、性质仍然属于金钱债务的给付，如借款合同中的借款、保险合同中的保险费与保险金、运输合同中的运费、专利权许可使用合同中的许可使用费、保管合同与仓储合同中的保管费、股权转让合同中的转让款、土地使用权出让合同中的土地出让金，等等。

（2）金钱债务原则上不发生履行不能。如前所述，金钱作为一种一般等价物，具有极强的可替代性，所以债务人不存在履行不能的问题，即不存在金钱无法支付的问题。至于有无实际支付能力则是另外一个问题，不属于合同法上的履行问题，而是民事程序法中的执行问题。所以，《民法典》规定“当事人一方未支付价款、报酬、租金、利息，或者不履行其他金钱债务的，对方可以请求其支付”，此一规定初看以为没有实际意义，因为这是不言自明的，不需要法律作出表述，但是《民法典》之所以将一种看似不言自明、无须表述的规则加以规定，其立法意义就在于强调金钱债务不存在履行不能，当债权人的请求是债务人支付价款、报酬、租金、借款等金钱时，债务人不能以自己主观上或者客观上、法律上或者事实上履行不能而进行抗辩。

（3）可以适用分期支付的方式。金钱债务不适用履行不能，即使发生不可抗力、情势变更等因素，也不影响金钱债务的履行，但是如果债务人确实暂时无力支付金钱债务，当事人可以通过达成分期还款协议而由债务人分期完成给付，法院、仲裁机构的裁决中也可以根据债务人的实际情况而裁决债务人不是一次性而是分期偿还金钱债务，且在分期偿还期间免记利息。

（4）借款合同中的利息之债。在以货币本身为标的物的借款合同中，利息属于约定的义务，除非双方明确约定不支付利息。商业借款通常不可能出现没有约定利息的情形，但是根据《民法典》第680条第2款规定："借款合同对支付利息没有约定的，视为没有利息。"所以不论借款合同的当事人是自然人还是法人抑或非法人组织，如果没有约定支付利息，那就是没有利息，出借人不能向借款人主张利息。如果当事人对于利息的计算方法、利率等没有约定或者约定不明，则可以按照当地或者当事人的交易方式、交易习惯、市场利率等因素确定利息的计算方法。如果是自然人之间借款的，则确定地视为没有利息。

（5）非借款合同中的利息之债。金钱债务，包括债务人未依约支付的价款、报酬、借款、租金、运费、转让款、许可费、保险费等，都有可能产生利息之债，利息属于法定孳息，所以其实并非真正在当事人之间又形成一个新的利息之债，而只是由于债务人未按期偿还金钱债务时必然产生的利息支付责任，在非借款合同中的利息责任本身就是违约责任的一种形式。

3.继续履行在非金钱债务中的排除适用情形

继续履行在非金钱债务中具有更为重要的意义。《民法典》第580条第1款规定："当事人一方不履行非金钱债务或者履行非金钱债务不符合约定的，对方可以请求履行，但是有下列情形之一的除外：（一）法律上或者事实上不能履行；（二）债务的标的不适于强制履行或者履行费用过高；（三）债权人在合理期限内未请求履行。"这个条文确立了两个规则：第一，非金钱之债，当事人原则上可以请求继续履行，它回应了第577条关于违约责任承担方式的列举，即继续履行作为第一种承担违约责任的方式。第二，规定了非金钱债务不适用继续履行的例外情形，即列举了三种不能请求继续履行的情形：

（1）法律上或者事实上不能履行。履行不能包括两种，一种是法律不能，一种是事实不能。法律不能亦称为主观不能，是指事实上可以履行，但是法律上不能履行。比如，房屋买卖合同中出卖人一房二卖，已经将房子过户登记给了第二个买受人，此时尽管房子还在，但是出卖人已经不是房屋的所有权人，他不能把房子过户给第一个买受人，第一个买受人不能请求出卖人继续履行，交付这套房屋。当然，第一个买受人虽然不能获得继续履行的救济，但是可以获得其他违约责任承担方式的救济，如赔偿损失。事实不能亦称为客观不能，是指事实上不能继续履行，如买卖的标的物是特定物，但是交付前该特定物已经灭失了，此时基于事实上的物理规律，买卖合同履行不能。

（2）债务的标的不适于强制履行或者履行费用过高。此种情形是指债务在法律上、事实上均可以履行，但是有别的因素导致债务不适合强制履行，或者即使能够强制履行但是履行费用过高，经济上不合适、不理性。债务的标的不适合强制履行通常是指具有一定人身属性的给付内容之债，如出版合同项下作者写作的义务就不适合强制履行，虽然作者有能力写作，但是如果他不写作，法院也不可能强迫他写作。

（3）债权人在合理期限内未请求履行。比如，在一个房屋买卖合同纠纷中，买受人支付了所有价款，按约定出卖人应当在一年之内交付房子，但是出卖人没有如期交付，买受人也未请求出卖人交付，如此这般过了五年，后来买受人想起来，请求出卖人交付房屋，出卖人表示可以退回房款并加上五年的利息，但是拒绝交付房屋，理由是买受人已经超过了法律规定的合理期限。此案应当如何处理？如果不考虑其他的不适用继续履行的情形，比如房子灭失或者已经过户登记给第三人了，也不考虑诉讼时效的抗辩，出卖人以买受人超过太长时间没有请求其交付房屋为由拒绝交付，或者说拒绝履行合同，是否能够得到支持？依据《民法典》的上述规定，出卖人的抗辩是应当能够得到支持的，因为符合上述《民法典》第580条第1款第3项规定的“债权人在合理期限内未请求履行”之情形。当然，买受人不能请求继续履行，但是不影响其他的违约责任救济方式的适用，如返还支付的付款与利息等。

需要特别注意的是，在非金钱债务中，适用继续履行是原则，不适用继续履行是例外，且只能依据法律的明文规定才能排除债权人请求继续履行的权利。

4.合同僵局与解除权

《民法典》第580条第2款规定：“有前款规定的除外情形之一，致使不能实现合同目的的，人民法院或者仲裁机构可以根据当事人的请求终止合同权利义务关系，但是不影响违约责任的承担。”有关不适用继续履行但是如何解决合同纠纷特别是合同僵局，如何理解适用该条规定，详见本书第七章之八“合同解除”之（十）“违约方解除合同的条件与程序”。

5. 替代履行规则

替代履行是《民法典》编纂中新增加的一项制度。所谓替代履行，是指当债务人不履行义务或者履行义务不符合约定，根据合同的性质难以对债务人采取强制履行的方式，而由第三人代替债务人履行，因此而发生的费用由债务人承担的制度。《民法典》第581条规定：“当事人一方不履行债务或者履行债务不符合约定，根据债务的性质不得强制履行的，对方可以请求其负担由第三人替代履行的费用。”

替代履行最先出现于民事执行程序法中，《最高人民法院关于适用〈中华人民共和国民事诉讼法〉的解释》（2022年修正）第501条规定：“被执行人不履行生效法律文书确定的行为义务，该义务可由他人完成的，人民法院可以选定代履行人；法律、行政法规对履行该行为义务有资格限制的，应当从有资格的人中选定。必要时，可以通过招标的方式确定代履行人。申请执行人可以在符合条件的人中推荐代履行人，也可以申请自己代为履行，是否准许，由人民法院决定。”依据该条规定，对于生效法律文书指定的行为，行为义务可以有两种履行方式，一是由被执行人履行，二是由他人替代履行。

《民法典》不仅在合同编增加了替代履行的规则，还在侵权责任编中的环境污染与生态破坏侵权责任中规定了替代修复责任，即第1234条之规定：“违反国家规定造成生态环境损害，生态环境能够修复的，国家规定的机关或者法律规定的组织有权请求侵权人在合理期限内承担修复责任。侵权人在期限内未修复的，国家规定的机关或者法律规定的组织可以自行或者委托他人进行修复，所需费用由侵权人负担。”

替代履行的适用条件有三项：其一，债务人不履行行为义务；其二，根据债务的性质不能对债务人采取强制履行的方式；其三，债务可以由第三人代为履行。

替代履行义务的第三人可以由债权人选择产生，也可以由债务人自己选择产生，当然前提都是第三人愿意替代债务人履行。

替代履行的费用应当根据合同的性质、履行的实际情况等合理确定，原则上不能超过按照约定由债务人自己履行时发生的费用，加上合理程度的增加费用，且应当以实际发生为前提。

非违约方依法行使合同解除权并实施了替代交易，有权主张按照替代交易价格与合同价格的差额确定合同履行后可以获得的利益，请求违约方承担可得利益的赔偿。但是如果替代交易价格明显偏离替代交易发生时当地的市场价格，违约方主张按照市场价格与合同价格的差额确定合同履行后可以获得的利益的，应当允许。非违约方依法行使合同解除权但是未实施替代交易，而是主张按照违约行为发生后合理期间内合同履行地的市场价格与合同价格的差额确定合同履行后可以获得的利益，要求对方赔偿的，应当允许（《最高人民法院关于适用〈中华人民共和国民法典〉合同编通则若干问题的解释》第60条第2款、第3款）。

《民法典》第581条规定的替代履行与《民法典》第524条规定的第三人代为履行是两个不同的制度，不能混为一谈。二者的区别体现在：

第一，替代履行的前提是基于债务的性质而无法对债务人采取强制履行的措施，即债务人已经构成违约，不履行债务或者履行债务不符合约定，但是根据债务的性质又不能对债务人采取强制履行的措施，这种情况下才能适用替代履行规则，而第三人代为履行不需要符合此一条件，即使能够对债务人本身采取强制履行措施，也可以由第三人代为履行。

第二，第三人代为履行的前提是第三人必须对履行该债务具有合法利益，即债务人不履行债务，债权人的债权尚未实现，而第三人对履行该债务具有合法利益，第三人有权向债权人代为履行，债权人不能拒绝。当然，根据债务性质、按照当事人约定或者依照法律规定只能由债务人自己履行的债务除外。

第三，在第三人代为履行的场合，当债权人接受第三人的履行后，其对债务人的债权即转让给第三人，除非债务人和第三人另有约定。换言之，第三人代为履行会发生债权法定移转的后果，而替代履行不会产生此一后果。

第四，第三人代为履行是第三人自己主动介入债务的履行当中，因为债务的履行关乎他自己的利益，而替代履行中的第三人通常不会自己主动介入债务的履行当中，他往往是基于债权人或者债务人的选择与请求而向债权人为履行。

第五，替代履行中，因第三人替代履行而发生的费用，全部由债务人承担，债权人有权请求债务人向其偿付该等费用，债务人不能拒绝。而在第三人代为履行中，第三人代为履行的费用由第三人自己负担。

替代履行与第三人代为履行的唯一相同之处在于二者都是事实行为，而非法律行为。

（二）采取补救措施

采取补救措施是指当债务人履行不符合约定时，债权人可以请求其采取合理的措施予以补救，使其达到符合约定的要求。补救措施一般是针对质量、数量等方面的履行瑕疵，通常是质量、品质方面的瑕疵，最常见的补救措施是修理、更换与重作等。《民法典》第582条规定："履行不符合约定的，应当按照当事人的约定承担违约责任。对违约责任没有约定或者约定不明确，依据本法第五百一十条的规定仍不能确定的，受损害方根据标的的性质以及损失的大小，可以合理选择请求对方承担修理、重作、更换、退货、减少价款或者报酬等违约责任。"

关于瑕疵履行的补救方式，《民法典》的上述规定与《消费者权益保护法》的相关规定是契合的。《消费者权益保护法》中规定的"三包服务"，即包修、包换、包退，对应上述修理、更换、退货的补救措施。

1. 修理

修理是被列为瑕疵履行违约补救方法中的第一种方式。以买卖合同为例，如果标的物质量存在问题，首先应当采用修理的补救方法，修理是一种比较缓和的救济方式，针对比较轻微的违约行为，如购买的空调制冷效果不好，可以请求厂家派人进行维修。

修理方式的选择权属于守约方，违约方不享有选择权，即对于是否采用修理的救济方式应当由守约方选择决定。如果守约方不愿意采用修理的方式，而是选择更换的方式，原则上应当允许。但是，如果违约方有证据证明修理是更合理的救济方式，更换的成本过高或者没有必要更换，则可以支持违约方关于修理的补救方式。在《消费者权益保护法》中，当出现货物质量不合格的情况，消费者不能立即选择更换或者退货的方式，而应当首先由商家或者厂家进行修理。当然，在经过两次修理之后如果货物仍然达不到质量标准，此时消费者有选择更换的权利。至于买方能否直接选择退货，涉及合同解除的问题，必须符合合同解除的条件，除非符合《消费者权益保护法》规定的七天无理由退货的情形。

因修理发生的费用，原则上应当由违约方承担，除非双方另有约定。

2. 重作

重作适用于加工承揽合同、建设工程合同等合同中的瑕疵履行，指的是债务人交付的工作成果（如修建的厂房、加工的服装等）不符合约定的质量标准或者其他交付标准，又无法或者不适于采取修理的方法，故而可以让债务人按照约定的或者法定的质量标准或者其他交付标准重新进行加工制作。因重作而导致增加的费用，原则上由债务人承担，也可以由双方协商确定。

重作主要适用于劳务之债或者提供工作成果的合同中，除了上述加工承揽合同、建设工程合同，其他的劳务之债或者提供工作成果的合同也可以灵活采用重作的方式，如在出版合同中，出版社审稿后发现书稿中的某一章不符合写作要求与出版标准，可以要求作者重写，这也是一种类似于重作的补救措施。

3. 更换

更换是指标的物的更换，在标的物属于种类物的情形下也是常见的补救措施，其性质属于双方达成的合同变更，即标的物的变更。但是如果标的物是特定物，就无法采用此种更换的方法。如果因变更标的物而产生了新的费用，如包装费、运费等，原则上应当由债务人承担。

4. 退货

退货的性质就是解除合同，退货是解除合同的后果，即返还。一般而言，对于标的物的轻微瑕疵，买受人不能主张解除合同，因为它不是根本性违约，可以采取修理、更换、减价等补救措施，而不能选择退货。如前所述，退货的实质是解除合同，故而必须符合解除合同的条件，除非符合《消费者权益保护法》规定的七天无理由退货的情形。

5. 减少价款或者报酬

减少价款或者报酬的补救规则早在《合同法》中就有规定，即《合同法》第111条的规定，现在《民法典》第582条除个别字句之外，基本上是照搬《合同法》第111条的表述，只是将“质量”二字改为了“履行”，即《合同法》中的减少价款或者报酬请求权仅仅适用于质量违约的情形，而《民法典》将其扩大适用于所有的违约情形，所以尽管只改了两个字，却是很大的改进。

学理上关于守约方减少价款或者报酬（以下简称减价权）的权利的性质究竟是形成权还是请求权，一直存在不同的观点。形成权说主张减价权由守约方单方行使，减价通知到达对方时即发生减价的效力，无须对方同意。请求权说则主张减价权应当是由守约方向对方提出减价请求，如果对方不同意，便不能发生减价的效力。笔者认为，将减价权理解为形成权尽管有利于对守约方的保护，但是可能对违约方过于严苛，容易导致守约方滥用权利，且减价的幅度、减价措施的合理性等完全取决于守约方的意思表示，违约方没有任何抗辩的机会，也容易产生不公平的结果。所以，将减价权理解为请求权更为妥帖。事实上，出现违约时，标的物能否作减价处理，如何减价，应当经过双方的协商，其性质相当于双方就出现违约情形后达成的对合同价格条款的变更，而合同变更是应当经过双方同意才能进行的。

当然，就《民法典》第582条规定的表述而言，也难以得出减价权是一种形成权的结论，相反，第582条表述的是“受损害方……可以合理选择请求对方承担修理、重作、更换、退货、减少价款或者报酬等违约责任”，说明减价权仅仅是一种请求权，而非形成权。如果双方就减价的幅度以及与减价有关的其他事项达不成一致，便无法采用减价的方式承担违约责任，而只能采取其他的方式进行违约救济。

需要讨论的一个问题是：如果在诉讼请求中原告只是提出解除合同的请求，没有提出减少价款的请求，被告也没有提出减少价款以替代解除合同的抗辩，法官经审理认为不符合解除合同的条件，不支持解除合同的请求，但认为被告所交货物确实存在一定的质量瑕疵，只是没有达到根本违约的程度，此时法官能否在双方当事人均未提出减少价款之请求的情况下主动适用第582条规定的“减少价款”的救济方式？笔者认为应当允许，因为在不符合合同解除的条件下不支持原告解除合同的诉讼请求是完全正确的，但是在已经查明标的物确实存在质量瑕疵的情况下，径直驳回原告关于解除合同的诉讼请求，而不适用其他救济措施，显然对于原告是不公平的，而减少价款属于《民法典》规定的法定的承担违约责任特别是瑕疵履行时的违约责任的方式，法官既可以基于当事人的诉讼请求而适用，也可以基于经审理查明的事实后依职权主动适用。

（三）赔偿损失

赔偿损失也称为损害赔偿，是最常见但也最复杂的违约救济方式。实务中，违约损害赔偿之诉较为普遍。

1.赔偿损失的概念和特征

赔偿损失是指违约方因不履行或不完全履行合同义务而给对方造成损失，依法和依据合同的约定应承担的损害赔偿责任。《民法典》第583条规定："当事人一方不履行合同义务或者履行合同义务不符合约定的，在履行义务或者采取补救措施后，对方还有其他损失的，应当赔偿损失。"

依据上述规定以及债法原理，违约损害赔偿具有以下特点：

（1）损害赔偿是因债务人不履行合同债务所产生的责任。也就是说，因债务人违约而使债权人遭受损害，当事人之间的原合同债务就转化为损害赔偿的债务关系。作为违约责任形式的损害赔偿，与缔约过失责任中的损害赔偿、合同无效后的损害赔偿、合同撤销后的损害赔偿所不同的地方在于，它只能基于有效的合同提出请求，也就是说，合同关系的有效存在，是违约损害赔偿存在的前提。如果合同不存在、被宣告无效或被撤销，则不适用违约损害赔偿，只能请求缔约过错责任等救济方式。当然，违约损害赔偿与其他损害赔偿在范围上也是不同的。

（2）损害赔偿原则上仅具有补偿性而不具有惩罚性。从等价交换原则出发，任何民事主体一旦造成他人损害必须以等量的财产予以补偿。一方违约后，另一方必须赔偿对方因违约遭受的全部损失。损害赔偿也应完全符合这一交易原则。这就是说，损害赔偿应当具有补偿性，其主要目的在于弥补或填补债权人因违约行为所遭受的经济上或财产上的损害后果。

在合同法中，原则上不适用惩罚性损害赔偿。所谓惩罚性损害赔偿，是指由法院判令加害人支付给受害人的超过其财产损失范围的一种金钱赔偿，主要用于侵权损害赔偿案件中，适用的主要目的在于惩罚不法行为人、制止不法行为的发生、抚慰受害人心理上的痛苦。合同法中不宜采用此种赔偿方法，因为一方面采用这一方式不符合等价交换的赔偿原则，另一方面采用这一方式将会给对方当事人带来极大的不确定的风险，不符合鼓励交易的合同法原则。所以，只在极个别的消费合同中才能依法适用惩罚性赔偿规则。

（3）损害赔偿具有一定程度的任意性。当事人在订立合同时，可以预先约定一方当事人在违约时应向对方当事人支付一定数额的金钱。这种约定方式既可以用具体金钱数额表示，也可以采用某种损害赔偿的计算方法来确定，同时，当事人也可以事先约定免责的条款从而免除其未来的违约责任包括损害赔偿责任。

（4）损害赔偿以赔偿当事人实际遭受的全部损害为原则。一方违反合同后，另一方不仅会遭受现有财产的损失，而且会遭受可得利益的损失，这些损失都应当得到赔偿。《民法典》第584条规定：“当事人一方不履行合同义务或者履行合同义务不符合约定，造成对方损失的，损失赔偿额应当相当于因违约所造成的损失，包括合同履行后可以获得的利益；但是，不得超过违约一方订立合同时预见到或者应当预见到的因违约可能造成的损失。”只有赔偿全部损失才能在经济上相当于合同得到正常履行情况下的同等收益，由此才能督促当事人有效地履行合同，预防违约行为的发生。

2. 损害赔偿与其他补救方式的关系

（1）损害赔偿与实际履行的关系

当事人一方不履行合同义务或者履行合同义务不符合约定的，在履行义务或者采取补救措施后，对方还有其他损失的，应当赔偿损失。可见，损失赔偿与实际履行这两种补救方式是不能相互替代的。实际履行所具有的特殊功能表现在：首先，实际履行是实现合同的目的所必须采取的补救方式，只有通过实际履行方式，才能使债权人获得原合同规定的标的，并能防止违约当事人通过违约而从事投机行为，获得不正当利益。其次，从举证责任来看，受害人采用实际履行的补救方式可不必承担对实际损失的举证责任，因而在很多损失难以确定的情况下，实际履行更有利于保护受害人的利益。当然，尽管违约当事人不得以其他补救方式代替合同的实际履行，但对受害人来说，在其他补救方式特别是损害赔偿方式能够有效维护其利益的情况下，完全可以放弃实际履行的补救方式，而采取其他方式。例如，受害人要求赔偿期待利益的损失，如果他通过赔偿得到了在合同履行状态下所应得到的全部利益，则不必采取实际履行的方式。

有时实际履行仍不足以弥补债权人的损失。例如，债务人迟延交货使债权人生产停顿、遭受重大经济损失，尽管通过实际履行获得了合同规定的货物，但已经遭受的损失仍未得到弥补。如对这一部分损失不予赔偿，不仅不能保护受害人利益，也不能有效地制裁违约当事人，维护交易秩序和安全。当然，在确定赔偿数额时，应考虑到实际履行已使当事人获得了期待利益，因而不能要求债务人再赔偿这些利益的损失。

（2）损害赔偿与解除合同的关系

合同的解除不影响当事人要求赔偿损失的权利，合同解除与损害赔偿是可以并存的。然而，对于合同解除时的损害赔偿的范围仍有不同的看法。有人认为此种损害赔偿是对全部损害的赔偿；也有人认为仅仅是对恢复原状而发生的损害赔偿。笔者认为，首先应包括因恢复原状而发生的损害赔偿。这就是说，在通过返还财产的方法不足以使财产关系恢复到原来状态时，才能借助损害赔偿方法。除此之外，赔偿范围还包括管理、维护标的物所产生的费用以及因返还财产本身而支出的必要费用。在一般情况下，合同解除时的损害赔偿不应赔偿可得利益的损失，因为可得利益只有在合同完全履行的情况下才能产生。既然当事人选择了合同解除，就说明当事人不愿意继续履行合同，因而也就没必要考虑对可得利益的赔偿。

但是，在以持续履行的债务为内容的定期合同中，情况会有所不同，如果一方不履行支付价款、租金等金钱债务，对方请求解除合同，法院或者仲裁机构经审理后认为合同应当依法解除的，此种情形下可以根据当事人的主张，参考合同主体、交易类型、市场价格变化、剩余履行期限等因素确定非违约方寻找替代交易的合理期限，并按照该期限对应的价款、租金等扣除非违约方应当支付的相应履约成本确定合同履行后守约方可以获得的利益，由违约方进行赔偿（《最高人民法院关于适用〈中华人民共和国民法典〉合同编通则若干问题的解释》第61条）。

非违约方主张按照合同解除后剩余履行期限对应的价款、租金等扣除履约成本确定合同履行后可以获得的利益的，人民法院不予支持。但是，剩余履行期限少于寻找替代交易的合理期限的除外。

（3）损害赔偿与支付违约金的关系

赔偿损失与支付违约金都是合同责任的主要形式。赔偿损失主要是一种补偿性的责任形式，而违约金则具有补偿性和惩罚性双重属性。所以，损害赔偿通常要与实际损害相符合，而违约金数额与实际损失之间并无必要联系，只要约定了违约金，即使在没有损害的情况下，也应按约定支付违约金。如果支付补偿性违约金不足以补偿受害人所遭受的损失，债务人还要承担损害赔偿责任以弥补违约金的不足部分，即违约金可与赔偿损失并存并用。但在两者并用的情况下，应该以实际损失作为责任的最高限额，即受害人不能获得超过实际损失的赔偿。有关违约金与损害赔偿的问题，将在后文详述。

（4）损害赔偿与修理、重作、更换的关系

在瑕疵履行的情况下，如果瑕疵可以修补，债权人有权要求债务人修补瑕疵，并由债务人承担修补费用。但修补后如仍使债权人遭受损失的，债权人仍有权要求损害赔偿。例如，债务人修补瑕疵造成迟延履行，而因迟延使债权人遭受损失，债权人有权要求赔偿损失。

3. 约定损害赔偿

所谓约定损害赔偿，是指当事人在订立合同时，预先约定一方违约时，应向对方支付一定数额的金钱或约定损害赔偿额的计算方法。《民法典》第585条第1款规定："当事人可以约定一方违约时应当根据违约情况向对方支付一定数额的违约金，也可以约定因违约产生的损失赔偿额的计算方法。"约定损害赔偿是一种附随于主合同的从合同，它以合同的成立生效为前提条件，主合同移转，该约定损害赔偿条款也随之移转。但在主合同成立并生效以后，约定损害赔偿条款不能当然生效并执行，而只有在发生了违约行为并造成受害人的损害后才能实际生效与执行该条款，类似于附生效条件的条款。

约定损害赔偿与法定损害赔偿相比，其不同之处在于：一方面，一旦发生违约并造成受害人的损害以后，受害人不必证明具体损害的范围就可以依据约定损害赔偿条款而获得赔偿。例如，双方事先约定，一方违约后应支付给另一方10万元赔偿金，在一方违约后，另一方只须证明一方已构成违约并使其遭受损害，而不必证明自己遭受了10万元的损失，就可以要求对方依据约定支付10万元的赔偿金。当然，当事人如果只是约定了损失赔偿额的计算方法，则受害人还应当证明实际损害的存在。另一方面，在确定适用约定损害赔偿与法定损害赔偿的情况下，原则上约定损害赔偿应优先于法定损害赔偿适用。

约定损害赔偿与约定违约金也不相同。一方面，违约金的支付不以实际发生的损害为前提，只要有违约行为的存在，不管是否发生了损害，违约当事人都应支付违约金。而约定损害赔偿的适用应以实际发生的损害为前提。另一方面，违约金常常可以与法定损害赔偿并存，如违约金不足以弥补实际损失还应当赔偿损失。但是如果当事人约定一笔赔偿金，则在适用该约定损害赔偿条款以后就不能再适用法定损害赔偿，要求违约方另外赔偿损失。不过，与违约金条款一样，如果约定的损害赔偿额过高或过低，法院有权基于当事人的请求减少或增加赔偿额，也就是说法院有权基于当事人的请求而对该条款进行适当的干预。

4. 完全赔偿原则

所谓完全赔偿原则，是指因违约方的违约使受害人遭受的全部损失都应当由违约方负赔偿责任。《民法典》第584条规定："当事人一方不履行合同义务或者履行合同义务不符合约定，造成对方损失的，损失赔偿额应当相当于因违约所造成的损失，包括合同履行后可以获得的利益……"这就是采纳了完全赔偿原则。完全赔偿就是要通过赔偿受害人的实际损失和可得利益的损失，从而弥补受害人遭受的全部损失，使受害人恢复到合同订立前的状态，或者恢复到合同能够得到严格履行的状态。

在司法实践中，理解《民法典》第584条规定的赔偿原则、赔偿范围对于合同纠纷的处理十分重要。特别是在如何确定该条表述的"违约一方订立合同时预见到或者应当预见到的因违约可能造成的损失"时，法院或者仲裁机构应当根据当事人订立合同的目的，参酌个案情况，综合考虑合同主体、合同内容、交易类型、交易习惯、磋商过程等各种因素，按照与违约方处于相同或者类似情况的民事主体在订立合同时预见到或者应当预见到的损失予以确定。除合同履行后可以获得的利益外，非违约方主张还有其向第三人承担违约责任应当支出的额外费用等其他因违约所造成的损失，并请求违约方赔偿的，如果法院或者仲裁机构经审理认为该损失系违约一方订立合同时预见到或者应当预见到的，也应予以支持（《最高人民法院关于适用〈中华人民共和国民法典〉合同编通则若干问题的解释》第63条第1款、第2款）。

5. 直接损失、间接损失与可得利益损失

根据完全赔偿原则，违约方应赔偿受害人的实际损失和可得利益的损失。

实际损失一般就是指直接损失。直接损失是指守约方已经实际支出的费用、成本。如果违约方没有违约，这些费用和成本就是正常的生产或交易成本，由守约方自行承担，毕竟任何营业都会有成本。比如买方去采购设备，采购人员往返很多次，支出了一定的差旅费，如果卖方交付的标的物不合格，合同被解除，买方的差旅费就变成了纯粹的损失，此种损失称为直接损失。

间接损失仍然是一种确定的损失。有的学者认为，所谓间接损失就是指可得利益损失，而直接损失就是既得利益损失。而可得利益损失，是指如果违约方没有违约，则守约方可以得到的利益，即因为违约方违约，守约方没有得到的利益。直接损失是守约方已经实际支出的费用，如果违约方没有违约，它们会算作守约方的正常成本，是因为违约方的违约，它们才变成守约方的损失。而间接损失，是指如果违约方没有违约，守约方可以得到的利益，即因为违约方违约，守约方没有得到本应当得到的利益。以前面的设备供货合同为例，一旦合同因为违约被解除，货款、关税费、运费、调试阶段人员工资支出等都是直接损失。直接损失肯定要全面赔偿。关键在于间接损失或者可得利益损失的赔偿范围。以前面提及的租赁合同为例，三年之内的租金差价损失是应当赔偿的间接损失，因为守约方需要持续经营，违约方的违约确实导致了守约方租金成本的上涨。至于设备供货合同和租赁合同中，守约方主张的利润损失，应不应该作为间接损失得到支持，争议就非常大。以设备供货合同为例，即使设备是合格的，买方肯定会投入生产吗？生产出来肯定能卖出去吗？存在很多不确定因素，所以，关于间接损失或者可得利益损失的范围，争议非常大。

所谓可得利益，是指合同在履行以后可以实现和取得的利益。可得利益是一种未来的必须通过合同的实际履行才能实现的利益，是当事人订立合同时能够合理预见到的利益，因此，尽管它没有为当事人实际享有，但只要合同如期履行当事人就会获得或者极有可能获得。由于如果没有违约行为的发生，当事人是可以获得可得利益的，从这个意义上说，可得利益的损失与实际损失没有实质的差别，它们都是因为违约所造成的损失。

在确定可得利益的赔偿时，受害人不仅要证明其遭受的可得利益的损失确实是因为违约方的违约行为造成的，而且要证明这些损失是违约方在签订合同时能够合理预见到的，前提是受害人的可得利益的损失与违约行为之间应当具有直接的因果联系。例如，甲迟延交付设备10天，乙提出在机器投入正常运转以后，每天可获得产品的销售利润为10万元，因迟延交货10天，使其遭受100万元的利润损失。实际上，这些利润的取得要受许多因素诸如生产情况、原材料供应情况、产品的市场销售情况、成本控制情况等的影响，只有在多种因素具备的情况下，才能获得这些利润。因此在该例中，不能简单地认定已有100万元的利润损失。

在赔偿可得利益的损失时，必须注意以下几点：

第一，可得利益的损失赔偿旨在弥补受害人遭受的全部实际损失，而并不赔偿其因从事一桩不成功的交易所蒙受的损失。如果不成功的交易所带来的损失由违约方承担，则是将全部风险转给违约方，使违约方实际上充当了非违约方的保险人。例如，当事人订立买卖某一型号钢材的合同，合同规定每吨价格为4000元，履行期到来时，市场价格为每吨3000元，卖方迟延交付货物，实际交付时已跌至每吨2500元，那么损害赔偿额应以每吨3000元减去2500元（每吨500元）为基点来计算。因为合同若按期履行，市场价格为3000元，而货物从4000元跌至3000元，本身就是买受人应承担的经营风险，不属于损失赔偿的范围。只有在出卖人迟延交货之后发生的价格下跌损失，亦即从每吨3000元跌至每吨2500元之间的差价损失，才是出卖人应当承担的损失，买受人只能就此损失向出卖人请求赔偿。

第二，在标的物价格不断波动的情况下，可得利益赔偿的最高限额应该是受害人在合同完全履行的情况下所应取得的各种利益。也就是说，在此种情况下，应该根据受害人在合同完全履行的情况下所应取得的各种利益作为赔偿的标准来补偿受害人的全部损失，而按此标准赔偿，就已经使受害人获得了他应该取得的全部利益。但如果保护受害人在合同完全履行的情况下所应取得的各种利益本身对受害方可能并不十分有利，如买卖合同中，出卖人迟延交货，构成违约，但是标的物价格在不断下跌，或者受害方为准备履行或作出履行所支付的必要代价已经超出了合同在如期履行情况下所应该得到的利益，那么在对方违约后，受害方有权基于信赖利益损失要求赔偿，而不受实际损失赔偿的限制。

第三，受害人有权就他依照合同本来应该获得的可得利益要求赔偿，但是可得利益必须是纯利润，而不应包括为取得这些利益所支付的费用。例如，甲乙双方订立了一份房屋租赁合同后，承租人又与第三人订立了转租合同。在订立转租合同期间，承租人支付了广告等各项费用1万元。在出租人违约后，承租人要求赔偿原合同租金与转租合同租金的差额，同时要求赔偿因转租所支付的1万元的广告费用。显然，这1万元的广告费用就不应计算在损害赔偿额中，因为该费用是为获得转租利益所支付的必要代价，并可通过转租利润的获得而得到必要补偿。要获得转租利润，就不能主张费用损失；要主张费用损失，就不能主张转租利润，否则，必然导致重复计算。

根据《最高人民法院关于适用〈中华人民共和国民法典〉合同编通则若干问题的解释》第60条第1款规定，法院依据《民法典》第584条的规定确定合同履行后可以获得的利益时，可以在扣除非违约方为订立、履行合同支出的费用等合理成本后，按照非违约方能够获得的生产利润、经营利润或者转售利润等计算。以此规定，在确定守约方的可得利益数额时，一种可以采用的方法即是此种“正常利润计算法”，即守约方在违约方假定依约履行的情况下通过生产经营或者转售而通常能够获得的利润。

6. 违约之诉中的精神损害赔偿

需要指出的是，完全赔偿并不意味着各种损害都应当赔偿。在违约责任中，对于因一方违约而造成的人身伤害和死亡以及精神损害，能否在违约之诉中得到救济，之前一直存在争议，而且大多数情况下都是不允许受害人在违约之诉中同时提出精神损害赔偿，这种做法显然不利于对受害人的保护，也不符合便利当事人诉讼的原则，基于此，这次《民法典》在人格权编作出了重大修改，创造了一项新的规则，即合同中的被违约方如果因为对方的违约行为而遭受人格权损害，可以在违约之诉中同时主张精神损害赔偿。《民法典》第996条规定：“因当事人一方的违约行为，损害对方人格权并造成严重精神损害，受损害方选择请求其承担违约责任的，不影响受损害方请求精神损害赔偿。”

7. 损害赔偿的限制规则

债法需要对损害赔偿的范围做出一个合理的限制，事实上的因果链条可以无限扩展，但是损害赔偿的范围不可能无边无界。无边无界的损害赔偿不仅在法律上是不公平的，而且不利于社会财富的创造，过分加重违约方的负担，损害人们对交易秩序的信心。所以，法律确立了几项损害赔偿范围的限制规则。

（1）损害赔偿的可预见性规则

根据《民法典》第584条规定，损害赔偿不得超过违反合同一方订立合同时预见到或者应当预见到的因违反合同可能造成的损失。此即违约损害赔偿责任中的损失赔偿限制规则。根据这一规则，只有当违约所造成的损害是违约方在订约时可以预见到的情况下，才能认为损害结果与违约行为之间具有因果关系，违约方才应当对这些损害负赔偿责任。如果损害不可预见，则违约方不应赔偿。采用可预见性规则的根本原因在于，只有在交易发生时，订约当事人对其未来的风险和责任可以预测，才能计算其成本和利润，并能够正常地从事交易活动。如果未来的风险过大，则当事人就难以从事交易活动。所以，可预见性规则将违约当事人的责任限制在可预见的范围之内，这对于促进交易活动的发展，保障交易活动的正常进行，具有重要意义。

（2）损害赔偿的减损义务规则

所谓损害赔偿的减损义务，是指在一方违约并造成损害后，另一方应及时采取合理的措施以防止损失的扩大，否则，应对扩大部分的损害负责，或者说就扩大部分的损失不能请求违约方赔偿。这一原则几乎为各国的立法和判例所承认和采纳。《民法典》第591条规定："当事人一方违约后，对方应当采取适当措施防止损失的扩大；没有采取适当措施致使损失扩大的，不得就扩大的损失请求赔偿。当事人因防止损失扩大而支出的合理费用，由违约方负担。"

根据《民法典》的上述规定，结合债法原理，减损义务规则具有以下几个特点，适用时需要特别注意：

第一，一方的违约导致了损害的发生。这就是说，受害人对损害的发生没有过错，因而不构成双方违约。从广义上讲，受害人没有尽到减轻损害的义务也表明受害人具有过错，但是，如果从狭义上认为混合过错仅指当事人双方对损害的发生具有过错，而不包括一方或双方对损害的扩大具有过错，那么减轻损害与混合过错是不同的。如果认为混合过错包括对损害扩大的过错，那么，受害人未尽到减轻损害的义务，也属于混合过错。这是学理上的理解差异，通说认为，就违约行为而言，适用减损义务规则时仅有一方存在过错，即违约方存在过错，而非双方过错。当然，发生违约行为后，守约方应尽而未尽减损义务，显然也是存在过错的，只是这种过错不是违约行为意义上的过错，而是依据诚信原则推导出来的、守约方对一种不真正义务违反的过错。

第二，未采取合理措施致使损失扩大。如何确定受害人采取的措施是合理的，主要应考虑受害人主观上是否按照诚实信用原则，努力采取一切措施以避免损失的扩大。受害人采取的措施不仅要在经济上合理，而且要及时，不得在损害发生以后迟迟不采取措施减轻损害。例如，在违约发生后，受害人应为违约当事人妥善保管标的物，而不能置标的物于不顾，使其遭受毁损灭失。如果一方在履行期到来前明确表示不履行合同，另一方便不能在坐等履行期到来的期限内，继续支出各种花费甚至增加履行费用。如果一方违反了劳务合同，另一方能够向他人提供劳务而不提供，从而使其不能获得一定的利益，此种损失不能都由违约方赔偿。

第三，造成了损失的扩大。这就是说，违约已经发生并造成了损害，而受害人未能防止损害的进一步扩大，进而在违约造成损失的基础上又造成了扩大的损失。不过，在违反减轻损害义务的情况下，受害人并没有从违约中获得利益。如果违约方的违约行为使受害人获得了某种利益，例如，因违约方的违约而使受害人免除了履行义务，并节省了履行费用，将在确定损害赔偿额时，采取损益相抵的规则，扣除所得的利益，而不适用减轻损害的规则。

减损义务规则是依据诚实信用原则而产生的，未尽到减轻损害的义务，已构成对诚信原则的违反。学理上一般认为减损义务属于不真正义务，无法通过积极履行的方式完成义务，对方也无法请求其履行该义务，但是一旦违反该义务则需要承担一定的不利后果。同时，按照过错责任原则的要求，一方在另一方违约后未能采取合理措施防止损失扩大，其本身也是有过错的，应对自己的过错行为所致的后果负责。当然，减轻损害的规则，对于减少财产的浪费和有效地利用资源，也具有重要意义。

受害人在采取措施减轻损害的过程中，也要支付一定的费用。根据《民法典》的上述规定，只要受害人所支付的费用是合理的，就应由违约当事人承担这些费用。

违约损害赔偿的第一个原则肯定是实际赔偿原则，因为法律首先要维护守约一方的利益。但是法律有自己对公平价值的追求，不同于一般生活观念中对公平的理解。所以，法律不可能满足守约方的所有要求，根据不同情形，需要对损害赔偿的范围进行限制。

（3）损害赔偿的与有过失规则

与有过失亦称为混合过错，是指一方构成违约，但是对方也有某种程度的过错，于是适当减少违约方的赔偿范围。《民法典》第592条第2款规定："当事人一方违约造成对方损失，对方对损失的发生有过错的，可以减少相应的损失赔偿额。"违约责任本质上仍然是过错责任，过错在违约责任的成立和范围确定中具有重要价值，如果只有一方违约，另一方没有过错，由违约方承担全部责任；如果双方都违约，双方都有过错，那就根据过错的程度、大小来确定各自应该承担多少责任；如果只有一方违约，对方没有违约，但是对方主观上对于损失的发生也有一定程度的过错，就要相应地减轻违约方的责任，本质上就是有过错的守约方也要分担一部分损失，即各自承担相应的责任，体现了违约责任的过错责任本质。

比如双方当事人签订了抵押合同，但是后来没有去办理抵押登记。办理抵押登记需要抵押权人和抵押人共同去办理，但最主要的是抵押人即不动产所有权人的积极行为。对于不动产抵押，双方先签订抵押合同，抵押合同只是债权行为，不会产生抵押权，必须完成抵押登记才产生抵押权。后来主债务人违约，债权人欲行使抵押权，抵押人以没有办理抵押登记为由提出抗辩，主张债权人不能行使抵押权。这个时候，抵押合同本身是一个合同，抵押人没有办理抵押登记，构成违约，要承担损害赔偿责任。但是，抵押人提出来办理抵押登记，需要债权人配合，如提供合同原件和身份证明，但是债权人一直拖延，所以对于没有及时办理抵押登记，债权人也有过错。这种情况下，应当适用与有过失规则以减轻抵押人的违约责任。

（4）损益相抵规则

损益相抵规则其实是计算赔偿责任时的一个具体清算方法。违约方构成违约，需要承担损害赔偿责任，但是如果守约方因此获得了某种利益，获得的利益应当进行抵扣，亦即守约方应当得到的赔偿与他已经获得的利益要进行抵扣，以此来限制违约方的赔偿范围。这就是损益相抵规则的含义。比如前面提及的设备供应合同的例子，产品的良品率不达标，一种处理办法是退货，但是退货可能会增加很多费用，如运费等；另一种处理办法是买家直接转让，因为很可能其他买家并不需要那么高的良品率，这样买家就会有收益（设备的残值或者转卖的收入），在确定违约方的赔偿金额时，需要把这些收益扣除，以此来减轻违约方的损害赔偿责任。

（四）支付违约金

违约金是一种非常重要的违约救济方式。民商事合同中当事人约定违约金的情形非常普遍。违约金是当事人约定的违约责任承担方式，不是法律规定的违约责任承担方式。当事人如果在合同里面没有约定违约金，就不可能适用违约金。

1.违约金的概念与特征

违约金，是指双方在订立合同的时候约定，一旦一方违约就必须按照约定的比例或者固定的数额或者计算方法向对方支付一笔金钱，作为违约方承担违约责任的方式。《民法典》第585条第1款规定："当事人可以约定一方违约时应当根据违约情况向对方支付一定数额的违约金，也可以约定因违约产生的损失赔偿额的计算方法。"与赔偿损失相较，违约金有以下四个方面的特征：

（1）事先预定性。此与赔偿损失不一样，赔偿损失必须实际发生违约并且有损失时才能适用。换言之，赔偿金是事后发生实际违约并且造成实际损失才产生，而违约金是在事先协商好的，具有预定性。

（2）意思自治性。违约金是基于约定形成的救济方式，是当事人意思自治的结果，而赔偿损失具有法定性，由法律直接规定。但是违约金不是法定的，没有约定就没有违约金。

（3）计算方法的约定性与多样性。违约金典型的计算方法有如下几种：第一，约定一个固定的违约金数额，例如约定"一方违约，应当向对方支付5万元违约金"。第二，约定一个固定的违约金比例，通常是依照合同总额或者违约的金额为基数确定违约金的计算比例，例如约定"买方迟延付款的，应当按照迟延付款部分的10%向卖方支付违约金"。前面两种计算方法的特点是违约金的数额是确定的、不变的。第三，约定连续计算违约金的方式，比如约定违约方以违约部分金额为基数，自应付未付之日起按日支付万分之五的违约金。此种连续计算违约金的方法其计算出来的违约金的数额不是确定的，而是可变的，而且每日都在增加当中，直至实际支付之日止。

（4）一定程度的惩罚性。如果约定了违约金，一旦一方违约，守约方不需要证明自己的损失，即可以根据约定的违约金条款请求违约方支付违约金。这是违约金非常重要的一个特征，即免除守约方证明自己由于对方的违约行为发生实际损失的举证责任。有违约不一定有损失，有损失也不一定有约定的违约金数额那么大的损失，但是一旦约定了违约金，守约方就不需要证明损失的存在或者大小，而可以直接请求对方按约定支付违约金。从这个意义上看，违约金也具有某种担保功能，可以督促双方积极履行合同，因为一旦一方违约，对方即使没有损失，也可以向他索赔违约金。这种担保功能不是担保法上的担保功能，而是一种督促双方积极履行合同的功能。

2.违约金和定金的区别及其适用上的关系

定金和违约金都是以一定的金钱作为承担违约责任的方式，都属于金钱给付之债，但是二者有着明显的不同：

（1）违约金不属于法定担保方式，而定金是一种法定担保方式。

（2）违约金和定金都是事先约定，但是定金不仅是事先约定，而且需要事先支付，属于要物合同，即实践性合同，如果仅有约定而未实际支付定金，则不能适用定金罚则，而违约金不需要事先支付；如果实际支付的定金数额与约定的数额不一致，只能以实际支付的数额为准，而不能以约定的数额为准。

（3）定金合同作为一个从合同，是一个独立的合同，而一般并不认为违约金条款是单独的违约金合同。

（4）定金罚则是法律规定的，对双方当事人都有约束力，而违约金是当事人自己约定的，可以约定一方的违约金，也可以约定双方的违约金。

（5）如果当事人既约定了违约金，又约定了定金，且定金已经实际支付，则在发生违约时只能二者择一适用，不能同时适用。《民法典》第588条第1款规定："当事人既约定违约金，又约定定金的，一方违约时，对方可以选择适用违约金或者定金条款。"

3.违约金的调整规则

（1）违约金调整规则的立法表述

对于违约金到底有没有惩罚性，学界有不同的理解。一种观点认为违约金不应当具有惩罚性，因为整个民事责任就不应当具有惩罚性，它只是发挥填补损失的功能。但是违约金其实有双重性格，它有的时候可能是惩罚性的，有的时候可能是补偿性的，有的时候兼而有之。违约金是否具有惩罚性涉及违约金和赔偿损失之间的关系。《民法典》第585条第2款涉及这个问题，规定了违约金的调整规则，即："约定的违约金低于造成的损失的，人民法院或者仲裁机构可以根据当事人的请求予以增加；约定的违约金过分高于造成的损失的，人民法院或者仲裁机构可以根据当事人的请求予以适当减少。"

约定了违约金，那就免除了守约方的举证责任，他不需要证明自己有损失，只需要证明对方违约的事实就可以主张违约金。如果约定了违约金，守约方也有证据证明自己有损失，这个时候如何适用违约金？比如约定的违约金是固定数额5万元，现在守约方又证明自己有2万元的实际损失，违约方是先支付5万元违约金，再支付2万元的实际损失，还是只支付5万元违约金就够了，不需再支付2万元实际损失，抑或只支付2万元实际损失，不需要再支付5万元违约金？根据《民法典》第585条的规定，既约定了违约金又有损失的时候的适用规则是这样的：第一，先按约定支付违约金。第二，如果违约金足以覆盖所有的损失，亦即违约金大于实际损失，则不再支付损失赔偿金。换言之，违约金和实际损失不是并行支付的，而是先支付违约金，然后看违约金能否覆盖实际损失，如果能够覆盖，则不再支付赔偿金。例如，违约金是5万元，实际损失是2万元，只需要支付5万元的违约金就可以，不需要另行再支付2万元的实际损失赔偿金。这5万元的违约金中，2万元是补偿性的，剩下的3万元其实是惩罚性的，因为实际损失只有2万元，但是违约方需要支付5万元的违约金。第三，如果违约金不足以覆盖实际损失，亦即违约金小于实际损失，仍然是先支付违约金，不足部分再补足，补到与实际损失相同时为止。比如，违约金是5万元，实际损失是7万元，违约方支付5万元违约金后再补上2万元，加起来等于7万元，所以这个时候约定的违约金100%被赔偿金覆盖了，它只具有补偿性，没有任何惩罚性。

（2）违约金过高的判断因素

《民法典》第585条第2款所规定的违约金调整规则，包括两种，即违约金过低时的调高或调增和违约金过高时的调低或调减。其实违约金过低时的调高的规定并无实际意义，因为违约金不足以弥补实际损失的当事人可以请求支付赔偿金以赔偿实际损失，即使一分钱违约金也没有约定，也不影响请求对方赔偿损失。关键在于后一种调整，即违约方主张约定的违约金过高，请求法院或者仲裁机构调减或调低，这在学理上是有争议的问题，各国的立法例也有所不同。首先，这种调整会涉及对意思自治的违反，它可能导致通过相对偏高的违约金条款督促双方积极履行合同的功能大打折扣，而且很容易诱发不诚信行为，因为如果有了违约金过高时的调整规则，违约方可以以违约金过高为由，要求法院或者仲裁机构调减，当事人为了达成合同，一方可能随意承诺过高的违约金，到时候再请求调减。当然，如果违约金确实畸高，则存在调整过高违约金的合理性，但是它不能作为一个普适性的规则，而是一个例外适用的规则。在民事合同当中，违约金调减规则适用的余地可能更多一些，商事合同原则上不能做调整。《德国商法典》就明确规定，商人之间的商事合同中约定的违约金，不适用《德国民法典》中的违约金调整规则。[①]当然，如何区分民事合同和商事合同是比较复杂的作业，但这至少是一个基本的理念，即如果双方都是商人，都是营利性的商事主体，即使约定了较高甚至很高的违约金，也不能反悔，但是民事合同涉及缔约能力、信息对称、谈判经验等各个方面的因素，适用违约金调减规则较为合理。

违约金过高是相对于什么而言过高，需要明确，其实主要不应该是相对于实际损失，而应该是相对于交易标的，或者合同总额，这才是关键的参照系数。例如，在一个建设工程合同纠纷中，约定的违约金计算方法是每天6万元违约金，后来发生纠纷，发包方主张承包方迟延竣工，拒付剩余工程款，承包方主张由于发包方自己的原因导致竣工验收迟延，双方一直在交涉之中，三年后发包方提起仲裁，请求支付违约金，按每天6万元计算，违约金为5000多万元，但是这个施工合同的总价才3200多万元。很明显这是一个违约金过高的情形，但是如果发包方在发生争议后的第三个月就提起仲裁，计算出来的违约金为400多万元，这种情况下就不能认为违约金过高，可以全部支持，而三年后计算出来的违约金达到5000多万元，就不能支持了。所以，不是因为"每天6万元违约金"约定过高，而是实际计算出来的违约金与合同总额之间的比例过于不合理。

之前《最高人民法院关于适用〈中华人民共和国合同法〉若干问题的解释（二）》第29条第1款规定："当事人主张约定的违约金过高请求予以适当减少的，人民法院应当以实际损失为基础，兼顾合同的履行情况、当事人的过错程度以及预期利益等综合因素，根据公平原则和诚实信用原则予以衡量，并作出裁决。"其实这是对违约金调减规则的一个限制，法官在适用违约金调减规则时除了需要考虑合同的总标的额，还需要参考实际损失的情况、合同履行的情况、主观过错的情况、预期利益的情况等因素，再加上两个原则，即公平原则和诚信原则。这其实是要求法官谨慎地适用这个规则，不能随便调整违约金。《最高人民法院关于适用〈中华人民共和国民法典〉合同编通则若干问题的解释》基本上承继了《最高人民法院关于适用〈中华人民共和国合同法〉若干问题的解释（二）》

① 参见杜景林、卢谌译：《德国商法典》，法律出版社2010年版，第212页。

的规则，于第65条第1款、第2款规定：“当事人主张约定的违约金过分高于违约造成的损失，请求予以适当减少的，人民法院应当以民法典第五百八十四条规定的损失为基础，兼顾合同主体、交易类型、合同的履行情况、当事人的过错程度、履约背景等因素，遵循公平原则和诚信原则进行衡量，并作出裁判。约定的违约金超过造成损失的百分之三十的，人民法院一般可以认定为过分高于造成的损失。”需要注意的是，30%仅是“一般可以认定”，而不是确定性地超过损失的30%就是过高，要在考虑前面第1款的情形之下作出判断，即综合考量合同主体、交易类型、合同的履行情况、当事人的过错程度、履约背景等因素，结合公平原则和诚信原则进行衡量，才能作出最后的判断。

例如，主观因素对于违约金的调减具有重要意义，如果违约方属于恶意毁约，能够履行而拒绝履行，严重违反诚实信用原则，就可以不予调整，即使可能存在违约金偏高的情形。对此，《最高人民法院关于适用〈中华人民共和国民法典〉合同编通则若干问题的解释》第65条第3款有明确的规定：“恶意违约的当事人一方请求减少违约金的，人民法院一般不予支持。”

（3）排除违约金调整条款适用的约定无效

实践中有这样的情况：当事人预先在合同中对违约金调整事项进行了约定，禁止任何一方在出现违约后提出调减违约金的请求，亦即在合同中约定了违约金，同时约定排除《民法典》关于违约金调整规则的适用，一方违约后，守约方主张按约定的违约金执行，违约方主张违约金过高，请求法院或者仲裁机构调减，守约方即抗辩称合同已经约定不允许对违约金进行调整。这种情况下应当如何处理？对此，《最高人民法院关于适用〈中华人民共和国民法典〉合同编通则若干问题的解释》第64条第3款规定：“当事人仅以合同约定不得对违约金进行调整为由主张不予调整违约金的，人民法院不予支持。”以此规定，法院不能支持守约方的抗辩，如果其他证据能够证明约定的违约金确实过高，法院仍然应当对过高的违约金进行调减。这意味着，当事人关于不得对违约金进行调整的事先约定是不能得到法院支持的，但是这样的约定本身的效力到底如何，司法解释其实没有给出明确的答案。正如有学者指出的，对此可以有两种解释，其一是约定无效，其二是约定并非无效，但是对法院不产生拘束力，原因是违约金酌减权是规范当事人与法院间关系的法定诉权，故当事人的特别约定对法院没有拘束力，而这样理解的结果似乎又不符合司法解释的旨趣，并且有可能导致适用上的不同，例如仲裁机构就有可能不适用此一规定，所以笔者赞同这样的观点：在解释上明确不得调整违约金的约定为无效，以绝争议[①]。

（4）法院、仲裁机构能否依职权主动进行违约金的调减

法院或者仲裁机构能不能依职权来主动调整违约金，是违约金调整规则中一个值得探讨的问题。《民法典》的立法表述是“约定的违约金过分高于造成的损失的，人民法院或者仲裁机构可以根据当事人的请求予以适当减少”。似乎必须基于当事人的请求才能进行调减。但是，此种请求是否必须由违约方独立或者单独提出，甚至以反诉或者仲裁反请求的方式提出，抑或可以包含在违约方的一般抗辩意见中，之前《最高人民法院关于适用〈中华人民共和国合同法〉若干问题的解释（二）》第27条对此有详细的规定：“当事人通过反诉或者抗辩的方式，请求人民法院依照合同法第一百一十四条第二款的规定调整违约金的，人民法院应予支持。”一般认为，这一条暗含了一个意思，根据反向解释，如果当事人没有以反诉的方式或者抗辩的方式请求法院或者仲裁机构调整违约金，法院或者仲裁机构就不能依职权调整违约金。但是这是一个有争议的问题。笔者认为，就文义解释而言，“可以根据当事人的请求予以适当减少”意味着没有当事人的请求便不能减少，这样解读肯定没有问题，但是从公平原则出发，如果法官认定违约金确实过高，而当事人没有主动提出调减的请求，法官便不再对违约金进行调减，就可能有违公平原则与合同实质正义的理念，所以笔者认为可以将上述规定视为授权性规范，它并没有排除法院或者仲裁机构依职权来进行调整的空间。司法实务中，有的代理律师为自己的当事人设置了两道防线，第一道防线是合同无效或者合同不成立，或者是己方没有违约；第二道防线是即使合同是有效的，即使己方构成违约，违约金也过高，因为对方没有损失或者损失很小，所以请求调低违约金。但有的代理律师只是设置第一道防线，坚持己方不构成违约，进而拒绝提出违约金调减的请求。此时法院或者仲裁机构应当进行释明。

违约方提出的自己没有违约的免责抗辩，能不能认为也包含对违约金过高的

① 于飞：《合同的权利义务终止、违约责任的重要发展及释评》，载《中国法律评论》2023年第6期44–54页。

抗辩呢？其实被告提出的合同无效、合同被撤销、自己没有违约等抗辩，都已经包含对违约金数额的抗辩。并且，己方没有违约的抗辩不仅是一个量的抗辩，即过高或者过低的抗辩，而且是一个质的抗辩，即己方不构成违约，根本就不应当适用违约金条款，一分钱违约金也不应当承担，不存在调减的问题，这当然可以理解为也是一种违约金过高的抗辩。

《最高人民法院关于适用〈中华人民共和国民法典〉合同编通则若干问题的解释》第66条对此作出了较为合理的规则，同时存在一定的漏洞：当事人一方请求对方支付违约金，对方以合同不成立、无效、被撤销、确定不发生效力、不构成违约或者非违约方不存在损失等为由抗辩，未主张调整过高的违约金的，人民法院应当就若不支持该抗辩，当事人是否请求调整违约金进行释明。第一审法院经审理后，认为对方所提出的合同不成立、无效、被撤销、确定不发生效力、己方不构成违约或者非违约方不存在损失等抗辩成立，但是未对当事人进行释明，并且基于当事人没有提出违约金过高进而应当调减的请求，一审法院判决支持了原告的诉讼请求，判决被告依约支付违约金。当事人不服上诉，第二审人民法院认为应当判决支付违约金的，可以直接向当事人释明。如果经释明后被告提出了调减违约金的请求，二审法院应当就是否调整违约金由当事人双方充分举证、质证、辩论，在此基础上可以判决适当减少违约金。

如果在一审期间法院已经向被告进行了违约金调减规则的释明，被告仍然坚持之前提出的合同不成立、无效、被撤销、确定不发生效力、不构成违约或者非违约方不存在损失等抗辩，而不提出违约金过高、应当调减的请求，在这种情况下一审法院应当如何处理？司法解释并未给出规定。笔者认为，如果一审法院经审理发现确实存在违约金过高、应予调整的情形，经释明后被告仍然未提出违约金调减请求，一审法院应当主动提出违约金调整的问题，并就是否调整违约金由当事人双方充分举证、质证、辩论，在此基础上可以根据《民法典》的公平原则判决适当减少违约金。

如果被告因客观原因在第一审程序中未到庭参加诉讼，但是在第二审程序中到庭参加诉讼并请求减少违约金的，二审法院可以在当事人就是否应当调整违约金充分举证、质证、辩论后，依法判决适当减少违约金。

（五）定金罚则

定金制度，或者叫定金担保制度。担保是以特定的财产或者保证人的信誉信用来保障债权的实现，由此形成了人保和物保。定金这种担保制度其实接近物保，但是它不是一般的物，而是一般等价物，即金钱。定金担保是在人保和物保以外的一种相对独立类型的担保，它不是人保，不是依靠保证人的信用、信誉，而依靠的是物，但是这个物不是一般的有形物，而是一般等价物。这就是定金担保的特殊之处。

1. 定金担保的概念、性质与特征

定金担保是指在成立合同的时候，一方当事人按照约定向对方当事人预先支付一笔金钱，作为履行合同义务的担保；当支付定金一方不履行债的时候，便丧失定金的所有权，对方可以没收这笔定金；当接受定金一方不履行债务的时候，需要向支付的一方双倍返还定金。接受定金一方双倍返还定金是公平的，因为所谓的双倍，其中一半是对方支付的。定金要按照合同约定的一定比例或者数额预先支付。它的担保功能体现在：支付一方违约或者不履行债务的，会丧失定金的所有权，对方获得没收定金的权利；接受一方违约的时候需要双倍返还。所以它对双方都有约束作用，进而具有担保功能。换言之，定金既可以督促双方当事人积极地履行债务，又具有担保功能，因为一旦一方违约的时候，它就有惩罚性，即适用定金罚则。

定金担保具有以下特征：

第一，定金担保需要通过签订定金合同的方式才能确立。定金合同与保证合同一样，属于主合同的从合同，同时它又是一种独立的法律关系。与保证合同不同的是，保证合同中的保证人是第三人，所以保证合同是由第三人提供的担保，而定金合同中支付定金的一方只能是合同当事人，不能是第三人。所以它是合同当事人自己提供的担保。实务中，定金合同通常都是在主合同中的定金条款，单独由合同当事人另行订立定金合同的情形比较少见。

第二，定金合同是实践性合同。这是定金合同最主要的特征。《民法典》第586条第1款第二句话规定："定金合同自实际交付定金时成立。"所以定金合同是典型的实践性合同或者要物合同，必须由约定交付的一方向对方实际支付定金、对方收到定金之时，定金合同才成立。例如，甲乙之间约定了明确的定金条款，由甲向乙支付5万元定金，自合同签订之日起三日内支付，但是后来甲没有支付该5万元定金，乙也没有催要，再后来甲发生了违约，乙主张实行定金罚则要求没收甲的定金，甲以其未支付定金故而定金合同未成立为由拒绝实行定金罚则，此时应当支持甲的抗辩，即双方之间的定金合同尚未成立，因为尚未实际交付。

第三，定金不能超过法定的比例。后文将详细介绍此一比例及其意义的理解。

第四，定金的后果体现为定金罚则，即接受定金一方违约时需要向对方双倍返还定金，支付定金一方违约时丧失定金的所有权，由对方没收定金。

2. 定金的法定比例

定金的主要特征之一是，定金不能超过法定的比例。《民法典》第586条第2款规定："定金的数额由当事人约定；但是，不得超过主合同标的额的百分之二十，超过部分不产生定金的效力。实际交付的定金数额多于或者少于约定数额的，视为变更约定的定金数额。"理解定金的法定比例需要掌握以下几点：

（1）定金既可以是约定的具体数额，也可以是约定的一定比例。但是，如果约定为比例，该比例不能超过合同总金额（或者总标的）的20%；如果约定为具体的数额，则该数额也不能超过合同总标的的20%。

（2）如果当事人之间约定的定金比例超过了20%，如为25%或者30%，则并非整个定金合同或者定金条款无效，而只是超过20%的部分无效，20%以内的仍然有效，此时应当按最高比例20%计算。

（3）如果约定有明确的比例且未超过20%，但是实际履行中支付的定金数额少于约定的数额或者多于约定的数额，此时不能按照约定的数额确定定金比例与数额，而应当按照实际支付的数额确定为定金的数额。换言之，实际支付的定金数额可以理解为双方通过履行行为而改变了定金数额的约定。当然，实际支付的数额多于约定的数额且超过合同总金额20%的，超过20%的部分无效，不能计入定金，按照最高比例20%计算定金。

3. 定金的类型

实务中与学理上，存在各种类型的定金，包括立约定金、成约定金、解约定金、违约定金等。尽管《民法典》仅规定了违约定金这一种定金类型，但是《最高人民法院关于适用〈中华人民共和国民法典〉合同编通则若干问题的解释》填补了《民法典》关于定金类型空白的漏洞。

（1）立约定金。所谓立约定金，是指当事人约定以交付定金作为订立主合同的担保，给付定金的一方拒绝订立主合同的，无权要求返还定金；收受定金的一方拒绝订立合同的，应当双倍返还定金。所以立约定金担保的不是合同的履行，而是合同的订立。比如房地产市场，开发商拿到地以后就开始预售房子，购房人去售楼处看好了沙盘和样板房，定下来要买房，但是买房毕竟是大额交易，很少有当天就签订正式的商品房买卖合同的，购房人看好房子之后想锁定某一套房，担心被卖出去，开发商也想把它卖出去，且担心购房人反悔不再买了，此时房地产交易实务当中的惯例是双方签订一份“认购合同”，不是商品房买卖合同，购房人交纳2万元或者5万元，这笔钱称为认购定金，约定7天之内双方再来签订正式的商品房买卖合同。这样，开发商在7天之内就不能把这个房子卖给别人了。这样的认购合同可以起到一定的担保作用，如果购房人不想买这个房子，不与开发商签订正式的商品房买卖合同，他就不能要回这笔定金了。当然，如果7天后开发商不能将这套房卖给购房人，他就要双倍返还这笔钱。这就是典型的立约定金。《最高人民法院关于适用〈中华人民共和国民法典〉合同编通则若干问题的解释》第67条第2款规定，“当事人约定以交付定金作为订立合同的担保，一方拒绝订立合同或者在磋商订立合同时违背诚信原则导致未能订立合同，对方主张适用民法典第五百八十七条规定的定金罚则的，人民法院应予支持”，这就是司法解释中规定的立约定金。

立约定金在实践中并不少见。在一起股权交易案中，甲乙双方就甲方以15亿元收购乙方所持有的目标公司的股权交易进行了初步磋商，签订了一份《定金协议书》，约定甲方向乙方支付5000万元定金，然后甲方对乙方进行尽职调查，若最终由于甲方的原因导致收购合同未成立，甲方丧失该5000万元定金；若由于乙方原因未成立合同，乙方向甲方双倍返还5000万元。后双方未能签订正式合同，相互主张是因为对方的过错而导致合同未能签订，请求适用定金罚则。该案中，双方还没有签订主合同，双方约定的定金不属于《民法典》规定的违约定金，而是立约定金，应当适用立约定金的原理与规则。

（2）成约定金。所谓成约定金是指当事人约定以交付定金作为主合同成立或者生效的要件，其性质属于将主合同约定为附生效条件的合同，生效条件即为定金的支付，定金实际支付则主合同生效，定金未支付则主合同不生效。所以，在一方未按约定支付定金的情况下，合同的生效条件不成就。

但是，如果给付定金的一方未支付定金，但主合同已经履行或者已经履行主要部分，对方也予以接受，则应当视为双方放弃了合同附生效条件的约定，合同已经生效。《最高人民法院关于适用〈中华人民共和国民法典〉合同编通则若干问题的解释》第67条第3款规定："当事人约定以交付定金作为合同成立或者生效条件，应当交付定金的一方未交付定金，但是合同主要义务已经履行完毕并为对方所接受的，人民法院应当认定合同在对方接受履行时已经成立或者生效。"比如，双方签了一个机器设备买卖合同，约定买方向卖方支付5万元定金，该合同生效。最后买方没有支付定金，但是卖方发货了，买方也付完款了。后来因为设备质量不合格，买方请求卖方承担违约责任，卖方则主张合同因为买方未按约定支付定金，合同尚未生效，不存在承担违约责任的问题，双方相互返还即可。本案中，按照成约定金的原理，双方约定了合同的生效条件，即以支付定金5万元作为合同生效的条件，现在由于没有支付定金，不符合约定的生效条件，则本来合同确实属于尚未生效的状态，可是合同已经履行完毕了，则应当视为当事人通过行为变更了当初的约定，放弃了所附条件。

（3）解约定金。解约定金是指定金交付后，交付定金的一方可以按照合同的约定，以丧失定金为代价来解除合同，接受定金的一方也可以双倍返还定金为代价解除合同。解约定金的目的在于担保解除合同时对方获得的救济，使得双方各获得一个解约权。所以这种定金既不是为了订立合同，也不是为了使合同生效，因为合同已经生效了，它是为了解约而约定的，故称为解约定金。《最高人民法院关于适用〈中华人民共和国民法典〉合同编通则若干问题的解释》第67条第4款规定："当事人约定定金性质为解约定金，交付定金的一方主张以丧失定金为代价解除合同的，或者收受定金的一方主张以双倍返还定金为代价解除合同的，人民法院应予支持。"

（4）违约定金。违约定金就是《民法典》所规定的定金担保，即作为主合同的从合同，支付定金一方违约时丧失定金所有权，接受定金一方违约时向对方双倍返还定金。

4.定金的明示与不可推定性

定金的明示与不可推定性，是指定金的约定必须是明确的，定金担保的意思表示是清楚的，不能基于近似的概念或者近似的表述而推定为双方之间存在定金合同。实务中，当事人可能用“保证金”“担保金”“押金”“留置金”“诚意金”等各种概念或者名称，但是是否为定金会发生争议。通常来说，当一方违约的时候，守约方希望把这个约定认定为违约定金，因为可以适用定金罚则。笔者认为，如果合同中没有明确为定金，则不能认定为定金，只能作为预付款、押金之类的性质处理，没有担保性，也没有惩罚性，不能适用定金罚则。但是，如果合同中明确使用了“定金”的表述，尽管没有约定定金罚则的内容，即没有关于若违约则支付一方丧失定金所有权或者接受一方双倍返还定金的表述，结果后来出现了违约，一方主张适用定金罚则，这种情况应当解释为有效的定金合同，适用定金罚则。

《最高人民法院关于适用〈中华人民共和国民法典〉合同编通则若干问题的解释》采纳的也是这种理解，其第67条第1款规定：“当事人交付留置金、担保金、保证金、订约金、押金或者订金等，但是没有约定定金性质，一方主张适用民法典第五百八十七条规定的定金罚则的，人民法院不予支持。当事人约定了定金性质，但是未约定定金类型或者约定不明，一方主张为违约定金的，人民法院应予支持。”

实务中还有这样的情形：双方在合同中使用了定金的概念，并且有“若支付定金一方违约则丧失定金所有权”的表述，但是没有对应的“若接受定金一方违约则需要双倍返还定金”的表述，反之亦然。换言之，仅有关于一方违约时适用定金罚则的表述，仅约定了一半，少了“另外一半”的表述，不是对应的关于双方均适用定金罚则的表述，后来一方违约，守约方主张适用定金罚则，违约方则提出双方约定的不是定金合同，因为不符合法律关于定金性质与特征的规定，没有关于对双方违约的法律后果的表述，仅有对一方违约的法律后果的表述。笔者认为，此种情形尽管合同中使用了“定金”的概念，也有对一方违约时的定金罚则的表述，但是仅约定了一方违约时的定金罚则，而定金必须是对等地适用于双方当事人，不能仅仅约定支付定金一方或者接受定金一方违约时适用定金罚则，没有关于对方违约时也适用定金罚则的表述，此时可能选择的方案有二：一是根据合同解释与漏洞填补的规则，将其解释为双方均有约定定金的意思表示，定金罚则应当同时适用于双方当事人，所以合同中没有表述出来的“另外一半”应当同时成立并适用，填补当事人遗漏的“另外一半”，使其成为完整的定金合同，最后的结论是适用定金罚则；二是认定由于约定的表述不符合法律关于定金罚则应当同时对等通用于双方当事人的性质，故约定的不是定金，而是违约金，故解释为双方约定的不是定金而是违约金，故不适用定金罚则，而适用违约金规则。违约金并不需要一定有同时对双方违约均承担不利法律后果的约定。两种方案都有其合理性，笔者更倾向于第二种方案。

5. 定金的适用条件

（1）就违约定金而言，其适用的条件应当是一方违约，而另一方不违约，且违约方的违约行为通常应当是构成严重违约，即违约导致合同目的不能实现。换言之，只有在根本性违约的情况下才能适用定金罚则。如果一方只是轻微违约，不能适用定金罚则。

（2）如果双方都构成了违约，且都属于根本性违约，则对双方均不适用定金罚则。

（3）如果当事人一方仅有轻微违约，而另一方构成严重违约，对轻微违约一方不能适用定金罚则，对严重违约致使不能实现合同目的一方应当适用定金罚则。《最高人民法院关于适用〈中华人民共和国民法典〉合同编通则若干问题的解释》第68条第1款规定：“……当事人一方仅有轻微违约，对方具有致使不能实现合同目的的违约行为，轻微违约方主张适用定金罚则，对方以轻微违约方也构成违约为由抗辩的，人民法院对该抗辩不予支持。”

（4）当事人一方已经部分履行合同，但未履行全部合同义务，对方对履行的部分予以接受，同时主张按照未履行部分所占比例适用定金罚则的，应予支持。但若对方主张按照合同整体即全部的标的额适用定金罚则的，不能得到支持，除非其能够证明部分未履行致使不能实现合同目的（《最高人民法院关于适用〈中华人民共和国民法典〉合同编通则若干问题的解释》第68条第2款）。

6. 定金与违约金并存的适用规则

如果当事人既约定了定金，又约定了违约金，且定金已经实际支付，此时出现一方违约，应当如何处理？是否可以由守约方同时主张定金罚则和违约金？《民法典》第588条第1款规定：“当事人既约定违约金，又约定定金的，一方违约时，对方可以选择适用违约金或者定金条款。”因此，定金与违约金并存时，当事人只能择一行使，不能同时主张。这里其实应当适用选择之债的原理，但是法律直接规定了选择权人，即由守约方行使选择权。

六、违约责任的免责与减责抗辩事由

违约应当承担违约责任，这是原则与常态，但是并不是只要一方违约，造成了对方实际损失，就必然100%地承担违约责任。有一些约定的和法定的减轻责任甚至免除违约责任的抗辩事由，称之为免责或者减责的抗辩事由，主要包括以下各项。

（一）基于不可抗力的抗辩

1.不可抗力的概念与特征

不可抗力是法定的免责事由。《民法典》第180条第1款规定：“因不可抗力不能履行民事义务的，不承担民事责任。法律另有规定的，依照其规定。”明确了不可抗力是一种法定的免责事由，无论是违反约定义务还是法定义务，行为人均可以不可抗力作为免除责任的事由进行抗辩，除非法律另有规定。接着该条第2款对不可抗力的概念进行了界定，即“不可抗力是不能预见、不能避免且不能克服的客观情况”。此一概念揭示了不可抗力具有的以下特征：

（1）不可预见性。即民事主体主观上不能事先预见不可抗力的发生。进一步而言，是指人类已有的知识、技术与经验均不足以预见不可抗力的发生，包括是否发生、何时发生、如何发生、发生的地域范围、发生的空间范围、发生的强度等级与影响范围等，均无法预见。生活在地震多发区的人可能对当地的地震发生情况有更多的经验，生活在海边的渔民可能对海上台风的发生情况有更多的了解，但是这些均不能推定他们就具有了预见地震或者台风发生的能力，所以即使是在地震多发区发生了地震，其仍然属于不可抗力。

（2）不可避免性。即不可抗力的发生是依据自然规律而形成的，人类不可能避免其发生，即使可能随着现代科技水平的发展人类对某些自然现象、自然灾害的预见能力越来越高，但是即使这样，人类也无法避免其发生。比如，某人今天看了天气预报，知道明天有八级台风，但谁也无法阻止台风的发生。

（3）不可克服性。不可克服性是指对于不可抗力发生后所造成的后果、损失是无法克服的，如台风会掀翻渔船、地震会震塌房屋、泥石流会冲毁道路等。

2. 当事人是否可以约定排除不可抗力作为免责事由

如前所述，不可抗力属于法定的免责抗辩事由，无须当事人通过合同进行约定，只要发生了不可抗力就可以依法援引作为行为人的免责抗辩事由。但是，如果当事人在合同中约定：即使在合同履行期间发生了不可抗力，导致一方不能履行合同，构成违约，也不能免除其违约责任，违约方仍需向对方承担违约责任。或者约定将某种或者某些自然现象排除在不可抗力之外，而依据通常理解它们应当属于不可抗力。上述这样的约定是否有效，是否因违反法律的强制性规定而无效，值得商榷。笔者以为，这种约定应当属于意思自治的范畴，不能认定为无效。其实，立法者也可以规定特定情形下的不可抗力不作为免责事由，这就是《民法典》第180条第1款规定的“因不可抗力不能履行民事义务的，不承担民事责任。法律另有规定的，依照其规定”。所以，除法律另有规定外，当事人也可以对不可抗力如何影响违约责任作出约定。比如有一个供货合同，供货方（卖方）就处在泥石流频发的地区，可是买方非常需要这个货物，通常别的地方订货后两个月交货，买卖双方考虑到泥石流的风险，约定订货后三个月交货，三个月到期时必须交货，即使发生了泥石流，如果卖方没按时交货也构成违约，需要向买方承担违约责任，后来真的发生了泥石流，供货方没能按时交货，根据约定他不能以不可抗力而主张免责。

3. 不可抗力的范围

不可抗力通常是自然事故，如台风、飓风、冰雹、泥石流、地震、雪崩、沙尘暴等，但也包括某些人为的事件，如战争、动乱、骚乱、罢工等。域外法一般都将罢工作为一种不可抗力，除非当事人约定排除。比如，一份国际货物买卖合同约定货物应当于2023年8月1日到达目的地中国上海港，7月1日必须在出发地法国马赛港装货，可是马赛港口装运工人正好举行罢工，货物无法按期装船，结果延期十天交货，出卖人可以据此主张免予承担迟延交货的违约责任，除非双方明确约定了罢工不能作为免责事由。

政府行为是否构成不可抗力，包括法律的修改、政策的变更、政府发布的禁令等，学理通说认为，政府行为原则上不构成不可抗力，但是可能作为情势变更的一种情形，或者在例外情形下作为不可抗力对待。例如，依照2020年4月最高人民法院发布的《关于依法妥善审理涉新冠肺炎疫情民事案件若干问题的指导意见（一）》第2条、第3条的规定，对是否将疫情以及疫情防控措施作为不可抗力的审判规则是：第一，要准确适用不可抗力的具体规定，严格把握适用条件，只有对于受疫情或者疫情防控措施直接影响而产生的民事纠纷，符合不可抗力法定要件，才可以适用不可抗力。第二，当事人主张适用不可抗力部分或者全部免责的，应当就不可抗力直接导致其民事义务部分或者全部不能履行的事实承担举证责任。第三，尊重当事人在合同中的约定，包括涉及有关不可抗力条款的约定，有约定的优先适用约定。第四，在适用法律时，应当综合考量疫情对不同地区、不同行业、不同案件的影响，准确把握疫情或者疫情防控措施与合同不能履行之间的因果关系和原因力大小。第五，疫情或者疫情防控措施仅导致合同履行困难的，当事人可以重新协商；能够继续履行的，法院应当通过调解，引导当事人继续履行合同，而不是解除合同。当事人以合同履行困难为由请求解除合同的，法院不予支持。依此解释，防控措施是否作为不可抗力需要结合案件的具体情况，特别是防控措施是否对合同的履行产生了“直接影响”作出判断，如果产生了直接影响就可以作为不可抗力，当事人可以以此作为免责抗辩事由，或者主张解除合同，相反如果没有产生直接影响则不能作为不可抗力，当事人不能就此主张免除违约责任或者解除合同。

4.不可抗力中的举证责任

以不可抗力作为免责或者减责事由的一方，应当承担证明不可抗力发生及其对合同履行的实际影响的举证责任。对于自然灾害类的不可抗力，当地政府主管部门一般可以出具证明。一般认为，对于公知的不可抗力事件，如汶川大地震，可以免除当事人就不可抗力事件实际发生的举证责任，但仍需承担不可抗力对合同履行所产生的直接影响的举证责任。有的小范围的不可抗力事件，如山西某个县、某个乡发生了泥石流，这不是公知的事件，所以主张的一方要就不可抗力事件的实际发生承担举证责任。

5.不可抗力中的通知义务

发生不可抗力后，受到不可抗力影响的一方仍然有避免损失扩大的义务，包括及时通知对方的义务，让对方早做准备，采取其他补救措施，寻找替代方案，防止损失的扩大。《民法典》第590条第1款第2句规定：“因不可抗力不能履行合同的，应当及时通知对方，以减轻可能给对方造成的损失，并应当在合理期限内提供证明。”如果因为受不可抗力影响的一方没有及时通知对方当事人，对方当事人不知道发生了不可抗力，根据约定照常准备履行合同，后来受不可抗力影响的一方主张不可抗力免予承担违约责任，原则上仍然应当支持其主张，但是如果对方举证证明因为受不可抗力影响一方未能及时通知而导致的本来可以避免的损失，其仍然有权请求受不可抗力影响一方承担赔偿责任。

（二）基于对方违约与混合过错的抗辩

一方违约，肯定应当承担违约责任，但是如果违约方能够证明对方也有过错，也有违约行为，他就可以相应地减轻自己的责任。参见上节“损害赔偿的限制规则”之（3）“损害赔偿的与有过失规则”，此处不赘。

（三）基于情势变更的抗辩

有关情势变更的具体内容参见本书第四章“合同的履行”之十五“合同履行中的情势变更规则”，此处不赘。

（四）基于减损规则的抗辩

《民法典》第591条规定：“当事人一方违约后，对方应当采取适当措施防止损失的扩大；没有采取适当措施致使损失扩大的，不得就扩大的损失请求赔偿。当事人因防止损失扩大而支出的合理费用，由违约方负担。”《民法典》这一条规定的即属于违约责任制度中的减损义务规则，或称为减损规则。减损规则是违约方可以行使的一种减轻自己责任的合理抗辩，即在出现违约时，如果守约方违反了减损义务规则，没有采取合理措施避免损失的扩大，对于该等扩大的损失，违约方可以拒绝承担。

1.减损规则的法理基础

减损规则是通过英美普通法的案例发展起来的一项规则，按照《国际统一私法协会国际商事合同通则》第7.4.8条的规定，其基本含义是指：不履行合同一方对于受损害方所蒙受的本来可以采取合理措施减少的那部分损害，不承担责任；受损害方有权对试图减少损害而发送的一切合理费用请求赔偿。

减损规则的法理基础主要是诚实信用原则，受损害方应当且能够采取合理措施减少损失或者避免损失的扩大而没有采取合理措施，即构成对诚信义务的违反，并且此时如果让违约方承担该等本来可以避免的损失，显然不符合合同法的公平正义理念。同时，减损规则有利于督促合同当事人特别是守约方基于减少交易成本、节约社会资源、合理配置资源等考量而尽力采取必要的措施，防止将已经形成的违约事实带来的损失扩大化，提高交易效率。

我国在《民法通则》中即已关注到减损规则并作出了相应的立法规定，至《合同法》时代，于第119条规定："当事人一方违约后，对方应当采取适当措施防止损失的扩大；没有采取适当措施致使损失扩大的，不得就扩大的损失要求赔偿。当事人因防止损失扩大而支出的合理费用，由违约方承担。"现在《民法典》第591条完全承继了《合同法》第119条的表述，只是将"要求"改为了"请求"，更为严谨与科学。

需要注意的是，减损规则的抗辩并非违约方对整个违约责任的抗辩，违约方必须就其违约行为给守约方造成的损失承担违约责任，减损规则的抗辩只是在符合减损规则的适用条件时，即守约方应当且能够采取适当措施以避免损失的扩大而没有采取措施，由此导致损失的扩大，就该扩大的损失违约方才能提出抗辩。

2.减损规则的内容

减损规则有两项具体的内容，其中第一项是主要的、核心的内容，第二项是附从的、次要的内容。

第一项内容是：在发生违约时，守约方应当采取适当措施防止损失的扩大；如果未采取适当措施的，不得就扩大的损失请求违约方承担赔偿责任。减损规则的前提是一方发生了违约行为，已经构成违约，守约方可以请求对方承担违约责任，这是基础事实。但是，在违约方发生违约行为后，其可能造成的损失本来是有限的、可控的，即只要守约方采取了适当的措施，这些损失就不会发生，损失是完全可以避免的，并不需要守约方付出极大的注意义务、极高的减损成本，而是通常情形下采取一般的措施就可以避免损失扩大发生的。守约方可以采取合理措施而没有采取，相当于放任损失的扩大，主观上显然已经构成过错，对因该过错而发生的损失即扩大的损失，应当自负其责，而不能请求对方即违约方承担。

实践中，对于什么样的措施属于"适当措施"，需要结合合同的性质、履行的情况、违约的程度、违约行为的状态、守约方可以采取措施的条件等综合因素予以判断。通常的措施包括停止履行、替代交易、转移交付、妥善保管等具体方式。

第二项内容是：守约方因防止损失扩大而支出的合理费用，由违约方承担。守约方在对方发生违约行为后，基于诚信原则采取了适当的措施以避免损失的扩大，通常都会增加一些额外的支出，发生额外的费用，这些费用只要是在合理、必要范围之内，应当都由守约方承担，因为这些增加的额外费用是由于违约方的违约行为而导致的，二者之间存在因果联系。

（五）因第三人原因而导致违约的责任承担

基于合同的相对性原理，因第三人的原因而导致合同的一方当事人不能履行合同或者履行合同不符合约定的，受损方并不能向第三人请求承担违约责任，而只能向合同的对方当事人请求承担违约责任，对方当事人与第三人之间的法律关系与纠纷通过另外的途径解决。这是有关因第三人原因而违约的责任承担基本规则。《民法典》第593条规定："当事人一方因第三人的原因造成违约的，应当依法向对方承担违约责任。当事人一方和第三人之间的纠纷，依照法律规定或者按照约定处理。"

比如，甲乙签订一份运输合同，甲是托运人，乙是承运人，承运人按照约定把托运人的100吨煤炭从承德运到唐山，结果运输途中运煤车被丙驾驶的一辆货车撞翻，煤炭散落，最后运到目的地时只有20吨。该案中，承运人乙构成违约，但是原因是第三人丙导致的，然而承运人并不能据此抗辩，不对托运人承担责任，相反托运人有权向承运人请求承担违约责任，承运人向托运人承担违约责任后，可以依据侵权责任的规则向第三人丙进行追偿。

七、责任竞合

（一）责任竞合的概念

所谓责任竞合，是指由于某种法律事实的出现而导致两种或两种以上的责任产生，这些责任彼此之间是相互冲突的，行为人只能就其中的一个或者一种责任予以承担。责任竞合规则的目的就在于避免行为人因一个行为或者一项法律事实而承担数个责任，进而导致受损害方获得超过损失的重复赔偿。在民法中，责任竞合主要表现为违约责任和侵权责任的竞合。责任竞合具有以下特点：

第一，责任竞合因某个违反义务的行为而引起。民法的基本原理是有义务才有责任，责任乃是违反义务的结果。责任竞合的产生是由一个违反义务的行为所致。一个不法行为产生数个法律责任，是责任竞合构成的前提条件。若行为人实施数个不法行为，分别触犯不同的法律规定，并符合不同的责任构成要件，应使行为人承担不同的责任，而不能按责任竞合处理。

第二，某个违反义务的行为符合两个或两个以上的责任构成要件。这就是说，行为人虽然仅实施了一种行为，但该行为同时触犯了数个法律规定，并符合法律关于数个责任构成要件的规定。由此使行为人承担一种责任还是数种责任的问题，需要在法律上确定。

第三，数个责任彼此之间相互冲突。此处所说的相互冲突，一方面是指行为人承担不同的法律责任，在后果上是不同的；另一方面相互冲突意味着数个责任既不能相互吸收，也不应相互并存。所谓相互吸收，是指一种责任可以包容另一种责任，例如，在某些情况下，适用损害赔偿责任可以替代实际履行。所谓相互并存，是指行为人依法应承担数种责任，如违约金和损害赔偿责任可以并用。如果数种责任是可以相互包容或同时并存的，则行为人所应承担的责任已经确定，不发生责任竞合的问题。

（二）违约责任和侵权责任竞合发生的原因

违约行为和侵权行为的区别主要体现在不法行为人与受害人之间是否存在合同关系，不法行为人违反的是约定义务还是法定义务，侵害的是相对权（债权）还是绝对权（物权、人身权等），以及是否造成受害人的人身伤害等。然而在现实生活中，上述的区别可能只是相对的，同一违法行为可能符合不同的责任构成要件，具体来说：

第一，合同当事人的违约行为不仅违反了约定的义务，同时还违反了法律规定的强行性义务，包括保护、照顾、保密、忠实等附随义务和其他法定的不作为义务。

第二，在某些情况下，侵权行为直接构成违约的原因，这就是所谓侵权性的违约行为。例如，保管人依据保管合同占有对方的财产，却对该保管的财产擅自进行使用，造成财产毁损灭失，保管人构成违约，并且是侵权性的违约。同时，违约行为也可能造成侵权的后果，这就是所谓违约性的侵权行为。例如，供电部门因违约中止供电，导致对方财产和人身遭受损害。

第三，不法行为人实施故意侵害他人权利并造成损害的侵权行为时，如果加害人与受害人之间事先存在一种合同关系，那么加害人对受害人的损害行为，不仅可以作为侵权行为对待，也可以作为违反了当事人事先规定的义务的违约行为对待。

第四，一种违法行为虽然只符合一种责任构成要件，但是法律从保护受害人的利益出发，允许合同当事人根据侵权行为制度提出请求和提起诉讼，或者将侵权行为责任纳入合同责任的范围内，如产品责任。

正是由于上述原因，责任竞合得以产生，并需要在法律上予以解决。

（三）违约责任和侵权责任竞合的处理规则

《民法典》第186条规定："因当事人一方的违约行为，损害对方人身权益、财产权益的，受损害方有权选择请求其承担违约责任或者侵权责任。"以此规定，在发生违约责任和侵权责任竞合的情况下，允许受害人选择一种责任方式提起诉讼。法律允许受害人选择责任方式，是因为在责任竞合的情况下，行为人的行为已符合两种责任的构成要件，受害人选择任何一种责任都是加害人所应承担的。同时，允许受害人选择责任方式，也是因为违约责任和侵权责任在很多方面都是不同的，而选择不同的责任对受害人的保护也不同。具体而言，违约责任与侵权责任存在以下区别：

第一，归责原则的区别。侵权责任中的归责原则包括过错责任、严格责任、无过错责任以及公平责任原则，即实际上是采用了多种归责原则。在侵权之诉中，只有在受害人具有重大过失时，侵权人的赔偿责任才可以减轻。而在合同之诉中，以过错责任原则为主要的甚至是唯一的归责原则，只是实行过错推定而已，且只要受害人具有轻微过失，违约当事人的赔偿责任就可以相应减轻。

第二，举证责任不同。在一般侵权责任中，受害人有义务就加害人的过错问题举证；而在特殊侵权责任中，应由加害人举证证明自己没有过错。而在合同责任中，受害人只需证明违约方已构成违约，而不必证明其是否有过错，法官可以推定其有过错。

第三，责任构成要件不同。在违约责任中，行为人只要实施了违约行为且不具有有效的抗辩事由，就应承担违约责任，不论客观上是否发生了损害的事实。但是在侵权责任中，损害事实是侵权损害赔偿责任成立的前提条件，无损害事实便无侵权责任。

第四，免责条件不同。在违约责任中，法定的免责条件仅限于不可抗力与情势变更，但当事人可以事先约定免责条款和不可抗力的具体范围。在侵权责任中，当事人虽然难以事先约定免责条款和不可抗力的具体范围，但法定的免责条件不限于不可抗力，还包括意外事故、第三人的行为、正当防卫和紧急避险等。

第五，责任形式不同。违约责任包括损害赔偿、违约金、定金、实际履行、采取补救措施等责任形式，损害赔偿也可以由当事人事先约定。而侵权责任的主要形式是损害赔偿，此种赔偿不得由当事人事先约定。此外，侵权责任的承担方式还包括很多非财产性的方式，如赔礼道歉、恢复名誉、消除影响等，这在违约责任中是不适用的。

此外，在时效期限、诉讼管辖等方面，侵权责任和违约责任也存在区别。正是因为上述区别的存在，所以受害人选择不同的责任，将实质性影响到对其利益的保护与救济，以及对不法行为人的责任追究。

八、适用特殊诉讼时效的两种合同

《民法典》第594条规定："因国际货物买卖合同和技术进出口合同争议提起诉讼或者申请仲裁的时效期间为四年。"这是《民法典》在普通诉讼时效之外唯一作出的特殊诉讼时效的规定。

《民法典》第188条第1款规定："向人民法院请求保护民事权利的诉讼时效期间为三年。法律另有规定的，依照其规定。"三年诉讼时效为《民法典》规定的普通诉讼时效，是适用于大部分民事法律关系债权请求权的诉讼时效，但是《民法典》同时作出了"法律另有规定的，依照其规定"的规定，此处的"法律"既包括《民法典》本身就特别事项作出的诉讼时效的特别规定，也包括其他民商事法律对特别事项作出的诉讼时效的规定，例如《票据法》《保险法》等就票据法律关系、保险合同法律关系作出的诉讼时效的特别规定，按照特别法优先于普通法的适用规则，这些特定的法律关系适用特别法规定的特殊诉讼时效。而《民法典》仅就国际货物买卖合同和技术进出口合同的诉讼时效作出了特别的规定。

就国际货物买卖合同和技术进出口合同规定长于普通诉讼时效的特殊诉讼时效，在《合同法》时代就开始了。《合同法》第129条规定："因国际货物买卖合同和技术进出口合同争议提起诉讼或者申请仲裁的期限为四年，自当事人知道或者应当知道其权利受到侵害之日起计算。因其他合同争议提起诉讼或者申请仲裁的期限，依照有关法律的规定。"《民法典》承继了《合同法》的上述规定，继续将国际货物买卖合同和技术进出口合同的诉讼时效和仲裁时效规定为四年。

《联合国国际货物销售合同公约》本身没有规定国际货物买卖合同的诉讼时效与仲裁时效期间，但是，于1974年通过、1980年修正（1988年生效）的《联合国国际货物买卖时效期限公约》规定的国际货物买卖合同的诉讼时效和仲裁时效统一为四年。《联合国国际货物买卖时效期限公约》的适用范围与《联合国国际货物销售合同公约》是一致的。尽管我国没有参加《联合国国际货物买卖时效期限公约》，不是该公约的缔约国，但是因为我国参加了《联合国国际货物销售合同公约》，为该公约的缔约国，所以从《合同法》开始就专门规定了国际货物买卖合同适用与《联合国国际货物买卖时效期限公约》相一致的四年诉讼时效与仲裁时效。技术进出口合同与国际货物买卖合同十分类似，只是合同标的物由货物变成了技术而已，所以与国际货物买卖合同适用同样的四年诉讼时效与仲裁时效。

就实体法律关系而言，国际货物买卖合同、技术进出口合同涉及不同国家或地区的当事人，交易标的额较大，履行期限较长，法律关系较为复杂，为了更有效地保护各方当事人的合法权益，需要适用比普通诉讼时效更长的诉讼时效与仲裁时效期限。这也是我国从《合同法》开始到《民法典》对国际货物买卖合同和技术进出口合同适用四年时效的原因之一，而《合同法》时代由《民法通则》规定的普通诉讼时效才两年，现在《民法典》规定的普通诉讼时效为三年。

《联合国国际货物买卖时效期限公约》对诉讼时效与仲裁时效的起算、期间、中止、延长等均作出了详细的规定，需要注意的是，尽管《民法典》参照

《联合国国际货物买卖时效期限公约》规定了国际货物买卖合同和技术进出口合同适用四年的诉讼时效与仲裁时效，但是如果当事人在合同中约定了法律适用条款，选择中国法律作为其纠纷解决所适用的法律，则四年时效的起算、中止、中断、延长等规则，应当适用《民法典》的有关规定，而不适用《联合国国际货物买卖时效期限公约》的规定。

参考书目

一、合同法类著作

1. 崔建远:《合同法》，北京大学出版社2021年版。
2. 王利明:《合同法通则》，北京大学出版社2022年版。
3. 韩世远:《合同法总论》，法律出版社2018年版。
4. 李永军:《合同法》，中国人民大学出版社2021年版。
5. 黄和新:《中国合同法论》，南京师范大学出版社2008年版。

二、《民法典》释义类著作

1. 最高人民法院民法典贯彻实施工作领导小组主编:《中华人民共和国民法典合同编理解与适用》(一、二)，人民法院出版社2020年版。
2. 黄薇主编:《中华人民共和国民法典释义》(中)，法律出版社2020年版。
3. 最高人民法院民事审判第二庭、研究室编著:《最高人民法院民法典合同编通则司法解释理解与适用》，人民法院出版社2023年版。

三、债法总论类著作

1. 王利明:《债法总则》，中国人民大学出版社2016年版。
2. 张广兴:《债法总论》，法律出版社1997年版。
3. 陈华彬:《债法总论》，中国法制出版社2012年版。
4. 王洪亮:《债法总论》，北京大学出版社2016版。
5. 史尚宽:《债法总论》，中国政法大学出版社2000年版。
6. 王泽鉴:《债法原理》，中国政法大学出版社2002年版。